新时代中国粮食安全研究

郭江平 吴国珍 著

WUHAN UNIVERSITY PRESS
武汉大学出版社

图书在版编目(CIP)数据

新时代中国粮食安全研究/郭江平,吴国珍著.—武汉:武汉大学出版社,2018.12
ISBN 978-7-307-20662-5

Ⅰ.新⋯ Ⅱ.①郭⋯ ②吴⋯ Ⅲ.粮食安全—研究—中国
Ⅳ.F326.11

中国版本图书馆 CIP 数据核字(2018)第 267784 号

责任编辑:宋建平 胡天金 责任校对:周卫思 装帧设计:张希玉

出版发行:**武汉大学出版社** (430072 武昌 珞珈山)
 (电子邮件:whu_publish@163.com 网址:www.stmpress.cn)
印刷:北京虎彩文化传播有限公司
开本:720×1000 1/16 印张:20 字数:391 千字
版次:2018 年 12 月第 1 版 2018 年 12 月第 1 次印刷
ISBN 978-7-307-20662-5 定价:88.00 元

前　言

　　衣食足,仓廪实,天下安,这是亘古不变的社会规律。粮食安全是国家安全体系的重要组成部分,它直接影响国家的整体安全,它是国家主权的支柱、社会稳定的基石、国民经济协调发展的基础。我国是世界上人口最多的发展中国家,也是农业资源相对匮乏的国家,因而粮食问题始终是治国安邦的头等大事。

　　中华人民共和国成立以来,党和国家一直把农业作为一切工作的重中之重,粮食生产取得了令人瞩目的成就。1949—2015年,全国粮食产量从1.1亿吨增加到6.2亿吨,增长了4.6倍,为促进国民经济持续较快增长和社会进步奠定了坚实的基础。特别是党的十六大以来,党中央、国务院高度重视粮食生产,出台了一系列扶持粮食生产的重要政策,我国粮食生产进入一个新的发展阶段。2004年以来,我国粮食产量实现了12年的连续增长,2013—2017年,我国粮食总产量连续5年保持在6亿吨以上,人均粮食拥有量400公斤以上。我国粮食生产之所以能够取得这样的成就,是因为我国坚持了家庭承包经营制度,并使之成为我国农村经营制度的核心和基础,稳定了基本生产关系;努力发展适度规模经营,推进农业产业化经营,积极改善农业科技、生产资料供应、农田作业等生产线服务,创新农业产业组织体系,增强农业产业的发展活力;坚持"以工补农、以城带乡""多予、少取、放活"的方针,不断完善支农惠农政策体系,坚持农村税费改革,取消农业税,实施农业补贴措施,加大财政投入,改善农业生产基础设施条件;加快农业科技发展,强化农业科技服务,努力提升农业机械化水平,积极探索以市场化服务带动农业机械化水平快速提高的发展道路;加强耕地保护,努力提升耕地质量,加强农田水利建设;提升农民整体素质,努力打造新型职业农民;采取有效措施,提高农业比较效益,完善财政转移支付体制,调动农民种粮和地方抓粮的积极性。

　　同时,我们应该看到,我国粮食生产取得的成绩,是在高补贴、高投入、高强度开发、忽视水土资源利用和生态环境的条件下取得的。随着人口的不断增长、城镇化建设的推进、居民膳食结构的提升,粮食的刚性需求不断增长,但耕地减少、水资源短缺的问题日益突出;农产品供给总量大体平衡,但供需结构、区域结构等结构性短缺问题日益凸显,粮食质量、食品安全问题不容乐观;农业生产成本加快上升、农业经营收益较低的问题不断强化;科技支撑粮食增产的长效机制尚待形成;农村劳动力大量向非农产业转移,农业兼业化、农村空心化、农民老龄化的问题日趋严重,"谁来种地"的问题日益突出;粮食生产的小规模经营的格局短期内难以得到根本性改变;农业基础设施薄弱的问题仍未得到根本性改善,抵御灾害的能力仍然较弱;国内粮食缺口加大,粮食进口大量增加,进口农产品的冲击加大,全面的粮食安全、农业可持续发展面临的困难依然很多。

粮食是一种特殊的商品,粮食安全与能源安全、金融安全并称为当今世界三大经济安全。我国作为一个人多地少、农业资源相对不足的发展中国家,在全面建成小康社会、实现中华民族伟大复兴"中国梦"的历史征程中,在经济全球化的背景下,我国农业发展的战略布局必须面向国际、国内两个市场,利用国际、国内两种资源。同时,我们必须清醒地认识到,我国作为世界上人口最多的发展中国家,每年要消耗约 6 亿吨粮食,每年的粮食消耗量占世界粮食消耗总量的 1/5,而国际市场上的粮食交易量才 2 亿多吨,每年我国粮食的消耗量差不多是世界粮食贸易量的 3 倍。如果我国粮食进口过多,不仅国际市场难以承受,也会给低收入国家的粮食安全带来不利影响。如果过度进口粮食,必然会冲击国内粮食生产,造成大量农民失业。一旦出现严重的粮食缺口,国际市场根本满足不了我国的需求。在复杂多变的国际环境下,我们必须理性地把握好我国的粮食进口量,立足国内,以"我"为主,牢牢掌握粮食安全的主动权,构建供给稳定、储备充足、调控有力、运转高效的粮食安全保障体系。

目前,我国粮食产业已经进入增产困难、销售困难、调控困难相互交织的局面。在新的背景下,如何确保粮食安全,促进产业发展、农民增收是需要研究和探索的问题。本书以习近平总书记的粮食安全战略思想为指引,分析粮食安全的含义及其演变过程,分析我国粮食安全的现状和粮食安全战略,通过对影响我国粮食安全的有关因素(如土地资源、水资源、粮食库存、粮食进口、农业科技、农业种业、转基因技术、农业机械化、粮食金融化、城镇化、农业支持保护、新型职业农民等)进行理性分析和深入研究,发现存在的问题,探究这些问题的原因,并有针对性地提出改革思路、政策建议和应对措施。

粮食问题牵涉面广,影响因素多。本书在编写的过程中,参考、借鉴、引用了许多专家学者的调查数据和研究成果,没有一一标明出处,在此对这些专家学者的辛勤劳动表示真诚的谢意。本书的出版,得到了黄冈师范学院马克思主义理论学科基金的资助和支持,在此表示感谢。同时,由于著者的能力和水平有限,书中难免存在不少错漏之处,请读者谅解。

郭江平　吴国珍

2018 年 8 月

目　　录

第一章　粮食安全的内涵及其价值属性 ……………………………… (1)

　一、粮食安全的内涵及其演变 ………………………………………… (1)

　二、粮食安全的测度方法 ……………………………………………… (6)

　三、粮食安全的价值属性 ……………………………………………… (11)

第二章　粮食安全现状与粮食安全战略 …………………………… (22)

　一、我国粮食安全的现状 ……………………………………………… (22)

　二、我国粮食安全面临的新挑战 ……………………………………… (25)

　三、新时代中国粮食安全战略 ………………………………………… (29)

　四、国家粮食安全新战略的实施路径 ………………………………… (34)

第三章　耕地保护与粮食安全 ………………………………………… (43)

　一、"18亿亩耕地红线"的提出 ……………………………………… (43)

　二、"18亿亩耕地红线"的存废之争 ………………………………… (46)

　三、像保护大熊猫一样保护耕地 ……………………………………… (51)

　四、坚守底线,铁腕护地不动摇 ……………………………………… (54)

第四章　农村土地流转与粮食安全 ………………………………… (66)

　一、农村土地流转政策的演进过程 …………………………………… (66)

　二、农村土地流转的基本特征及其对粮食生产的积极影响 ………… (68)

　三、农村土地流转中的粮食安全隐患分析 …………………………… (71)

　四、农村土地流转"非粮化"行为分析 ……………………………… (74)

　五、粮食安全目标下推进农村土地流转的对策及建议 ……………… (79)

第五章　水资源利用与粮食安全 …………………………………… (87)

　一、我国水资源及其利用的现状 ……………………………………… (87)

　二、我国农业用水面临的挑战 ………………………………………… (89)

　三、水资源及其利用状况对我国粮食安全的冲击 …………………… (92)

　四、实施最严格的水资源管理,保障我国的粮食安全 ……………… (94)

第六章 科技支撑与粮食安全 …………………………………… (105)
　一、农业科技支撑体系的含义及构成 …………………………… (105)
　二、我国农业科技支撑体系的现状 ……………………………… (107)
　三、我国农业科技支撑体系面临的问题与挑战 ………………… (110)
　四、推进我国粮食科技支撑体系建设的思路 …………………… (114)

第七章 现代种业与粮食安全 …………………………………… (125)
　一、加快推进现代种业发展的重要性 …………………………… (125)
　二、政策利好为建设种业强国奠定了坚实基础 ………………… (128)
　三、我国种业发展成绩喜人 ……………………………………… (131)
　四、我国种业发展面临的问题与挑战 …………………………… (137)
　五、推进现代种业发展的思路与对策 …………………………… (142)

第八章 农业机械化与粮食安全 ………………………………… (151)
　一、农业机械化是保障粮食安全的有效途径 …………………… (151)
　二、我国农业机械化水平不断提升 ……………………………… (154)
　三、农业机械化面临的突出问题 ………………………………… (159)
　四、提升我国农业机械化水平的对策与建议 …………………… (162)

第九章 转基因技术与粮食安全 ………………………………… (170)
　一、转基因及其发展态势 ………………………………………… (170)
　二、我国转基因技术的发展现状 ………………………………… (173)
　三、转基因技术对保障粮食安全的作用 ………………………… (177)
　四、转基因技术对我国粮食安全的影响 ………………………… (179)
　五、我国转基因作物产业化存在的问题 ………………………… (184)
　六、推进我国转基因作物产业化发展的建议 …………………… (188)

第十章 新型城镇化与粮食安全 ………………………………… (195)
　一、我国城镇化发展的现状 ……………………………………… (195)
　二、传统城镇化对国家粮食安全的挑战 ………………………… (197)
　三、新型城镇化背景下保障粮食安全的新契机 ………………… (201)
　四、新型城镇化背景下保障国家粮食安全的政策措施 ………… (206)

第十一章 农业支持保护与粮食安全 …………………………… (214)
　一、农业支持与保护政策的内涵及分类 ………………………… (214)
　二、我国农业支持与保护政策的现状与特征 …………………… (216)
　三、我国现行农业支持与保护政策面临的问题与挑战 ………… (218)
　四、我国农业支持与保护政策体系改革的取向、路径与原则 …… (222)
　五、我国农业支持与保护政策体系改革的对策与建议 ………… (227)

第十二章　库存高企与粮食安全 ……………………………………（236）

一、我国粮食的库存情况 ……………………………………（236）

二、形成粮食库存高企的原因 ………………………………（237）

三、粮食库存高企的风险与危害 ……………………………（242）

四、理性看待粮食的高库存 …………………………………（244）

五、消除粮食高库存的原则与对策 …………………………（248）

第十三章　进口剧增与粮食安全 ……………………………………（255）

一、我国粮食的进口情况 ……………………………………（255）

二、我国粮食"高进口"的原因分析 …………………………（260）

三、粮食"高进口"的风险分析 ………………………………（265）

四、推进农业供给侧改革，化解粮食"高进口"风险 ………（269）

第十四章　粮食金融化与粮食安全 …………………………………（275）

一、粮食金融化的概念 ………………………………………（275）

二、粮食金融化的推动因素 …………………………………（277）

三、粮食金融化对我国粮食安全的积极作用 ………………（282）

四、粮食金融化对我国粮食安全的挑战 ……………………（284）

五、粮食金融化的应对策略 …………………………………（287）

第十五章　新型职业农民与粮食安全 ………………………………（294）

一、新型职业农民的内涵、类型与特征 ……………………（294）

二、培育新型职业农民是保障粮食安全，建设现代农业的基础性、
战略性工程 …………………………………………………（297）

三、我国新型职业农民队伍建设初见成效 …………………（300）

四、培育新型职业农民过程中存在的主要问题 ……………（301）

五、培育新型职业农民队伍的路径 …………………………（304）

第一章　粮食安全的内涵及其价值属性

一、粮食安全的内涵及其演变

粮食安全的内涵并非一成不变,它是一个不断演进、丰富的概念。国际上,最早的粮食安全概念发端于第二次世界大战最黑暗的岁月。1943 年,"二战"硝烟仍在弥漫之际,美国总统罗斯福考虑战后粮食安全问题,前瞻性地推动了"粮食和农业热泉大会"。该大会在美国弗吉尼亚的热泉镇召开,44 个与会国承诺成立一个永久性组织,即 1945 年 10 月 16 日成立的联合国粮食及农业组织(FAO),旨在确保世界人口不会粮食匮乏。这次大会首次提出,粮食安全是"为所有人提供安全、充足和适当的粮食供给"。可以看出,在此阶段,粮食安全的内涵体现为粮食供给。此后,随着对粮食不安全状况的成因及问题理解的深入,粮食安全内涵不断拓展。

1972—1974 年世界各粮食主产国和地区连续发生自然灾害,导致粮食大幅度减产,全球粮价上涨了近两倍,许多发展中国家和地区出现了严重的粮食短缺问题,这是"二战"后最为严重的一次世界性粮食危机。针对这一情况,1974 年 11 月,联合国粮食及农业组织在罗马召开世界粮食大会,大会通过了《消除饥饿与营养不良世界宣言》和《世界粮食安全国际约定》。这两份文件首次正式提出了"粮食安全"这一概念,并将其定义为:"保证任何人在任何时候,都能得到生存和健康所需要的足够食物"。

20 世纪 80 年代,虽然粮食产量上升和粮食储备增加,但贫穷使得饥饿仍然存在。在这种国际社会背景下,粮食安全的概念也在不断地发生变化,这就要求我们不要只顾生产和储备粮食,还要注意不同国家和地区以及同一国家、地区范围内不同层次的人群获得食物的能力。1983 年 4 月,联合国粮食及农业组织总干事爱德华·萨乌马提出了"粮食安全"新概念,即"确保所有人在任何时候,既能买得到,又能买得起他们需要的基本食物"。这里的粮食安全包含三个方面内容:一是粮食产量足够多,能够满足所有人的粮食需求;二是能够满足所有人需求的粮食供给应该是相当稳定的;三是对粮食有需求的人有获得粮食的能力。实现粮食安全既要保证足够多的粮食产量,又要保证稳定的粮食供给,还要注意提高居民的购买能力,只有同时满足这三个方面,才能实现真正的粮食安全。

20世纪90年代,经济社会的快速发展使得人们的收入水平不断提高,在满足粮食消费的时候,人们的消费观念逐渐由粮食消费为主转向植物性食物与动物性食物合理搭配,食物的质量和营养问题越来越受到人们的关注。因此,在这一时期,"粮食安全"的概念又有了进一步的丰富和拓展,表现为将食品安全与营养平衡融入粮食安全的内涵中,体现了人们对积极健康生活所需的食物构成以及微量营养物需求的关注。1996年11月,联合国粮食及农业组织在罗马召开第二次世界粮食首脑会议,会议通过了《世界粮食安全罗马宣言》和《世界粮食首脑会议行动计划》,对"粮食安全"做出第三次表述:"只有当所有人在任何时候都能够在物质上和经济上获得足够、安全和富有营养的粮食,满足其积极和健康生活的膳食需要及食物喜好时,才实现了粮食安全。"这一表述至少包括五个方面内容:一是粮食安全的对象体现在"所有人"上;二是有便捷和稳定的粮食供应渠道,体现在"任何时候"上;三是要有数量充足的粮食(有效供给),体现在"足够"上;四是与广大群众购买力相适应的粮食价格(有效需求),体现在"经济"上;五是粮食品种丰富和质量安全,体现在"安全和富有营养"和"食物喜好"上。与前两次表述相比,第三次对粮食安全的新界定上升到了一个新的高度,那就是在保证粮食产量、稳定粮食供给和储备以及增强人民购买力的前提下,还强调了粮食的质量安全以及营养健康的重要性,体现了以消费者为核心的思想。

进入21世纪,粮食安全的概念和内涵没有很大的变化,但随着国际社会对可持续发展越来越关注,粮食安全与可持续发展密切联系,可持续性已成为粮食安全概念的重要内涵。2001年在德国波恩召开的世界粮食大会又提出了粮食可持续安全的概念,它要求粮食供给必须考虑消费者利益,确保人身健康和安全,在生产上不能只顾数量,要提高粮食质量,丰富品种;不能滥施农药、化肥及各种激素,要向消费者提供无污染、无公害,能增强健康、延年益寿的粮食和其他食物;不仅要满足当代人的粮食供给和需求,还要顾及后代人的粮食安全,确保粮食可持续安全。

从粮食安全概念的演变可以看出,人们对粮食安全的空间范围和内涵都有一个不断深化、丰富和充实的发展过程。从空间范围上看,粮食安全的概念变化主要表现在人们关注粮食安全的范围在不断缩小。20世纪70年代,人们关注的是宏观层面的粮食安全,即全球和国家的粮食安全问题;20世纪80年代开始关注中观层面的粮食安全,即区域的粮食安全问题;20世纪90年代以后则不但关注全球、国家、区域粮食安全问题,而且更加关注家庭及其成员个人的微观的粮食安全,也就是个人的膳食结构及其营养安全问题。从粮食安全的内涵看,粮食安全的内涵在不断拓展,20世纪七八十年代主要是从数量上关注全球、国家及区域的粮食安全,强调供求平衡;20世纪90年代以后不但从数量上关注粮食安全,而且关注粮食的质量,关注食品、营养等粮食消费安全;进入21世纪,不但从数量、质量上关注粮食安全,而且根据全球人口、资源、经济、社会发展状态,要求世界各国增强粮食可持续安全的能力。从空间及内涵等方面考察,"粮食安全"概念演变过程大体上可以划分为三个阶段。

第一个阶段(20世纪七八十年代),以粮食数量安全为主要目标,实现全球、国家等宏观层面和区域中观层面的粮食安全。宏观层面的粮食安全可通过全球及整个国家的食物获取能力来反映,其中,全球粮食安全状况主要取决于全球的粮食总产量和全球的粮食消费状况。一个国家在特定时期的粮食安全则主要取决于该国粮食总供给与总需求的比较状况,其中粮食总供给包括粮食生产量、储备量和粮食净进口量(包括粮食国际援助),而粮食总需求则包括口粮需求、饲料粮需求、工业原料粮需求、种子用粮以及收货后的损耗等。如果一个国家的粮食总供给大于粮食总需求,则该国的粮食是安全的;反之,则是不安全的。宏观层面的粮食安全以粮食的数量安全为目标,其主要体现在为实现全球或国家经济社会的稳定发展,必须拥有一定数量的粮食生产量和储存量。

由于在一个国家之内(尤其是幅员辽阔的国家)存在差异较大的不同区域,其农业自然资源、粮食生产能力、经济发展水平、人均粮食占有量等方面都有各自特点,因此粮食安全具有显著的区域差异。这一层面的粮食安全侧重于分析粮食安全的区域差异及其原因,还有如何平衡不同区域之间的粮食供给与消费。因此,研究者们从稳定耕地和粮食播种面积、增加粮食生产投入、出台国家和区域性粮食生产政策措施等方面出发,提出了平衡区域之间的粮食供求状况,以实现区域中观层面的粮食安全。

第二阶段(20世纪90年代),以粮食结构、质量和营养安全为目标,实现家庭和个人层面的微观粮食安全。微观层面的粮食安全主要强调粮食结构、质量和营养安全,它包括家庭粮食安全和个人营养安全两个方面,前者是指一个家庭的粮食消费水平及获取能力,主要通过家庭食物消费量和能量摄入量等指标来衡量,或以家庭收入及贫困类指标反映;而后者是指个人的食物消费水平及其获取能力,主要通过个人的营养及病理状况类指标予以反映。家庭粮食安全通常通过对一个家庭实际食物和卡路里需求基准的差额来确定其粮食安全状况。如果一个家庭的食物获取及消费能力不足以满足其家庭成员的正常生理要求,即被认为家庭粮食不安全。家庭食物消费水平同家庭收入水平及由其决定的食物获取能力是联系在一起的,低收入、贫困等因素导致家庭食物获取能力不足,从而产生家庭粮食不安全问题。因此,家庭可支配收入水平也是衡量家庭粮食安全的一个重要指标。个人营养安全是粮食安全的最终目标,只有实现个人营养安全,才能确保每个人都过上有活力和健康的生活。当一个人能够安全地获取营养充足的食物以满足其正常生理需求,即维持生存生长或保证能从疾病、生产及哺乳、体力劳动引起的疲乏中恢复正常的能力,那么这个人就被认为是营养安全的。个人营养安全通常采用身体健康检查指标予以衡量,而不同年龄段儿童发育状况如身高、体重状况等指标可以反映其营养状况乃至粮食安全状况,儿童营养不良被看作个人粮食不安全的代表性指标之一。

第三阶段(20世纪末21世纪初),以粮食的可持续安全为目标,实现当代和后代居民的粮食安全。所谓粮食可持续安全,可以表述为:"在任何时候任何条件下,都能动态地、充足地供给当代和后代居民质量合格的粮食,以保障其身体健康,精力充沛地从事各项活动"。其内涵具有以下要点:以宏观社会经济系统和自然生态系统的协调统一为指导思想,以保持良好自然环境、合理配置和利用资源为前提,以科学发展方式促进农业粮食稳定增产为基础,以健全的现代市场体系为关键,以"减量化、再利用、再循环"为主要内容的循环经济为途径,以充分满足当代及后代合理的粮食需求结构为目标。可见,粮食安全的可持续问题主要是粮食的生态安全,一个国家或地区的粮食生产所需要的生态系统必须处于良性循环的状态,否则粮食就不具备可持续的安全。进入21世纪,在全球范围内,粮食的总供给能够满足人类的粮食消费需求,为什么世界粮食安全大会却提出"粮食可持续安全"这一概念呢?因为全球的粮食安全形势依然令人担忧。一是粮食总需求的增长依然呈刚性。世界人口特别是发展中国家人口的迅速增加,每年新增8296万人,2011年全球人口突破70亿,导致粮食需求持续扩张。二是粮食产销分布不平衡格局仍未发生根本的改变。发达国家的人口约占世界总人口的1/3,其粮食占有量却高达2/3左右;与此相比,发展中国家的人口约占世界总人口的2/3,粮食占有量则仅为1/3左右。三是世界粮食市场的不确定性加剧。现阶段国际投机资本流入粮食等大宗商品领域,粮食的金融属性表现得愈加突出,其不确定性也随之增加。四是生产燃料乙醇消耗的粮食有增无减,导致"与人争粮"的矛盾加剧,世界粮价跌宕起伏。五是全球严重自然灾害频繁。全球气候变化诱发大范围的严重干旱、洪涝、冻害、飓风等灾难频发,造成粮食大幅减产。六是自然资源的约束性日益加重。作为基本生产要素的耕地和水资源的数量趋减,尤其是水危机,严重限制了农业和粮食生产持续增长。面对制约粮食可持续安全的种种因素,我们必须防患于未然,采取综合性和战略性举措,不断夯实世界粮食可持续安全的基础。

综上所述,一个国家要实现全面的粮食安全,必须致力于实现多个层次的粮食安全。

第一,粮食安全包括宏观(国家)、中观(区域)和微观(家庭、个人)三个层面。宏观层面上是国家级粮食安全问题,中观层面上是地区性粮食安全问题,微观层面上是家庭粮食安全问题。实现宏观层面上的粮食安全并不意味着实现中观和微观层面的粮食安全,反之亦然。粮食可能在国家层面供给充裕,但在老少边穷地区就难以得到满足。由于灾害天气、动物疫病导致季节性粮食供给与利用问题,对城市影响不大,但对农村就可能造成较大影响。政府作为粮食安全的责任主体,其目标应当是实现宏观、中观和微观三个层面的粮食安全。

第二,粮食安全包括数量安全、质量安全、消费安全和可持续(生态)安全四个层面。从数量上讲,粮食供给的数量标准应当是"足够";从质量上讲,粮食供给的标准应当是保障"健康";从粮食消费上看,应当让所有人不但"买得到"而且"买得起",提高人们粮食购买能力和购买水平;从生态方面讲,不仅要维护现实的粮食安全,还要从长计议,维护和保障人民未来的粮食安全。

第三,粮食安全包括供给和消费两个层次。从粮食供给上看,它不但包括国内粮食生产能力,而且包括从国际上进口粮食的能力;粮食的供给不但包括供给数量的安全,而且包括供给质量的安全,要保证人民摄入足够营养,确保食品卫生及健康安全,并实现多样化;不但要更多地关注贫困与饥饿问题,关注贫困地区、贫困人口的粮食获得,解决营养不良问题,而且要解决营养过剩问题。

第四,粮食安全包括现实安全和可持续安全两个层次。从时间范围上讲,粮食安全应当具有稳定性和长期性,体现为"在任何时候"。对国家而言,不但要从宏观、中观和微观三个层次出发,从供给和消费两个方面保障当代人民的粮食安全,实现粮食供求的稳定性,保障任何人都能买得到且能买得起为维持生存和健康所必需的足够食品,而且要保障未来的粮食安全,实现不同时期粮食总供求的均衡,不能置子孙的饭碗于不顾。最关键的是要遏制生态环境恶化的态势,重视粮食生产的生态环境,确保粮食的可持续安全。

可见,粮食安全是一个动态、综合的概念,包括国家、区域、家庭、个人的粮食安全,是由数量、质量、消费、生态等方面构成的广义的粮食安全。粮食安全问题已由单一的数量安全问题转变为数量安全问题、质量安全问题、消费安全问题、生态安全问题四者的相互叠加。其中,数量安全解决的是人们"买得到"的问题;质量安全解决的是人们能否"吃得好""吃得放心"的问题;消费安全不但解决人们"买得到",而且解决人们"买得起"的问题;生态安全解决的是粮食安全的可持续性问题。数量安全是粮食安全的起点和基础,质量(营养)安全、消费安全、生态安全是数量安全的逻辑延伸和拓展,这四个层次逐步递进,共同决定着粮食安全的实现[1]。

二、粮食安全的测度方法

粮食安全概念只是对粮食安全的含义进行了概括,要判断粮食是否安全还必须有科学的衡量方法及具体标准。由于不同的国家和地区之间的经济发展水平、人口状况、自然资源状况等因素存在差异,其粮食安全的测度指标或关注重点存在明显的不同。在评价和考核粮食安全问题的实践中,发达国家更多的是考虑粮食品质对综合安全水平的影响,而发展中国家则更多考虑的是粮食生产、消费与储备,粮食贸易与自给率,人均粮食占有量等相关指标[2]。目前,较有代表性的粮食安全测度方法主要有联合国粮食及农业组织对世界粮食安全状况的评价方法和美国农业部经济研究局对美国粮食安全状况的评估方法。

(一)联合国粮食及农业组织粮食安全状况的评价方法

1974 年 11 月,联合国粮食及农业组织在罗马召开世界粮食大会,会议要求各国制定政策,以保证世界粮食库存最低安全水平系数,即世界粮食当年库存至少相当于上一年消费量的 17%~18%,其中 6% 为缓冲库存,11%~12% 为周转库存,周转库存相当于两个月左右的口粮消费,以便与下一年度的谷物收成衔接。凡一个国家的粮食库存安全系数低于 17% 为粮食不安全,低于 14% 为粮食紧急状态。这个指标对全球粮食的物质可供量提供了一个估测标准,受到世界各国的普遍认同。然而,这个指标只考虑全球粮食的物质可供量,由于不同国家和地区以及不同层次的人群获得食物的能力存在差异,饥饿仍然存在,粮食安全并没有得到充分保障。考虑上述情况后,世界粮食安全委员会秘书处认为,把世界当年期末粮食结转库存量占当年总消耗量比例的 17%~18% 当作衡量世界粮食安全的指标,已不完全科学。

1996 年,世界粮食首脑会议提出了要逐步提高世界粮食安全程度的发展目标。为了衡量这一目标的实现程度,FAO 从 1999 年开始,每年都要测算世界食物不安全状况,并发布《世界粮食不安全状况报告》。FAO 对世界粮食不安全状况的评估标准主要是每个国家(或地区)总人口中营养不良人口所占的比重。按照FAO 的标准,所谓营养不良,是指人均每日摄入的热量小于 2100 卡路里的状况。如果一个国家或地区营养不良人口的比重达到或超过 15%,则该国粮食处于不安全状态。FAO 在进行测算时,主要依据的指标包括粮食生产量、进出口量、库存量、人口的总量及其年龄和性别分布、消费分布[3]。联合国粮食及农业组织也认识到,以“食物不足发生率”这一单独指标来测算粮食安全状况,无法反映粮食安全的复杂性和多维度,至少存在几大缺陷:一是对“饥饿”的定义过于狭隘,仅包含长期(持续时间超过一年)膳食能量摄入量不足现象,不包括食物短缺的其他方面,如微量元素短缺;二是该指标无法反映人们从食物中获取能量的能力在一年之内的波动状况;三是该指标忽略了家庭内部在食物分配上可能存在的不平等现象;四是无法反映某一人群所面临的粮食不安全状况的严重程度,无法反映食物不足人口的具体构成情况。由于它的核算基础是宏观数据,无法准确衡量家庭及个人的食物消费量,只能衡量整个人口中食物短缺的可能发生率,而不是不同人群的发生率。因此,要想更全面地描述粮食不安全状况,食物不足发生率指标就需要与其他指标相互补充[4]。

2000 年 9 月,世界粮食安全委员会秘书处考虑世界粮食期末谷物库存与价格的关系,特别是考虑国际粮食市场中政策的变化和市场信号透明度的提高,以及国际通信的改善和商品流通效率的提高等情况,从全球粮食消费、健康和营养状况等领域出发,制定了对国际粮食市场变化反应更敏感的 7 个监测指标:营养不足人口发生率,人均膳食热能供应,谷物和根茎类食物的热能占人均膳食热能供应的比例,出生时预期寿命,5 岁以下儿童死亡率,5 岁以下体重不足儿童所占比例,体重指数小于 18.5 的成人所占比例。这样,世界粮食安全委员会就以此 7 项指标衡量世界粮食安全[5]。

联合国粮食及农业组织在《2013 年世界粮食不安全状况报告》中,围绕粮食可供量、粮食获取、粮食利用和稳定性四大维度提出了 26 项指标体系,以表征粮食安全的多维度特征,意在克服单纯依赖食物不足发生率指标的不足之处,帮助决策者设计和实施更有针对性的政策措施。这套指标体系从四大维度出发对粮食安全进行衡量,从而更全面地反映全局,同时也有助于为粮食安全与营养政策确定对象和优先排序[6]。2014 年,联合国粮食及农业组织对该套指标又做了进一步完善和修正,将人均国内生产总值(以购买力计算)和四项与粮食利用相关的缺乏微量元素的新指标,即 5 岁以下儿童的贫血发生率、人口中维生素 A 缺乏症发生率、人口中碘缺乏症发生率以及孕妇碘缺乏症发生率和贫血发生率,纳入粮食安全指标体系之中[7]。

(二)美国粮食安全状况的评估方法

美国粮食安全评估包括以下主要内容:一是在任何时候,都必须有足够的粮食提供给全体国民,以保证他们维持正常生活;二是供给必须真正有保障;三是要有合理的营养[8]。美国农业部经济研究局 2003 年编制和发布了美国居民粮食安全状况报告,它并没有按照 FAO 的营养不足标准去进行调查和评价,而是以家庭或个人为基础,采用问卷调查的方法进行评估,问卷包含了 18 个有关粮食消费条件和行为的问题,大致分为以下三类[9]。

第一类是针对住户的项目,包括 3 个问题:①担心在我(我们)有钱购买更多的食品之前把食物消费完毕;②所购买的食品不能持久,我(我们)没有钱再购买更多的食品;③消费不起营养均衡的食物。

第二类是针对成年人的项目,包括 7 个问题:①成年人缩减进食量或减少进餐顿数;②成年人所食用的饭食量少于应该食用的数量;③成年人在 3 个月或 3 个月以上都缩减饭食量或减少进餐顿数;④成年人由于没有足够的支付能力去购买食物而挨饿;⑤成年人体重下降;⑥一整天未进餐;⑦在 3 个月或 3 个月以上有一整天未进餐。

第三类是针对儿童的项目,包括 8 个问题:①依赖少数几种低价食物来喂养儿童;②不能为儿童提供营养均衡的食品;③儿童吃不饱;④缩减儿童的饭食量;⑤儿童挨饿;⑥儿童减少进餐顿数;⑦3 个月或 3 个月以上的儿童减少进餐顿数;⑧儿童一整天未进餐。

根据受访者对以上问题的"是"或"否"的回答,就可以计算出粮食不安全的状况。美国农业部经济研究局也指出,由于调查对象不包括城市中的无家可归者,再考虑某些家庭不愿承认挨饿的窘况,因此这种调查和计算的结论可能低估了粮食不安全的程度。可以看到,美国的这种评估方法能够更准确地反映一个国家或地区粮食安全的真实状况。因为它是建立在一个个家庭或个人的基础之上的。如果按照 FAO 的方法计算,美国就不存在粮食不安全的问题,因为其人均热量摄入量要大大高于 FAO 规定的标准。而事实上,美国确实存在着一部分人口营养不足的问题。由此可见,美国粮食安全的内容与世界粮食安全的普遍含义相比,其内容标准更高、范围更广。

(三)我国粮食安全状况的评估方法

鉴于我国粮食安全问题的复杂性,我国粮食安全的评估尚没有形成统一的标准,目前还只是处于学术研究阶段。

学术界对于我国粮食安全的测度方法一般是从宏观层面,从生产、消费、流通、贸易等方面,根据观测和获取的宏观基础数据来确定基本测度指标,或者是将这些相关指标进行组合,构建一个综合的粮食安全系数,进而对我国的粮食安全水平进行评估。例如,朱泽[10]采用粮食产量波动率、粮食储备率、粮食自给率和人均粮食占有量等四项指标的简单平均法。徐奉贤[11]等学者在朱泽四项指标中加入"低收入者阶层的粮食保障水平"指标,采用五项指标的简单平均法。马九杰[12]等学者认为,不同因素对粮食风险的影响程度不同,粮食安全指数是食物及膳食能量供求平衡指数、粮食生产波动指数、粮食储备-需求比率、粮食国际贸易依存度系数、粮食及食物市场价格稳定性等 5 项指标的加权平均数。刘晓梅[13]对朱泽、徐奉贤的取值标准和马九杰等人的加权平均方法进行综合,得到粮食安全综合评价指数,采用人均占有粮食量、粮食总产量波动系数、粮食储备率、粮食进口率(或粮食自给率)4 项指标加权平均法。高瑛[14]从我国粮食产销环节分析了影响粮食安全的主要因素,并利用粮食生产波动指数、粮食价格波动系数、国际贸易依存度指数、粮食储备率指数 4 个指标构建粮食安全综合指数,对我国粮食安全警戒进行分析。龙方[15]提出,一个国家在一定时期的粮食安全状况如何,可以通过人均粮食播种面积、人均粮食占有量、粮食总产量波动率、粮食储备率、粮食自给率、缺粮人口比率、粮食价格变动率等指标来衡量。祝滨滨、刘笑然[16]认为仅衡量粮食安全状况应该包括粮食库存消费比在内的粮食生产能力、粮食总供给量、人均粮食占有量、粮食自给率、粮食产量波动指数、居民营养状况、粮食市场供应体系效率、贫困人口数量等 8 个指标。国家统计局农村社会经济调查司[17]从供给、需求、市场、库存四方面设计评价指标体系,采用"标准比值法"的多指标综合评价方法评价粮食安全,具有更好的统计特性和实践应用价值。这个评价体系的可取之处在于,一定程度上把体现生态系统安全如农药、化肥、薄膜的使用量等指标和体现粮食生产资源如农业用电量、科技进步贡献率等指标、区域粮食供求平衡等结合,作为评价粮食安全的重要指标。高帆、丁守海[18]认为,威胁我国粮食安全的不是某一单个领域,生产、消费、流通、贸易等领域都可能引起粮食安全风险,他们从这四个方面给出粮食生产波动系数、人均粮食占有率、恩格尔系数、贫困人口占比、粮食价格上涨率、粮食储备率、粮食自给率、粮食进口占总进口的比重 8 个指标,然后确定指标权重,列出安全程度的基准,建立测度粮食安全的指标体系。杨磊[19]从粮食生产安全、消费安全和流通安全三个方面构建评价指标体系,采用熵权法确定指标权重,再和二阶模糊综合评价相结合,对我国粮食安全状况进行动态、定量的评价。李向荣、谭强林[8]认为,粮食安全包括粮食生产、流通、需求、政策 4 个子系统 16 个评价指标。这个方法尽管只考虑粮食生产、流通、需求状况,但其可取之处在于第一次明确把财政支农比重等粮食政策及其对农民收入贡献率作为影响粮食安全的评价指标。

部分学者从我国粮食安全面临的风险出发,建立粮食安全评价体系。例如,王金凤等[20]采用最少人均耕地面积、耕地压力指数测度粮食安全。付青叶、王征兵[21]则从粮食不安全人口比重、粮食安全风险和土地资源压力水平三个维度建立粮食安全评价指标体系,系统反映中国粮食安全的关键特征。付青叶、王征兵方法的亮点是从我国粮食安全面临的风险出发建立评价指标体系,但难免存在狭隘之处,如资源压力仅局限于土地资源。

还有部分学者从粮食安全的内涵出发建立粮食安全评价体系。例如,杜为公等[22]基于 FAO 对粮食安全的定义采用国家粮食安全、家庭粮食安全、粮食营养安全、生态安全四个层面,依据我国粮食综合生产能力、储备水平、外贸依存水平、最低人均耕地面积、耕地压力指数、粮食价格风险指数、粮食不安全人口比例、粮食供给量、居民收入水平、消费支出结构、最低粮食消费标准等 11 项指标构建粮食安全评价体系,并根据我国的具体情况对各指标赋权、赋值来测度我国粮食安全状况。

杨建利等[23]根据粮食安全的内涵及所涉及的主要现实社会特征,设立了粮食数量安全、质量安全、生态安全、资源安全等4个中间层指标、8个基础指标组成的粮食安全评价指标体系,应用系统综合评价理论和方法,采用 min-max 标准化方法和 min/max 比值法或 min/max 比值倒数法对我国粮食安全状况进行评价。为确保该评价指标体系的科学性、实用性、可操作性,杨建利邀请马晓河、程国强、钟甫宁等15位在国内学术界具有较强影响力的著名农业经济专家对评价指标进行赋权。这个评价体系的可取之处在于把生态安全指标和资源安全指标纳入粮食安全评价体系。

2013年联合国粮食及农业组织关于粮食安全新的评价指标公布后,李轩认为应该根据联合国粮食及农业组织公布的新的粮食安全评价体系,重构中国粮食安全的认知维度、监测指标及治理体系。姚成胜等[24]根据当前国际普遍接受的食物安全定义,从粮食安全系统的观点出发,认为粮食安全问题至少包括 FAO《世界食物不安全状况报告 2013:粮食安全的多元维度》中确立的食物的可供给量、稳定性、获取能力和利用水平等4个层面。然而,中国人均耕地和水资源极度贫乏,农村青壮年持续向城市转移,提高农业机械化水平,提升农业科技贡献率,在政策和财政上增加对农业的支持,已成为促进粮食生产的关键。可见,粮食生产的自然和经济社会资源条件对我国粮食安全尤为重要,而这一方面在国际粮食安全评价方面却未能体现。因此,姚成胜等借鉴 FAO 粮食安全评价体系同时结合我国的实际,从粮食生产资源、可供量、稳定性、获取能力和利用水平5个层面出发,选取18项指标构成了中国粮食安全系统的评价指标体系。这个评价体系比 FAO 评价体系增加了"粮食生产资源"这一维度,并选取耕地、水资源、农业劳动力、化肥施用量和农业资金投入5个方面的相关指标进行评价,构建了中国食物安全状况评价指标体系。在评价指标的选择上,运用文献统计分析法将出现频率高且较为公认的18个关键性指标纳入评价指标体系之中,并采用熵权系数法对评价指标赋权,采用加权函数法计算各子系统以及粮食安全系统的发展指数和变化趋势。为确定影响中国粮食安全系统的主要因素,又采用因子贡献度、指标偏离度和障碍度3个指标计算出各单项指标和各粮食安全子系统对粮食安全系统影响程度的大小,对影响粮食安全系统的障碍因素进行诊断分析。这个评价体系借鉴了 FAO 确立的粮食安全评价体系的框架,又体现了我国实际,且与其他研究结论有较高的一致性。这个评价体系不仅能检验中国粮食安全各子系统以及粮食安全系统的发展指数,还能预测其变化趋势;不仅能反映粮食安全状况,还能测度未来粮食安全的风险;不仅可以对各单项指标和各粮食安全子系统对粮食安全系统影响程度进行判断,还可以对粮食安全系统的障碍因素进行诊断和分析,为粮食安全的科学决策提供理论依据。这个评价体系的不足之处是还有一些重要指标未纳入其中,例如粮食生态安全、农业科技贡献率、粮食自给率等没有得到明确的体现。

从上面的介绍和分析中我们可以看出,我国学者关于国内粮食安全测度问题一般采用多指标综合方法,但使用线性加权方法的条件是各评估指标变量间线性无关,否则评估结果易发生偏差。国内粮食安全测度选择的评估变量间存在着相关性,多重共线性问题不可避免。测度中对各指标赋权、赋值客观依据不足,测度结果差异大且无法比较。基本上从粮食供给来评估,对于流通效率、购买能力等因素则考虑得不多。他们的研究隐含假设是:国家粮食安全就是家庭的粮食安全;粮食供给有保障就实现了粮食安全;粮食过剩不会存在潜在风险。显然,现有研究没有很好地回应粮食安全概念的演变趋势,没有很好地体现粮食风险的系统特征,因此给出的指标体系及对我国粮食安全的测度还有完善的空间。

三、粮食安全的价值属性

粮食安全是国家安全体系的重要组成部分,粮食安全直接影响国家的整体安全,我们应从总体国家安全观的高度来认识粮食安全的极端重要性,并遵循我国特殊国情来保障国家粮食安全,走出一条有中国特色的国家安全道路。

(一)粮食安全是保障基本人权的公共产品

生存权是最基本的人权,生存权得不到保障,人权就无从谈起。粮食是人类赖以生存和发展的第一要素,是人类存活所必需的最基本、最重要且无可替代的物品。2014年10月15日,国务院总理李克强在联合国粮食及农业组织总部,发表了题为《依托家庭经营推进农业现代化》的演讲。李克强总理指出,人人有饭吃是人类最基本的生存权利,是一切人权的基础,也是最大的人权。粮食安全是保护人权的基础,是国家保障的公共产品。

所谓公共产品(服务),是指能让绝大多数人共同消费或享用的产品或服务,具有效用上的不可分割性、消费或使用上的非竞争性、受益上的非排他性等特点,它一般由政府或社会团体提供。所谓效用的不可分割性,是指这一类产品或服务不能被某个单位或者个人独占,任何单位和个人都能享用。所谓消费或使用上的非竞争性,是指某个单位或个人对公共物品的消费和使用,并不影响他人同时消费该产品及其从中获得效用,即在特定的生产水平下,为另一个消费者提供这一物品所带来的边际成本为零。所谓受益上的非排他性,是指某人在消费一种公共物品时,不能排除其他人消费这一物品(无论他们是否付费),或者排除的成本很高。

公共产品可分为纯公共产品和准公共产品(即混合产品)两类。纯公共产品是指那些完全具备公共产品的三个特征并为整个社会共同消费的产品,任何一个人对该产品的消费都不减少或影响别人对它进行同样消费的物品与劳务。在公共产品和私人产品之间,还存在许多产品不具有纯粹的公共产品或私人产品的属性,但在一定程度上又或多或少同时具有这两种产品属性的产品和服务,通常称为混合产品或准公共产品。这类产品通常只具备公共产品三个特征中的一个,而另外的特征则表现得不充分。在现实中,纯公共产品的范围是比较狭小的,如国防、公安、司法等,但准公共产品的范围较宽,如教育、文化、广播、电视、医院等单位向社会提供的产品则属于准公共产品。此外,实行企业核算的自来水、供电、邮政、市政建设、铁路、港口、码头、城市公共交通等,也属于准公共产品的范围。

对照公共产品的三个标准,粮食安全属于公共产品。从效用的不可分割性来看,粮食安全是政府为国内所有人而不是为某个人或某些人提供的安全保障。事实上,只要生活在该国境内,任何人都无法拒绝这种服务,也不可能创造一个市场将为之付款的人同拒绝为之付款的人区别开来,因此它具有效用的不可分割性。相比之下,市场上粮食的效用则是可分割的。粮食可以按数量和质量进行分割,一定数量和质量的粮食出售后,其效用就归购买者独享,或者说是谁付款谁受益。

从消费的非竞争性看,一国的粮食安全必须保证每个人的粮食安全,即国家粮食安全了,个人的粮食就安全了,粮食安全是一个宏观的体系,增加或减少一个消费者,不需要增加边际成本。我们以储备粮为例,它是粮食安全的重要保障之一。按照国家规定,储备粮数量是随着人口的增多而增多、随着人口的减少而减少的,所以,尽管人口往往处于逐年递增的状态,储备粮随之变化,仍然能够满足安全的需要,因此粮食安全具有消费的非竞争性。相比之下,粮食的消费是具有竞争性的。当一个国家或者地区的粮食供应量不能满足全体居民消费时,一部分人购买得多,必然有一部分人购买得少。一定数量和质量的粮食一旦出售给某人或某个单位,那么特定的个人或单位就对一定数量和质量的粮食具有排他的享用权,而不是所有的人或单位可以同时享用。

从受益的非排他性看,粮食是人生存的必需品,粮食安全是提供这种生存必需品的重要方式,无论是粮食产品,还是粮食安全服务,要想排除任何一个生活在该国的人享受粮食的消费和粮食安全的保护都是极其困难的,哪怕是监狱里的罪犯,也要吃粮食,也处在粮食安全保障的范围之内,因此粮食安全具备受益的非排他性,但市场上的粮食则具有受益的排他性。

依据以上分析,我们可以得出如下结论。

第一,粮食安全同时具备了效用的不可分割性、消费的非竞争性和受益的非排他性等特征,是纯粹的公共产品或公共服务。它是以整个社会为单位提出的共同需要,其结果会使该社会的所有人享受广泛的外部效益。

第二,粮食储备是纯粹的公共产品。粮食储备是国家为了保障备战备荒的需要,也为了防止市场价格波动所建立的储备制度。如果我们把粮食储备狭义地理解为储备的粮食,那储备粮就具有"私人物品"的特征,因为在储备粮抛售时,它具有可分割性、竞争性、排他性,它可分割并分别提供给不同的人,某个消费者消耗部分储备粮,在储备总量中就减少了该部分粮食。但如果我们从粮食储备体系去理解,即把粮食储备作为一个整体,作为一种服务,它就有不可分割性、非竞争性、非排他性的特点。因为粮食储备不是为某个人或某部分人而储备的,而是实现国家粮食安全的一种手段,粮食储备所带来的粮食安全是针对全体人的,国家的每个人都能享受这种储备所带来的粮食安全,所以粮食储备也是一种纯粹的公共物品。

第三,粮食是一种兼有私人产品和公共产品属性的特殊产品,确切地说应该是具有准公共产品属性。除国家储备粮以外,市场上出售的粮食是一种纯粹的私人产品,它完全具有私人产品的可分割性、消费的竞争性和受益的排他性特征,但粮食是人类历史上最悠久的一种产品,无论是在什么社会、什么制度下,粮食生产都是第一位的;粮食是人人必需、天天必食的重要食物,是人类生存的第一需要,人类的任何群体要生存,就必须占有足够的粮食,其使用价值具有不可替代性;任何可能危及粮食安全的行为都必须制止(当然作为一般商品的粮食的供给可以自由波动);粮食虽然可再生,但其生产是有季节性的,对自然条件的依赖程度高。粮食价格是百价之基,其价格变动对整个社会消费品的价格影响都很大,所以,粮食并非是纯粹的私人物品,它超越了社会制度、国家和政权。也正因为如此,历史上许多国家粮食政策的长期性也证明了粮食具有公共品或者准公共品特点,粮食的公共品属性来自粮食特殊的自然属性[25]。

综上所述,粮食安全、粮食储备这些纯粹的公务服务的供应应以公共部门为主体,而粮食这类特殊的混合物品的供应应以市场为主体。在粮食安全问题上,政府不是一个"守夜人"的角色,而是粮食安全的责任主体;尽管粮食不是完全的公共产品,只是准公共产品,从某种意义上讲,粮食的生产、流通和消费行为可以由行为主体根据市场状况确定,政府不应过多干预,但粮食的生产、流通和消费又不是纯粹的市场行为,它直接影响粮食的数量和质量,为维持国家粮食安全长久性,政府应通过利益机制和适当的干预措施提高国家粮食综合生产能力,将粮食的生产、流通和消费行为引导到国家设定的粮食安全目标上来,以弥补市场的缺陷,应对市场的失灵。

(二)粮食安全是国民经济协调发展的基础

第一,粮食生产是国民经济各部门独立发展的前提。马克思曾说过,农业劳动是一切剩余劳动的基础和前提。粮食生产不仅为人民群众提供最基本的生活资料,还为非农业部门提供生产资料、食品消费,这是国民经济中其他部门成为独立的生产部门的前提和进一步发展的基础。从发达国家工业化的历程来看,在工业化初期,工业需要农业原始积累,需要农产品原料与资金方面的支持;在工业化中期,工业离不开农业的市场贡献,如果农村市场、农民市场不打开,没有相应的消费工业产品的能力,工业发展会受到很大的制约;在工业化高级阶段,更离不开农业,这时农业既要为80%以上非农业人口提供食品,又要为发达的粮食加工业、轻纺工业提供原料,更要保持生态平衡,为人类社会提供更好的居住环境。

第二,粮食安全是国民经济协调发展的基础。产业关联理论认为,国民经济各产业部门是相互联系、相互制约的,有着密切的产业关联。各产业之间可以通过产品、劳务、生产技术、价值、劳动就业、投资等方式产生关联。农业是国民经济的基础产业,它通过向其他产业提供食品、原料、资金、劳动力、外汇、市场等要素促进国民经济的发展。而粮食又是农业的基础产业,它是人类的生存之本,是其他产业的发展之源。从实物形态的联系方式来看,发展粮食产业,一方面为所有产业的生产者提供生存必需的食品;另一方面为以粮食为加工对象的产业提供原材料,从而保障相关产业的发展。从价值形态的联系方式来看,粮食价值的变化,一方面会直接影响全社会居民的生活水平,甚至影响社会的稳定;另一方面会影响相关产业的生产成本,进而导致整个国民经济波动。因此,现代产业经济学的产业关联理论提醒人们:一个国家要保证国民经济各产业间的协调发展,首先必须保障农业的基础地位,保障粮食安全。

外部性理论认为,一个经济主体的经济活动对其他经济主体及其活动都会产生相应的外部影响。这种影响分为正外部性影响和负外部性影响。正外部性影响是某个经济主体的经济活动使他人或社会受益,而受益者无须花费代价;负外部性影响是某个经济主体的经济活动使他人或社会受损,而造成外部经济受损的人却不需为此承担成本。许多经济活动都存在着外部性,而农业经济活动更表现出明显的外部性特征。作为农业基础的粮食生产活动,其外部性主要表现在两个方面:一是粮食生产的收益外溢,其表现是工农产品价格的"剪刀差"。"剪刀差"所反映的是在农业尤其是粮食生产与工业的交换过程中,粮食生产的一部分收益通过价格交换流入了工业部门,工业部门无偿取得了该部分收益。二是粮食生产能够维护国家和社会的稳定。粮食生产活动的经济效益低,但社会效益大,它维系着人们的基本生活,维系着国家和社会的稳定。其产生的社会效益远大于自身的经济效益。外部性理论认为,对于产生正外部性的经济主体,应该给予适当的补偿,若不补偿或补偿不合理,则会影响相关产业的发展。既然粮食生产具有较强的正外部性,那么政府就应该给粮食生产者一定的补偿,以促进粮食生产的发展,从而保障粮食安全。

弹性理论是研究商品的需求量或供给量对于价格变动的反应敏感性的理论。弹性理论认为,在其他条件不变的情况下,商品的需求与供给都是价格的函数,但不同性质的商品其需求量或供给量对于价格变动的敏感程度不同,即使同一商品在不同的价格下,需求量或供给量对于价格变动的敏感程度也不一样。商品弹性分为需求弹性和供给弹性,一般情况下,主要考虑商品的需求价格弹性或供给价格弹性。商品需求或供给价格弹性的大小可以用弹性系数,即需求或供给变动百分比与商品自身价格变动百分比的比值来表示。根据商品需求或供给价格弹性系数的大小,绝大多数商品可以分为两大类:一类是富有弹性的商品,另一类是缺乏弹性的商品。富有弹性的商品意味着其需求量或供给量变化的幅度要大于价格变化的幅度。缺乏弹性的商品意味着其需求量或供给量变化的幅度要小于价格变化的幅度。一般而言,工业产品往往是富有弹性的商品,而农产品尤其是大宗初级农产品如粮食则是缺乏弹性的商品。由于粮食缺乏弹性,一旦粮食生产过剩,价格下降,人们对粮食消费增加的幅度要小于粮价下降的幅度,粮食卖不出去,农民收入受损,导致"谷贱伤农",粮农的生产积极性被挫伤从而减少粮食生产,当粮食生产减少到一定程度后又导致粮食短缺,故而引发国家粮食安全问题。商品的需求和供给虽然都是价格的函数,但若引入时间变量,则需求是现期价格的函数,供给是上期价格的函数。尤其是对于弹性小、生产周期长的粮食,价格对其调节更具有特殊性,即上一期粮食的高价格,导致下一期粮食的供给量增多,粮食供给增加,粮价下降,导致再下一期的粮食产量减少,粮食短缺,则引发粮食安全问题。可见,如果粮食的供给完全由市场价格来调节,就会导致粮食生产的大起大落,形成粮食周期性"卖难"和周期性粮食安全问题。弹性理论表明,对于弹性小、生产周期长的农产品,为了保证其生产供给的平稳,政府必须依据粮食弹性小、生产周期长的特殊性,对粮食生产予以支持和保护,以确保粮食供给的稳定增长[26]。

第三,粮食安全是市场秩序的稳定器。粮食作为一种特殊的商品,具有商品所具有的一般性质,即经济性质,遵循商品的一般规律。粮价是百价之首,正如列宁所指出的"物价的基础是粮食"。对粮食安全保障的增强,有利于稳定市场价格、控制物价上涨、遏制通货膨胀。粮食处于需求层次的最低端,因此在粮食消费能够得到保障时,人们将会努力追求其他物质或服务消费,此时粮食问题往往会被其他社会问题所"隐蔽"。然而,一旦粮食消费出现问题,在扩散效应的影响下,就会迅速上升为整个社会的"焦点",其他问题则会随之退居次要地位。粮食紧张,价格上涨,必然引起粮食制品及肉、蛋、奶等食品涨价的连锁反应,经济秩序会由于粮价的非正常波动而紊乱甚至倒退。1937—1949年我国的恶性通货膨胀就是由粮食紧张、粮价波动造成的。中华人民共和国成立之初,新国民经济管理制度尚未健全,粮食供应能力低下,一些商人趁机囤积居奇,哄抬物价,使粮食市场处于波动之中,经济秩序混乱,造成严重的社会恐慌。党和政府及时出台了一些有力措施,才使这种不稳定局面得到遏制。20世纪80年代末和20世纪90年代初我国两次出现通货膨胀,都与粮食供求出现问题有关。

（三）粮食安全是社会稳定的基石

第一，粮食安全是政治稳定的基石。纵观我国封建王朝政权的衰落与更替，不难发现"饥荒"与"乱世"几乎是结伴而行的，我国数代封建王朝末期的社会大动乱都与粮食危机直接相关。在封建社会，官僚地主阶级依靠手中掌握的大量土地不劳而获，广大农民毫无立锥之地，只能靠租种地主的土地勉强度日，出现了"朱门酒肉臭，路有冻死骨"的严重阶级分化。当社会矛盾积累到一定程度，再加之灾荒饥饿致使广大农民的生活难以为继，就爆发了为生存而斗、为粮食而争的农民起义，最终把一代王朝推向灭亡。探究我国封建王朝政权兴盛时代，我们还会发现一个共同之处，在新政权建立初期，统治者都制定了相关政策鼓励农业生产，农民负担相对较轻，社会发展出现政通人和、粮食富足的良好局面。例如，"文景之治"时，文帝和景帝采取"轻徭薄赋""与民休息"的政策，采纳晁错"务农于农桑，薄赋敛，广蓄积，以实仓廪，备水旱，固民可得而有也"的主张；"开皇之治"时，隋文帝废除了不必要的杂税并设置谷仓储存食粮；"贞观之治"时，唐太宗十分关注农业生产，实行均田制与租庸调制，"去奢省费，轻徭薄赋"，使百姓衣食无忧，安居乐业；"开元之治"时，唐玄宗兴修大型水利工程，提高农耕技术，广泛采用育秧移植水稻技术，改进生产工具；"康乾盛世"时，国家人口急剧增长，土豆、玉米等新高产作物在明末开始引入，在清朝得到普遍推广种植，增加了环境承载力，使得清朝百姓有富足的衣食，生活得到保障，推动了社会经济的发展。

纵观世界，无论19世纪的欧洲革命风暴，还是近期中东战局和北非动荡，无不与食物短缺关联。且不说历史上有多少次因连年饥荒、民不聊生而爆发农民起义，导致战火蔓延。2008年的世界粮食危机，导致37个国家陷入粮荒，许多国家发生社会动乱。无数历史场景历历在目：一旦粮食供求断档，发生抢购风潮，稳定的社会秩序立即就会被不安与混乱所淹没，国家陷入多事之秋[27]。以史为鉴，可以知兴替。对于一个国家而言，必须把粮食安全作为政治经济生活中的头等大事抓紧抓好。正因如此，以习近平同志为核心的党中央立足世情、国情、粮情，始终把解决好吃饭问题作为治国理政的头等大事，强调"中国人的饭碗任何时候都要牢牢端在自己手上""我们的饭碗应该主要装中国粮"，提出了"以我为主、立足国内、确保产能、适度进口、科技支撑"的国家粮食安全战略。

第二，粮食安全是中华民族生存和发展的基础。"民以食为天"，粮食是人们赖以生存和发展的必需品，粮食安全事关国计民生和国家政治稳定。确保粮食安全实现基本自给，是社会和谐、经济发展的坚强后盾，也是中国共产党执政合法性的基础所在，还是转型期国家政治系统与社会结构调适的基准，是政府的政治理念向治理理念转变的风向标。长期以来，"小农模式"在我国广大农村根深蒂固，农民习惯自给自足。目前，我国农村人口仍占全国人口总数近一半，经济相对脆弱的广大农村地区是社会稳定的重要组件,农民是农村稳定的基本元素,粮食是稳定农民的关键因子。一旦缺粮,大量购粮于市则会扰乱社会经济秩序从而导致社会动荡。当前,我国正处于全面建成小康社会的关键期和深化改革开放、加快转变经济发展方式的攻坚期,在聚精会神进行经济建设的同时,须确保国家粮食安全这一基线,牢牢把握国民生命线的关键要素,自力更生地构筑粮食安全、经济健康发展、综合国力日益增强的坚强防线。

第三,粮食安全能体现社会主义制度的优越性。长期以来,非洲国家尤其是撒哈拉以南国家出现大规模的粮食危机,引发民众游行与暴动从而造成社会动荡,政局不稳。2008 年以来,亚洲的尼泊尔、菲律宾、柬埔寨、印度等国的粮食短缺诱发饥饿、疾病和死亡等系列社会问题,南美洲的墨西哥、委内瑞拉、海地、尼加拉瓜等国爆发粮荒,执政当局因无计可施而被推翻。同为发展中国家和人口大国的中国虽面临严峻挑战,但仍能从容应对,这正是社会主义制度优越性的集中体现。中国是世界上最大的社会主义国家,中国的国家粮食安全事关社会主义国家的前途和命运。若中国在粮食安全上出现危机,这势必给西方资本主义国家留下话柄,以此来攻讦社会主义,趁机实施西化渗透。中国的粮食必须安全,才能体现社会主义制度集中力量办大事的优越性,才能真正凝聚亿万人民一心一意建设中国特色社会主义事业,真正体现以人民为中心,真正维护社会公平与正义,坚持全面协调可持续的科学发展[28]。

(四)粮食安全是国家主权的支柱

第一,粮食是国际政治博弈的资本。20 世纪 70 年代,美国国务卿基辛格有一句经典名言:"谁控制了石油,谁就控制了所有国家;谁控制了粮食,谁就控制了人类;谁控制了货币,谁就控制了整个世界。"1982 年 2 月,英国《泰晤士报》发表的《粮食就是力量》社论中就曾指出:"原料是极其重要的战略武器。无论哪一种原料都比不上粮食的重要性。"曾任美国里根政府农业部长的约翰·布洛克在一次听证会上也直言不讳地说过:"粮食是一件武器,而使用它的方式就是把各个国家系在我们身上,那样他们就不会给我们捣乱。"美国中央情报局的一份报告说,第三世界国家缺粮"使美国得到了前所未有的一种力量……华盛顿对广大的缺粮者实际上拥有生杀予夺的权利"[29],因为"粮价比油价对政治稳定更具有重要性"。墨西哥《每日报》2008 年 4 月 27 日发表《石油与食品价格上涨的地缘政治》一文,文章引用美国斯特拉特福战略预测机构的观点,指出粮食已成为地缘政治中的王牌。美欧是世界最大的粮食囤积居奇者,它们正在发起世界"粮食大战",以迫使石油输出国组织中那些不听命于自己的国家屈服,因为粮食问题恰恰是这些石油大国的软肋[30],所以,粮食封锁禁运、粮食援助以及限制进出口是一些大国经常使用的外交手段,迫使某个对象国政府顺应粮食来源国政府公开或不公开的意图行事,这实质上就是开展"粮食外交"[31]。1949 年,以美国为首的西方国家对中华人民共和国实行包括粮食在内的全面封锁和商品禁运政策,企图通过破坏粮食供给,引发社会动乱,颠覆新生的社会主义中国。1963 年,全球粮食危机,苏联粮食严重短缺,以美国为首的西方国家又对社会主义苏联实行最严厉的粮食封锁。1965—1967 年间,美国限制对印度的粮食出口,这一举措最终迫使印度在美国侵略越南战争中站在中立一方。20 世纪 80 年代,"粮食武器论"盛行,美国把限制粮食出口作为遏制苏联、争夺世界霸权的一大手段,使苏联在粮食危机中解体。随着全球经济一体化进程以及区域性、国家间贸易限制、经济摩擦和制裁等情况的频繁出现,粮食的政治属性更为凸显。2012 年美国曾以 24 万吨粮食和食品援助计划迫使朝鲜"自动放弃核试验计划",又因朝鲜执意进行卫星发射,美国不仅终止粮食和食品援助,还对朝鲜实行严厉的经济制裁。在当代激烈的国际竞争中,尽管全球一体化、自由贸易为资源配置提供了有效平台,能增加粮食安全系数,但粮食因其特殊的战略性,若在敌对或战争状态下,为了国家安全和利益,粮食就不再是简单的支付问题,而是国际政治中的博弈资本,成为"不战而屈人之兵"的利剑。

第二,粮食安全与国家形象和国际地位息息相关。就国情而言,中国人口基数巨大,约占世界总人口的 1/4,中国人的吃饭问题不仅关乎自身命运,也影响着别国前途。倘若中国粮食安全出现大量缺口,国际贸易不仅不能保障粮食安全,也必将造成负面的国际影响,这将必定是一场世界性的大灾难。美国学者布朗的《谁来养活中国?》一书,更是将人类粮食危机的矛头直指中国,好事者更提出"黄祸论""中国威胁论"等伺机给中国施加舆论压力,以遏制中国国际地位,破坏中国形象,阻碍中国发展。中国拥有 13 亿人口,占世界总人口的 22%,解决了中国人的吃饭问题,也就是解决了世界 22% 人口的吃饭问题,所以,中国的粮食安全,不但关乎中国的前途,而且关乎世界的命运。毛泽东同志曾经讲过,中国应当对人类有较大的贡献。中国对人类最大的贡献之一就在于用世界 7% 的耕地,解决了世界 22% 人口的吃饭问题,有力地维护了中国社会的稳定。中国不仅是世界不可或缺的重要组成部分,还是世界上实行社会主义制度的主要力量。所以,中国粮食安全若出了问题,不仅会被视为社会主义国家的粮食安全出了问题,更主要的是会被西方敌对势力炒作为社会主义制度出了问题。中国的粮食安全关乎社会主义之安危,"不可不察也"。鉴于此,国家粮食安全必须得到有力保障,中国人只有确保自己衣食无忧,才能为国家发展提供坚实的基础,无稽言论才能不攻自破,国家形象才能得以维护,国际地位才能得以巩固和提高。

第三,粮食安全关乎国家粮食主权。"粮食主权",又叫"食物主权","食物主权"(food sovereignty)一词是 2008 年在联合国粮食及农业组织和世界银行《国际农业知识与科技促进发展评估(全球报告)》中第一次出现的。这个评估报告是由世界各地数百名专家参与、历时几年磋商研讨而形成的,包括中国在内的 58 个国家和地区的政府认可并签署了该报告。该报告认为,"食物主权"与"食物安全"是两个不同的概念。食物主权"是人民和主权国家以民主方式自行决定农业及粮食政策的权利"。"食物安全是指特定区域内所有的人任何时候都能在物质上、经济上获取安全的、有营养的食物,并且所获取的食物能够满足人们的饮食习惯和喜好,使他们能过上积极健康的生活,而食物的获取方式应是社会可以接受的、符合生态的可持续性"。食物主权强调的不是市场,不是援助国,而是人民和主权国家自主地、民主地决定他们的农业和食品政策,即自主地生产食物、公平地分配食物、前瞻性地建立粮食储存系统、保证粮食供应。粮食作为具有不可替代性和消费弹性很小的重要战略物资,既是弱质产业产品,又是多功能产品,在国际竞争中,粮食又成为国际战略物品,加之人类生存发展与日俱增的刚性需求,粮食主权是国家主权的基石和支柱,粮食安全已成为国家主权的最基本组成部分。也正因如此,习近平总书记反复强调,"中国人的饭碗任何时候都要牢牢端在自己手上""我们的饭碗应该主要装中国粮"。

可见,粮食安全是国家安全体系的重要组成部分,它不但直接影响经济安全、政治安全、社会安全、主权安全、军事安全,而且与科技安全、生态安全、资源安全等都存在重要的依存关系。因此,我们应从国家安全观的高度来认识粮食安全的极端重要性,并根据我国特殊国情来保障国家粮食安全,为顺利走有中国特色的国家安全道路做出贡献。

---

[1] 王国敏,张宁.中国粮食安全三层次的逻辑递进研究.农业经济,2015(4),3-8.

[2] 陆慧.发展中国家的粮食安全评价指标体系建立.对外经贸实务,2008(3):35-38.

[3] 张苏平.粮食安全评估指标与方法研究综述.经济研究参考,2007(13):32-39.

[4] 李轩.重构中国粮食安全的认知维度、监测指标及治理体系.国际安全研究,2015(3):68-95.

[5] 丁声俊,朱立志.世界粮食安全问题现状.中国农村经济,2003(3):71-80.

[6] 联合国粮食及农业组织,国际农业发展基金和世界粮食计划署.世界粮食不安全状况 2013:粮食安全的多元维度.罗马,2013 年,http://www.fao.org/docrep/019/i3434c/i3434c.pdf

[7] 联合国粮食及农业组织、国际农业发展基金和世界粮食计划署.世界粮食不安全状况 2013:强化粮食安全与营养所需的有利环境.罗马,2014 年,http://www.fao.org./3/a-i4030c.pdf

[8] 李向荣,谭强林.粮食安全的国内外评价指标体系及其对策研究.中国农业资源与区划,2008(01):22-26.

[9] 高帆.中国粮食安全的测度:一个指标体系.经济理论与经济管理,2005(12):5-10.

[10] 朱泽.中国粮食安全问题:实证研究与政策选择.武汉:湖北科学技术出版社,1998.

[11] 徐奉贤.中国农业扶持与保护.北京:首都经济贸易大学出版社,1999.

[12] 马九杰,张象枢,顾海兵.粮食安全衡量及预警指标体系研究.管理世界,2001(1):1417.

[13] 刘晓梅.关于我国粮食安全评价指标体系的探讨.财贸经济,2004(9):51-55.

[14] 高瑛.基于粮食安全保障的我国粮食产销利益协调机制研究.南京:南京大学,2006.

[15] 龙方.粮食安全评价指标体系的构建.求索,2008(12):9-12.

[16] 祝滨滨,刘笑然.我国粮食安全概念及标准研究.经济纵横,2010(11):57-60.

[17] 中华人民共和国统计局农村社会经济调查司.我国粮食安全评价指标体系研究.统计研究,2005(8):3-9.

[18] 高帆,丁守海.当前粮食安全形势:评估、比较及建议.财贸经济,2008(9):45-46.

[19] 杨磊.我国粮食安全风险分析及粮食安全评价指标体系研究.农业现代化研究,2014(6):696-702.

[20] 王金凤,周德全.基于最小人均耕地面积和耕地压力指数的普安县粮食安全研究.西部资源,2011(5):16-18.

[21] 付青叶,王征兵.中国粮食安全的评价指标体系设计.统计与决策,2010(14):42-44.

[22] 杜为公,李艳芳,徐李.我国粮食安全测度方法设计——基于 FAO 对粮食安全的定义.武汉轻工业大学学报,2014(2):93-96.

[23] 杨建利,雷永阔.我国粮食安全评价指标体系的建构、测度及政策建议.农村经济,2014(5):23-27.

[24] 姚成胜,滕毅,黄琳.中国粮食安全评价指标体系构建及实证分析.农业

工程学报,2015,31(4):1-10.

[25]　胡靖.中国粮食安全:公共品属性与长期调控重点.中国农村观察,2000(4):24-30.

[26]　龙方.保障粮食安全的经济学解释.粮食科技与经济,2008(5):3-5.

[27]　丁声俊.粮食属性、粮价形成与粮食安全.市场经济与价格,2011(5),29-33.

[28]　王国敏,王元聪.基于政治学视角的国家粮食安全问题研究.学术界,2013(9):220-229.

[29]　王恬.从粮食商品的特殊性看国家粮食安全.http://www.chinagrain.gov.cn/

[30]　墨媒.美欧用粮食发动战争囤积居奇将成赢家.http://www.finance.ifeng.com/hwkzg/200805/0502-2180-519062.shtml

[31]　刘宇,查道炯.粮食外交的中国认知(1979—2009).国际政治研究(季刊),2010(2):50-52.

第二章　粮食安全现状与粮食安全战略

一、我国粮食安全的现状

　　根据联合国粮食及农业组织的统计数据,中国粮食安全的主要指标大都高于世界平均水平,个别指标接近甚至超过发达国家平均水平。在生产方面,中国人均食品产值比世界平均水平高出15%,食物自给率比世界平均水平高出16%(也高于发达国家水平);在食物营养供给方面,人均能量供应和蛋白供应分别比世界平均水平高8%和18%,平均膳食能量供应充足率比世界平均水平高3%;考虑分配等因素之后,最终的营养不良人口发生率也低于世界平均水平[1]。英国经济学人智库在2013年发布的《全球粮食安全指数报告》中指出,中国在全球107个参评国家中位居第42位,被列入"良好表现",是为数不多的粮食安全水平超越其社会富裕程度的国家之一。近年来,我国粮食安全水平不断提升,我国粮食安全在供给、分配、消费、营养、脆弱性等方面皆有明显改善,特别是在生产方面,中国粮食生产增长速度远高于世界平均水平和发达国家平均水平;在粮食生产水平、自给率和营养供给总量等方面,与世界平均水平相比,具有明显优势。

　　(一)粮食供给能力

　　在粮食安全中,粮食供给具有决定性作用,是确保人们获取充足食物的前提条件。衡量粮食供给状况的指标主要有粮食总产量、人均粮食产量、人均蛋白质供应量、膳食能量供应量和粮食自给率等。

　　第一,粮食总产量。2004—2015年,我国粮食产量实现了12年的连续增长,2013—2017年,我国粮食总产量持续保持在6亿吨以上。在我国,粮食包括谷物、薯类和豆类,谷物又包含稻米、小麦、玉米、高粱、谷子及其他杂粮。构成我国粮食总产量的主要是谷物,平均占90%左右(高的年份达到92.1%,低的年份为86.9%)。相对于以薯类为主的粮食结构,谷物具有更高的粮食安全水平,因为谷物具有更高的营养价值。

第二,人均粮食产量。人均粮食产量更能准确衡量人们的粮食安全水平,人均粮食产量越高,人们的粮食安全就越有保障。自 2010 年我国人均粮食产量达到 409 千克以来,我国人均粮食占有量一直保持在 400 千克以上,2015 年更是达到 453 千克,高于联合国粮食及农业组织确定的人均粮食年占有量 400 千克的安全标准。

第三,人均蛋白质及能量供应量。从人均蛋白质及能量供应情况看,我国人均蛋白质每天的供应量持续增加,2014—2016 年与 1990—1992 年相比已增长了 50.8%,达到 98 克/(人·天)。虽然与发达国家的平均水平相比还有一定的差距,但差距正在逐渐缩小;与发展中国家和世界平均水平相比,我国人均蛋白质供应量明显较高,而且高出的幅度正日益增大。

第四,膳食能量供应量和人均膳食能量供应充足率。联合国粮食及农业组织认为,膳食能量供应量(DES)指标能更全面地衡量粮食供应情况。一般认为,DES 超过 2200 大卡,粮食安全水平较高;DES 在 1800～2200 大卡之间,为轻度粮食不安全;在 1600～1800 大卡之间为中度粮食不安全;不足 1600 大卡为极端粮食不安全。1990—1992 年我国每人每天膳食能量供应量为 2475 大卡,2014—2016 年增加到每人每天 3146 大卡。我国膳食能量供应量一直高于发展中国家平均水平,1990—1992 年高出 2.5%,2014—2016 年高出 13%。与发达国家平均水平相比,我国还有一定差距,但差距正逐渐缩小,1990—1992 年仅为发达国家的 76%,到 2014—2016 年增长为 92.6%。人均膳食能量供应充足率是人均膳食能量供应量占人均膳食能量需求量的比重,是通过供应和需求的比较反映粮食安全的,具有全面性。该比值越大,表明粮食供应越充足,粮食安全状况越好。目前,我国人均膳食能量供应充足率,不仅超过发展中国家平均水平,还逐渐接近发达国家平均水平。2014—2016 年我国膳食能量供应充足率为 129%,高于发展中国家的 120%,但低于发达国家的 136%。

第五,粮食自给率。从粮食自给率或粮食外贸依存度来看,我国谷物的自给率除少数年份外,均超过了 90%;而且多数年份,特别是 2005 年之后基本维持在 100% 以上,表明我国谷物的对外依存度较低,实现了完全或基本自足。从大豆的自给率来看,1997 年之前,我国大豆自给率基本在 90% 以上,多数年份超过 100%;但 1997 年之后,大豆自给率持续下降,到 2016 年仅为 13%,对外依存度达到超高水平。由于我国粮食中最主要的构成是谷物,大豆在我国粮食总供应量中的比重很小,只占 3%～4%,而且大豆主要是用于榨油和作饲料,因此,大豆自给率对我国粮食安全的影响较小。

(二)粮食获取能力

第一,粮食购买能力。

粮食供给充足是粮食安全的根本保证,但有充足的粮食供给并不能保证每个人都能获得粮食,只有每个人都获得了足够的粮食,才能进一步地充分保证粮食安全的实现。粮食获取能力主要是通过市场购买能力来体现的。粮食市场购买能力又取决于人们的收入和粮食的价格,收入越高,粮价越低,购买能力则越强。居民收入水平可以用人均国内生产总值表示,我国人均 GDP 由 1990 年的 1653.5 美元持续增加到 2015 年的 7904 美元,年均增长 9%。1990 年只有世界平均水平的 18%,2015 年已经达到世界平均水平的 93%。从 2007 年开始,我国人均 GDP 超过发展中国家平均水平,2015 年达到发展中国家平均水平的 1.4 倍;1990 年仅相当于发达国家平均水平的 6%,2015 年已达到发达国家平均水平的 36%。由此可见,从收入水平方面衡量的我国居民购买能力正逐年上升,而且上升的速度快,已远超发展中国家,与发达国家的差距正逐渐缩小。

从食品价格水平指数看,我国国内食品价格水平指数一直比较稳定,并明显低于发展中国家平均水平。综合我国人均收入水平和粮食价格,我国居民的粮食购买能力明显高于发展中国家平均水平。

第二,粮食不足发生率。

粮食不足人口数量和粮食不足发生率可以反映整个国家居民的粮食获取结果。根据联合国粮食及农业组织的标准,粮食不足发生率就是粮食不足人口占总人口的比重,该比值低于 5% 时,表示低度粮食不安全;在 5%~10% 之间为中度粮食不安全;在 10%~20% 之间为较严重粮食不安全;在 20%~35% 之间为严重粮食不安全;大于或等于 35% 为极度严重粮食不安全。我国粮食不足人口数量整体上呈不断减少趋势,由 1990—1992 年的 2.89 亿减少到 2014—2016 年的 1.34 亿。我国粮食不足发生率由 1990—1992 年的 23.9% 下降到 2014—2016 年的 9.3%,这表明我国处于中度粮食不安全状态。我国粮食不足发生率低于发展中国家水平和世界平均水平,表明我国粮食安全状况好于发展中国家平均水平和世界平均水平。发达国家的粮食不足发生率一直处于 5% 以下,这说明我国与之还有较大差距。

(三)粮食安全的稳定性

粮食安全具有一定脆弱性,主要是受一些不确定性因素的影响,如自然灾害、战争、粮价波动等都会导致粮食不安全风险的加重,粮食危机和饥荒是粮食安全不稳定性的重要表现形式。粮食安全的稳定性问题是由粮食安全的脆弱性引起的,1943 年发生在南亚的孟加拉国饥荒、1959—1961 年我国三年困难时期发生的大饥荒、1968—1973 年撒哈拉地区的饥荒都是粮食安全不稳定性和脆弱性的重要体现。对于粮食安全稳定性的测量,可以从粮食供给稳定性、有效灌溉面积所占比例、恶劣天气自然灾害发生频率、粮食价格波动率、粮食产量波动率以及粮食进口依存度等方面进行测度。从供给的角度看,我国粮食供给能力不断增强,粮食供给无论是数量还是质量,都保持了良好的稳定性。近年来,极端恶劣的自然灾害频发,使得粮食安全脆弱性与气候极端变化间的联系日益加强,极端天气导致环境脆弱地区的粮食产量和人们的收入均出现大幅下降,粮食不安全的风险急剧增加。但在粮食安全稳定性维度方面,我国耕地中有效灌溉比重明显高于世界平均水平,也明显高于发展中国家的平均水平,能较好地保障粮食产量的稳定性。

以上分析说明,我国的粮食安全无论是从供给度、获取度看,还是从利用度、稳定度看都具有良好的保障。粮食安全的总体状况明显提升,已经超过发展中国家平均水平和世界平均水平,与同为发展中国家的其他人口大国相比也具有一定优势,不过与发达国家平均水平相比还有一定差距,但差距正在不断缩小[2]。

二、我国粮食安全面临的新挑战

改革开放四十年来,我国农业发展取得了举世瞩目的成就,除大豆、棉花及食糖等之外的主要农产品都保持了较高自给率,重要农产品人均占有量显著提高。然而,在工业化、城镇化进程加快的背景下,新时期我国农业生产成本快速上涨,水土资源和环境约束加剧,农产品供需结构性矛盾突出,农业特别是粮食产业发展仍面临着一系列严峻挑战,这主要表现为"六个并存"和"三个难以持续"。

(一)粮食产业面临的"六个并存"

第一,农产品需求刚性增长与资源硬约束趋紧并存。20世纪90年代中后期,我国粮食生产快速增长,而消费升级较慢,出现过短暂的总量平衡、丰年有余的情况,但这种供求格局现在已经改变。从总量看,现在已经有缺口,未来缺口还会继续扩大。预计到2020年,粮食需求总量大约在1.4万亿斤,按照目前1.2万亿斤的产量基数和95%的基本自给率,要保持年度产需基本平衡,每年粮食至少要增产200亿斤。导致粮食需求增长的因素有:

一是人口不断增长。我国人口基数大,未来一段时期,我国人口仍以每年700多万的速度在增长,若按每人年均消费口粮200千克计算,粮食消费需求净增140多万吨。

二是居民膳食结构的不断提升。随着城乡居民人均可支配收入的大幅增加,生活水平不断提高,膳食结构也在不断改善,其结果是谷物的直接消费总量呈现下降趋势,肉、禽、蛋、奶类消费呈现持续增长的趋势。居民膳食结构的改变和对动物性产品需求的不断增加,会刺激饲料粮的需求持续增加,肉、禽、蛋、奶类消费的持续增长意味着需要更多的粮食来转化[3]。

三是城镇化加速推进。目前,我国城市化率达到 57%,意味着超过一半的人口已经生活在城市,预计到 2030 年,城市化率将达到 68%,每年新增城镇人口1000 多万[4]。城镇居民对非主粮食物的消费快速增长,也对非主粮食物的消费产生新的增量需求。根据国家统计局 2012 年的调查,2011 年农民的人均消费成品粮为 120 千克,城镇居民人均成品粮消费比农民低 1/3,约为 80 千克。但是其他消费的所有农产品,城市居民都明显高于农民,新鲜蔬菜高出 28%,食用植物油高出24%,肉类高出 56%,家禽高出 136%,禽蛋高出 87%,水产品高出 2 倍以上。因而,随着我国城镇化建设的加速推进,对非主粮食物的消费需求将进一步增大。

四是基于确保国民营养发展的需要。根据《中国食物与营养发展纲要(2014—2020 年)》确立的食物消费量目标来看,到 2020 年,全国人均全年口粮消费 135 千克、食用植物油 12 千克、豆类 13 千克、肉类 29 千克、蛋类 16 千克、奶类 36 千克、水产品 18 千克、蔬菜 140 千克、水果 60 千克。要实现这一目标,必须扩大养殖业规模,单位肉、蛋、奶、水产品的耗粮还会有所增加,对应基本营养需求的人均粮食需求量也将相应提高[5]。此外,随着制药、化工、酿酒等工业的发展,玉米等农产品的加工转化需求量明显增加,工业用粮量也在快速增长。这些因素都导致粮食需求总量进一步扩大,对粮食安全产生了威胁[6]。

同时,耕地、水资源约束持续加剧。我国人多地少水缺,人均耕地、淡水分别仅为世界平均水平的 40% 和 25%。随着工业化、城镇化的快速推进,每年要减少耕地 600 万～700 万亩,城市生活用水、工业用水和生态用水都要挤压农业用水空间。为了保护和恢复生态环境,还要适度退耕还林还草。需求增长、资源减少,将使粮食等农产品供求长期处于"紧平衡"状态。

第二,农产品供求总量平衡与结构性紧缺并存。粮食安全的结构性问题主要体现在品种结构和区域结构两个方面。从品种结构看,现在一些品种缺口较大,未来缺口还会继续扩大。最为典型的是大豆缺口逐年加大,大豆进口的依赖性不断增强。从区域性结构看,不同地区间的粮食供求矛盾明显,粮食主产区与主销区间的自给能力差异显著。据测算,上海、北京的粮食自给能力最低,近 90% 的粮食要靠调入;天津、广东、浙江等粮食产需缺口较大,只能自给 1/3,2/3 的粮食需依靠其他省份供给;西部地区受限于地理条件,粮食生产能力薄弱,仍需外省粮食供应;山东、辽宁、四川、湖北、湖南等虽然是粮食主产区,但粮食需求也较大,主要立足于自给自足、品种调剂;而黑龙江、吉林、内蒙古、河南则是主要粮食输出大省,粮食产量远高于自身需求量。进一步分析发现,商品粮的主产区越来越向水资源更为短缺的北方地区集中,"北粮南运"的格局进一步强化,使北方地区粮、水、土资源地域组合不相匹配的矛盾更加尖锐,北方地区水资源短缺问题将更加严重。而品种结构和区域结构平衡问题又起着叠加的效应。因此,从长远来看,结构性问题最终会因供求关系紧张而影响我国的粮食安全[7]。

第三,农业生产成本上升与比较效益下降并存。多年来,国家采取了很多措施,如出台"四补贴"、重点粮食品种最低收购价和临时收储等政策,解决粮食效益低的问题,但成本上涨、效益下降的局面仍未根本改变。从生产成本看,我国农业日益显现"高成本"特征。这些年农资价格、土地租金、人工成本等生产要素都在上涨,特别是过去忽略不计的人工成本快速上涨,农业生产成本持续提高。从种植收入看,比较效益偏低并呈下降趋势。多数地方,一亩粮田的纯收益只有二三百元,农民说:"辛辛苦苦种一亩田,不如外出打几天工。"这将影响农民的生产积极性。

第四,农村劳动力结构性短缺与家庭小规模经营并存。家庭承包经营是我国农村的基本经营制度,这符合我国国情和农业生产特点,具有广泛的适应性和旺盛的生命力。

随着农村劳动力大量向非农产业转移,农业兼业化、农村空心化、农民老龄化的问题日趋严重。农业劳动力结构性短缺,"谁来种地"的问题日益突出。全国农民工达到2.7亿人,一些地方农村劳动力外出务工比重高达70%～80%,在家务农的劳动力平均年龄超过55岁。到2020年,我国城镇化率将达到60%,比2013年提高6.3%,农村劳动力加快转移,结构性短缺将更加突出。土地经营规模小,"怎么种地"的问题日益突出。目前,我国农业人口人均耕地2亩多,几乎是世界上最少的,大约是美国的1/200、阿根廷的1/50、巴西的1/15、印度的1/2。我国现有承包农户2.3亿户,在今后相当长一段时期内,广大承包农户仍将是我国农业生产经营的重要主体,小规模经营的格局不会发生根本性改变。

第五,基础设施薄弱与自然灾害频发并存。近几年,国家持续加大投入,实施新增千亿斤粮食生产能力规划,加强高标准农田建设,为粮食连年增产发挥了重要作用。但农业基础设施薄弱的问题仍未得到根本改善,抵御灾害的能力仍然较弱。一方面,农田设施老化。目前,全国大型灌区骨干工程完好率为60%,中小灌区干支渠完好率仅为50%左右,大型灌溉排水泵站老化破损率达75%左右。特别是田间渠系不配套,"毛细血管"不通畅,农田灌溉"最后一公里"薄弱,一些地方"旱不能浇、涝不能排"的问题突出。另一方面,气象灾害和生物灾害频发。这些年,极端天气越来越多,突发性、暴发性灾害多发。2000年以来,全国平均每年因自然灾害损失粮食400多亿公斤。

第六,粮食数量可观与质量不高的现象并存。2010年,我国人均粮食占有量达到409千克,从2010年到现在,我国人均粮食占有量一直维持在400千克以上,最高年份是2015年,达到453千克,超过了国际公认的安全标准,但我国粮食安全的质量不高也是客观存在的。中国粮油信息网曾报道,我国有3.6万公顷耕地重金属超标,由此每年造成被污染的粮食高达 1200 万吨。2007 年,南京农业大学教授潘根兴和他的研究团队,在我国华东、东北、华中、西南、华南和华北六区的县级以上市场随机采购 91 个大米样品,结果表明,10% 左右的市售大米镉含量超标;2008 年 4 月,潘根兴研究小组从江西、湖南、广东等省农贸市场随机取样 63 份,实验结果是,60% 以上大米镉含量超标。

(二)粮食产业面临的"三个难以持续"

第一,农产品供需结构性矛盾突出,全面保障"粮食安全"难以持续。随着居民收入水平的提高和城镇化的快速推进,我国居民食物消费发生了显著变化。畜产品、水产品和蔬菜水果等高附加值农产品占食物消费的比例持续快速增长,而人均大米、小麦等谷物消费呈现稳定下降趋势。同时,随着我国水土资源制约愈加明显,以及劳动力成本快速上涨等因素影响,国内农产品供给,特别是土地密集型农产品难以满足国内日趋多样化的消费需求,农产品供需结构性短缺问题日益凸显。同时,近年来,我国农产品的进口压力不断增加,进口数量也持续增加。21 世纪以来,随着需求增长超过生产增长,我国逐渐由粮食净出口国转变为粮食净进口国,且净进口量不断上升,尤其是 2010 年以来,我国三大主粮均需进口,并不断成为常态。2014 年,我国稻谷、小麦和玉米产品的净进口量分别达到 341 万吨、238 万吨和 303 万吨,三大主粮净进口总量达到 882 万吨;自 2000 年以来,我国油料作物中除花生保持出口外,大豆和油菜籽都需进口。大豆产量呈波动递减趋势,进口量逐年增加,2013 年大豆净进口量高达 6338 万吨,占国内大豆消费总量的 80% 以上;从 1994 年开始,我国成为油菜籽净进口国,2006 年开始进口量逐年增加,2009 年我国油菜籽净进口量就创下历史最高纪录,达 328 万吨,到 2013 年我国油菜籽净进口量达到 293 万吨。

第二,国内农业支持和补贴政策难以持续。为了保持国内较高水平的"粮食自给率",我国政府持续增加农业补贴,并通过提高最低收购价和增加临时储备等政策刺激国内农业生产。然而,新时期这些支持政策却面临着很大的困境。一方面,国内支持和保护政策导致国内农产品价格持续走高,继续提高国内农产品价格已经面临国际价格"天花板"效应。尤其是 2012 年以来,国内三大主粮的市场价格均高出国际市场的价格,且国内市场与国际市场的"价格差"呈现继续扩大的态势。三大主粮的国内价格持续走高,不仅使得国内农产品价格上升空间有限,还对农业产业的安全造成威胁。另一方面,国内农业生产补贴面临 WTO"黄箱政策"限制,进一步提高补贴的空间已经非常有限。未来国际农业贸易谈判还将要求各国进一步削减对农业"黄箱补贴"的支持总量,甚至对单个农产品补贴额度设定支持上限。

第三,农业水土资源高强度利用,农业可持续发展难以保障。为了保障国内较高水平的"粮食自给率",我国农业在"高补贴、高投入"发展的同时,却忽视了水土资源利用和环境的可持续性。过度刺激农业生产使得粮食生产的环境负效应日益凸显,化肥、农药和农膜过量使用,畜禽粪便大量排放已经严重威胁我国农业的可持续发展。以化肥为例,我国化肥施用量已经超过经济意义上的最优边际施用量,并给农民带来经济效益上的损失。过量施用化肥尤其是氮肥,会通过多种途径对环境造成破坏,进入土壤后,会造成土壤酸化,降低耕地的生产能力;溶淋渗入地下后会污染地下水,被地表径流带走后会造成水体富氧化问题;通过化学反应挥发进入空气中,造成温室气体含量上升;过量氮肥携带的重金属会污染土壤,进而引发食品质量安全问题。如何在促进农业生产的同时保护生态环境、促进农业可持续发展已经成为迫切需要解决的问题。

三、新时代中国粮食安全战略

(一)国家粮食安全新战略的确立及其意义

2013 年年底召开的中央经济工作会议,提出了"以我为主、立足国内、确保产能、适度进口、科技支撑"的新形势下国家粮食安全战略,并将其作为 2014 年经济工作的首要任务。紧接着召开的中央农村工作会议,再次重申了国家粮食安全新战略,并将完善新形势下国家粮食安全战略作为首要工作加以部署。为什么在我国粮食连年增收和当前国际粮食市场价格低迷的背景下如此重视国家粮食安全?

新形势下,中央提出国家粮食安全战略,强调要牢牢地将中国人的饭碗端在自己手中,中国人的饭碗主要盛中国人自己生产的粮食,这一战略具有特殊的重要意义[8]。

第一,有助于更好地适应居民食物消费结构升级和满足人们生活水平提高的需要。按照全国人口年均增长率大约 0.5% 和总人口大约 14 亿,城镇化率大约 65% 和城镇人口大约 9 亿计算,到 2020 年,城镇居民家庭购买原粮为 7800 万~8300 万吨,城镇居民在外用餐中直接消费的口粮原粮 2400 万~2600 万吨;农村人口大约 5 亿,农村居民口粮消费总量 6500 万~7000 万吨;我国城乡居民生活水平提高所消费的肉、禽、蛋、奶、水产品所消耗的饲料粮总量可能超过 4 亿吨;我国城乡居民直接消费的口粮和间接消费的饲料粮可能超过 6 亿吨,再加上种子用粮、工业用粮和生产加工流通环节等不可避免的损耗,粮食消费和消耗总量可能接近 8 亿吨,需要国内形成大约 7 亿吨的生产能力和进口大约 1 亿吨的粮食。如此庞大的粮食消费、消耗规模,必须尽早谋划,才能做到主动。

第二,有助于避免在粮食连续多年丰收后出现粮食生产大滑坡的现象。当前我国粮食安全保障水平是历史最高的。2013—2017 年,我国粮食总产量持续突破 6 亿吨,粮食生产能力迈上新台阶,粮食库存充裕,粮食供给宽松。同时,国际粮食市场对我国进口也十分有利。但是,过去经验表明,我国粮食生产明显滑坡往往都出现在粮食增产后各地放松粮食生产的情况下。新形势下,面对国际国内粮食供给形势,提出要"以我为主",立足国内,保障粮食安全,对于各地继续抓好农业生产、保障粮食安全的指导意义是显而易见的。

第三,有助于处理好工业化和城镇化与粮食安全关系。我国正处于工业化中后期和城镇化快速发展的时期,经济建设不可避免地要占用耕地。一些地方受到土地财政的激励,长期低价征用农民土地,滥占耕地。还有一些地方,工业化相对发达,土地紧缺,由于耕地用于农业生产效益相对较低,于是总想方设法挤占耕地,或者占用良田补劣质农田以实现耕地总量平衡,这直接威胁粮食安全。节约土地,走新型工业化和城镇化道路,是我国地少水缺的基本国情下保障粮食安全的必然选择。

第四,有助于协调好当期和未来粮食安全。我们在充分肯定新时期粮食产量连续增长的同时,必须清醒地认识到我们为此付出的资源环境代价和农业生产资源利用的不可持续性。为了增产粮食,各地普遍过多地施用了化肥,还有一些地方开垦了山坡地。特别是长江三角洲、珠江三角洲等经济发达地区工业化水平提升了,粮食自给率却下降了,这些地方的粮食等农产品消费越来越依靠北粮南运。这种利用农业资源方式是不可持续的,这不仅威胁我们子孙后代的粮食安全,还削弱了农业生态功能,加剧了环境恶化。保障粮食安全,不能长期单纯地依靠北方,通过掠夺农业资源实现粮食增产。从长远来看,经济发达的长江三角洲、珠江三角洲等地也必须承担起粮食安全责任,加上适度进口等途径,缓解粮食主产区农业资源过度利用的压力。

第五,有助于粮食安全责任制的全面落实。《国务院关于建立健全粮食安全省长责任制的若干意见》是全面实施新的国家粮食安全战略的指导性、具体化行动指南,其操作性、可行性、长期性、实效性强。《国务院关于建立健全粮食安全省长责任制的若干意见》从粮食生产、流通、消费等环节进一步明确了各省级人民政府在维护国家粮食安全方面的事权与责任。这是国务院就全面落实地方政府粮食安全责任出台的第一个专门文件,也昭示了粮食安全省长责任制进入了新常态。目前省级层面的贯彻实施意见及考核办法已陆续出台,市、县级正在结合实际制定落实措施,中央到地方各级粮食安全责任体系即将形成,其粮食安全思路更加清晰,责、权、利、罚更加严明,层层抓落实更加主动,实施措施更加有力,为国家粮食安全责任制的全面落实提供了刚性政策保障[9]。

(二)国家粮食安全新战略的丰富内涵

我们要立足经济社会发展全局,深刻理解、准确把握"以我为主、立足国内、确保产能、适度进口、科技支撑"新的国家粮食安全战略的丰富内涵[10]。

第一，在战略立足点和发展目标上，始终坚持"以我为主、立足国内"。这是由我国的基本国情决定的。我国作为世界上最大的粮食生产国和消费国，受耕地、淡水等资源约束，粮食有缺口是客观现实，需要有效利用国际市场和国外资源。但十几亿中国人不能靠买饭吃、讨饭吃过日子。一方面，国际市场调剂空间有限。目前全球的粮食贸易量仅有 2500 亿～3000 亿公斤，不到我国粮食消费量的一半，大米贸易量 350 亿公斤左右，仅相当于我国大米消费量的 1/4，既不够我们吃，也不可能都卖给我们。另一方面，大规模进口不可持续。在粮食贸易上，我国的大国效应明显，买什么什么贵，卖什么什么便宜。如果我国长期从国际市场大量采购粮食，可能引起国际市场粮价大幅上涨，不仅要付出高昂代价，也会影响我国与一些发展中国家的关系。因此，只有立足于国内，保障 13 亿人口的吃饭问题才是可靠的。

第二，在战略着眼点和发展优先序上，始终坚持确保谷物基本自给、口粮绝对安全。过去我们强调保全部、保所有，这是当时历史条件下没有办法的办法。现在耕地只有这么多，需求又那么大，必须有取有舍，集中力量先保住最基本、最重要的。当然，首先是"保口粮"，其次是"保谷物"。大米、小麦是我国的基本口粮品种，全国 60% 的人以大米为主食，40% 的人以面食为主食，保口粮就是要保障稻谷、小麦的绝对安全，进口只能是品种调剂。保谷物主要是保稻谷、小麦和玉米，这三大作物产量占我国粮食总产量的 90% 左右。尽管玉米不是主要口粮，但玉米是重要的饲料粮和工业用粮，随着饲料需求的快速增长，进口比例可以稍微高一些，但也要做到基本自给。这样定位，绝不是减轻保障国家粮食安全的责任，绝不能误认为可以放松国内粮食生产，而是要合理配置资源，集中力量把最基本、最重要的保住。

第三，在战略和发展的着力点上，努力确保产能、强化科技支撑。我国粮食尽管实现了"十二连增"，粮食总产量连续五年保持在 6 亿吨以上，但我国粮食生产在很大程度上仍然要看"老天脸色"，粮食生产的稳定性、可控性还不高。提高粮食发展稳定性，最根本的是增强粮食综合生产能力。目前，我国中低产田占耕地面积的 2/3，有效灌溉面积仅占一半多。据专家测算，我们的高产田提质后亩产可提高 5%，中低产田改造后亩产可提高 20%，加起来就会新增生产粮食 500 亿公斤。近年来，我国农业科技取得了长足进展，2013 年农业科技进步贡献率达到 55%；我国农业生产方式已由传统的人力、畜力为主转向以机械作业为主，2013 年农作物耕种收综合机械化水平超过 59%，比 10 年前分别提高近 12% 和 27%。农业科技和机械化发展，为粮食连年增产提供了有力支撑，但与发达国家相比，我国农业科技水平差距还不小，潜力也不小。

今后要坚持走依靠科技进步、提高单产的内涵式发展道路，给农业和粮食插上科技的翅膀。因此，要提升我国粮食综合生产能力，实现确保产能，关键是做到"两藏"。

首先是"藏粮于地"。耕地是粮食生产的命根子，既要保证耕地数量，又要提升耕地质量。虽然第二次全国土地调查显示，耕地的账面数字有所增加，但耕地和产能还是那么多，实际并没有增加。对此，必须有清醒的"红线意识"，耕地红线要严防死守，农民可以非农化，耕地绝不能"非农化"。要采取强有力的措施，保持耕地面积基本稳定，划定永久基本农田，确保"有地可种"。要切实加强耕地质量建设。大兴农田水利，大力推广旱作节水农业技术，加强耕地质量建设与管理。应加大涉农资金整合力度，集中新增千亿斤粮食生产能力规划、农业综合开发、土地整治等项目资金，大力开展旱涝保收高标准农田建设。到 2020 年，全国要新建 8 亿亩旱涝保收高标准农田。

其次是"藏粮于技"。解决我国农业问题最根本的出路在科技，要更加重视和依靠农业科技进步，走内涵式发展道路，给粮食生产插上科技的翅膀；要深化种业科技体制创新，强化种子企业技术创新主体地位，加快推进制种育种基地建设，开展重点品种联合攻关，充分运用传统育种技术和现代生物技术加快良种研发，选育一批高产、优质、高效新品种；推进劳动过程机械化，生产经营信息化；要完善农机购置补贴政策，在粮食主产区推进水稻、小麦、玉米三大主粮全程机械化。我国农业信息化建设起步虽晚，但发展较快，前景广阔；要推动信息服务进村入户，直接面向农民开展政策、法律、市场、技术等全方位信息服务，发挥信息化对农业现代化建设的助推作用。

第四，在战略平衡点和发展策略上，适度进口农产品，用好国际、国内两种资源、两个市场。我国地不足、水不够、资源环境压力大，立足国内，并非所有粮食和农产品都要自给。为弥补部分国内农产品需求缺口，满足市场多样化的需求，适当进口，用好国际、国内两种资源、两个市场是我们的必然选择。一方面，要做好品种余缺调剂。我国强筋小麦、弱筋小麦、啤酒大麦等专用品种仍供不应求，需要通过适量进口来弥补国内不足。同时，还要进口一些国外特色调剂品种，以满足多样化的消费需求。另一方面，要做好年度平衡调节。战国时期，魏国丞相李悝就把"平籴法"作为变法的重要内容，实质就是调节粮食市场和价格，防止谷贱伤农、米贵伤民。农业受气候影响明显，年度丰歉常有，需要通过进出口和库存来调节。适应经济全球化进程，还需要统筹国际、国内两个市场，适量进口粮食来补充国内库存，减轻国内资源环境压力，但要把握好进口的规模和节奏，防止个别品种集中大量进口，冲击国内生产。

（三）国家粮食安全新战略与以往粮食安全战略的区别

1996 年发布的《中国的粮食问题》白皮书首次明确提出，"立足国内资源，实现粮食基本自给，是中国解决粮食供需问题的基本方针""中国将努力促进国内粮食增产，在正常情况下，粮食自给率不低于 95%，净进口量不超过国内消费量的

5％"。2008 年国务院审议批准的《国家粮食安全中长期规划纲要(2008—2020年)》重申,"粮食自给率稳定在 95％以上"。农业部制定发布的《全国种植业发展第十二个五年规划(2011—2015 年)》提出,"确保自给率 95％以上""水稻、小麦、玉米三大粮食作物自给率达到 100％"。可以说,"粮食自给率 95％以上",是主导我国粮食生产政策乃至耕地保护政策近二十年的重大方针。与这个方针相比,新的粮食安全战略是综合考虑我国未来粮食供求格局、农业资源环境承载能力,以及保持政策稳定性、连续性等因素后做出的重大战略决策,它既保持了必要的稳定性、连续性,又有新的发展[11]。

第一,"保"的范围有收缩。长期以来,我国统计口径中的"粮食"和我们所讲的粮食安全中的"粮食",是包括谷物、豆类、薯类在内的较为宽泛的概念。按这个口径,我国粮食自给率(国内产量占国内产量与净进口量之和的比率)2012 年已下降到 89％。这主要是由大豆进口快速增长造成的。而在 95％以上的粮食自给率目标已经失守且难以恢复的情况下,继续宣称这一目标,有损政府公信力。因此,中央明确提出,要进一步明确粮食安全的工作重点,合理配置资源,集中力量首先把最基本、最重要的保住,做到谷物基本自给、口粮绝对安全。相比以前笼统地要求粮食基本自给,把"保"的范围收缩为"谷物基本自给、口粮绝对安全",体现了实事求是、与时俱进的精神。

第二,"保"的要求有提高。在科学发展理念日益深入人心的时代背景下,即便是为了达到谷物基本自给、口粮绝对安全的新目标,也不能再走过去那种发展粮食生产的老路。中央明确提出了两个新要求:一是坚持数量质量并重。这意味着我们不仅要做到"量"上足够,还要做到"质"上让人放心。在今后的谷物和其他农产品生产过程中,要更加注重质量安全,注重生产源头治理和产销全程监管。二是坚持当前长远兼顾。这意味着我们不仅要努力提高当前的农业生产能力,还要提高农业可持续发展能力。过去那种为了增加农业生产而不惜陡坡开荒、超采地下水、侵占湿地、大量施用化肥农药等做法再也不能采用了。必须注重永续发展,转变农业发展方式。

第三,"保"的途径有变化。市场在资源配置中起决定性作用,在构建开放型经济新体制的时代背景下,保障国家粮食安全要更新理念、拓宽视野。在新的国家粮食安全战略中,不但首次将"粮食基本自给"调整为"谷物基本自给、口粮绝对安全",而且首次将"适度进口"视作粮食安全战略的重要组成部分。在提高国内产能的同时,积极参与国际贸易,广辟粮食进口渠道,这使我国粮食供给更加可靠、市场更加稳定。还要注意的是,与以前将粮食安全标准界定为"自给率 95％以上"不同,这次并没有为"谷物基本自给、口粮绝对安全"给出一个量化概念。这么做是有其战略考虑的。在 WTO 规则的约束下,我国谷物和口粮的自给率究竟能达到多少,尽管与关税配额管理和"黄箱政策"运用有关,但从根本上说,取决于国内外生产成本和价格的比较。我们只能通过推动国内农业生产基础设施建设、农业科技进步、农业经营规模扩大,尽可能放缓国内农业生产成本的上涨速度,尽可能保持国内稻谷和小麦生产的比较优势。

第四,"保"的责任有调整。为实现"谷物基本自给、口粮绝对安全",无疑需要更好发挥政府作用。自《国务院关于深化粮食购销体制改革的通知》(国发〔1994〕32号)首次提出实行"米袋子"省长负责制以来,要求省级政府把当地粮食平衡的责任担起来,实现区域粮食平衡,这就成为我国粮食政策的重要组成部分。根据这个政策,省级政府对当地的粮食生产、收购、销售、省际流通、市场管理、储备和吞吐调节等各个方面全面负责,保证粮食的正常供应和价格稳定;为实现地区粮食平衡,调控地区粮食市场,粮食产区要建立3个月以上粮食销售量的地方储备,销区要建立6个月的粮食销售量的地方储备,以丰补歉,确保供应。在特定历史条件下形成的这套制度安排曾发挥过积极作用,但随着全国粮食市场一体化程度的提高、中央对粮食市场调控能力的增强,这套制度安排也逐步暴露出深层次的矛盾和问题。在新的时代背景下,政府与市场、中央与地方各自的作用边界需要重新划分。这次中央明确提出,中央和地方要共同负责,中央承担首要责任,各级地方政府要树立大局意识,增加粮食生产投入,自觉承担维护国家粮食安全的责任。明确"中央承担首要责任",是对"米袋子"省长负责制的重大完善,有利于形成全国统一的粮食市场。当然,这必须对中央和地方各自应承担的职责进行更清晰的界定。

四、国家粮食安全新战略的实施路径

新形势下,中央已经对国家粮食安全战略进行了重新总体设计。未来必须围绕尽快构建国家粮食安全新战略体系,做好任务落实、长远规划和政策调整,确保国家粮食安全保障水平进一步不断提高,为我国经济社会发展奠定更加坚实的基础。

(一)实施国家粮食安全新战略,必须树立新的粮食安全观

树立新的国家粮食安全观,具体来讲,就是要实现"六个转向"[12]。

第一,从传统"粮食安全观"转向"食物安全观"。国家粮食安全新战略缩小了保障的范围,即集中力量保障口粮的绝对安全和谷物的基本自给,不再强调以前较为宽泛的既包含谷物又包含豆类、薯类等在内的粮食统计口径。同时,强调食品生产的质量与数量并重,更加关注食品质量安全,以及强调兼顾当前与长远发展。随着我国城乡居民消费水平不断提高和食物需求多样化的发展,粮食在食物消费中的比例持续下降。如果从国家战略的角度上继续强调"粮食安全",而不从更大的

范围保障居民的"食物安全",不利于我国农业产业结构的优化调整,长期下去将导致食物生产和需求脱节。从国际经验来看,欧洲国家和地区主要是确保本国关键农产品的稳定供给,日本等国只确保本国稻米保持较高的自给率,将其他农产品的进口基本放开。

第二,从单纯强调粮食数量安全转向强调粮食数量安全、质量安全、结构安全、生态安全和产业安全的多维安全。因为新时代的粮食安全不单单是粮食数量安全的问题,而是一个包含粮食数量安全、质量安全、结构安全、生态安全和产业安全的系统性安全问题。

第三,从单纯注重粮食生产安全转向注重全粮食供应链安全。因为粮食供应是一个连接粮食生产、储存、运输、流通、加工和消费等多环节、多主体、多区域的完整体系,是粮食相关产业以共生、协同、增值、共赢为核心组成的大系统,也是一种更为综合、更为系统、全方位、多层次的粮食安全。

第四,从单纯注重粮食供给转向注重社会人群尤其是弱势群体的粮食获取能力建设。粮食安全的本质是既要确保粮食供应充足,又要保证任何人在任何时候都有能力得到足够的粮食,关注社会人群尤其是社会弱势群体的粮食获取权及由此决定的粮食获取能力问题。提高粮食获取能力,则需要我们从降低贫困、努力增加就业、建立覆盖城乡的社会保障制度、提高低收入者的家庭购买力、稳定粮食价格、建立健全的运输与市场设施及粮食分销体系等方面做出努力。

第五,从强调农产品的"政府保护"转向"依靠市场、政府调控"。在传统"粮食安全观"的指导下,我国政府对农产品采取了"高保护"的政策措施:在国内,不断提升对农产品的价格支持;在国际贸易中,限制主要农产品的大规模进口。政府对农产品市场的过度干预不仅限制了市场发挥基础性的调节作用,也给财政带来了较大压力。粮食安全新战略强调市场在资源配置中的决定性作用,政府应当减少对农产品市场的过度干预,而增强政府对农产品市场的调控能力。

第六,从强调"粮食自给率"转向统筹国内、国际两种资源和两个市场,保障"食物自给能力"。粮食安全新战略拓宽了保障国家粮食安全的途径,将"粮食基本自给"调整为"谷物基本自给、口粮绝对安全",首次提出通过"适度进口"作为粮食安全战略的重要组成部分,能够有效地保障"食物自给能力"。部分学者担心国际环境动荡会影响我国的"食物安全",然而在目前的国际环境下,发生大规模战争和贸易禁运的可能性较小,而且战争和贸易禁运发生之前会有至少几个月甚至几年的准备期间。因此,如果我国保持一定的耕地数量且确保这些耕地能够在较短的时间转变为口粮生产,则可以有效保障非和平时期的国家"食物安全"。同时,从国内资源对粮食增产约束和粮食生产资源可持续利用来看,需要具备统筹国内、国际两种资源和两个市场的大视野。特别是在经济全球化、贸易自由化的时代,依靠国内、国际两种资源和两个市场无论如何比只依靠国内资源和市场更能保证国家粮食安全。

(二)实施国家粮食安全新战略,必须建立健全粮食安全的层级责任机制

建立健全粮食安全的层级责任机制,是实施新常态下粮食安全战略的重要保障。中央政府在保障国家粮食安全中承担首要任务,在调控粮食市场、建立粮食主产区利益补偿机制和保护调动农民种粮积极性等方面发挥重要作用,并加强督促检查,确保地方政府切实履行粮食安全责任。过去,国家粮食安全的重任主要由中央政府和粮食主产区地方政府承担。未来粮食主销区也应负起责任,要在确保一定的粮食自给率、到主产区建设粮食生产基地、增加粮食库存等方面发挥积极作用。加强责任考核和追究,切忌"米袋子"省长负责制落空。除了督促粮食主销区现有的粮食自给率原则上不下降以外,还要督促检查粮食主销区按照有关规定储足粮食。

实施国家粮食安全新战略,必须认真贯彻落实《国务院关于建立健全粮食安全省长责任制的若干意见》,建立粮食安全目标任务清单,实行挂图作战、跟踪督办、限时完成,对不重视、不落实、不负责造成粮食安全事故的实行"零容忍",让各级政府真正承担起应有的责任,建立健全组织领导制度和工作制度,主要领导承担起第一责任人的责任,构建层层分工负责、上下齐抓共管的工作格局。全面落实粮食安全行政首长层级负责制,确保粮食安全"零风险"。作为粮食部门更要高度重视,树立危机意识、责任意识、大局意识、担当意识,在领导精力上、组织保证上、力量投放上加大工作力度。各部门要紧扣建立健全粮食安全省长责任制的重大意义、科学内涵、工作措施等内容加强舆论宣传,为贯彻落实粮食安全省长责任制营造良好氛围。加强与相关部门的沟通协调,积极推动建立部门工作协调机制,努力凝聚最大共识,取得最大公约数,积极争取人、财、物方面的支持,建立健全相关配套措施,形成落实粮食安全责任制的合力,从而切实把抓好粮食生产、流通的任务和责任记在心上、扛在肩上、落到实处。

(三)实施国家粮食安全新战略,必须确保产能,夯实粮食生产基础

第一,更加严格地保护耕地资源和淡水资源。"以我为主、立足国内、确保产能"的核心是稀缺土地和淡水资源的保护和改善。坚守 18 亿亩耕地红线,不仅要守住 18 亿亩耕地数量不能减少,还要保证耕地质量能够不断提高。无论什么地方,城镇建设和工业发展都不能以任何借口在划定的永久基本农田上打主意,坚决杜绝在城镇建设用地增减挂钩和土地整治中以劣质耕地替代良田的情况继续发生。

第二,进一步加强农业基础设施建设。农业基础设施是提高农业抗灾能力的重要途径。多年来,我国的农业基础设施建设投入严重不足,严重影响农业防灾、抗灾、减灾能力,制约我国农业生产的稳定发展。农业基础设施建设需要的投入庞大,关键要完善投入机制,改进配套投资政策。针对我国农业基础设施薄弱环节,要重点加强农田水利设施建设,加强中低产田改造。要以财政投入为主,并引导金融资本和社会资金,积极推进高标准粮田建设和农田水利建设。加大技术、水利、服务等投入力度,优化水资源空间格局,增加水环境容量,着力建成一批集中连片、旱涝保收、稳产高产、生态友好的高标准农田,着力提高土地生产率和水资源利用率。

第三,处理好与城镇化的关系,促进农业集约化发展。新型城镇化应该是人的城镇化,是缩小城乡差距,在公共服务上实现均等化,而不是大拆大建,单纯的土地的城镇化。可以说,新型城镇化与农业现代化,与保守耕地数量、保障粮食安全不是对立的、矛盾的,而是相辅相成的。城镇化将促进农业经营规模的扩大,提高农业劳动生产率,有利于农业集约化发展,这关键取决于农业经营制度的变革。

第四,构建新型农业经营体系,更加注重生产优质安全的农产品。这就需要培育出一批专业大户、家庭农场、合作社和涉农企业等新型主体。在实际的粮食生产中,同一地方不同经营主体生产粮食的单产水平存在着明显差异。比较而言,规模化和专业化种粮的农户粮食单产水平明显要高。黑龙江和山东等地粮食种植大户的单产水平普遍高于一般农户 10% 以上。培育新型农业生产经营主体,需要政府加大农民培训,在鼓励支持发展农业生产中成长。培育新型农业生产经营主体,必须有序稳妥推进农村土地流转。土地流转是一种经济行为,政府不能盲目地强制农村土地流转,更不能将农村土地流转规模大小作为政绩考核的标准之一,而应着重培育农村土地流转市场,提高农村土地配置的效率,尊重农民有偿流转土地的意愿,依法维护农民土地承包经营权,使流转土地的农民无后顾之忧,长期稳定农村土地承包关系和流转关系。在推进农村土地流转过程中,必须遏制流转土地的"非农化""非粮化"现象。

第五,推进循环农业,保护土壤养分[13]。农作物生长需要优质的土壤,只有肥沃的土地,才是人类永久的财富。目前我国对农作物施用大量的化肥,全国氮肥利用率仅有 30%~40%,致使上千万吨的氮元素流失到农田之外,造成了严重的环境污染。由于长期过量使用化肥,只增加成本不增加产量,造成农产品品质低劣,农民收入增长缓慢甚至收入降低。过量使用化肥,就会使化肥迁移至周围的土壤中,使河流湖泊呈富营养化状态,导致藻类滋生;大量的化肥消耗煤炭、磷矿石、硫资源,对我国环境和能源都会造成巨大的危害,使我国农业发展面临着高投入、低产出、低效益、生态退化、环境恶化等问题。按照循环经济发展理念,最大限度地利用各种农业传统的废弃物,完成废弃物资源再生产和再利用过程的转化,减少对环境的危害。按照物质流动的方向组成产业链条,实现物质循环、能量流动、信息传递、价值增值。利用多层次、多环节的物质和能量转化把废弃物重新用于农业,使各种废弃物携带的营养又重新归还土壤。通过合理的生态系统和高效的生态技能进行能量转化和物质循环,促进生态平衡,促进物种的多样性和资源的可持续利用。

第六,布局建设 7 个国家层面限制开发的农产品主产区。按照国家主体功能区规划,从确保国家粮食安全和食物安全的大局出发,充分发挥各地区比较优势,建设以"七区二十三带"为主体的农业战略格局。构建以东北平原、黄淮海平原、长江流域、汾渭平原、河套灌区、华南和甘肃、新疆等农产品主产区为主体,以基本农田为基础,以其他农业地区为重要组成的农业战略格局。东北平原农产品主产区,要建设优质水稻、专用玉米、大豆和畜产品产业带;黄淮海平原农产品主产区,要建设优质专用小麦、优质棉花、专用玉米、大豆和畜产品产业带;长江流域农产品主产区,要建设优质水稻、优质专用小麦、优质棉花、油菜、畜产品和水产品产业带;汾渭平原农产品主产区,要建设优质专用小麦和专用玉米产业带;河套灌区农产品主产区,要建设优质专用小麦产业带;华南农产品主产区,要建设优质水稻、甘蔗和水产品产业带;甘肃、新疆农产品主产区,要建设优质专用小麦和优质棉花产业带[14]。

(四)实施国家粮食安全新战略,必须更加重视农业科技创新

据统计,2013 年我国科技进步对农业增长的贡献率提高到 55%,良种覆盖率超过 96% 以上,主要农作物耕种收割综合机械化率近 59%,科技进步已然成为提高粮食产量和农业综合生产能力的关键性措施。然而对比发达国家的 70%～80% 的农业科技贡献率,特别是德国、英国、法国等已经超过了 90% 的农业科技贡献率,我国还有很大的提升空间。我国农田灌溉水有效利用系数和水分生产率仅相当于世界先进水平的 60% 左右。所以,农业科技创新是保障新形势下国家粮食安全的根本途径。

(五)实施国家粮食安全新战略,必须切实保护好农民种粮积极性

谁来种粮? 怎么种粮? 核心是要让农民的粮食生产有利可图。目前,我国已经全面取消农业和粮食生产各种税费,建立了粮食直补、农业生产资料综合补贴、良种补贴和农机购置补贴等政策,以及对产粮大县的财政奖励政策、农业防灾减灾稳产增产的关键技术补助政策、重点粮食品种最低收购价和临时收储政策。这些政策措施效果明显,需要坚持。针对我国一些地方向农民种粮计发补贴与农民生产粮食实际还不够紧密的问题,未来在稳定农业补贴存量的同时,新增农业补贴需要向粮食主产区、种粮大户等新型粮食生产经营主体倾斜。我国实施的粮食托市收购政策,对于防止粮价过度下跌和稳定粮食市场起到了重要作用,但是也带来了严重扭曲粮食市场价格的弊端。未来我国必须探索建立起既能够保护农民种粮积极性,又不扭曲粮食市场价格,还符合 WTO 规则要求的农业支持保护的政策体

系,其中目标价格和差价补贴或者目标价格保险是重要的调整方向。

（六）实施国家粮食安全新战略,必须着力存量调整和增量做优,有效提升粮食流通效率

第一,结合全国各地经济发展阶段、未来发展趋势和粮食需求等因素,着力存量调整和增量做优,合理安排各地区的年度土地利用计划,努力实现国土资源供给与粮食需求间的动态平衡。

第二,不断深化粮食流通体制改革,打破限制现代粮食流通贸易壁垒和技术垄断,建立高效的市场调控体系和流通体系,促进国内国际粮食生产流通要素有序流动,重点支持一批大型粮食企业强强联合、兼并重组和多边合作,有效提升我国粮食企业国际话语权。解决好目前粮食流通设施不完善、粮食流通主体不活跃、储备制度不完善等问题;全力建设具有国际影响力的粮食交易平台,健全和完善粮食物流体系,降低粮食市场物流成本,提高粮食流通效率。

第三,进一步理顺粮食价格形成机制,实施优质优价,不搞"一刀切",使价格真正成为反映市场供求的"晴雨表",提高农民选育优质品种的积极性。鼓励并引导国内粮食生产、购销、加工等大型企业采用"公司＋基地＋合作社＋农户"的经营模式,发展粮食订单生产,打造农企利益共同体。

第四,加快构建快速高效的粮食物流体系,积极完善东北、黄淮海、长江中下游、华东沿海、华南沿海、京津、西南和西北八大粮食物流通道。以粮食物流通道建设为载体,实施粮食跨境物流建设工程,探索建立横贯东西、连通南北的粮食进出口物流通道。紧紧围绕沿海、沿江、沿线经济带为主的重大战略布局,规划和建设一批与经济发展相呼应、以国家重大战略为支撑的粮食物流节点和粮食物流基地[15]。

（七）实施国家粮食安全新战略,必须"以我为主",统筹发挥"两个资源""两个市场"的作用

考虑我国粮食等主要农产品产需缺口将不断扩大,需要从战略高度,探索利用国内、国际"两种资源",统筹国内、国际"两个市场",谋划新形势下国家粮食安全战略。将稻谷和小麦等口粮品种布局在国内生产,在确保国内谷物基本自给、口粮绝对安全的基础上,将国内外粮食生产和进口有机地结合起来,实施农业"走出去"战略,有效避免国际农产品市场波动对国内粮食等主要农产品生产和市场的冲击。

第一,鼓励和支持优势粮食企业"走出去",扶持和培育自己的跨国粮商。坚持国有粮食企业与其他所有制企业"走出去"并重,坚持成品粮与加工转化饲料用粮经营并重,针对国际粮商存在重贸易轻生产、重剥削轻回馈以及集团内部矛盾等薄弱环节,从产业链前端的生产、物流环节入手,通过在海外建设粮食生产种植基地,投资粮食仓储物流和精深加工基础设施,积极构建粮食原材料产业链。以"一带一

路"沿线国家为重点,支持国内企业与国际粮商、东道国加强沟通与合作,共同开展水稻、玉米、大豆和棕榈油等重要粮食作物的规模生产、精深加工、科学储运等多种形式的共赢模式,打造更加广泛的国际粮食产业合作战略联盟。近年来,我国农业"走出去"发展较快,呈现规模扩大、速度加快的特点。据统计,目前有超过300家企业在全球70多个国家和地区开展了农业投资合作,累计投资超过37亿美元。加快农业"走出去"步伐,已成为我国保障粮食安全、拓展农业发展空间、优化资源配置的重要战略。企业是农业"走出去"战略最重要的实施主体,要加强规划指导,加大政策扶持,引导农业企业到境外发展对外依存度高、对我国影响大的经济作物。在有条件的地区适当发展粮食作物,重点支持农业企业到境外投资建设农业基础设施、农产品加工厂以及收购码头和仓库等物流设施,为农业企业"走出去"创造良好外部环境。

第二,构建粮食企业"走出去"综合服务平台,有效拓展粮食国际合作的多边、双边协商与对话机制。充分发挥我国在粮食生产与消费环节的特殊优势,加快资金、技术、人才和服务输出,直接掌握国际粮源的主动权;积极开展粮食对外贸易,建立稳定高效的国际粮食产业链。

第三,加快建立全球粮食市场风险预警防范机制和应急处置机制。积极开展全球范围内的粮食供需关系的分析与预测,为政府进行及时、有效的粮食宏观调控提供决策参考。加强粮食流通领域的国际合作,积极参与联合国粮食及农业组织、亚太经济合作组织等的国际贸易规则和国际标准的制定,建立先进技术、先进管理模式共享机制,共同应对气候变化、金融危机等对全球粮食安全造成的威胁。

第四,抓紧谋划重要农产品贸易战略,加强主要农产品进口风险管制。统筹考虑国内生产供给和消费需求,加快研究编制我国粮食贸易战略,加强进口农产品规划指导,加快进口来源地布局,推进进口市场多元化,推动形成稳定的贸易格局。注重打好进口牌,增强在国际市场上的话语权,加强相关产业保护。当前,随着农产品内外价差扩大,进口农产品的压力加大。在新的形势下,既要充分利用国际市场调剂品种余缺,调节年度平衡,满足国内需求,又要考虑粮食生产对我国农民的重要性和国际粮食市场上我国的大国效应,综合运用国内政策和进出口调控政策,加强对国内产业和生产者的保护。在国际粮价低的时候,可适量进口粮食来补充国内库存,减轻国内资源环境压力。但要把握好进口的规模和节奏,防止个别品种集中大量进口冲击国内生产,给农民就业增收带来不利影响。

(八)实施国家粮食安全新战略,必须有效提高粮食质量安全水平

一方面,要加强粮食质量监管,形成协调配合的监管机制。粮食质量安全要靠全面的粮食质量检测和对粮食流通各环节有效监管来完成。各级政府和有关职能部门要从关心人民群众生命健康,维护人民群众切身利益的高度出发,切实重视粮

食安全,加强粮食质量监管和粮食质量检测检验体系建设。要建立由粮食、农业、工商、质监、食药监等部门共同参与、协调配合、各负其责的粮食质量监管联动机制,在粮食及其制品上严格执行《中华人民共和国食品安全法》,确保粮食流通各环节都能安全有效运行。

另一方面,粮食行政管理部门要主动承担起抓好粮食质量安全工作职能,严格落实《粮食流通管理条例》规定的各项条款,确保粮食经营者使用的粮食仓储设施符合粮食储存有关标准和技术规范的要求;确保粮食收购企业收购的粮食符合国家粮食质量标准和粮食卫生标准;确保粮食在储存过程中不使用国家禁止使用的化学药剂或者超量使用化学药剂;协助相关部门防止粮食加工企业使用发霉变质的原粮、副产品进行加工;充分利用现有的粮食质量监测体系,抓好粮食质量安全工作,当好粮食质量安全的卫士,确保人民群众"舌尖上的安全"。

[1] 张元红,刘长全,国鲁来.中国粮食安全状况评价与战略思考.中国农村观察,2015(1):2-14.

[2] 公茂刚.粮食安全的多元维度及其衡量.新疆社会科学,2017(6):29-37.

[3] 周志和.审视中国粮食安全需要新视角——从粮食安全观到食物安全观.中国发展观察,2015(3):81-83.

[4] 国家人口发展战略研究课题组.国家人口发展战略研究报告.北京:中国人口出版社,2006.

[5] 辛良杰,王佳月,王立新.基于居民膳食结构演变的中国粮食需求量研究.资源科学,2015,37(7):1347-1356.

[6] 韩俊.14亿人的粮食安全战略.北京:学习出版社,2012.

[7] 唐华俊.新形势下中国粮食自给战略.农业经济问题,2014(2):4-10.

[8] 李国祥.实施好新形势下的国家粮食安全战略.中国经贸导刊,2014(5):49-51.

[9] 杨明君.对新常态下实施国家粮食安全战略的认识和思考.粮食问题研究,2015(6):11-16.

[10] 韩长赋.全面实施新形势下国家粮食安全战略.农机科技推广,2014(10):4-7.

[11] 叶兴庆.准确把握国家粮食安全战略的四个新变化.中国发展观察,2014(4):6-7.

[12] 仇焕广,李登旺,宋洪远.新形势下我国农业战略的转变——重新审视我国传统的"粮食安全观".经济社会体制改革,2015(4):11-19.

[13]　方妍雅,王旭有.对新时期中国粮食安全战略的思考.农村经济与科技,2017(1):29-30.

[14]　谢高地,成升魁,肖玉,等.新时期中国粮食供需平衡态势及粮食安全观的重构.自然资源学报,2017,32(6):895-903.

[15]　彭俊杰.产业链视角下我国粮食安全战略再认识.中州学刊,2017(4):50-55.

第三章　耕地保护与粮食安全

一、"18 亿亩耕地红线"的提出

(一)"18 亿亩耕地红线"提出的背景

2006 年 3 月 14 日,第十届全国人民代表大会第四次会议通过了《国民经济和社会发展第十一个五年规划纲要》,"十一五"规划纲要提出 1.2 亿公顷(18 亿亩)耕地保有量是一个具有法律效力的约束性指标,是一道不可逾越的红线。这是"红线"一词首次出现在官方公开的文件之中。为什么要提出"18 亿亩耕地红线"?"18 亿亩耕地红线"提出的历史背景是什么? 这里有必要回顾一下我国土地管理体制变革以及耕地数量演变的历史过程。

从中华人民共和国成立到 1986 年的 30 多年时间里,我国有过几次重大的土地革命,一是中华人民共和国成立初期的土地改革,分田到户;二是农业社会主义改造,人民公社化,农民把土地交给人民公社;三是 20 世纪 80 年代的家庭联产承包责任制。虽然这些改革极大地调动了农民生产的积极性,但这些改革都属于所有制与分配方式的改革,土地本身的管理仍旧缺乏一个统一、有效的管理部门,多头管理、分散管理的模式导致耕地数量连年减少。我国耕地保有量 1957 年为 16.77 亿亩,到 1985 年仅为 14.53 亿亩,28 年间减少了 2.24 亿亩,平均每年减少 800 万亩,仅 1985 年就减少了 1500 多万亩。为扭转耕地锐减的严峻形势,1986 年,国务院决定成立国家土地管理局,从属地方政府的土地管理部门也应运而生,专门机构、专业人员和统一管理的体制得以明确,长期以来主要依靠行政手段和多部门分散管理土地的局面结束。

国家土地管理局成立后,以保护耕地为核心先后建立了土地利用规划管理制度、建设用地计划管理制度、建设用地审批制度、土地开发复垦制度、基本农田保护制度。统一管理后,乱占、滥用耕地的势头在一定程度上得到遏制,耕地保护成效显著。但是,这次土地管理体制改革确立了五级政府管理土地的模式,而土地管理的权限在市、县政府,市、县政府享有土地收益权和处置权,所以土地利用规划朝令夕改,建设用地审批流于形式,建设用地管理形同虚设,国家和省级政府土地管理权被架空,土地管理实际处于失控状态,土地用途难以有效控制,耕地保护无法落实,严格保护耕地的目标难以实现,导致 1986—1998 年全国耕地面积净减少 7000多万亩。江泽民同志在听取有关部门关于耕地保护现状的汇报后,发出了"保护耕地就是保护我们的生命线"的感慨,并指示要把土地管理权限收上来,实行集中管理。1998 年的第九届全国人民代表大会决定对我国土地管理体制进行第二次改革,成立集土地、矿产、海洋与测绘四项职能于一体的国土资源部,把土地管理的主要权力上收到国家和省级政府,加强国家和省级政府对土地用途的管制,耕地保护问题开始得到统一和协调管理,进一步完善了土地管理体制。

第二次土地管理体制改革最大的成效是从体制上确立了国家统一管理的土地管理模式,建立了以耕地保护为核心的土地管理制度体系,为耕地保护提供了严格的制度保障,但耕地锐减的势头如滚滚洪流仍难以阻挡。1999 年 4 月,国务院办公厅发布《全国土地利用总体规划纲要(1997—2010 年)》,该文件要求,到 2000 年全国耕地总面积保持在 12933 万公顷(19.40 亿亩)以上;到 2010 年耕地总面积保持在 12801 万公顷(19.20 亿亩)以上,其中基本农田面积保持在 10856 万公顷(16.28亿亩)以上,占现有耕地总面积的 83.5% 以上[1]。这是国务院第一次为全国耕地保有量设置的指标。然而到 2000 年时,全国耕地保有量已减至 19.23 亿亩,比文件要求差不多提前了 10 年。因此,国家在"十五"计划开局之年又把"2010 年耕地保有量 19.20 亿亩"的目标提前至 2005 年[2]。统计显示,1996 年我国耕地保有量为 19.51 亿亩,到 2003 年年底减少为 18.51 亿亩,耕地面积减少了 1亿亩,平均每年减少 1000 多万亩,人均耕地已降至 1.43 亩,仅相当于世界平均水平的 40%。2003 年,中央政府进行了全国土地市场秩序专项治理。通过专项治理发现,土地管理失控、耕地锐减的重要原因之一是管理缺位,地方政府和职能部门违法批地、征地,有法不依、执法不严、以罚代法等问题层出不穷,甚至利用手中的土地审批权违法寻租,导致大量土地闲置浪费。同时,土地管理部门作为政府的职能部门,接受本级政府的领导,对本级政府的违法用地问题没有任何的制约机制,土地管理部门的执法缺乏独立性和权威性。于是,2004 年 4 月国务院下发《关于做好省级以下国土资源管理体制改革有关问题的通知》(国发〔2004〕2 号),正式明确省以下土地管理机构实行垂直管理,即省级以下土地管理部门的土地审批权和主要领导任免权上收至省级政府。这是土地管理体制的第三次变革。

土地管理体制变革的过程同时也是法律制度健全、完善的过程。1986 年 3 月,中共中央、国务院发布《关于加强土地管理、制止乱占耕地的通知》(中发〔1986〕7 号),第一次正式提出:"十分珍惜和合理利用每寸土地,切实保护耕地,是我国必须长期坚持的一项基本国策。"1986 年 6 月,第六届全国人民代表大会常务委员会通过并颁布《中华人民共和国土地管理法》;1991 年 1 月,国务院发布《中华人民共和国土地管理法实施条例》;1993 年 7 月,第八届全国人民代表大会常务委员会通过的《中华人民共和国农业法》规定,县级以上人民政府应当划定基本农田保护区,对基本农田保护区内的耕地实行特殊保护;1997 年 3 月,新修订的《中华人民共和国刑法》第一次设立了土地犯罪条款;1997 年 4 月,中共中央、国务院发布《关于进一步加强土地管理切实保护耕地的通知》(中发〔1997〕11 号),将土地管理、耕地保护、合理利用土地资源等情况作为考核地方各级党政部门及其主要负责人工作的重要内容;1994 年 7 月,国务院通过《基本农田保护条例》,正式确立了基本农田保护制度;2004 年 1 月,中共中央、国务院发布《关于促进农民增加收入若干政策的意见》(中发〔2004〕1 号),明确提出要"不断提高耕地质量"和"各级政府要切实落实最严格的耕地保护制度",并且要求确定一定比例的国有土地出让金用于农业土地开发和建设高标准基本农田;2004 年 10 月,国务院发布《关于深化改革严格土地管理的决定》(国发〔2004〕28 号),在严格土地执法、加强规划管理、保障农民利益、促进集约用地、健全责任制度等方面规定了耕地保护的措施;2005 年 10 月,国务院办公厅颁布《省级政府耕地保护责任目标考核办法》(国办发〔2005〕52 号),要求省级人民政府对规划确定的本行政区耕地保有量和基本农田保护面积负责;2006 年 9 月,国务院发布《关于加强土地调控有关问题的通知》(国发〔2006〕31 号),将加强耕地保护作为土地调控的重中之重。

从 1999 年开始,围绕《中华人民共和国土地管理法》确立的关于耕地保护的一系列基本原则和基本制度,国土资源部在相关政策研究和配套制度建设方面做了大量工作。据不完全统计,在 1999—2003 年的 5 年时间内,仅国土资源部制定并下发的直接涉及耕地保护方面的文件、规章就有 70 多件,同时对土地市场秩序进行了一系列的整顿。2004 年、2006 年、2008 年,国土资源部先后进行了三次土地执法大检查,仅 2006 年,全国因为土地违法违规受到党纪政纪处分的干部就有3094 人,其中 501 人被追究刑事责任,还处理了两名省级干部。2007 年 1—8 月,在土地违法案件的查处当中,给予党纪政纪处分的有 893 人,追究刑事责任的245 人。即便如此,耕地锐减的势头依旧难以控制。统计显示,1996 年,中国的耕地数量是 19.51 亿亩,但到 2006 年 10 月 31 日,中国的耕地面积已减至 18.27 亿亩,10 年间中国的耕地少了 1.24 亿亩,人均耕地面积也由 1.59 亩降到 1.39 亩。即使在第三次土地管理体制改革后,2004—2006 年的三年时间,耕地面积减少了2400 万亩,"谁来养活中国人"这一问题严峻而现实地摆在中国人面前。无奈之下,2006 年 3 月 14 日,第十届全国人民代表大会第四次会议通过的《国民经济和社会发展第十一个五年规划纲要》提出了"18 亿亩耕地红线"。

（二）"18 亿亩耕地红线"提出的依据

为什么全国人民代表大会要把耕地保有量的"红线"定在 18 亿亩？2007 年，全国"两会"期间，政协委员、国土资源部咨询研究中心主任陈洲其指出，18 亿亩这个数字是经过有关部门科学测算出来的。考虑我国人均粮食消耗量、耕地质量以及平均亩产等要素，18 亿亩是一个底线，要保障粮食安全这条底线决不能突破。18 亿亩是根据五组数据测算出来的。

第一，耕地数。2005 年，我国开始第三次土地利用总体规划修编。编制第三次土地利用总体规划的时候第二次全国土地调查刚开始，所以第三次土地利用总体规划修编时用的是第一次全国土地调查的数据，即是以 1996 年的老数据 19.51 亿亩为基数，经过 10 年的经济社会发展，到 2005 年年底，耕地面积保有量演变为 18.3 亿亩。

第二，人口数。根据权威部门预测，到 2040 年或 2050 年，我国人口达到高峰，为 15 亿～16 亿，届时城市人口有 10 亿多，农村人口 5 亿左右。

第三，城乡建设用地数。当时城乡建设用地有 3.8 亿亩，参照当时美国、日本等发达国家实际占用水平，根据前几年城乡建设新占用土地中耕地与非耕地比例，到 2040 年，城乡建设用地还要占用耕地 2 亿多亩。还有因退耕、灾毁等原因减少耕地 1 亿多亩。

第四，耕地后备资源数。全国适宜开发耕地的资源，包括农田整理、废弃地整治，最多只有 2 亿多亩。第三组与第四组数据增减相抵，到 2040 年，能保有耕地 18 亿亩。

第五，粮食需求数。按世界中等发达国家人均消费水平，参照联合国粮食及农业组织提出的每人每日需要的食物热量（中等需要量），每年人均需要粮食 500 公斤，15 亿人需要 7500 亿公斤。但是我国粮食总产量多年徘徊在 5000 亿公斤。如果能提高土地质量和农业科技水平，50 多年时间，增加 2500 亿公斤粮食量是可能的，18 亿亩耕地供 15 亿或 16 亿人吃饭还是可以的。

二、"18 亿亩耕地红线"的存废之争

从 2006 年"十一五"规划纲要提出"18 亿亩耕地红线"到现在，已有十二年的时间。这十二年里，面对人均耕地面积少、耕地质量不高、东中西部耕地分布不均、耕地后备资源不足等现实，面对粮食安全、耕地保护与城镇化、工业化发展之间对于土地需求难以调和的矛盾，从政府、政策层面看，耕地红线从来未曾动摇过，2007 年 3 月第十届全国人民代表大会第五次会议、2008 年 10 月国务院发布的《全国土地利用总体规划纲要（2006—2020 年）》，2008 年 10 月中国共产党第十七届中

央委员会第三次全体会议、2013 年 12 月的中央城镇化工作会议、2014 年 12 月的中央农村工作会议、2015 年 5 月国务院通过农业部等八部委发布的《全国农业可持续发展规划（2015—2030 年）》,中国共产党第十八届中央委员会第五次全体会议通过的《中共中央关于制定国民经济和社会发展第十三个五年规划的建议》,2016 年 4 月国土资源部发布《国土资源"十三五"规划纲要》,2017 年 1 月中共中央、国务院发布的《关于加强耕地保护和改进占补平衡的意见》,2017 年 2 月国务院发布《全国国土规划纲要（2016—2030 年）》等,都反复多次明确提出要严守"18 亿亩耕地红线"。

在理论界,对于"18 亿亩耕地红线"的不同声音也未曾停息。这主要有三种不同意见。

第一种意见是"坚守论",相当一部分学者主张坚守红线,如陈锡文[3,4]、胡鞍钢[5]、任晓[6]等学者主张,耕地红线不能破,也未破,甚至认为仅仅一条耕地红线还不足以真正保障粮食安全,应该以耕地质量、数量、粮食储备并重的红线代替目前单纯考虑耕地数量的红线。"放弃耕地红线不影响粮食安全的说法,实际上是理论上很丰满,现实却很骨感"[7]。

第二种意见是守不住的"悲观论",认为基本建设规模越来越大,进城的人越来越多,"18 亿亩耕地红线"守不住。袁隆平就表示:18 亿亩耕地红线"保不住",确保粮食安全的唯一办法是提高单产[8]。有的人主张,大幅度扩大城镇化建设用地规划,改变严守耕地红线的思路,通过提高土地利用率,保障我国粮食安全[9]。

第三种意见是以北京天则经济研究所茅于轼为代表的"废止论""有害论",认为粮食安全和耕地数量没有必然联系,不能把我们的粮食政策建立在饥荒随时随地都可能发生的假定上,无视耕地作为一种农业要素具有可替代性,并将它与粮食产量乃至粮食安全绝对地"捆绑"起来,无论在理论上还是在经验上都是缺乏根据的。政府划定的耕地红线注定是要被突破的,而且原有的红线已然被破,因为这条红线束缚的只是中国的工业化与城市化的进程[10]。盛洪[11]、陈志武[12]、许小年[13]、周天勇[14]等人也对耕地红线的合理性表示了质疑。

在这场关于耕地红线的讨论中,"坚守论"者更多强调的是粮食安全的意义、国家独立自主的战略地位,把耕地资源和粮食安全视为国家的命脉、民族的根基、子孙后代的福祉、国家竞争力和主权独立的重要保障,所有这些在国家政策法规中都得到了充分的体现。

对于第二种意见,守不住的"悲观论"者,他们质疑"18 亿亩耕地红线"守不守得住。面对城镇化建设加速的现实和经济社会协调发展的需要,面对突出的土地供需矛盾、耕地数量锐减的势头以及耕地数量约束被突破的先例,他们的担心和质疑不无道理。这里,我们首先要清楚我们现在还有多少耕地,《关于第二次全国土地调查主要数据成果的公报》显示,到 2009 年 12 月,我国耕地面积 13538.5 万公顷(20.3 亿亩);截至 2015 年年底,全国耕地面积 20.25 亿亩[15]。也就是说,"18 亿亩耕地红线"守住了,证明了通过努力还是可以"守得住"的,关键是怎么守的问题。

对于第三种意见,也就是以北京天则经济研究所茅于轼为代表的"废止论""有害论",在此有必要进行探讨和剖析。

第一,土地(耕地)仅仅具有商品属性吗?反对耕地红线的观点立足于完全的"自由市场",认为耕地只是土地使用的方式之一,土地作为基本的生产要素应该充分发挥其最大价值,市场是资源配置最有效的手段。土地(耕地)是生产要素,其商品属性与其他的生产要素没有本质的差别,但土地(耕地)又不是一般的生产要素,如同能源资源一样,属于战略性资源,是不能完全自由买卖的。之所以世界各国不惜一切代价,甚至不惜发动战争、流血牺牲去争夺石油资源,并且在土地问题上都是寸土不让,就是因为土地(耕地)作为稀缺资源不仅有其经济价值、商品属性,更重要的是其社会属性、社会价值。把土地仅仅作为一般商品、一般资源,而无视其社会属性和社会价值显然是错误的。况且土地(耕地)作为农业生产要素、资源,与其他的生产要素又有其特殊属性,土地(耕地)作为农业生产要素转换为工业生产、房地产或其他基本建设要素是很容易的,只要政策的缺口一打开,在很短的时间内就可以转换,并且不需要很大的投入。但反过来,要把作为工业生产、房地产或其他基本建设要素转换为农业生产要素,可能性几乎为零,即使能够转换也必须付出沉重的代价。

第二,有没有完全的"自由市场"?反对耕地红线的观点立足于完全的"自由市场",认为价格与劳动毫无关系,他们所说的价格是供需均衡的价格,也就是说价格完全是供求关系调节的结果,价格可以使供需达到均衡。供需均衡的时候,钱就一定能买到东西,东西也一定能卖成钱。在超市里我们可以买到粮食,也可以买到牙膏,之所以能买到粮食和牙膏,是因为"供需均衡定价,买到粮食是供需均衡定价的结果,不是 18 亿亩耕地保护的结果。供需均衡保证我们用钱能买到东西,你的东西能卖成钱。你说买粮食是 18 亿亩耕地得到保护了,那买牙膏是什么保障的?好几千种商品,有好几千条红线吗?一条都没有。"80% 的人认为为了粮食安全需要一条红线,国家政策也是这么规定的,就是因为"他们并不真正懂得经济学",把这个问题想清楚了,"在经济学上就入了门了"[16]。明眼人一看就明白,茅于轼的这些观点不仅漏洞百出,还犯了常识性错误。

其一,粮食与牙膏是商品,同属商品的粮食和牙膏具有相同的地位属性吗?为什么人们在反复讨论粮食安全问题,而不去讨论"牙膏安全"问题呢?很明显,粮食这个商品具有其特殊重要性,事实上,在不同的国家、不同的历史时期,曾发生过多次粮食危机,危及了人类的生存。所以,从某种意义上说,粮食不是一般商品,而是战略性商品。牙膏就是再稀缺也不会导致人类生存危机。正因为粮食这一商品的特殊性，才需要有 18 亿亩耕地的特殊保护。

其二，有钱就一定能买到东西，东西一定能卖成钱吗？陈平教授说："我在科学院做实验，西方市场上连普通的示波器都不许卖给中国……今天西方仍然对中国禁运高科技的核心技术。""中国人做原子弹的成本只有美国人的百分之一，西方国家有谁买了？""难道科学家和企业家的创造才能也能在市场上买来？"[17]事实上，中国企业就是兼并、收购西方国家的一般企业都是一波三折，真正能够成功的案例也不是很多。为什么？国家利益，特别是国家的整体利益、政治利益、国家安全高于一切，世界上并不存在完全的"自由市场"，市场上的"自由"必然屈服于国家整体利益，"自由市场"是有限度、有条件的。

其三，可能等于现实吗？从理论上讲，供求关系影响价格，价格的涨落的确可能"调整到供需平衡"，但并不是价格涨落必定可以"调整到供需平衡"，可能不是现实，价格"调整到供需平衡"是有条件的，条件之一是有足够的供给，如果没有足够的供给，供给与需求就产生不了交叉点，类似于数学上的"无解"，供需调节就失灵，也就不能形成所谓的通过价格"调整到供需平衡"。粮食短缺，的确可以从国际市场上得到补充，中国有 14 亿人口，占世界人口的 1/5，每年要消耗约 6 亿吨粮食，而国际市场上的粮食交易量才 2 亿吨左右，缺口部分从何而来？粮食需求又是刚性需求，来不得半点的马虎和时间上的延缓。很明显，在粮食问题上，一旦发生供给不足的情况，价格的涨落不可能"调整到供需平衡"。

价格"调整到供需平衡"条件之二是粮食市场必须像天平一样敏感。如果牙膏一个星期不用，一个月甚至半年不用，它影响的是人们的生活质量，不影响生命和安全，但一日三餐要用的粮食能这么长时间不用或者用其他商品替代吗？显然是不可能的。现实告诉我们，市场调节是有周期的，如同天平一样敏感而快捷的市场调节是不存在的，哪怕是国内市场也无法实现，更不用说国际市场了。粮食市场也不例外，也有调节周期，再加上粮食又是生产周期最长的商品之一，暂且不说能不能通过市场价格"调整到供需平衡"，即使能够实现，人们也等不起中间的时间差，那结果一定是人早就饿死了。也难怪何祚麻先生说："茅教授所懂得的经济学，不仅仅是反对劳动创造价值的经济学，更是一种片面的、脱离中国真实情况的经济学！""很可能'不真正懂得经济学的人'，恰好是茅于轼教授！"[18]

第三，通过科技进步提高粮食单产就能取代耕地红线吗？茅于轼认为，18 亿亩耕地红线不得越过的政策是非常片面的。理由很简单，粮食产量是耕地面积和单产的乘积，我国的粮食安全的重点应该放在提高亩产上。1950 年我国人口总数 5.52 亿，粮食产量 1.32 亿吨，人均 239 公斤。到 2008 年人口 13.28 亿，粮食产量 5.29 亿吨，人均 398 公斤。过去的 60 年中粮食产量增加了三倍，人均粮食产量增加了 67%,现在我们比过去任何时候都吃得更饱、吃得更好。而在此期间耕地不但没有增加,反而大幅度地减少,之所以能够取得这样的成绩是由于单产几乎增加了四倍。我们应该把保障粮食安全的重点放在提高亩产上,而不是阻止耕地减少。确实如此,依靠科技进步提高粮食单产来保障粮食安全,对于我们这样土地资源十分稀缺的国家有着十分重要的意义。事实上,为提高农业生产技术,我们付出了巨大的努力,也取得了可喜的成绩。我们能因此就取消耕地红线吗? 显然,答案是否定的。

其一,科学试验充满着无数的不确定性,失败的风险随时可能发生,从试验到成功,再到成果推广、生产应用,还有一个漫长的周期。袁隆平等农业科学家把水稻产量从 300 公斤提高到 900 公斤,可以说是倾其毕生精力,毕竟是成功了,如果没有成功呢? 然而,在强大的政策、法律约束和有力的行政管制措施面前,我们耕地面积尚且以每年少则几百万亩,多则上千万亩的势头在减少。如果耕地红线被废止,耕地减少的速度和势头将会更加迅猛,现有的 20 亿亩耕地用不了几年就会丧失殆尽。如果耕地红线被废止,可以说无异于赌博,把我们的粮食安全赌于科技进步上。

其二,农业技术进步的制约条件更多。袁隆平通过几十年锲而不舍的努力,把水稻产量从 300 公斤提高到 900 公斤,"超级稻"也已试验成功,为保障中国乃至世界的粮食安全做出了巨大贡献。如果要再提高 100 公斤、200 公斤或者更多,不能说不可能,显而易见的是难度越来越大,可能性越来越小。再说,袁隆平的"超级稻"也不能在所有的耕地上实现。

其三,农业是风险性极高的产业。某种意义上讲,农业是靠天吃饭的产业,农业科技无论如何进步,都不能改变农业的产业特点,都不能改变天气。如果说无论出现什么样的天气,哪怕是灾害性天气,甚至是全球灾害性天气,都能保证粮食产量,这个时候,耕地红线也就失去了其存在的理由和价值,当然可以废止它。所以说,在目前的情况下,由于受到科学技术、农业技术、农艺水平的影响,保障粮食安全必须是耕地面积和单位面积产量两个轮子一起转,现在谈"依靠农业科技进步,推高单产,废止 18 亿亩耕地红线",显然为时尚早。

第四,耕地管制过程中的腐败和低效是否认耕地红线存在的理由吗? 不否认,在市场经济条件下,在土地资源管理过程中确实存在大量的腐败和低效利用的现象,但我们不能因此而否认耕地管制、耕地红线的必要性。耕地管制过程中存在腐败现象,在完全的"自由市场"情况下就能避免吗? 耕地管制并不是滋生腐败的原因,只能说明,市场经济体系下,特别是在中国市场经济体制还不完善的条件下,土地资源管理过程中滋生腐败的毒瘤还没有完全被铲除。政府对土地资源管理还不够科学和严密,监管不力,政策法规执行不到位等问题时有发生,政府应该完善机制体制,对土地流转、土地用途变更、土地利用效率进行更加严格的监管[19]。如果因为土地资源管理过程中存在腐败现象,就废止耕地红线,显然是本末倒置、因噎废食。

第五,耕地红线是推高房价的罪魁祸首吗?茅于轼教授说,目前保护耕地面积政策的一个直接后果就是房地产的价格大幅度上升,房产价格上升并不是因为钢筋混凝土贵,也不是因为劳动力的工资高,而是土地供给有限导致的[20]。不可否认,地价是影响房价的重要因素之一,但不是决定因素。针对守"红线",土地供给偏紧、地价偏高等因素影响房价的问题,原国土资源部分别在东部、中部、西部抽样调查了 620 个不同类型的房地产开发项目,调查的结果表明,目前在中国,地价占房价 15%～30%,平均水平是 23.2%。与国际水平做了大致的比较,美国是 28%,加拿大是 24%,英国是 25%～38%,韩国是 50%～65%,日本是 60%～75%,新加坡是 55%～60%,我国这个比例远低于其他国家。一般说来,一个国家或者一个地区的土地资源越紧缺,地价占房价的比例就越高。从中国这个地价水平看,18 亿亩耕地红线推涨了房价的说法是没有根据的,也是没有道理的。北京市土地整理储备中心市场部部长雷蕾介绍,目前内地的房价与地价之间并无直接对应关系。房价由楼市的供求关系决定,开发商能卖到什么价格就会卖什么价格,而地价由土地市场的供求关系,以及开发商拿地时的心态决定。由于土地从购买到开发销售有 2～3 年的间隔,在此期间房价会随市场变化不断调整,很难说地价和房价之间有何直接关系[21]。更何况,影响房价的因素很多,如供求关系、财政税收政策、开发商的预期收益、购房者的动机,等等。其关键是要按照 2017 年中央经济工作会议的要求,坚持"房子是用来住的、不是用来炒的"定位,综合运用金融、土地、财税、投资、立法等手段,加快研究建立符合国情、适应市场规律的基础性制度和长效机制,既抑制房地产泡沫,又防止房价出现大起大落,促进房地产市场平稳健康发展[22]。

三、像保护大熊猫一样保护耕地

2015 年 5 月 26 日,习近平总书记、李克强总理对耕地保护工作做出重要指示。习近平强调,耕地是我国最为宝贵的资源。我国人多地少的基本国情决定了我们必须把关系十几亿人吃饭大事的耕地保护好,绝不能有闪失。要实行最严格的耕地保护制度,像保护大熊猫一样保护耕地。

(一)人口、资源、环境的现状,决定了我国必须要像保护大熊猫一样
　　保护耕地

第一,耕地负荷十分沉重。2015 年年底,我国的人口 13.75 亿,人口基数大,

自然增长的绝对量十分庞大,地区分布十分不平衡,耕地面积 20.25 亿亩,人均耕地 1.47 亩,仅仅是世界人均耕地 3.38 亩水平的 40%。用世界 7% 的耕地,养活世界 22% 的人口,生产世界 25% 的粮食,一方面,这是中国对世界、对人类最大的贡献;另一方面,也说明我们的耕地负荷已十分沉重。

第二,耕地质量整体较差。2013 年 12 月公布的《关于第二次全国土地调查主要数据成果的公报》显示,全国耕地按坡度划分,2 度以下耕地 7735.6 万公顷(116034 万亩),占 57.1%;2~6 度耕地 2161.2 万公顷(32418 万亩),占 15.9%;6~15 度耕地 2026.5 万公顷(30397 万亩),占 15.0%;15~25 度耕地 1065.6 万公顷(15984 万亩),占 7.9%;25 度以上的耕地(含陡坡耕地和梯田)549.6 万公顷(8244 万亩),占 4.1%,主要分布在西部地区。全国耕地中,有灌溉设施的耕地 6107.6 万公顷(91614 万亩),比重为 45.1%,无灌溉设施的耕地 7430.9 万公顷(111463 万亩),比重为 54.9%。分地区看,东部和中部地区有灌溉设施耕地比重大,西部和东北地区的无灌溉设施耕地比重大。全国有 996.3 万公顷(14945 万亩)耕地位于东北、西北地区的林区、草原以及河流湖泊最高洪水水位控制线范围内和 25 度以上的陡坡,其中,相当部分需要根据国家退耕还林、还草、还湿和耕地休养生息的总体安排做逐步调整,有相当数量耕地受到中度、重度污染而不宜耕种;还有一定数量的耕地因开矿塌陷造成地表土层破坏、因地下水超采已影响正常耕种[23]。

2017 年 1 月 17 日,国土资源部发布《2015 年全国耕地质量等别更新评价主要数据成果的公告》,其主要数据显示,全国耕地质量等别调查与评定总面积为 202646.14 万亩,全国耕地评定为 15 个等别,将全国耕地按照 1~4 等、5~8 等、9~12 等、13~15 等划分为优等地、高等地、中等地和低等地。1 等耕地质量最好,15 等最差,全国耕地质量平均等别为 9.96 等,优等地、高等地、中等地、低等地面积占全国耕地评定总面积的比例分别为 2.94%、26.53%、52.84%、17.69%;7~13 等耕地总面积占全国耕地评定总面积的 78.43%。与平均质量等别相比,高于平均质量等别的 1~9 等耕地占全国耕地评定总面积的 39.92%,低于平均质量等别的 10~15 等耕地占 60.08%;2014 年度内新增耕地平均质量等别为 9.88 等,减少耕地平均质量等别为 8.60 等,质量建设项目实施后耕地平均质量等别为 8.49 等[24]。这些数据说明两点:一是我国耕地等级整体较低,在评定的耕地面积中,优、高等耕地仅占 29.4%;二是与 2014 年发布成果相比,通过土地整治、高标准农田建设等耕地质量建设工程,弥补了耕地占补过程中的耕地质量损失,保障了全国耕地质量水平的总体稳定,但占优补劣的格局依然存在。

第三,耕地分布极不均衡。《关于第二次全国土地调查主要数据成果的公报》显示,全国耕地按地区划分,东部地区耕地 2629.7 万公顷(39446 万亩),占 19.4%;中部地区耕地 3071.5 万公顷(46072 万亩),占 22.7%;西部地区耕地 5043.5 万公顷(75652 万亩),占 37.3%;东北地区耕地 2793.8 万公顷(41907 万亩),占 20.6%。特别是优、高等耕地主要分布在东中部地区,这些地区居住着 94% 的人口,工业化、城镇化发达,土地需求十分旺盛。进入 21 世纪以后,城镇化建设速度加快,土地供求矛盾突出。1935 年地理学家胡焕庸勾画的一条线,后人称之为"胡焕庸线"不仅依然存在,还表现得更加突出。

第四,耕地的后备资源十分有限。2014 年 4 月,国土资源部开展了新一轮全国耕地后备资源调查评价工作。调查结果显示,全国耕地后备资源总面积 8029.15 万亩。其中,可开垦土地 7742.63 万亩,占 96.4%,可复垦土地 286.52 万亩,占 3.6%。全国耕地后备资源以可开垦荒草地(5161.62 万亩)、可开垦盐碱地(976.49 万亩)、可开垦内陆滩涂(701.31 万亩)和可开垦裸地(641.60 万亩)为主,占耕地后备资源总量的 93.2%。其中,全国集中连片的耕地后备资源 2832.07 万亩,占耕地后备资源总量的 35.3%;零散分布的耕地后备资源面积 5197.08 万亩,占耕地后备资源总量的 64.7%。结合当前水资源利用等条件分析,全国近期可开发利用耕地后备资源 3307.18 万亩。其中,集中连片耕地后备资源 940.26 万亩,零散分布耕地后备资源 2366.92 万亩。其余 4721.97 万亩耕地后备资源,受水资源利用限制,短期内不适宜开发利用[25]。

(二)耕地保护的现实状态,决定了我们必须要像保护大熊猫一样保护耕地

"耕地保护"这个概念已提出多年,还作为"基本国策"写进了《中华人民共和国宪法》,与之配套的相关法律法规、政策措施也出台不少,不可谓不重视。但与此同时,我国的耕地面积却依然越变越少,其减少的规模和速度令人惧怕。以第二次全国土地调查的时间节点和数据为依据,2009 年 12 月 31 日,全国耕地 20.3077 亿亩,从 2010 年到 2015 年,6 年时间累计减少耕地 39.22 万公顷(588.3 万亩),年均减少 6.54 万公顷(98.05 万亩)。在党中央、国务院提出"18 亿亩耕地红线"、最严格的土地管理制度逐步落地生根的大背景下,耕地锐减的势头有所遏制,但耕地面积依然以每年近 100 万亩的速度递减。归根结底是因为我们对耕地没有像对"国宝"一样去珍惜,对耕地保护的重要意义的认识还不深刻,耕地保护工作还没有得到应有的重视,耕地保护的决心不大、力度不够,措施落实不到位。这表现在:

第一,认识不统一、不到位。耕地是人类获取食物的重要保障,严格保护耕地是提高粮食综合生产能力的前提,保证国家粮食安全,提高粮食综合生产能力,必须以稳定一定数量的耕地为保障,这是一看就明白的道理。现实中,耕地所享受的待遇,比熊猫显然要差得多,像保护大熊猫一样保护我们的耕地成为虚言、戏言。究其原因,人们科学利用国土资源的观念没有真正树立起来,保护耕地的认识不

深,自觉性、坚定性不够。

第二,保护耕地的责任没有压紧压实,监管不力,考核不严。没有形成和建立从省到市、县、乡、村的责任链以及一级抓一级、层层抓落实机制体制,以致执法不严,责任追究没有落实,有令不行、有禁不止、有法不依、违法不究、姑息迁就的现象没有得到有效遏制,对老百姓严格,对政府和官员宽松,以致有的人还认为违法"为公",处分"无畏","法不责众",我行我素;"经营城市、以地生财"的观念在蔓延[19]。

第三,"最严格的耕地保护制度"没有得到全面落实。"十二五"期间,累计发现违法用地行为38.7万件,涉及土地面积19.9万公顷(其中耕地6.6万公顷),较"十一五"期间分别下降21.5%、40.1%(54.2%)[26]。国土资源部2017年2月7日发布的数据显示,2016年全国立案查处违法用地案件4.7万件,涉及土地面积32.5万亩,同比分别下降24.7%和27.1%,是近年来全国范围内的违法用地案件和涉及土地面积首次同时下降。这一方面体现了最严格的耕地保护制度在逐步落地生根,土地执法的力度进一步加强,彰显了国家耕地保护的坚强决心,在实际中也取得了明显成效;另一方面从违法用地行为和立案总数来看,仍然处于高位,"最严格的耕地保护制度"还没有严到位、严到份上。如果运用卫星、航空遥感等新技术手段,完善"天上看、地上查、视频探、群众报、网上管"的立体化监管格局,让"最严格的耕地保护制度"严到位、严到份上,让"红线"真正"红"起来,甚至成为"高压线",让任何组织和个人在违法用地问题上都要付出昂贵甚至难以承受的代价,那么全社会保护耕地的意识就得到了真正的增强,违法用地的行为和立案查处的数量就会下降,很多违法用地的行为在萌芽状态就得到控制。

四、坚守底线,铁腕护地不动摇

(一)坚守"三条底线"

2014年12月2日,习近平总书记在中央全面深化改革领导小组第七次会议上,对农村土地制度改革做出部署,指出农村土地制度改革必须坚守"坚持土地公有制性质不改变,耕地红线不突破,农民利益不受损"三条红线,坚持最严格的耕地保护制度和最严格的节约用地制度。2017年1月23日,新华社授权发布的《中共中央、国务院关于加强耕地保护和改进占补平衡的意见》,再一次强调了这三条底线。

第一,坚持土地公有制性质不改变,是土地的政治底线。土地问题是国家重大敏感问题,土地制度是国家的基础性制度。公有制是我国土地制度的本质特征,土地公有制是我国公有制最重要的组成部分,坚持土地公有制底线决定了我国土地制度改革的政治方向。农村土地属于农民集体所有,这是我国农村最重要的制度。

农村土地实行农民集体所有,保障了农民平等拥有最主要的农业生产资料,也保障了农民最基本的居住需要,是实现农民共同富裕的制度保障,是中国特色社会主义的重要制度特征。深化农村土地制度改革的根本方向是落实农村土地集体所有权,稳定农户承包权,放活土地经营权。

第二,坚持耕地红线不突破,是土地的用途底线。耕地红线是我国土地利用最强有力的制约,也是土地管理中执行最严格的制度。耕地具有保障粮食安全、保护生态环境、维护农民权益等多重功能。坚守 18 亿亩耕地红线是党和国家从粮食安全的高度,结合我国土地资源实际情况做出的战略布局,是对子孙后代负责,是确保主要农产品基本产能特别是口粮基本自给的基础。

第三,坚持农民利益不受损,是土地的价值底线。"土地是农民的命根子",农民是农村土地的主人,只有充分保障农民利益,改革才能得到广大农民的支持,才能够稳步推进。"始终把维护好、实现好、发展好农民土地权益作为改革的出发点和落脚点",保护耕地,实质上就是保护农民的利益。坚持农民利益不受损这条底线决定了农村土地制度改革的价值取向,尤其是在农村土地制度改革的诸多价值目标相冲突时,作为底线的"坚持农民利益不受损"具有优先地位,必须以保障"农民利益不受损"为前提。尤其是在促进经济发展的目标与保障农民利益的目标相冲突时,绝不应以牺牲农民利益来保障前者。

(二)强化规划管控,增强规划的刚性约束

土地利用规划制度是现代土地管理的基础制度,良好的土地利用规划制度具有基础性、全局性、战略性、权威性、稳定性的特点。迄今为止,我国已开展了三轮覆盖全国的各级土地利用总体规划及土地开发整治专项规划编制工作,形成了较为完整的土地利用规划体系,对统筹城乡土地利用、严格保护耕地、促进节约集约用地等发挥了重要作用。同时也要看到,民主决策和群众参与度不足,影响规划的科学性和可操作性;规划执行不够严格,随意违反和擅自修改的问题比较突出;相关规划的关系尚未理顺,内容交叉、重叠甚至矛盾冲突的问题比较突出,规划管控乏力,以致建设用地无序扩张、优质耕地大量减少、基本农田随意调整等现象屡见不鲜。要做到强化规划管控、增强规划的约束,我们应从以下几个方面努力。

第一,切实加大土地利用规划管控力度,严格执行土地利用总体规划。严禁违反土地利用总体规划批地用地,严禁随意修改或变相修改土地利用总体规划,重点加强"三个审核":严格审核各类新城新区规划,严禁突破土地规划确定的建设用地的规模和布局,设立城市新区和各类开发园区;严格审核涉及土地利用的各类改革试点方案,严防借改革之名破坏土地规划;严格审核基本农田规划调整,不得通过调整规划变相占用基本农田。

第二,调整完善土地利用规划。一方面,以第二次土地调查成果为依据,按照保障国家粮食安全和促进新型城镇化发展的要求,合理调整耕地保有量、基本农田保护面积和建设用地总规模等规划目标,切实保障规划的严肃性和可操作性;另一方面,划定城市开发边界、永久基本农田和生态保护红线,强化规划硬约束,在严格保护基本农田、保障耕地生产能力的前提下,合理安排生态退耕规模和布局,促进生态环境改善。

第三,开展"多规合一"试点。围绕新型城镇化健康发展和建立空间规划体系,开展土地利用总体规划、城乡规划等"多规合一"试点工作,探索建立可供各个规划共同遵循的战略目标、管控方向和标准规范,最终形成一个市县一张蓝图。

第四,加强土地利用计划调控。落实"以补定占"要求,实行新增建设用地计划安排与土地节约集约利用水平、耕地后备资源、补充耕地能力挂钩,对建设用地存量规模较大、利用粗放、补充耕地能力不足的区域,适当调减新增建设用地计划,促进存量用地盘活利用;严格土地利用计划执行监管,严禁超计划批地;探索建立土地用途转用许可制,强化非农建设占用耕地的转用管控。

(三)强化用途管制,严格控制建设用地占用耕地

第一,进一步提高土地利用规划编制的科学性、合理性和有效性,注重土地利用规划修编的动态性,增强土地利用规划的刚性,减少甚至杜绝土地利用规划执行的弹性,对用地的总量、方向、布局和时序进行有效控制,充分发挥土地利用规划在土地用途管制中的引领、调控和主导作用。

第二,明晰的农村集体土地产权。加强土地用途管制,必须积极稳步推进加快农村集体土地所有权、宅基地使用权、集体建设用地使用权、农村土地承包经营权确权登记颁证工作,这是实现土地用途管制的基础和前提,并在此基础上深化农村土地征收、集体经营性建设用地入市、宅基地制度的改革。

第三,实施最严格的建设用地,特别是占用耕地的审批制度。一要严格法定权限和程序,严格落实土地利用规划和年度土地利用计划,不符合规划的用地不得批准,确需修改规划的,必须依照法定程序修改规划后再进行用地审批。二要强化建设项目预审,严格把关项目选址。凡不符合土地利用总体规划、耕地占补平衡要求、征地补偿安置政策、用地标准、产业和供地政策的项目,不得通过用地预审。三要强化用地审批前的实地踏勘、论证和核实工作。除生活用地及公共基础设施用地外,建设用地一般不得占用耕地,确需占用的,按照确保粮食生产能力不下降的要求,严格审查补充耕地落实情况,不能补充数量、质量相当的耕地不得通过审查。四要将建设用地的控制总量与耕地后备资源挂钩,后备耕地资源不足的地方相应减少新增建设占用耕地。五是处理好简政放权、改革审批与保护耕地、严格监管的关系,对符合法律法规规定的建设项目,要提高土地审批效率,搞好供地服务。

第四,盘活存量用地和闲置用地,实施建设用地的节约集约利用。一是探索建立行政区域、产业园区、规划审批、项目审查等多层次节约集约用地评价体系,完善并严格实施节约集约用地标准,建立并严格实施新增建设用地计划安排与节约集约用地绩效挂钩的政策体系,促进经济发展方式由粗放型向集约型转变。二是探索建立节约集约用地的激励政策,对于节约集约用地、提高利用率、容积率的单位和组织在建设用地使用权配置方式、地价确定、权利设定、产权登记等方面给予激励政策;给予城市改造、二次开发、地上地下空间开发等在项目取得、计划批准、地价确立等方面的激励政策。三是要按照严控增量、盘活存量、优化结构、提高效率的总要求,综合运用规划调控、市场调节、标准控制、执法监管等手段,全面推进城镇、工矿企业、农村、基础设施等各类建设节约集约用地,切实减少对耕地的占用,严防侵占优质耕地。

第五,坚持直接管制与间接管制相结合,从单一的用途管制拓展到对土地利用程度和利用效益的管制相结合。在直接管制方面,严格控制农用地转化为建设用地,落实耕地保护目标。目前的重点是严防集体土地向"非农化"流转,农村土地承包经营权流转和抵押、担保等,必须在坚持和完善最严格的耕地保护制度前提下进行,坚持农村土地农用,不得借农村土地流转之名违规搞非农业建设,严禁在流转农村土地上建设旅游度假村、高尔夫球场、别墅、农家乐、私人会所等;农业结构调整必须以不改变耕地用途为前提,严禁占用基本农田挖塘造湖、种植林果、建设绿色通道及其他毁坏基本农田种植条件的行为;农业项目要尽可能利用农村存量建设用地和非耕地,不得占用基本农田;生态退耕必须严格条件、优化方案,分步骤、有计划进行,严防弄虚作假和随意扩大退耕范围。

在间接管制方面,重点是盘活存量用地和闲置用地,实施建设用地的节约集约利用,提高土地利用效率,减少农用地转化为建设用地的数量需求,实现土地利用方式由粗放型向集约型转变。

(四)严格落实耕地数量和质量占补平衡

第一,严格落实耕地占补平衡责任。非农建设占用耕地的,建设单位必须依法履行补充耕地义务,无法自行补充数量、质量相当耕地的,应当按规定足额缴纳耕地开垦费。地方各级政府负责组织实施土地整治,通过土地整理、复垦、开发等推进高标准农田建设,增加耕地数量,提升耕地质量,以县域自行平衡为主、省域内调剂为辅、国家适度统筹为补充,落实补充耕地任务。各省(自治区、直辖市)政府要依据土地整治新增耕地平均成本和占用耕地质量状况,制定差别化的耕地开垦费标准。

第二,大力实施土地整治,落实补充耕地任务。一要拓展补充耕地途径,统筹实施土地整治、高标准农田建设、城乡建设用地增减挂钩、历史遗留工矿废弃地复垦,新增耕地经核定后可用于落实补充耕地任务;二要在严格保护生态环境的前提下,科学划定宜耕土地后备资源范围,禁止开垦严重沙化土地,禁止在25度以上陡坡开垦耕地,禁止违规毁林开垦耕地;三要统筹使用相关资金实施土地整治和高标准农田建设,充分发挥财政资金作用,鼓励采取政府和社会资本合作(PPP)模式、以奖代补等方式,引导农村集体经济组织、农民和新型农业经营主体根据土地整治规划投资或参与土地整治项目,多渠道落实补充耕地任务;四要统筹规划,加大对生产建设活动和自然损毁土地的复垦力度,探索开展受污染严重耕地的修复工作。

第三,加强补充耕地项目管理。各级政府,特别是市县政府要加强对土地整治、高标准农田建设、补充耕地项目的全程管理,提高项目工程建设标准,规范项目规划设计,强化项目规划设计审查,加强项目日常监管和施工监理;做好项目竣工验收,严格新增耕地数量认定,依据相关技术规程评定新增耕地质量,强化土地整治补充耕地等级的评定和验收工作,没有达到要求的项目不得验收,确保数量、质量;加强土地整治项目的建后管护,严防边整治边撂荒,严禁土地整治后又被非农业建设占用,多措并举提高整治土地的质量等级,坚决纠正占优补劣、占多补少、先补后占等问题。

第四,规范省域内补充耕地指标调剂管理,探索补充耕地国家统筹。一要建立以县(市、区)行政辖区为基本单位、省(自治区、直辖市)域内调剂补充的耕地占补平衡基本格局;二要根据各地资源环境承载能力、耕地后备资源条件、土地整治新增耕地潜力等实际情况,探索实施补充耕地跨省补充、国家统筹的机制;三要完善价格形成机制,综合考虑补充耕地成本、资源保护补偿和管护费用及区域差异等因素,规范省(自治区、直辖市)域内以及省域之间的补充耕地指标调剂管理。

(五)严格划定永久保护基本农田

基本农田是耕地的精华,是粮食生产的核心产能。做好永久基本农田划定工作是贯彻落实"十分珍惜、合理利用土地和切实保护耕地"基本国策,夯实粮食生产的物质基础,确保谷物基本自给、口粮绝对安全,把13亿中国人的饭碗牢牢地端在自己手上,落实国家粮食安全战略的重要举措。2010年,国土资源部、农业部部署开展了永久基本农田划定工作,全国总体上落实了15.6亿亩的划定任务。但在核查中发现,一些地方仍然存在划远不划近、划劣不划优的现象。2014年11月,国土资源部、农业部依据《中华人民共和国土地管理法》《基本农田保护条例》和《中共中央、国务院关于全面深化农村改革加快推进农业现代化的若干意见》,在已有划定永久基本农田工作的基础上,部署新一轮永久基本农田划定工作。与上一次相比,新一轮的永久基本农田划定工作有新的特点:一是基础条件更好。它是按照基本农田保护法律法规及有关规定,在已有划定永久基本农田工作的基础上,依托国土资源遥感监测"一张图",依据土地利用总体规划、第二次全国土地调查、最新年度土地利用变更调查、土地利用总体规划、土地整治规划、全国耕地质量等别评定、县域耕地地力调查与质量评价成果进行的。二是要求更高。它是遵循耕地保护优先、数量质量并重的原则,按照布局基本稳定、数量不减少、质量有提高的要求,严格划定永久基本农田保护红线;永久基本农田要落实到具体地块,落实保护责任,设立统一规范的保护标志,编制更新图表册等管理资料,建立基本农田数据库。三是与"多规合一"工作协调进行。城镇周边、交通沿线现有易被占用优质耕地优先划为永久基本农田,要与城市开发边界和生态保护红线划定等工作协同开展,与经济社会发展规划、土地利用总体规划、城乡规划等"多规合一"工作相衔接。四是重点更加明确。它先从500万以上人口特大城市、省会城市、计划单列市开始,按照城镇由大到小、空间由近及远、耕地质量等别和地力等级由高到低的顺序,稳步有序开展永久基本农田划定工作。五是在调查摸底的基础上,强化了核实举证、论证核定。把永久基本农田划定工作开展情况纳入省级政府耕地保护责任目标考核内容,强化了对重点城市、重点地区的专项督导和全过程的指导、监督及检查。

新一轮永久基本农田划定以后,必须以依法批准的土地利用总体规划为依据,对永久基本农田增设永久保护标志,切实做到落地到户、上图入库、网上公布、接受监督;建立和完善基本农田保护负面清单,强化永久基本农田对各类建设布局的约束,实行严格管理、永久保护,任何单位和个人不得擅自占用或改变用途;进一步推进"多规合一"工作,各地区、各有关部门在编制城乡建设、基础设施、生态建设等相关规划时,应当与永久基本农田布局充分衔接,原则上不得突破城市边界和永久基本农田边界;一般建设项目不得占用永久基本农田,重大建设项目选址确实难以避让永久基本农田的,在可行性研究阶段,必须对占用的必要性、合理性和补划方案的可行性进行严格论证和审查。

（六）提升耕地质量,夯实现代农业基础

长期以来,我国农业生产一直坚持高投入、高产出模式,耕地长期高强度、超负荷利用,造成基础地力下降,南方耕地重金属污染和土壤酸化,北方耕地土壤盐渍化,西北等地农膜残留问题突出。耕地土壤有机质含量较低,特别是东北黑土区土壤有机质含量下降较快,土壤养分失衡、生物群系减少、耕作层变浅等现象比较普遍,部分占补平衡补充耕地质量等级低于被占耕地。因而,耕地红线不仅是数量上的,也是质量上的。耕地保护必须坚持数量与质量并重,在强化耕地数量管控的同时,需要加强耕地质量建设,减少农田污染,培育健康土壤,提升耕地地力,加大退化、污染、损毁农田改良和修复力度,强化农田生态保护,实施耕地质量保护与提升行动,切实做到"藏粮于地",这是夯实农业可持续发展的基础,保障粮食等重要农产品有效供给的重要措施,也是提升我国农业国际竞争力的现实选择。

第一,明确思路和目标。开展耕地质量保护与提升行动,必须以保障国家粮食安全、农产品质量安全和农业生态安全为目标,落实最严格的耕地保护制度,树立耕地保护"量质并重"和"用养结合"理念,坚持生态为先、建设为重,以新建成的高标准农田、耕地退化污染重点区域和占补平衡补充耕地为重点,依靠科技进步,加大资金投入,推进工程、农艺、农机措施相结合,依托新型经营主体和社会化服务组织,构建耕地质量保护与提升的长效机制,守住耕地数量和质量红线,为粮食和农业可持续发展奠定基础。根据原农业部制定《耕地质量保护与提升行动方案》的要求,到2020年,全国耕地质量状况得到阶段性改善,耕地土壤酸化、盐渍化、养分失衡、耕层变浅、重金属污染、白色污染等问题得到有效遏制,土壤生物群系逐步恢复。到2030年,全国耕地质量状况实现总体改善,对粮食生产和农业可持续发展的支撑能力明显提高。

第二,优化技术路径。在技术路径上,一是"改",即改良土壤。针对耕地土壤障碍因素,治理水土侵蚀,改良酸化、盐渍化土壤,改善土壤理化性状,改进耕作方式。二是"培",即培肥地力。通过增施有机肥,实施秸秆还田,开展测土配方施肥,提高土壤有机质含量,平衡土壤养分,通过粮豆轮作套作、固氮肥田、种植绿肥,实现用地与养地结合,持续提升土壤肥力。三是"保",即保水保肥。通过耕作层深松耕,打破犁底层,加深耕作层,推广保护性耕作,改善耕地理化性状,增强耕地保水保肥能力。四是"控",即控污修复。控施化肥农药,减少不合理投入数量,阻控重金属和有机物污染,控制农膜残留。

第三,因地施策,加强建设。耕地的质量保护与提升必须结合区域农业生产特点,针对区域耕地质量突出问题,因地制宜,因地施策。东北黑土区的主要问题是黑土层变浅流失、耕层变薄、地力退化快、有机肥投入不足、有机质下降;华北及黄淮平原潮土区的主要问题是耕层变浅,地下水超采,部分地区土壤盐渍化严重;淮河北部及黄河南部地区砂姜黑土易旱易涝,地力下降潜在风险大;长江中下游平原水稻土区主要问题是土壤酸化、潜育化,局部地区土壤重金属污染比较严重,保持健康土壤安全生产压力大;南方丘陵岗地红黄壤区主要问题是稻田土壤酸化、潜育化,部分地区水田冷(地温低)、烂(深泥脚)、毒(硫化氢等有害气体)问题突出,山区耕地土层薄、地块小、砾石含量多、土壤有机质含量低,季节性干旱严重;西北灌溉及黄土型旱作农业区主要问题是耕地贫瘠,土壤盐渍化、沙化和地膜残留污染严重,地力退化明显,土壤有机质含量低,保水保肥能力差,干旱缺水。

面对这些具体问题,一要加强退化耕地综合治理。重点是东北黑土退化、南方土壤酸化(包括潜育化)和北方土壤盐渍化的综合治理。二要切实进行污染耕地阻控修复。重点是土壤重金属污染修复、化肥农药减量控污和白色(残膜)污染防控。三要加强土壤肥力保持及提升。重点是秸秆还田、增施有机肥、种植绿肥和深松整地、保水保肥。四要开展占用耕地耕作层土壤剥离利用的工作,剥离后重点用于中低产田改造、高标准农田建设和土地复垦,以增加耕作层厚度,改善土壤结构。五要统筹推进耕地休养生息。对25度以上坡耕地、严重沙化耕地、重要水源地15~25度坡耕地、严重污染耕地等有序进行退耕还林还草;积极稳妥推进耕地轮作休耕试点,因地制宜实行免耕少耕、深松浅翻、深施肥料、粮豆轮作套作的保护性耕作制度,提高土壤有机质含量,平衡土壤养分,实现用地与养地结合,多管齐下提升耕地产能。

第四,扎实推进高标准农田建设,夯实现代农业发展基础。2013年,国务院批复了《全国高标准农田建设总体规划》(国函〔2013〕111号),主要目标是到2020年建成高标准农田8亿亩,其中"十二五"期间建成4亿亩,亩均粮食综合生产能力提高100公斤以上。《全国高标准农田建设总体规划》印发实施以来,各地、各有关部门周密部署,精心组织,加大投入,加强管理,扎实推进高标准农田建设,全面落实各项建设任务,提升粮食生产水平,为实现粮食生产"十二连增"、促进农民增收和农业机械化发展发挥了积极作用。"十三五"期间,必须坚持"藏粮于地、藏粮于技"战略,以确保谷物基本自给、口粮绝对安全,以保障主要农产品有效供给为目标,以提高农业综合生产能力为主线,以粮食等大宗农产品主产区为重点,按照集中连片、旱涝保收、稳产高产、生态友好的要求,持之以恒抓好高标准农田建设,夯实农业发展基础,为发展现代农业、全面建设小康社会奠定坚实基础。

在规划编制方面,加强相关专项规划衔接,在此基础上,做好省级总体规划和县级实施方案编制工作,细化实化工程任务,协调推进工程建设。

在区域布局方面,以粮食主产区为重点,加大政策和资金倾斜力度,着力建设确保口粮安全的高标准农田,提高口粮生产能力和可持续发展能力。

在资金整合方面,鼓励和支持县级政府以高标准农田建设为平台整合相关建设资金,形成"多个龙头进水、一个池子蓄水、一个龙头出水"的资金整合机制,实现部门协同合作、整体推进;积极吸引金融资本和社会资本,鼓励政策性银行和开发性金融机构把高标准农田建设纳入支持范围,提供长期稳定的信贷资金支持;发挥财政资金的引导和杠杆作用,采取财政贴息、先建后补等方式,鼓励地方利用银行贷款和自筹资金开展高标准农田建设;鼓励地方政府探索实行委托代建、购买服务等方式,多渠道筹集社会资金用于高标准农田建设;引导专业大户、家庭农场、农民合作社和农业企业等新型经营主体和工商资本投资建设高标准农田。

在监测监管方面,依托国土资源遥感监测"一张图"和综合监管平台,结合各部门相关管理信息系统,建立高标准农田建设信息化精准管理机制,将高标准农田及时"上图入库",实现全面、在线、实时监控核查。

在建后管护方面,借鉴农田水利设施产权制度改革、农业水价综合改革等试点改革经验,进一步完善高标准农田建后管护机制,划定工程设施保护范围,明确管护责任,切实加强管护工作,改变重建轻管的局面。

(七)健全耕地保护补偿机制,全方位调动护地积极性

第一,加强对耕地保护责任主体的补偿激励。积极推进中央和地方各级涉农资金整合,综合考虑耕地保护面积、耕地质量状况、粮食播种面积、粮食产量和粮食商品率,以及耕地保护任务量等因素,统筹安排资金,按照谁保护、谁受益的原则,加大耕地保护补偿力度。鼓励地方统筹安排财政资金,对承担耕地保护任务的农村集体经济组织和农户给予奖补。奖补资金发放要与耕地保护责任落实情况挂钩,主要用于农田基础设施后期管护与修缮、地力培育、耕地保护管理等方面。

第二,实行跨地区补充耕地的利益调节。在生态条件允许的前提下,支持耕地后备资源丰富的国家重点扶贫地区有序推进土地整治增加耕地,补充耕地指标可对口向省域内经济发达地区调剂,补充耕地指标调剂收益由县级政府通过预算安排用于耕地保护、农业生产和农村经济社会发展。省(自治区、直辖市)政府统筹耕地保护和区域协调发展,支持占用耕地地区在支付补充耕地指标调剂费用基础上,通过实施产业转移、支持基础设施建设等多种方式,对口扶持补充耕地地区,调动补充耕地地区保护耕地的积极性。

第三,建立相应的机制,鼓励采取政府和社会资本合作(PPP)模式和以奖代补等方式,引导农村集体经济组织、农民和新型农业经营主体,根据土地整治规划投资或参与土地整治项目,多渠道落实补充耕地任务,多途径提升土地质量。比如新型农业经营主体,根据气候、土壤、温湿度、生态环境等,选择休耕、轮作、套种农作物或拓展林下高效生态种养殖,实现耕地保护的长期可持续发展;对于不适宜耕种的土地,通过测土配肥来提高地力,改良土壤,将种植业的果实或秸秆作为饲料,增加畜牧业的养殖数量;同时将养殖业的粪便做成有机肥,提高地力,增加产量,实现循环经济。这样既有利于高产农田的有效利用,又能改善中低产田地力,有效利用废弃荒地,达到土地资源利用最大化。

(八)强化保障措施,严格监管考核

第一,强化保障措施。一是上至国家下到县乡,切实建立党的领导、政府负责、部门协同、公众参与、上下联动的共同责任机制,严格源头控制,强化过程监管,确保本行政区域内耕地保护责任目标全面落实,形成保护耕地合力。二是强化统筹协调。耕地质量保护与提升行动是一项系统、基础和长期的工程,需要强化协调配合,形成合力。农业农村部、自然资源部要成立耕地质量保护与提升行动组织指导机构,加强协调,搞好服务,保障各项措施落实。各省(区、市)、县也要成立相应机构,细化实施方案,落实项目资金,开展督导检查,保障行动有力有序开展,从而构

建上下联动、多方协作的工作机制。三是强化责任落实。结合《粮食安全省长责任制考核办法》，严格落实耕地数量、质量建设与管理责任，守住耕地数量、质量红线。各级政府要采取有力措施，加大耕地质量建设投入，保护和提升耕地质量，各级农业农村部门、自然资源部门认真做好占补平衡补充耕地质量验收，把好质量关。鼓励引导生产者，特别是新型经营主体采取用地养地结合的措施，保护耕地质量，提升农业可持续发展能力。四是强化科技支撑。发挥农业农村部耕地质量建设与管理专家指导组的作用，分区域、分土壤类型提出耕地质量建设和污染耕地治理的技术方案，开展指导服务，落实关键措施，提升耕地质量。组织科研、教学和推广单位开展协作，对一些重点区域开展联合攻关，攻克技术瓶颈，形成耕地质量保护与提升的技术模式。结合新型职业农民培训工程、农村实用人才带头人素质提升计划，提高种粮大户等新型经营主体耕地质量保护和科学施肥技术的应用能力。五是强化政策扶持。落实好耕地保护与质量提升、测土配方施肥、旱作农业技术推广、湖南重金属污染耕地修复及农作物种植结构调整试点和东北黑土地保护利用试点等项目。加大财政支持力度，扩大耕地质量建设资金来源，增大资金规模；创新投入机制，发挥财政投入的杠杆作用，通过补贴、贴息等方式，撬动政策性金融资本投入；引导商业性经营资本进入，多方合作，加强耕地质量建设。六是强化法制保障。加快《全国耕地质量保护条例》和《肥料管理条例》立法进程，落实《农药管理条例》，研究制定耕地质量红线划定方法，进一步完善耕地质量标准体系。

第二，加强耕地数量质量调查监测与评价，严格监督检查。一是完善国土资源遥感监测"一张图"，建设耕地数量质量调查监测体系，完善国家、省、市、县四级耕地数量质量调查监测网络，根据土壤类型、作物布局、耕作制度、代表面积、管理水平、生态环境的差异，科学设置耕地数量质量长期定位监测控制点，开展耕地地力、土壤墒情和肥效监测，扩大全天候遥感监测范围，对永久基本农田实行动态监测，加强对土地整治过程中的生态环境保护，强化耕地保护全流程监管。二是建设耕地数量质量大数据综合监管平台。建立国家和省（市、区）级耕地数量质量数据中心，完善县域耕地资源管理信息系统，及时掌握耕地数量质量状况，为农业行政管理、政策制定、规划编制、区划调整和生产提供决策依据。三是严格按照《耕地质量等级》(GB/T 33469—2016)和《耕地质量调查监测与评价办法》，研究提出耕地数量质量红线划定方法，开展全国耕地数量质量调查与评价，对耕地立地条件、设施保障条件、土壤理化性状、生物群系、环境状况和耕地障碍等因素进行全面调查，综合评价耕地数量和质量等级，定期发布相关报告。四是健全土地执法联动协作机制，严肃查处土地违法违规行为。各级土地督察机构要加强对本级、下级政府实施土地利用总体规划、履行耕地保护目标责任、健全耕地保护制度等情况的监督检查。

第三,完善责任目标考核制度。一是自然资源部、农业农村部、国家统计局等有关部门,要结合各地实际,科学制定并下达省级政府耕地保护责任目标;省级政府要层层分解耕地保护任务,落实耕地保护责任目标,完善考核制度和奖惩机制。二是将耕地保护、生态文明建设、粮食安全省长责任制等统筹起来,全面检查和考核耕地与永久基本农田保护情况、高标准农田建设任务完成情况、补充耕地任务完成情况、耕地占补平衡落实情况、生态文明建设情况、粮食安全省长责任制落实情况,并把考核结果作为衡量领导干部实绩的重要内容。三是探索编制土地资源资产负债表,完善耕地保护责任考核体系。

————————

[1] 国务院办公厅.关于印发全国土地利用总体规划纲要的通知.http://www.gov.cn/xxgk/pub/govpublic/mrlm/201011/t20101115_62801.html

[2] 中华人民共和国国民经济和社会发展第十个五年规划纲要.http://www.npc.gov.cn/wxzl/gongbao/2001-03/19/content_5134505.htm

[3] 陈锡文.中国18亿亩耕地的"红线"没有被突破.http://news.xinhuanet.com/politics/2010-02/01/content_12914425.htm

[4] 权威访谈:坚守"农根"18亿亩土地"红线"未被突破.http://news.xinhuanet.com/politics/2011lh/2011-03/09/c_13769291.htm

[5] 胡鞍钢.应设"粮食储备"红线保证粮食安全.http://news.sina.com.cn/c/z/2014qglh/sibian8.html

[6] 任晓.金融四十人论坛课题报告建议:改变严守耕地红线思路,启动新一轮分税制改革.中国证券报,2013-05-27(A01).

[7] 焦建.中国粮食安全报告.http://magazine.caijing.com.cn/20131208/3070649.shtml

[8] 袁隆平.保住18亿亩耕地红线有难度.http://finance.sina.com.cn/chanjing/cyxw/20090408/08166074933.shtml

[9] 中国金融四十人论坛课题组.土地改革与新型城镇化.http://www.cf40.org.cn/uploads/PDF/2013528.pdf

[10] 北京天则经济研究所.《粮食安全与耕地保护》报告.http://m.book118.com

[11] 盛洪.18亿亩红线的制度含义.http://finance.ifeng.com/opinion/fh-zl/20090531/721267.shtml

[12] 陈志武.18亿亩红线已过时,一块地可以盖50层楼种粮.http://finance.ifeng.com/opinion/macro/20100920/2638872.shtml

［13］　许小年. 政府人为控制土地供应造成房价高企. http://business. sohu. com/20111105/n324622469. shtml

［14］　周天勇. 十八亿亩耕地红线是让谬误主持政治. http://business. sohu. com/20121104/n356606001. shtml

［15］　土地调查成果公共服务应用平台. http://tddc. mlr. gov. cn/

［16］　茅于轼. 交易费用是生产价格的成本. 学术界,2014(1):5-6.

［17］　陈平. 科斯问题和普里戈金视角. 学术界,2014(1):33-34.

［18］　何祚庥. 新政治经济学的供需均衡模型新解. 清华政治经济学报,社会科学文献出版社,2015(3):133-147.

［19］　徐绍史. 坚决守住 18 亿亩耕地红线. 国家行政学院学报,2008(1):8-11.

［20］　茅于轼. 确保 18 亿亩耕地红线导致房价大涨. http://finance. sina. com. cn/g/20081225/02372592543. shtml

［21］　国土资源部. 国土部称地价占房价 23% 耕地"红线"不影响房价. http://news. xinhuanet. com/house/2009-06/24/content_11590383. htm

［22］　2017 年中央经济工作会议公报. http://www. southmoney. com/redianxinwen/201612/946236. html

［23］　国土资源部. 关于第二次全国土地调查主要数据成果的公报. http://www. mlr. gov. cn/zwgk/zytz/201312/t20131230_1298865. htm

［24］　国土资源部. 关于发布 2015 年全国耕地质量等别更新评价主要数据成果的公告. http://www. mlr. gov. cn/zwgk/zytz/201702/t20170222_1440804. htm

［25］　全国耕地后备资源调查结果新闻发布会(2016 年 12 月 28 日). http://www. mlr. gov. cn/wszb/2016/gd/jiabin/index_3574. htm

［26］　国土资源部. 2015 年中国国土资源公报. http://www. mlr. gov. cn/zwgk/tjxx/201604/P020160421532279160618. pdf

第四章　农村土地流转与粮食安全

一、农村土地流转政策的演进过程

所谓农村土地流转,是指土地经营权流转,指拥有土地承包经营权的农户在保留其土地承包权的前提下,通过转包、转让、入股、合作、租赁、互换等方式将土地经营权(使用权)转让给其他农户、专业大户、合作社或经济组织。我国实行家庭联产承包责任制以来,农村土地流转政策大致可分为:全面禁止阶段、政策放松阶段、允许流转阶段、政策规范阶段、稳步发展阶段。每个阶段有不同的政策取向,对农业发展产生的影响也呈现出较大差异[1]。

(一)全面禁止阶段

在 20 世纪 80 年代初,我国经济发展水平相对较低,家庭联产承包责任制还未完全确立,农村土地使用权存在不稳定的现象,因此,在这一时期,国家对农村土地流转进行了较为严格的限制。1982 年中共中央在《全国农村工作会议纪要》中明确指出"社员承包的土地不准买卖、不准出租、不准转让、不准荒废,否则集体有权收回"。1982 年的《中华人民共和国宪法》也对农村土地流转进行了明确规定:"任何组织或者个人不得侵占、买卖、出租或以其他形式非法转让土地。"

(二)政策放松阶段

1983 年,中共中央关于《当前农村经济政策的若干问题》对以"包产到户,包干到户"为主要内容的"家庭联产承包责任制"进行了理论总结和科学定位。1984 年,我国家庭联产承包责任制正式在全国范围内确立,农村的土地使用权趋于稳定,因此国家对农村土地流转的相关政策也在一定程度上放开。1984 年,中央一号文件首次提出"鼓励土地逐步向种田能手集中。社员在承包期内,因无力耕种或转营他业而要求不包或少包土地的,可以将土地交给集体统一安排,也可以经集体同意,由社员自找对象协商转包",这是第一次从政策层面上认可农村土地流转。1986 年,国务院《关于一九八六年农村工作的部署》提出,"随着农民向非农产业转移,政府鼓励耕地向种田能手集中,发展适度规模的种植专业户。"同年,《中华人民共和国土地管理法》出台,首次从国家立法的高度对农村土地流转进行肯定,其第二条明确规定"国有土地和集体所有的土地使用权可以依法转让"。1987 年,国务院批准将部分沿海发达城市列为我国农村土地流转的试点,积极推进这些城市的农村土地流转试点工作。这一阶段的土地流转处于萌芽时期,流转方式单一,流转主体限于本村内的农户,政府对于土地流转管理处于初期了解阶段。

（三）允许流转阶段

1988 年通过《中华人民共和国宪法修正案(1988 年)》,删除了原宪法中不得转让土地的硬性规定。1993 年,中国共产党第十四届中央委员会第三次全体会议通过的《关于当前农业和农村经济发展的若干政策措施》进一步允许农村土地使用权有偿转让,明确规定"在坚持土地集体所有和不改变土地用途的前提下,经发包方同意,允许土地的使用权依法有偿转让。"随着改革进一步深入,特别是农村改革的不断深化,国家越来越重视农村土地流转,并开始从被动承认土地流转的角色慢慢转变为主动引导者的角色。这一阶段,尽管国家出台了一系列政策,允许"土地使用权可以有偿转让",但事实上,农村土地流转仅限于少量的农户之间非正式的流转方式,农村土地流转的数量和参与流转的农户均较少。

（四）政策规范阶段

由于大量农民向城市流动,农村土地流转的进程加快、规模扩大,在一些地方出现了违背农民意愿的强制流转、无偿流转、流转过程中擅自改变土地用途等情况,部分地区采取"两田制""反租倒包"[2]。为解决农村土地流转中出现的问题,2001 年 12 月,中共中央发布《关于做好农户承包地使用权流转工作的通知》,规定"农户承包地使用权流转必须坚持依法、自愿、有偿的原则"。这是第一份专门针对农村土地流转工作的文件。2002 年 8 月,《中华人民共和国农村土地承包法》进一步明确了土地承包经营权流转的合法性,同时规定土地承包经营权流转必须遵循"平等协商、自愿、有偿"的原则,任何组织和个人不得强迫或者阻碍承包方进行土地承包经营权流转。2003 年,《中华人民共和国农村土地承包经营权证管理办法》明确提出要保护农民的土地承包权和经营权,《中华人民共和国物权法》《中华人民共和国农村土地承包经营权流转管理办法》和《中华人民共和国农村土地承包法》等都对农民农村土地流转中的承包权和经营权进行维护,我国农村土地流转进入有法可依的规范化时期。

（五）稳步发展阶段

随着农民承包权和经营权得到保障,工业化和城镇化进程加快,农村土地流转规模迅速扩大,但流转农村土地"非粮化"现象也日益显现。2008年,中国共产党第十七届中央委员会第三次全体会议通过了《中共中央关于推进农村改革发展若干重大问题的决定》,该决定强调,要加强土地承包经营权流转管理和服务,建立健全土地承包经营权流转市场,按照依法、自愿、有偿的原则,允许农民以转包、出租、互换、转让、股份合作等形式流转土地承包经营权,发展多种形式的适度规模经营。但土地承包经营权流转,不得改变土地集体所有性质,不得改变土地用途,不得损害农民土地承包权益。针对农村土地流转中用途转变行为,《中共中央、国务院关于2009年促进农业稳定发展 农民持续增收的若干意见》再次强调土地承包经营权流转的"三不"政策。随着农村土地流转的迅猛增速,各地开始加强土地经营权流转管理和服务,在保持农村土地承包关系稳定的前提下,积极推动多种形式适度规模经营。

2014年,中共中央办公厅、国务院办公厅印发了《关于引导农村土地经营权有序流转发展农业适度规模经营的意见》,指出"坚持经营规模适度,既要注重提升土地经营规模,又要防止土地过度集中,兼顾效率与公平,不断提高劳动生产率、土地产出率和资源利用率,确保农村土地农用,重点支持发展粮食规模化生产"。

中国共产党第十八次全国代表大会和中国共产党第十八届中央委员会第三次全体会议也都提出,要鼓励土地承包经营权在公开市场上流转,构建集约化、组织化、专业化相结合的新型土地经济发展体系[3]。这一阶段,我国农村土地流转得到了稳步发展,同时对土地用途的管控更加严格。从土地流转的功能来看,主要是通过引导农村土地流转实现农业规模化经营,建立新型农业经营体系,从而实现农业的现代化;切实发挥土地流转在粮食安全、农民增收、农村脱贫与经济发展以及农村建设等方面举足轻重的作用;强调市场在农村土地流转的主体作用,突出政府的管理和服务功能,不断健全土地经营权交易市场,搭建土地流转交易信息平台,完善县、乡、村三级服务体系,并且通过财政补贴等措施鼓励土地进行流转。

从农村土地流转政策演变过程可以发现,我国的农村土地流转政策在农村土地流转实践中不断调整。农村土地流转进一步调动了农民农业生产积极性,确保了国家粮食安全;优化了土地资源配置,提高土地资源的利用效率;解放了农村劳动力,促进了农村剩余劳动力转移,增加了农民收入;促进了农业产业化、规模化生产,推进了农业产业结构调整,加快了我国农业市场化、现代化的进程。

二、农村土地流转的基本特征及其对粮食生产的积极影响

（一）现阶段农村土地流转的特征

农业部《中国农村经营管理统计年报》(2010—2015年)中的有关数据显示,我

国农村土地流转呈现如下特征：

第一，农村土地流转的范围、数量都在不断扩大和增加。到 2015 年年底，土地经营权流转面积达到 0.298 亿公顷，比 2010 年的 0.125 亿公顷增长 1.38 倍，年均增长 19.1%。与此同时，流转出承包耕地的农户由 3320.9 万户上升到 6329.5 万户，占耕地承包农户数的比重由 14.5% 上升到 27.5%。据农业农村部 2018 年最新统计数据显示，全国土地流转面积已达 4.6 亿亩，超过承包耕地面积的三分之一，土地流转面积还有进一步扩大的趋势[4]。

第二，各地区农村土地流转比例差异明显。我国农村土地流转面积不断增长，但各地区之间农村土地流转的进程差异较大。在大城市周边，土地流转规模较大，市场化程度较高；但在比较落后的村镇，农民流转土地意识薄弱，土地流转还处于较低水平。区域流转差异表现在：东部地区流转比例高于中西部；因经济发展程度以及城镇化水平不同，各省份流转水平差别大；各省份内部不同地区流转比例也不同，大城市周边以及经济发达地区土地流转比例高，流转市场活跃；农村劳动力转出地区流转比例普遍较高；农业机械化、规模化经营需求高的商品粮生产基地流转比例高[5]。2010—2015 年间全国农村土地流转面积由 1244.55 万公顷增加到 2978.89 万公顷，增长了 139.35%；全国农村土地流转比例由 14.65% 提升到 33.29%，年均增长 14.66%。上海、江苏、北京等经济发展水平较高地区农村土地流转比例明显高于其他地区，上海农村土地流转比例 2015 年达到了 72.22%，居全国首位。辽宁、河北和湖北等地农村土地流转比例年均增长率较高，农村土地流转进程较快。

第三，流转出承包耕地的农户数量逐步增长。2010—2015 年流转出承包耕地的农户数量逐步增长，从 2010 年的 3320.9 万户增加到 2015 年的 6329.5 万户，增长了 90.60%；流转耕地农户数占承包耕地农户数比例也由 2010 年的 14.5% 增加到 2015 年的 27.5%，农村土地流转涉及的农户数越来越多。

第四，农村土地流转形式的多样化。农村土地流转的形式，在早期阶段，流转基本上为农户之间的转包和土地互换。近年来，随着城镇化、农业现代化进程的加快，土地流转方式也更加多样化，出租、股份合作、转让、托管、返租倒包、抵押等流转形式快速兴起。此外，农村土地流转还出现了以下新形式：北京市农户采取确利或确股的形式，把耕地流转给集体统一经营；湖南省祁东县部分乡镇的农户将土地承包经营权集中到村组，村组与农户之间达成转让或租赁协议，村组整体出租流转给第三方；山东省滕州市除转包、出租等方式外，出现了农业大户代耕代种、托管等多种流转模式。从参与主体看，出现了城镇居民、涉农企业、科研机构参与土地流转、下乡租地、发展特色农业的现象。

第五，农村土地转入农业企业和合作社占比不断提高，农村土地转入农户所占比例有所下降,转入农业专业合作社和农业企业所占比例稳步提高。流入合作社耕地面积由 0.015 亿公顷增加到 0.065 亿公顷,占比由 11.9% 上升到 21.8%,年均增长 34.1%;流转入企业耕地面积由 0.010 亿公顷增加到 0.028 亿公顷,占比由 8.1% 上升到 9.5%,年均增长 22.9%。虽然流入农户耕地面积也由 0.086 亿公顷增加到 0.175 亿公顷,但占比由 69.2% 下降到 58.6%,年均增长仅 15.3%,小于转入农业企业和农业合作社的增长比重。

第六,农村土地流转的规范性明显增强。为使农村土地流转朝着健康方向发展,2014 年 11 月,中共中央办公厅、国务院办公厅印发了《关于引导农村土地经营权有序流转发展农业适度规模经营的意见》,对农村土地流转提出了规范性要求。地方各级政府也积极探索,普遍建立了农村土地流转管理和服务平台,使得农村土地流转不断朝着有利于粮食生产,有利于保护农户利益的方向迈进。比如,滕州市、祁东县、成都市等地方政府专门成立了农村土地流转工作领导小组,对农村土地流转工作进行指导、服务和管理;出台了关于推进农村土地承包经营权流转的实施意见,健全土地流转工作管理制度和流程,依法规范流转行为,切实解决流转过程中的突出问题;在乡镇成立了农村土地流转服务中心,设立交易大厅,开展信息联络、收益评估、合同签订等服务工作,把好土地流转的准入、交易、合同签订、资料归档等关口;设立农村土地承包及土地流转纠纷调解委员会和仲裁委员会,调解处理矛盾纠纷。

(二)农村土地流转对粮食生产的促进作用

农村土地流转是耕地承包经营权的让渡,农村土地流转速度的加快、规模的扩大、形式的多样化、规范性的增强,给粮食生产带来了重要影响。当然,农村土地流转对粮食生产的影响主要取决于经营主体变化后,对生产积极性、生产投入、技术支撑、生产条件等方面。陈洁等[6]专家学者在农业部的支持下,2011 年对 2884 户未转入耕地经营权种粮户的粮食生产经营情况进行了调查,2013—2014 年,又对 551 个转入耕地经营权、实行规模化生产的农户进行了调查,并就土地流转与粮食安全的关系问题进行了分析研究。调研表明,我国耕地流转总体处于健康发展状态,对粮食生产发展也是有利的。这主要表现在以下几个方面。

第一,规模化效应显现,种粮主体所获收益明显提高。所调查的 551 个样本户从集体经济组织承包土地面积的总体平均数为 58.12 亩,中位数为 36 亩,而通过各种形式的流转,使得样本户平均经营面积达到 100.07 亩,中位数达到 141 亩,分别增加 72.18% 和 2.92 倍。其中,有 196 户的经营面积比承包面积扩大了 1 倍以上,占样本户的 35.57%;50 户的经营面积达到 100 亩以上,占样本户的 9.07%。

第二,商品化水平大为提高,为销售而生产成为基本行为取向。未转入耕地经营权的种粮户粮食呈现七成销售、三成自给消费的大致格局。土地转入户的粮食商品率明显要高得多。对 551 个耕地转入户的调查表明,全部样本户户均销售量为 61.40 吨,商品率为 90.99%,经营规模与商品率呈现出正向的关系。

第三,专业化程度明显加深,种粮的产业性特征得到体现。虽然越来越多的农民持续或间歇性地从事非粮生产经济活动,兼业现象非常普遍,种粮已经不再是他们的主要收入来源,但土地流转起来以后,转入户的规模经营效益得到明显体现,使得种粮有利可图。规模化经营的种粮大户在粮食生产方面投入的人力和财力明显增多,所获利润相应增长到一定水平,劳动力和劳动时间配置到非粮经济活动的比重明显减少,从而形成专业化经营的格局。

第四,开放度显著提高,社会化服务的发展成为关键。由于生产性服务的发展、外出务工经商人数的增加、种粮户劳动力老龄化等情况,普通种粮户也越来越多地将一些生产环节分离出来,交由专业化服务主体完成,并支付一定的服务费用,即使是普通种粮户也将三至四成的农业收入支付给社会化服务主体。所以,机械作业费、灌排费、雇工费在粮食生产成本中所占比例越来越高,与规模化相应发展起来的是生产性服务的社会化程度明显提高。

第五,效益得到提高,种粮成为较高收入行业。农户对粮食生产的积极性始终是影响粮食生产的基本因素。在人民公社体制下,粮食生产发展受到制约,根本问题在于劳动者与劳动成果相分离,积极性受到严重抑制。实行家庭联产承包责任制解决了这一问题,粮食生产发展困难的问题很快得到解决。随着市场化发展的深入,农民可以越来越自由地配置劳动力资源,获得收入和改善生活的渠道越来越宽,这样比较效益的问题就出现了。由于每个家庭的承包地数量不多,农户种粮获得的收益总量受到"刚性"制约。加上粮价的波动和生产资料成本上升,有的时期农民种粮亏本的现象就会增加。在普通家庭承包经营方式下,种粮的收益要比非农就业和种植非粮食作物要低。对 2884 个未转入耕地种粮户的调查表明,户均种粮利润仅为 3231.49 元,551 个土地转入户的户均种粮利润为 5.75 万元。

三、农村土地流转中的粮食安全隐患分析

国家鼓励农村土地流转就是要盘活农村土地经营权,促进农业规模化生产,带动农户增产增收,但在农村土地流转过程中出现的一些情况和问题,特别是存在着大规模转变农村土地用途的"非粮化"行为,给国家粮食安全带来严重隐患。

(一)人为推动农村土地流转

农村土地流转是农村经济社会发展到一定程度上农民自主选择的结果。中央历来的政策都很明确,在稳定农户土地承包权的基础上,允许土地使用权自愿、依法、有偿流转。近年来,我国耕地经营权流转加快,与部分地方政府推动有密切关

系。有的地方推动农村土地流转出发点是好的,主要是为了解决"谁来种粮"的问题,但在城镇化快速发展的背景下,有的地方为了获得更多的建设用地,甚至提出要以城镇化"倒逼"农村土地流转的观点,认为通过农村土地流转,既可以更好地实现农民集中居住,把农民变市民,提高城镇化率,满足城镇化建设用地需要,又可以解决耕地"碎片化"问题,实现农业规模化经营;也有的地方政府和村级组织基于实现政府绩效考核目标,为完成粮食生产任务,推行耕地集中连片,提高粮食生产规模化水平,在农村土地流转问题上产生了很强的倾向性,在实际操作中少数乡镇领导、村领导掌握了土地流转的控制权,出现了未经部分甚至绝大部分农户同意的情况下就越俎代庖、强迫流转、盲目集中的现象,农民作为农村土地权利主体的地位形同虚设,农村土地流转的利益主体被虚化。张璋[7]的一项调查表明,只有38.5%的农户全程参与了承包地流转过程,54.3%的农户部分参与,其余的农户未参与,只被通知结果或者完全不知情。

(二)对经营主体土地转入规模没有限制

扩大经营规模确实有必要,但经营规模不是越大越好,这与当地经济发展水平、社会结构特征、经营方式、成本效益结构等多方面因素有关。对不转入土地经营的普通种粮户而言,如果不计算家庭用工成本,种粮成本是比较低的,种粮的成本利润率是比较高的。如果转入耕地经营权,经营规模达到一定水平后,亩均利润水平、单产量就会随着规模扩大而降低。之所以出现这种情况,主要原因为:其一,经营规模在扩大到一定水平后,雇工数量增加,劳动者具体劳动与劳动成果相分离,劳动积极性就会直接下降,导致粮食生产水平明显下降,这也正是当年人民公社体制的致命弱点。其二,土地、人工、机械作业等成本会明显增加,投入产出率明显降低。所以,农业经营规模不是越大越好,过分追求和过快扩大经营规模往往得不偿失。但从一些地方目前的政策取向来看,明显存在过分追求规模的问题,出现了唯规模化的倾向,人为拼凑规模经营主体的现象也时有发生。所以,如何让经营规模扩大以适应农村经济社会结构变化,是需要慎重考虑的问题[8]。

(三)农村土地流转体制不健全,制度不完善

多年来,虽然我国农村土地流转制度在逐步完善,但社会化管理服务水平较低,无序性、被动性和不规范性问题突出。这表现在:

第一,法律缺乏完整性,或者过于笼统,可操作性不强。比如,在流转程序、流转方法、档案管理、制约或者违约责任方面没有统一的格式,以致有些土地流转协议对双方主体权利、义务的界定不全面、不具体、不规范,违约责任不明晰;也有部分农户因短视而随意流转土地,大多为口头协议,缺少书面合同,一旦土地流入主体因为入不敷出,放弃土地经营,或因为租金及其他问题,出现法律纠纷,农户权益难以保护。

第二，土地流转中介服务组织少，土地流转交易平台缺乏。从整体而言，专门的土地流转中介服务组织少，土地流转交易平台缺乏，有的农户想转出土地却因信息不畅或者信息不对称而放弃，信息滞后在一定程度上严重影响了土地流转的速度、规模和效益；或者土地流转信息集中到政府、村集体少数人手中，形成农村土地垄断，进而垄断粮食供给市场，威胁粮食市场的良性发展。

第三，农村土地市场化发展缓慢，社会化经营水平较低，土地流转的需求不高、热度不够。出现这种情况的原因是多方面的：其一，由于我国实行基本农田严格保护政策，只能用于农业生产，农用地经营主要发展传统农业，再加上人工成本高，致使土地收益低下，影响土地流转的积极性。其二，现有企业或者种粮大户在流转土地初期投资大、抗风险能力差、管理跟不上，加上受土地性质限制、经营方式单一（用地限制不允许从事商业开发和餐饮服务业等）致使土地收益小、经营困难，对流转土地失去信心。其三，国家农业基础设施投资和农业科技投入规模小，水利等基础设施不配套，经营农业生产的收益小，因而造成对土地流转的需求量小，土地流转市场发展缓慢。其四，国家有关农业奖励政策不配套，粮食补贴没有补贴到土地流转企业或者个人，还有其他一些补助政策，虽然国家每年对农业投资很大，但是分到个别种粮大户和流转企业手中，只是杯水车薪，甚至没有见到一分钱，政策起不到示范作用。

（四）规模化经营困难

与传统粮农相比，转入耕地经营权的规模化经营主体面临的新困难较多，势必影响粮食生产。

第一，资金不足。转入耕地经营权需要有足够的资金支持，否则维持正常经营非常困难。事实上，规模较大的种粮主体很难筹集到足够的资金进行农机、肥料等方面的投入，生产很难顺利开展。

第二，风险较大。虽然说在发生风险损失时，农业保险能够弥补生产经营成本，减少损失，但总体来看，政策性农业保险发展得尚不充分，化解风险损失的作用有限，仍然不适应现代农业建设的要求。巨灾风险分散机制尚不健全，大面积发生灾害时保险机构压力很大。目前的农业保险覆盖面不够，防灾避灾机制不完善，赔付标准低，很难适应新型经营主体的需要。

第三，装备条件亟待改善。实行规模化经营后，机械化作业环节明显增多，作业面积持续扩大。农机购置、燃料、维修支出对于土地转入者是一笔不小的开支。粮食生产经营者还要直接参与和开展基础设施建设，如田间土地整理、小型农田水利、机耕道、晒场、烘干、仓储等。

四、农村土地流转"非粮化"行为分析

(一)农村土地流转"非粮化"行为的表现

中国共产党第十七届中央委员会第三次全体会议明确强调,土地承包经营权的流转"不得改变土地的用途"。但是随着土地流转速度加快、规模扩大,违法改变农村土地用途、农村土地"非粮化"现象非常突出,并有愈演愈烈的趋势。这不仅违背了农村土地流转的初衷,也使耕地遭受到大面积的破坏,危及国家的粮食安全。

从农村土地流转的实践看,转入土地经营权的主体可以大致分为两类:一类是从事农业生产的家庭经营农户。这类转入主体基本经营业务在农业领域,生产过程和经营过程结合得非常紧密,经营者自己就是生产劳动者。他们的投入能力不会很强,经营规模一般也不会太大,转入耕地经营权后不会也很难改变经营范围。另一类是资本主导型的经营主体。凭借资本追逐最大利润是这类主体的基本特征。这类主体的经营范围很宽,经营过程与生产过程往往是分离的。第一类主体转入土地后,不但能够解决谁来种粮的问题,而且能够提高粮食生产专业化、规模化水平和经济效益,因此对粮食生产是有利的。第二类主体在转入耕地经营权后,在粮食生产效益较好、监管制度严格的情况下,能够依托资金优势打造技术优势,形成规模经营效应,也会在基础设施建设和机械化生产投入方面下功夫。但在粮食生产比较效益不高、监管又不严的情况下,改变耕地利用方向的倾向性较强。这类主体转入耕地经营权后,容易出现多元化利用的现象。为了实现土地收益的最大化,第二类主体往往把集中的耕地用于从事收益较高的经济作物种植、养殖业、观光休闲农业等,土地的"非粮化"现象不断加剧。

冯远香、刘光远[9]使用"粮作比"衡量新疆耕地"非粮化"程度,指出新疆1978—2011年间在粮食播种面积和粮食播种面积占农作物总播种面积的比重出现双降。何蒲明、全磊[10]根据"中国统计年鉴"历年有关数据计算,使用"非粮食播种面积占农作物播种面积的比例"来描述耕地的"非粮化"程度,称1978—2012年我国"非粮化"比例由19.7%上升至31.9%。《中国农村经营管理统计年报(2010—2015年)》中的有关数据显示,2010—2015年流转农村土地总面积中用于粮食作物种植的面积占比平均不到60%。河南省人民代表大会常务委员会的一项调查表明,河南省的农村土地转入农户的"非粮化"比例为40%,转入农业企业、合作社等新型农业经营主体的"非粮化"比例高达60%。[11]薛选登等根据典型性、代表性原则,选取了河南省常年粮食产量在全国居前十,且都位于粮食产区核心的6个产粮大县作为样本区进行调查,调查结果显示,这6个县的耕地总体流转比例为59.69%,耕地"非粮化"总体比率高达54.78%,且都在45%以上;随着承包户承包耕地面积的不断扩大,种植非粮作物比例越来越高,耕地"非粮化"与土地流转有一定关联性[12]。

有些土地流转后,虽然土地用途仍然属于"农业范畴",但种植经济作物显然成为首选。安徽省阜阳市的调查显示,土地流转后每亩平均产值在3000～4000元之间,是分散经营的3倍以上,但土地用途基本上改成了蔬菜经营、速生林木种植、水产养殖、花卉业、生态农业、观光农业、休闲农业等。有媒体报道,在江苏省赣榆县墩尚镇,养泥鳅1亩产出效益比种30亩水稻还要高,所以附近几个村的农民都愿意把土地流转过来养泥鳅,他们除了拿固定的流转费外,还在企业打工挣钱。也有些农户自己从种水稻改成了养泥鳅,由泥鳅养殖协会负责收购和销售。全镇9800个农户,耕地3.4万亩,流转土地2.1万亩,有6000户被协会组织起来养泥鳅,产值12亿元,农民人均纯收入从泥鳅产业就增收5470元,占比为68.6%,而种粮收益只占总收入的4.5%。对此,中央态度十分明确,国务院办公厅下发的《关于引导农村土地经营权有序流转发展农业适度规模经营的意见》中明确提出要加大粮食生产扶持力度,鼓励和支持流转农村土地用于粮食生产,遏制"非粮化",严禁"非农化",绝不允许借土地流转之名搞非农建设。所以,从保障国家粮食安全的角度看,对第二类经营主体转入耕地经营权,需要谨慎对待。

(二)农村土地流转"非粮化"行为对国家粮食安全的冲击

从短期来看,流转农村土地"非粮化"对于推动农业供给侧结构性改革、扭转粮食"三量齐增"的局面有直接作用。但是,近年来流转农村土地以旅游业、观光农业、设施农业的名义,被用来从事非农建设以及非农产业的现象也屡见不鲜。由于耕地非农建设后,尤其是硬化后,恢复种植难度大,因此,从长期来看,农村土地流转"非粮化"使国家粮食安全受到威胁。这主要表现在:

第一,导致粮食产量下降。在粮食单产一定的条件下,粮食播种面积的下降必然带来粮食产量的下降。粮食单产的提高主要依赖粮食品种改良和生产技术提高,一般来说,品种改良和技术提高比较缓慢。因此,土地流转的"非粮化"必然直接导致粮食产量下降,危及粮食安全。

第二,导致粮食生产潜力下降。《中国农村经营管理统计年报》(2004—2016年)有关数据显示,2010—2015年流转农村土地"非粮化"的比例长期居高不下。2015年有0.129亿公顷流转农村土地不再用于粮食生产,占总流转农村土地面积近43.3%。按照当前我国粮食产量(5.25吨/公顷)估算,2015年我国因农村土地流转后"非粮化"行为导致粮食产量减少0.89亿吨,占当年粮食产量的14.32%,严重影响粮食安全。事实上,在我国粮食产量实现"十二连增"的同时,粮食进口量也在不断增加。流转农村土地"非粮化"增加了粮食产量的不稳定性,加快了粮食进口量增长速度,降低了粮食生产潜力,加剧了粮食安全问题[13]。

第三,导致耕地质量下降。由于土地的流转时间短,流入方在农村土地的使用时不考虑土地的肥力培养,会使地力下降,影响土地的质量;一些业主在农业项目经营失败后"一夜蒸发",置毁坏的耕地于不顾;有的龙头企业在政府支持下追求农业形象,超越实际需求修建高标准的生产道路、现代化养殖圈舍、仓储设施和绿化工程等,耗费了大量耕地。自 2008 年农村土地流转规模不断扩大后,流转农村土地的"非粮化"导致耕地质量下降事件频发,如 2012 年农民蔡某状告贾某将其转包出去的耕地用于取土烧砖的案例、山东省武城县的众多种粮大户弃耕案例等[14]。受到耕地破坏的不可逆性和我国对耕地修复重视的时间较短,耕地修复技术不完备、人才缺乏等因素影响,耕地被破坏后难以继续投入粮食生产。即使破坏后耕地再次被农户耕种,生产出的粮食也存在着极大的安全隐患。

第四,影响农民种粮积极性。随着农村土地流转趋势加快,农民将农村土地以转包、转让、出租、股份合作等方式流转出去。但是,农村土地流入主体为了追求短期利益,盲目追逐市场热点,尤其是工商资本下乡,将流转农村土地"非粮化"给农民造成了从事非农生产盈利颇丰的假象,吸引周边农户也放弃种粮;一些旅游企业利用流转农村土地发展旅游业也促使不少农民开始改变承包耕地用途,借旅游景区的带动效应发展小规模观光、休闲农业旅游,农民种粮积极性不断下降。

(三)农村土地流转"非粮化"行为的动因

第一,种粮低利润倒逼流转农村土地"非粮化"。随着农产品价格机制的形成,粮食生产成本上升而粮价下跌。《中国统计年鉴 2016》中的数据显示,2015 年我国粮食产量为 6.2 亿吨,与 2005 年相比增加了 1.4 亿吨,增速达到 16.0%。但对历年"全国主要农产品成本收益资料汇编"中的数据进行分析,可以发现,农民种粮收益在不断减少。2000—2015 年我国三种主要粮食(稻谷、小麦、玉米)年均生产利润波动较大,2011 年以后呈显著下降趋势。近五年来,粮食利润最高仅为3761.4 元/公顷,2015 年粮食生产利润更是降到极点,平均仅为 293.25 元/公顷。2010—2015 年花生、油菜籽两种油料作物的平均利润总体呈下降趋势。2012 年以后两种油料作物平均利润下降幅度加大,2013 年年均利润也仅有 198.75 元/公顷,2014 年出现亏损,2015 年年均利润直接降到 -1225.05 元/公顷。可见,农业传统种植业普遍利润较低。同时,我们还应该看到,很多由行政主导的流转模式,将出租方的农户组织起来,提高了承包经营权出租方的谈判地位,客观上保障了农民的权益,但同时也提高了取得土地承包经营权的门槛,增加了农村土地流转的成本[15]。由近年来粮食种植成本收益分析发现,粮食生产成本越来越高,收益却越来越少。新型农业经营主体转入农村土地后也无法解决粮食生产利润逐年下降问题,甚至由于粮食种植收益低而无法支付耕地流转费。因此,粮食种植的低利润倒逼着流转农村土地"非粮化"。

第二,非农主体与非农动机叠加触发流转农村土地"非粮化"。构建新型农业经营体系是促进农业现代化发展,丰富农业经营制度的重要创新。新型农业经营体系将充分发挥农业合作社、家庭农场、农业企业等农业经营主体优势,推动农业改革。但是,在新型农业经营主体构建过程中,大量工商资本下乡,这类主体在其历史发展过程中并无从事农业生产经验,加之其主要动机是为了寻求经济利益最大化,导致流转农村土地用途转变的现象层出不穷。粮食种植有其自身的独特性,与工业生产方式有明显差别,对种植经验依赖性较强。粮食种植经验不足制约部分新型农业经营主体经营收益的提高。同时,农业工商资本下乡种田多数采用雇佣工人种植,经营方式与小农经营相比更为粗放,单位播种面积粮食产量低于传统农户种植。由于非农主体种粮经济利润小,非农动机会更加强烈。据有关媒体调查发现,目前农户对农户流转的土地基本还是用来种植粮食,但农户对企业、种养大户的流转,多数出现了农村土地"非粮化"趋势,并且这一趋势还会加快[16]。所以,种粮经验不足与非农动机增强叠加引发了部分新型农业经营主体流转农村土地"非粮化"行为。

第三,农业旅游用地严重不足导致流转农村土地"非粮化"。随着经济社会发展和人民生活水平提高,农业休闲旅游需求增强,但农业旅游用地供给不足,供需缺口大。为解决日益增长的旅游用地需求问题,国务院印发的旅游发展规划指出:城乡居民可利用自有住宅依法从事旅游经营,农村集体经济组织以外的单位和个人也可依法通过承包经营流转的方式,使用农民集体所有的农用地、未利用地,从事与旅游相关的种植业、养殖业。于是,许多旅游项目开发人利用农村土地流转政策漏洞将新增旅游用地开发聚焦于城郊和乡村。加之《中华人民共和国土地管理法》和《土地利用现状分类》(GB/T 21010—2017)并未对旅游用地做出明确界定,导致旅游项目用地的审批建设标准无法控制,大量乡村借未改变农村土地原有自然属性之名,发展农村旅游,把耕地用于非农建设。尤其是近年来城市人口旅游偏好选择刺激和旅游用地监管不严等导致农村土地建设农家乐和度假村等现象层出不穷[17]。农业旅游用地不足,导致大量流转农村土地"非粮化"。

第四,法律法规对流转后的土地用途规定模糊给流转农村土地"非粮化"以可乘之机。《中华人民共和国农村土地承包法》和中国共产党第十七届中央委员会第三次全体会议、第十八届中央委员会第三次全体会议以及连续几年的"中央一号文件"都鼓励土地经营权规范、有序地流转,适度发展多种形式的规模经营,对"依法、自愿、有偿地进行土地承包经营权流转"给予法律保护和政策支持。现行法律法规只是规定了"土地承包经营权流转,不得改变土地集体所有制性质,不得改变土地农业用途,不得损害农民土地承包权益"。这里所强调的"土地农业用途"就是指不管以何种方式流转的农民承包土地,可以用于种植农作物、林木或者从事畜禽养殖、养鱼、特种养殖用途。《基本农田保护条例》只对占用基本农田发展林果业和挖塘养鱼做了严格禁止,而对农田特别是优质良田转为经济作物等高效农业种植,以及观光、休闲、旅游农业等用途没有明确规定。这些规定过于笼统,没有具体区分土地的使用性质,没有约束土地流转的用途,更没有明确耕地流转后必须用于粮食生产或者种植粮食必须达到一定比例,从而使得土地在流转之后的用途上没有明确的导向。所以,很多地方政府在传达和实施国家政策法规时,往往为了追求政绩,只是一味地注重流转土地的数量,将大量的土地流转给一些涉农企业、农业合作组织,至于土地流转到谁的手里,流转后的土地用来种植什么作物或者用来进行什么活动并没有过多地关注。因此,很多承包户拿到土地后根据自己的需求对土地任意作为,或用来种植经济作物,或进行观光乐园开发等。

第五,地方经济发展的冲动导致政策取向上发生了偏差。首先,随着工业化、城镇化进程的加快,"用地难"问题成为制约地方经济发展的重要因素。为了满足日益增长的用地需求,扩大城市建设规模,提升城市发展水平,为招商引资奠定更加坚实的基础,各地方政府寄希望于通过土地流转,获得更多的建设用地指标。其次,土地对地方财政有着巨大的贡献,尤其是将耕地转变为建设用地之后,将土地推向市场,通过收取出让金的形式可以获取巨大的收益。在分税制实施以后,地方政府为了解决不断扩大的事权与日益减少的产权之间的矛盾,不得不通过土地流转来缓解财政压力。最后,地方政府官员的政绩观促使着他们将耕地转变为建设用地。地方政府在利益的驱动下,往往希望通过不断寻找更加快捷的方式来促进地方经济的发展,而土地流转正是最直接、最便捷的方式。这些因素共同促使着土地流转中的"非粮化",甚至"非农化"。

客观地讲,高效农业、观光农业土地产出率高,发展高效农业、观光农业使农民得实惠,企业得效益,政府有政绩,有利于形成合作共赢的局面。于是,部分地方政府对土地"非粮化"行为睁一只眼闭一只眼,视而不见,不采取相应措施,这自然而然助长了很多承包户种植经济作物的势头,造成了越来越严重的耕地"非粮化"现象。不仅如此,还有不少地方政府出台了相关政策,鼓励发展高效农业、观光农业,鼓励流转的土地用于发展苗木花卉、畜禽和特种养殖、旅游观光等高效农业项目,达到一定期限和规模的还要从财政上给予一定补贴,政策的操作性不可谓不强,而发展粮食生产、种粮大户的扶持政策,长期以来一直是"只听楼梯响,不见人下来"。效益上和政策上的差异凭其强烈的示范效应,辐射带动着周边粮食产区。也就是说,地方政府在发展粮食生产和高效农业、观光农业的政策取向上的偏差,必然会带来"非粮化"倾向,危及国家粮食安全[13]。

第六,对土地流转"非粮化"行为缺乏应有的监管。流转农村土地"非粮化"监督手段缺乏,主要表现在政府监督不到位和农户自发监督不足两个方面。一方面,政府事前监督手段还未明确,地方政府、村集体相关负责人与企业联合运作农村土地流转事宜,基层政府和村集体组织在流转之初对流转土地"非粮化"行为监督较弱,对流转之后的"非粮化"生产行为更是视而不见。另一方面,流转农村土地用途监督中未充分调动享有承包权的农户的监督积极性。由于农户这一主要监督主体并未被纳入有效监督手段中,导致农户在利益最大化驱动下往往禁不住高租金的诱惑。如果有人愿意转包农村土地,无论是农村土地流入后有何种用途,农民都愿意将土地经营权流转出去而忽视监督责任[18]。正因为土地流转缺乏应有的监督,所以有些地区将土地随意转给本集体经济组织以外的单位和个人,或者在没有农民授权情况下签订土地流转合同;众多合作社、企业和种养大户为了节约与众多农户分别打交道的高昂交易成本,一般会找村集体通过"反租倒包"模式集中土地,不直接与农户签订合同,或是通过与村集体组织签订相应的合同,村集体再与农户以签字同意的形式签订协议,而基层政府和村集体又不能发挥好引导和服务作用,甚至成为损害农户利益的帮手。同时,在一些"反租倒包"中,有的倒包企业把流入的耕地作为商业用地、建设用地,即使作为农业用地也是用于水产养殖、牲畜养殖和花卉种植、观光农业等,极少有种植粮食的。

五、粮食安全目标下推进农村土地流转的对策及建议

(一)强化落实耕地保护政策,规范和促进土地流转

第一,严格利用行政手段,规避政府强制流转行为。我国农村土地归集体所有,农民享有承包经营权。尽管农村土地承包权 30 年不变,但村集体对农村土地仍有较大管理权,且不少农民还保留着传统"公社"思想,被动接受村集体的安排。以致有些基层政府和村集体组织以所谓发展"特色农业"之名,与工商企业联合操纵农村集体土地,强行推动农村土地流转。如四川省剑阁县村小组强制种烟叶事件,地方政府将村干部工资与农村土地强制流转指标挂钩,逼迫农村土地流转"非粮化"。基于此,要规避政府强制流转行为,建立农村土地流转政府工作备案与审核制度。上级政府应在制定严格农村土地流转准入规则基础上,严格审核农村土地流入主体自身资质,使政府强制流转农村土地的"寻租"行为在源头上得到遏制。同时,要完善土地征收制度,政府征收土地应严格限制在公共利益范畴之内,防止政府乱占滥用耕地;应严格规范征地审批手续,征收项目应事先公告,对变更征地用途的应举行听证,并依法办理土地用途变更手续,给予被征地农民合理的补偿;提高征占农村土地的门槛,对进行营利性用途的土地开发利用者征收高额的土地增值税,用于提高被征地农民的补偿,增加征占土地的成本。

第二,健全农村土地流转机制,规范流转程序。从农村土地流转的实践看,目

前要抓好以下关键点：一是县级出台遵守中央统一要求、符合当地实际的土地流转和适度规模经营的文件，防止流转走偏方向；二是在县级成立专门领导小组和工作机构，在乡镇建立机制和成立工作机构，负责指导农村土地流转工作；三是建设农村土地流转服务中心、农村产权交易所等服务平台，提供信息联络、收益评估、合同签订等服务，对超过一定规模的流转、非农业经营主体转入耕地经营权等现象予以规范；四是在县级成立农村土地承包纠纷仲裁委员会，设立仲裁庭，在乡镇成立农村土地承包纠纷调解委员会和设立调解庭，为流转相关方提供化解纠纷的服务。

第三，规范农村土地流转合同，保护农村土地流转双方利益。《农村土地承包经营权流转管理办法》第二十一条规定："承包方流转农村土地承包经营权，应当与受让方在协商一致的基础上签订书面流转合同。"因此，农村土地流转必须做到程序合法、合同规范、手续完备，合法有序地进行流转工作，但目前全国范围内还没有形式相对统一、内容相对完备、指导性强的合同文本。建议农业主管部门针对不同的农村土地流转形式，起草制定具有一定指导意义的合同文本，各地可以根据当地的具体情况进行增删调整。农村土地流转合同应在乡镇有关部门审查、见证情况下进行鉴定，乡镇有关部门应在坚持依法、自愿、有偿原则，保护流转双方当事人合法权益，保证执行政策法规的前提下，针对合同相关特殊事项进行进一步的完善和补充。一旦双方发生流转纠纷，可根据流转合同追究责任。

第四，完善农村土地流转的社会化服务。要建立和完善流转中介机构，为农户提供法律和咨询服务，并协助解决流转过程中出现的纠纷和问题。目前可重点发展以下六类土地中介机构：土地投资经营公司，参与土地使用权的交易，是土地流转的交易中介；土地评估事务所，对土地进行评估，确定土地价格，为土地流转提供价格参考；土地银行，从事土地抵押和储蓄业务；土地保险公司，发展针对土地投资、经营活动的保险业务；委托代理机构，收购经营能力差的农户的土地，转租给其他农户；土地证券公司，从事土地使用权证券交易。在流转中，还要注重发挥村组织的组织协调作用，为农户提供流转信息和服务。

此外，还应强化土地流转相关政策的宣传，通过引导、服务等方式，引导农户自愿参与土地流转，让农户的土地流转行为变被动为主动，形成自觉行为。

（二）采取坚决措施，遏制农村土地流转过程中"非农化""非粮化"行为

第一，调整土地流转中的政策取向。根据《中共中央关于推进农村改革发展若干重大问题的决定》的精神，农业产业结构调整、发展高效农业及土地流转中农业资源的配置，首先必须保障粮食安全，让位于粮食生产。现行政策对土地流转原则限定了"不得改变农业用途"，在粮食产区仅此限定还不够，建议增加"粮田必须种粮"的规定。要发展高效农业，应统筹规划，限定区域。对于各地出台的鼓励发展高效农业、观光农业的政策，在粮食产区应该取消或修改。

　　第二,建立工商企业转入农村土地的约束机制。目前工商企业、私营业主租赁耕地的面积大,增长势头较快。作为典型的市场主体,他们的基本动力来源于追逐利润,在种粮效益并不高的情况下,种粮积极性自然不高。他们租地后往往将农村土地"非农化""非粮化",即使没有改变农村土地用途,也不种植粮食。所以,对工商企业、私营业主租赁耕地的问题,要抓紧制定准入门槛和监管制度;在没有具体政策措施的情况下,不鼓励、不支持工商企业租赁农户承包地直接组织农业生产。

　　第三,鼓励农村土地优先流转给粮食加工企业和种粮大户。根据粮食产业发展规律,应鼓励农户将农村土地流转给种粮大户和粮食加工企业,这有利于确保农村土地流转后继续用于粮食生产,也有利于形成粮食经济的产业化发展道路。因为粮食产业包括粮食生产、收购、加工、消费等环节。由于我国农产品市场受国家价格调控影响严重,粮食生产、收购、加工、消费容易出现脱节现象。如 2009 年下半年,在国际市场大豆价格快速下跌的情况下,国家临时收储的高价大豆连续数次流拍,出现了一边是国储大豆"仓满为患",而另一边则是不少国内油脂加工企业"无豆下锅"的尴尬局面[19]。在这一过程中,如果粮食生产、收购和加工能够实现对接,粮食产业就会蓬勃发展。除将农村土地优先流转给粮食加工企业外,也可以流转给种粮大户,种粮大户具有粮食种植的初步规模和粮食种植经验,将农村土地流转给种粮大户可以充分发挥粮食种植规模化效益。

　　第四,建立"非粮化"预警机制,及时监测"非粮化"动态。建立"非粮化"预警机制,是指通过预警组织系统实时监控全国各地土地非粮种植面积和粮食种植面积等各种具体情况,对不同等级和情况做出相对应的预防和处理措施的机制。"非粮化"预警机制的目的是在一定的可控范围内通过监控预防,提前采取措施减少土地"非粮化"对粮食安全的危害。利用预警机制可以事前监控、事中管理,通过及时监测"非粮化"动态以确保粮食种植面积在合理的范围之内。

　　我国各地区在自然气候、地理环境、土地资源、人口密度等方面存在差异,各地区的指标也不尽相同。综合考虑各方面的因素,当"非粮化"的比例在 20％以下时为"绿灯"预警,20％～35％为"黄灯"预警,超过 35％则为"红灯"预警。为了使此机制能最大限度地发挥作用,应当明确相关主体的法律责任,使"非粮化"预警机制得以正常运作,发挥其保障国家粮食安全的作用[11]。

　　第五,建立"非粮权"交易制度。政府及其有关部门在明确国家当年粮食安全任务的大背景下,具体根据某个地区的总体情况,包括经济发展状况、耕地面积、土壤肥力、人口总数等多方面因素确定该地区的粮食产量任务和最大非粮作物种植比例,推算非粮作物的最大种植面积,并分割成若干规定的种植面积,即若干"非粮权",这种权利是以"非粮种植许可证"为表现形式颁布的。政府可以通过公开竞价拍卖、定价出售或无偿赠予等方式分配这些权利。同时,政府还需建立"非粮权交易市场",使得这种权利可以合法买卖,并使其价格可以在一定范围内自由波动,并且实时公布"非粮权"的分配地区、分配数量和成交价格,实现"非粮权"市场信息的透明、公平和公正,以此来降低交易者的交易成本,减轻交易摩擦。最后实现"需者可买,余者可卖"的帕累托最优配置。

(三)制定农村土地流转费用、耕地用途转移成本和农村土地经营规模的分类指导标准

第一,制定农村土地流转费用分类指导标准,规范农村土地流转行为。目前,农村土地流转费用在我国还没有严格的指导标准,流转费用由农村土地承包者与经营者之间根据具体情况协商决定,不同年份流转情况也有所差别。有些地方以粮食实物量估计,如安徽某地农村土地流转按照当年 180 公斤水稻市场价为折算标准。一般农户只会拿到以水稻最低市场价估算的农村土地流转费用,严重影响农户流转农村土地的意愿。还有些地方农村土地流转费用市场价格混乱,农户或村集体组织盲目抬高流转费用,造成种粮主体收益大大减少。针对这样的情况,需要依据农村土地质量、农村土地附近交通情况和农村土地聚集程度、农业生产发展水平等因素制定农村土地流转费用分类指导标准,在促进土地集中的同时保护广大土地流出方的利益,实现了土地流转双方的互利双赢。

第二,建立耕地用途转移的成本核算体系,合理计算土地流转价值。把耕地损失造成的社会、生态、机会成本以及对未来的影响代价转移到市场成本中,让耕地占用者特别是耕地用途改变者付出足够的代价以补偿由于耕地减少、耕地用途转变而带来的一系列损失;建立耕地资源价值评价的指标体系,把耕地的社会、生态价值和对未来的影响均纳入地方 GDP 评价体系,全面认识耕地资源的经济、生态和社会价值,使耕地保持者能有所获益[20]。

第三,制定农村土地经营规模的"适度"分类指导标准,并对单个经营主体的农村土地转入规模进行必要的限制。土地经营规模不是越大越好,农村土地经营规模过小和过大都不符合农业生产发展的客观规律。从理论和实践上看,农村土地经营规模存在"适度"的范围问题。同时,"适度"是一个相对和动态的概念,它会因资源禀赋、地形地貌、发展阶段、生产手段、生产方式、生产对象等要素的变化而变化。我国不同地域的自然条件和经济社会发展水平存在较大的差异性,农业生产经营规模的"适度"范围也不尽相同,不可能提出一个具有普适性的经营规模标准。正因如此,2014 年 11 月,中共中央办公厅、国务院办公厅印发的《关于引导农村土地经营权有序流转发展农业适度规模经营的意见》强调,坚持经营规模适度,既要注重提升土地经营规模,又要防止土地过度集中,兼顾效率与公平,不断提高劳动生产率、土地产出率和资源利用率,确保农村土地农用,重点支持发展粮食规模化生产。因此,土地经营规模的"适度"标准要根据种植产出最大化和农业收益最大

化双重目标并结合当地实际情况确定。具体来讲,应当充分考虑以下几个方面的因素:一是土地资源禀赋和地形地貌等自然条件;二是当地工业化、城镇化、机械化和社会化服务发展水平;三是农业生产者的经营管理水平、文化素质水平和技术水平;四是劳动力转移状况以及规模效益,务农收入应该与从事第二、三产业务工收入相当;五是统筹考虑生产效率、经营者收入和农业资源分配对社会公平关系,促进更多农民实现共同富裕是重要的政策取向。

(四)探索建立针对新型经营主体的政策扶持体系

第一,完善流转农村土地种粮补贴机制。粮食产业是一个投入大、收益小、抗风险能力弱的产业,要让土地流转企业和种粮大户成为流转土地的示范者、规模经营的引领者、粮食安全的保护者、现代农业的促进者,必须创新农村土地流转补贴机制,加快建立对新型经营主体的政策扶持体系,这是激励农业经营主体选择农村土地流转及流转后用于粮食生产的重要方式。当前,农业补贴是针对土地承包者建立的,这部分资金已经成为承包耕地农民收入来源的组成部分,即使政府将这部分资金给了耕地经营权转入主体,转入转出方也会通过调整租金的方式重新分配,所以原有粮食补贴只能在承包户与经营户间协商分配。为鼓励农村土地流转,政府财政将新增补贴向规模化粮食生产主体倾斜。这样的补贴方式加快了农村土地流转,但没有达到保障流转农村土地用于粮食种植的目的。当前,流转农村土地种粮收益低是制约农村土地经营主体继续种植粮食的重要因素。因此,必须将粮食补贴从普惠式向重点扶持式的支农惠农政策转型,提高对种粮大户等新型经营主体的补贴水平,对种粮大户按照粮食生产规模化程度进行阶梯式奖励和补贴,形成针对种粮低收益的补贴机制。补贴不仅仅局限于资金补贴,还可以增加种植技术补贴形式,如为农村土地规模化经营者定期进行技术培训,将先进的播种技术推广给农村土地经营者,帮经营者引进生产机械等。非现金补贴也可以规避农业经营主体为骗取补贴而将流转农村土地"非粮化"的风险。总之,针对新型经营主体要加快探索建立与土地流转租金脱钩的政策扶持体系,支持的方向是要改善粮食生产经营主体的生产环境,形成潜在的粮食生产能力。

第二,加大农业基础设施建设的投入力度,改善规模化经营主体的基础设施条件。实行规模化经营后,经营主体的作业面积持续扩大,机械化作业环节明显增加,农业机械的购置、维修、运行等方面的投入压力巨大。同时,粮食生产经营者直接参与和开展田间土地整理、小型农田水利、机耕道、晒场、烘干、仓储等方面的基础设施建设。这些基础设施建设投资规模大、回收周期长,仅靠经营主体自身力量,很难有大的作为。从发达国家的情况看,粮食生产基础设施建设具有很强的公益性,基本上由政府来完成。从我国目前的总体情况来看,转入耕地户对于粮食生产基础设施建设投入水平很低,而且政府投入比重也明显偏低。所以,我们要改善规模化经营主体的基础设施条件,进一步加大粮食生产基础设施建设的支持力度,尤其是"最后一公里"问题,要结合解决国土整治、扩大内需、粮食安全等问题,加大投入力度。对规模化经营主体面临的机耕道、晒场、烘干、仓储等问题,可以考虑整合有关资金项目,予以重点解决,也可以结合构建新型农业经营体系,设立专门项目给予支持。

第三,提升农业社会化服务水平。制定功能强大的优惠政策,鼓励金融、农业科研院所、农业技术推广、农业机械、农业生产资料、农业保险等企事业单位,深入农村,贴近农户,创新服务形式,拓展服务路径,改良服务产品,提升服务水平,为农民特别是新型农业经营主体,在产前、产中、产后等阶段,提供资金、技术、经营管理、销售、信息等方面的服务。

(五)强化农村土地流转审查监督

第一,健全土地流转审查监督机构。一是明确土地流转监管主体。明确农业农村部门是农村土地流转监管的政府主体,明确乡镇一级农业农村部门是农村土地流转监督的第一责任人,其责任主要是监督农村土地流转双方依照流转合同规范流转,并按照规定的用途利用和保护农村土地,制止农村土地流转过程中的"非农化""非粮化"行为。二是成立土地流转专门审查审核机构,该机构可由涉及农村土地流转的农村集体经济组织代表、经营主体代表、农民代表、农业专家及政府相关职能部门代表、非政府组织代表等多方参与,主要对租赁农村土地的经营主体资质、农业经营能力、风险防范能力等进行审查审核,并按程序及时出具相关审查审核意见。

第二,完善土地流转审查监督制度。一是强化农村土地流转分级备案制度。建立土地流转申请制度,流转双方达成意向性流转协议后,应向集体经济组织提出书面申请。审核通过后,签订土地流转合同,并将合同及时提交给农村土地管理机构或农村土地流转服务中心进行备案。在审核过程中,按照规定审查权限,根据企业资质、经营能力、土地流转规模等实行审核准入制度,尤其是对长时间、大面积租赁农村土地要有明确上限控制,实行分级备案,法律法规有明确规定需要报请上级审查审核的,应及时上报。二是强化土地流转风险防范制度。一方面开展事前风险评估,即流转前进行风险评估,尤其是要按要求对工商企业的规模、资金保障、规划等各方面进行风险评估;另一方面落实风险保障金制度,保障金以流入方缴纳为主,政府适当补助,如县、镇两级财政专项拨出的土地流转风险补助资金和村土地流转风险准备金等,要明确风险保障金缴纳的标准、缴纳方式及使用管理办法。土地流转风险保障金全部纳入专户保管,当经营业主因自然灾害或经营不善等无力支付租金时,启用风险保障金,防止农民利益受损。风险保障金也可用于对流转后改变合同约定、违规使用土地行为的处罚或作为复耕费等。

第三,加强流转信息跟踪监管服务。一是实施跟踪管理制度。对已经备案的土地流转项目进行跟踪管理,全面调查已经流转但没有备案的项目,重新审核其流转合同进行登记造册备案。二是建设农村土地流转过程化数字监管系统。在全面调查的基础上,建立农村土地流转数据信息库,准确掌握可供流转农村土地的基本情况和数据信息,依靠信息技术等实现对农村流转土地的全方位监控。此外加大监管投入,更新农村土地流转监管人员的技术装备,不断提高监管人员的科技水平和信息技术的使用能力,建立与农村土地流转监管系统相配套的设施,有效预警违规使用流转土地等现象或行为。

第四,构建土地流转监管奖惩机制。一是设立农村土地流转监管奖惩基金。把农村土地流转用途监管纳入乡镇领导干部绩效考核评价体系,对完成农村土地流转监管任务的县、市、区给予奖励,对农村土地流转监管不力的县、市、区给予惩处,惩处资金充实到农村土地流转监管基金中。二是建立村民投诉奖励制度。要充分发挥人民群众的监督作用,加强村民间相互监督的力度,对于投诉违规情况属实的投诉人给予一定的奖励,保证流转后土地使用性质不变,从而规避和防范流转风险。三是加大对违法违规行为的查处力度。对弄虚作假、强买强卖等违法违规行为及时制止和纠错,对构成犯罪的及时向相关职能部门交办查处。

第五,加强农村土地流转后使用方式监督。当前,我们亟须建立一套完备的且与土地流转农户利益挂钩的监督体系。农民将土地流转后并不意味着对土地失去管理权,除收取租金外也要承担一定的监督责任,定期检查承包农村土地是否仍在进行粮食种植。为防止农户的短视行为,可在农户流转租金中收取一定比例的质保金,在年末按照农村土地使用情况确定归还及奖励金额。除农户自身监督外,国家也需要有负责农村土地生产监督的专门部门,建立政府与保险公司的业务合作关系,建立农业经营主体间相互监督的机制。国家、社会和农户联合监督才能确保农村土地流转后真正用于粮食生产[21]。

————————————

[1]　王家庭,舒居安,赵一帆.中国农村土地流转政策概念、分类及演进特征——基于政策文本的量化分析.经济问题,2017(10):96-101.

[2]　霍雨佳,张良悦,程传兴.中国农村土地流转政策演变与未来展望.农业展望,2015,11(11):27-32.

[3]　卢泽羽,陈晓萍.中国农村土地流转现状、问题及对策.新疆师范大学学报:哲学社会科学版,2015(4):114.

[4]　文翊.土地流转"非粮化"现象对粮食安全的影响与对策.粮食科技与经济,2018(1):24-27.

[5] 张悦.农村土地流转现状与对策.山东行政学院学报,2017(6):89-91.

[6] 陈洁,高韵哲,罗丹,等.耕地经营权流转对粮食生产的影响.农村经营管理,2015(4):28-30.

[7] 张璋,王威,王明.土地承包经营权流转过程中的农民权益保障调查研究.合肥工业大学学报:人文社会科学版,2017(10):25-28.

[8] 陈洁,罗丹,王宾,等.耕地经营权流转过程中需注意的问题.农村经营管理,2015(4):30-33.

[9] 冯远香,刘光远.新疆农村土地流转与种植结构变化分析——基于区域粮食供给安全视角下.农村经济与科技,2013(2):30-32.

[10] 何蒲明,全磊.对当前耕地"非粮化"现象的分析——基于粮食安全的视角.长江大学学报:自然科学版,2014(11):73-76.

[11] 河南省人大常委会联合调查组.河南省农村土地流转情况的调查报告.河南省人大常委会农工委,2014年.

[12] 薛选登,王迪,彭柳婷,等.河南省耕地非粮化现状及对策研究.农村经济与科技,2017,28(15):23-25.

[13] 刘丹,巩前文.农村土地流转中"去粮化"行为对国家粮食安全的影响及治理对策.农业现代化研究,2017(4):673-680.

[14] 聂建刚.土地流转后被改变用途可依法收回.湖南农业,2014,21(4):39.

[15] 管叔琪.土地流转"非粮化"危及粮食安全.安徽农学通报.2009,15(1):12.

[16] 侯胜鹏.基于粮食安全视角下的土地流转分析.湖南农业大学学报:社会科学版,2009,10(2):25-28.

[17] 袁国华,郑娟尔.创新旅游用地制度,促进土地节约集约.中国国土资源报,2016-6-30(5).

[18] 黄伟.农村土地流转中的非农化与非粮化风险及其规避.当代经济管理,2014(8):39-43.

[19] 贺伟,朱善利.我国粮食托市收购政策研究.中国软科学,2011,26(9):10-17.

[20] 罗莹,余艳锋,周海波.浅议土地流转引发粮食安全隐患及对策.江西农业学报,2012,24(5):176-177.

[21] 张四梅.强化农村土地流转审查监督,保障国家粮食安全.湖南日报,2017-12-27(8).

第五章 水资源利用与粮食安全

一、我国水资源及其利用的现状

(一)水资源禀赋严重不足

从水资源占有量来看,我国的水资源总量相对丰富,2005 年,我国水资源总量 28100 亿立方米,占全球水资源的 6%,仅次于巴西、俄罗斯和加拿大,居世界第四位,但人均水资源量 2100m³,仅为世界平均水平的 1/4、美国的 1/5,在世界上名列 121 位。2011 年我国水资源总量为 23256.70 亿立方米,居世界第五位,在巴西、俄罗斯、加拿大、美国之后。由于人口基数大,水资源人均占有量仅为 1730.2m³。联合国人口行动组织(PLA)提出人均水资源占有量在 2000m³ 为严重缺水,人均水资源占有量在 1000m³ 为人类保障线。按此标准衡量,目前我国有 18 个省(市、自治区)严重缺水,10 个省(市、自治区)在人类保障线之下,是世界范围内公认的 13 个严重缺水国家之一。

我国水利部发布的水资源公报显示,在 2005—2011 年间,除 2008 年由于长江流域特大洪水灾害、2011 年全国性洪水灾害导致水量回升外,我国水资源总量呈明显下降趋势,用水总量和人均用水量呈递增趋势,用水结构也发生了很大变化,农业用水比例逐年下降,而工业和生活用水所占比例逐年上升,如表 5-1 所示。

表 5-1　　　　　　　　　**2005—2011 年全国水资源占有及使用情况**

年份	全国水资源总量/万亿立方米	全国总用水量/万亿立方米	人均用水量/m³	生活用水占总用水量百分比/%	工业用水占总用水量百分比/%	农业用水占总用水量百分比/%	生态环境补水占总用水量百分比/%
2005	2.81	0.5633	432	12	22.8	63.6	1.6
2006	2.53	0.5795	442	12	23.2	63.2	1.6
2007	2.52	0.58	442	12.2	24.1	61.9	1.8

续表

年份	全国水资源总量/万亿立方米	全国总用水量/万亿立方米	人均用水量/m³	生活用水占总用水量百分比/%	工业用水占总用水量百分比/%	农业用水占总用水量百分比/%	生态环境补水占总用水量百分比/%
2008	2.7400	0.5900	446	12.3	23.7	62.0	2.0
2009	2.3700	0.5933	446	12.7	23.4	62.1	1.8
2010	3.0906	0.6022	450	12.7	24.0	61.3	2.0
2011	2.3256	0.6107	454	12.9	23.9	61.3	1.9

资料来源:根据水利部 2005—2011 年水资源公报整理。

(二)水资源时空分布不均

我国位于大陆性季风气候区,我国水资源呈现地区分布不均和时序变化明显两大特点。首先,水资源空间分布极不均衡。降水量从东南沿海向西北内陆递减,简单概括为"五多五少",即总量多,人均少;南方多,北方少;东部多,西部少;夏秋多,冬春少;山区多,平原少,各地区差别很大。这就造成了全国水土分布资源不平衡的现象,长江以北地区耕地面积占全国耕地面积的 65%,人口占全国总人口的40%,而水资源量仅为全国水资源总量的 20%,区域性缺水十分严重。其次,年内年际分配不匀,旱涝灾害频繁。降水时间也极不平衡,夏秋两季降水较多,冬春两季降水较少。6—9 月降水占年降水量的 60%~70%,华北地区 6—9 月降水占年降水量的 80%。水资源在时序分配上与降水量密切相关,从我国总体情况分析,既有不利影响,也带来有利的影响。水资源在时序方面基本上是雨热同期,对我国水稻生长及秋季作物的需水供应相当有利,可使农业尽可能利用天然降水,减少资源供水负担。但北方春季 3—5 月降水量所占比重少,只有 10%~20%,往往不能满足大部分地区小麦等冬春作物的需水要求。夏季雨热同期之间,降水也常有错前错后,不能完全适应农作物生长的情况,还必须用一定的水量调节和农业供水的措施来提高农业用水的保证率。我国水资源年际变化很大,连续丰水年或连续枯水年较为常见。量大的年径流量与量小的年径流量的比值相差甚远,长江以南的中等河流年径流量比值在 5 以下,北方河流多在 10 以上。径流量的逐年变化存在明显的丰水年、枯水年交替出现及连续数年为丰水段或枯水段的现象。径流年际变化大与连续丰枯水量的出现,使我国经常发生旱涝及连旱、连涝现象,对生产及人们生活极其不利,使水资源的调节利用更加困难[1]。

(三)水资源开发利用空间有限

虽然我国水资源总量不少,但这些水资源并不是都可以利用的,由于受经济技术条件的限制,一些水资源暂时无法开发利用;另外,资源利用要考虑生态环境因素,如果过度开发利用,会对生态环境造成一定影响,甚至导致生态环境的崩溃。2013年全国总用水量达6183.4亿立方米,占当年水资源总量的22.1%,其中生活用水占12.1%,工业用水占22.8%,农业用水占63.4%,生态环境补水(仅包括人为措施供给的城镇环境用水和部分河湖、湿地补水)占1.7%。按照国际经验,一个国家用水量超过其水资源的20%,就很可能会发生水资源危机。根据最近几年的水资源利用状况数据分析,我国已处于水资源危机的边缘。水利部的资料也显示,我国用水总量正逐步接近国务院确定的2020年用水总量控制目标,开发空间十分有限,目前年均缺水量高达500多亿立方米。

(四)水质恶化未得到有效控制

伴随着人口增加以及城镇化和工业化进程的加快,城市废水和工业污水、生活污水的排放量逐年增加;农业生产中农药化肥的大量使用和农村生活废物污染等使得水体污染日趋严重。水污染问题十分严重,污水排放量大、处理率低,已经极大地影响了农业用水的有效供给。2012年全国水资源公报显示,2012年全国共排放废污水785亿吨,而城市废水处理率仅为13.65%,工业废水处理率为68%,农村废污水处理率仅为5%左右。由此可见,有大量未经处理的污水排放到其他水体中。全国10个水资源一级区中,黄河区、辽河区、淮河区水质均为差,劣Ⅴ类水河长比例均在25%左右;海河区水质为劣,劣Ⅴ类水河长比例达到46.1%。2012年,全国开发利用程度较高和面积较大的112个主要湖泊中,劣Ⅴ类水质的湖泊25个,占评价湖泊总数的22.3%。

二、我国农业用水面临的挑战

(一)水资源利用效率低下

水利部历年发布的水资源公报显示,随着产业布局和经济结构调整、技术进步与产业优化升级、用水管理和节水水平的提高,我国水资源利用效率明显提高,每万元GDP用水量为109m³,与1997年相比下降了82.2%。尽管如此,水资源的低效利用、跑冒滴漏等浪费现象仍十分严重,利用效益远远低于国际平均水平,每万美元GDP用水量是以色列的8.9倍、美国的2.7倍、日本的7.1倍,工业用水带来的效益将近是欧美以及日本等国家和地区的1/20。农业用水的效益差距就更加明显,农业用水量占全社会用水量的比例均在60%以上,亩均用水量在400m³以上,但农业灌溉用水的有效利用系数仅为0.5左右,农田灌溉的水量超过作物生长用水量的1/3甚至是1倍以上,有限的水资源未得到高效利用。由于灌区工程不配套、灌溉管理粗放等原因,我国一些大中型灌区现在仍然采用大水漫灌的灌溉方式,平均灌溉定额超过需水量的 1 倍左右,有的甚至高达 2 倍以上,再加上耕作制度、栽培方式等方面的问题,我国农业用水的利用率很低,灌溉水平均利用率只有 43%,比世界平均水平低 30%。[2]

(二)"北粮南运"加剧了北方的水资源短缺

历史上,我国粮食生产依靠水资源的自然分布特点形成了"南粮北运"的粮食流动格局。改革开放后,南方由于经济发达、交通便利,工业化和城镇化进展加快,更多的要素资源(水、土地、劳动力)被转移到非农用途中,劳动力大量脱离农业生产,大量的耕地被占用;南方地区的耕地仅占全国耕地总量的 34.7%,而水资源占有总量达到 80.9%,导致粮食生产能力急剧下降;北方地多水少,水资源紧缺,仅占全国水资源总量 19% 的长江流域以北地区,耕地面积占全国耕地总量的 65%,承担着我国"天下粮仓"的重担。国家统计局发布的粮食产量公告显示,2013 年全国粮食总产量 60193.5 万吨,南方 10 省粮食总产量 16479.92 万吨,占全国粮食产量的 27.4%。"南粮北运"的粮食流动格局已经逐渐转变为"北粮南运"。我国传统的三大粮食主产区:一是长江流域,流域面积占全国总面积的 24%,水资源总量却占全国的 36%;二是黄淮海平原,耕地面积占全国耕地面积的 39%,而水资源仅占 7.7%;三是东北地区,耕地面积占全国耕地面积的 20.6%,水资源总量占全国的 7%。我国目前的粮食生产格局与水资源分布、耕地分布以及人口分布均不协调。水资源分布的"南多北少"与国内粮食贸易的"北粮南运"相矛盾,更加剧了北方水资源的短缺。

(三)水资源"农转非"威胁农业用水安全

水资源"农转非"是指原本用于农业用途的水资源被转移到城市生活和工业生产等非农用途。表 5-1 显示,在水资源总量日益紧缺的同时,我国的总用水量和人均用水量、工业用水和生活用水比例却在不断提高,农业用水量占当期总用水量百分比则由 63.6% 下降到 61.3%。数据结果表明,随着我国城镇化进程的加快,城镇人口的大量增加和工业制造业的不断发展,生活用水、工业用水等非农业用水与农业用水的矛盾日益加剧,非农业用水在挤占农业用水的同时也挤占了生态用水,导致提高我国粮食综合生产能力和实现农业可持续发展的压力更大。水资源"农转非"现象愈演愈烈的原因是:一方面,工业生产和城市生活等非农业用水需求的增加拉动了水资源"农转非",随着城镇化和工业化进程的加快,非农业用水需求还会大幅度增加;另一方面,农业用水较之非农业用水的收益差,推动了水资源向非农方向转移。以山东省聊城市位山灌区为例,供给农业灌溉用水水价为 0.1 元/m³,这一水价只有供水成本的 70%(农业用水水价偏低),而向聊城电厂、环城湖和白洋淀供水,分别达到 0.7 元/m³、0.2 元/m³、0.139 元/m³,每立方米水资源在非农用途上的价格是农业用水价格的 1～6 倍[3]。从经济学角度来看,水资源"农转非"使水资源从效益比较低的农业部门向效益较高的非农部门转移,优化了水资源的配置。与此同时,我们也应看到水资源在农业和非农用途中的收益产出存在的巨大差距,诱使非农行业以各种形式挤占农业水资源,转移"过头水"现象严重。据测算,农业灌溉用水在大多数年份被过量转移,尤其是 2008 年甚至超额转移 20 多倍[4]。如不及时采取措施,有效控制水资源"农转非"的势头,将会极大地威胁农业用水安全。农业用水超额转移的根本原因是国家水资源体制改革缓慢,跟不上经济和社会发展的步伐。对农业用水下限没有准确清晰的规定,对水资源"农转非"的转移量没有监管部门和有效的监督管理机制。地方政府可能考虑地方收益和地方业绩而容忍甚至纵容"过头水"的转移。

（四）农田水利设施供给不足,影响了农业用水的有效供给

建设完善的农田水利设施能够有效提高农用水资源的供给。农田水利设施的建设对扩大灌溉面积、增加粮食产量有显著作用。据测算,对农田水利设施的投入每增加 1%,粮食产量可以增加 1.62%。另外,建设完善的灌溉水利设施对农业灾害也具有一定的预防能力[5]。然而,原国土资源部、国家统计局公布的《关于第二次全国土地调查主要数据成果公报》显示,全国耕地中,有灌溉设施的耕地 6107.6 万公顷(91614 万亩),比重为 45.1%,不到全国耕地总面积的一半,其中 43.5% 来源于工程节水灌溉。无灌溉设施的耕地 7430.9 万公顷(111463 万亩),比重为 54.9%,其中,东部地区占 31.1%,中部地区占 39.2%,西部地区占 60.3%,作为"粮仓"的东北地区 84.8% 的耕地无灌溉设施。这与以往相比,尽管取得了较大的进步,但与美国、日本、以色列等农业发达国家相比,还存在较大差距。主要体现在我国的工程节水灌溉比例较低,并且还主要依赖于渠道防渗节灌和低压管灌,而节水灌溉效率较高的喷灌和微灌面积则仅占总工程节水灌溉面积的 17.85% 和总有效灌溉面积的 7.76%。由于我国多数地区尤其是乡、村一级的农田排水灌溉沟渠、农村中小型水库等水利设施损坏、老化现象十分严重,渠系不配套或建设滞后,存在不同程度的季节性干旱、工程性缺水和泄洪排涝及蓄水抗旱能力弱的问题,农作物受灾成灾严重。国家统计局网站的统计数据显示,2009 年,全国农作物受灾面积总计 4721.4 万公顷,成灾面积 2123.4 万公顷,受灾成灾率达到 44.97%,全国农田因旱受灾面积 2925.9 万公顷,水灾面积 0.76 万公顷。近年来,多次发生比较反常的较大洪涝灾害和干旱灾害,比如 2011 年属于干旱半干旱地区的陕西省局部地区 7、8 月遭遇持续暴雨,引发严重洪涝灾害,雨量充沛的浙江、湖北、湖南等地则遭遇特大干旱,由于很多大中型的农田水利设施没能有效地发挥作用,农田水利设施的系统功能减弱,农作物严重受灾,在很大程度上影响了粮食增产。政府是传统农田水利设施的主要供给主体和产权主体。随着市场经济体制的逐渐深入,政府的投资重心逐步偏向经济效益较高的行业,农田水利投资比例相对降低,全国农田有效灌溉面积的增速放缓。当前我国大部分农田水利设施产权归国家所有或集体所有,属于公共物品或半公共物品,在使用上具有非排他性和共用性。个体理性的农户在灌溉工程设施的利用中,存在着多消费、少付出甚至不付出维护成本的机会主义倾向和"搭便车"行为,从而造成各地农田水利设施老化失修、工程效益递减,有些水利设施甚至已经失去了输水灌溉能力,影响了农业用水的有效供给。

(五)水质污染减少了农业用水的有效供给

水质污染减少了农用水的有效供给,一方面,受污染的水资源无法进入水资源的循环再利用系统,减少了农业灌溉水资源的供给量;另一方面,未经处理的污水被排放到灌溉河流中会污染现有的灌溉用水,更加剧了农业灌溉水资源的供给短缺。农业灌溉用水的污染不仅减少了农业用水的有效供给,用污水浇地还会污染耕地,威胁粮食安全。城市废水和工业污水的任意排放已严重污染农田灌溉用水,化肥、农药的过度使用使得部分农业灌溉用水出现水体富营养化。2006年,全国污水灌溉耕地216.7万公顷。2014年《全国土壤污染状况调查公报》数据显示,全国土壤总的点位超标率为16.1%,耕地土壤点位超标率为19.4%,超标率高于其他土地利用类型。地下水大量开采使得地下水位逐渐降低甚至断层,加重了水资源危机,为多数采用深层地下水灌溉的北方地区和西部地区未来的粮食生产埋下了较大的隐患。

三、水资源及其利用状况对我国粮食安全的冲击

水是人类生存和社会发展重要的自然资源,水是农业的命脉,水与土地同样是粮食生产不可替代的基础要素,有水才有粮,合理的水分吸收决定着粮食的产量和品质,在粮食生长发育和生理生化活动中发挥着关键作用。农业是我国水资源利用重头,其用水量占总用水量的60%以上。随着中国工业化、城镇化进程的推进,人口增加和居民生活水平的提高,粮食消费需求呈刚性增长,而粮食生产所赖以保障的水资源,一方面在持续向非农产业和城市转移,但同时工业及城市水污染则有向农村转移的态势;另一方面水资源短缺、利用效率低、生态恶化、污染等问题突出,制约着粮食生产,粮食安全面临严峻挑战。此外,全球气候变化与旱涝灾害频发等因素对粮食生产的影响逐步加重,水作为保障国家粮食生产和粮食安全的基础性生产要素和重要战略资源,在支撑人口增长与国民经济快速发展的同时,能否为粮食生产提供有力支撑和安全保障则成为社会各界关注的焦点。

（一）水资源短缺成为我国粮食安全保障的主要"瓶颈"

我国是农业大国，70％的粮食生产来自灌溉农业，耕地亩均水资源占有量仅相当于世界平均值的一半左右，农业生产每年都存在用水缺口。此外，耕地资源与水资源时空分布不相匹配加大了粮食安全保障的难度。南方水资源占比多、耕地占比少，北方水资源占比少、耕地占比多，淮河以北地区耕地面积约占全国的 2/3，已经成为我国主要粮食主产区，所占水资源量却不足全国的 1/5，水资源分布与耕地、粮食生产能力布局极不匹配。粮食生产重心北移，无疑加剧了北方粮食生产水资源短缺的矛盾。历史图景中的"南粮北运"演变成今天的"北粮南运"的产销格局，很大程度上是以牺牲北方本已稀缺的水资源为代价的。以牺牲北方的地下水资源和工程性调水补给为代价，其实质是缺水的北方以粮食为载体调水给水资源相对丰富的南方，更加深了水资源空间分布不均的矛盾。与此同时，全球气候变暖带来的不利气象因素增多，水资源南多北少的趋势加大，北方干旱化趋势严重。黄河、海河等流域缺水危机不断加剧，形成春旱夏洪、秋缺冬枯的总体格局，给粮食主产区的北方农业生产带来诸多不利影响，北方粮食主产区对保障我国粮食安全的压力与风险在逐步加大，我国粮食安全对水资源的支撑保障提出了更高的要求。

（二）水资源利用水平低成为我国粮食安全保障的严重制约

我国水资源利用方式粗放，用水效率和效益较低，缺水与用水浪费并存的现象更加剧了水资源的供需矛盾。我国农田水利设施基本建设的滞后和用水方式、管理方式的落后，使得我国农业用水耗费强度和发达国家相比还有很大的差距。除近年来农业综合开发项目区农业基础设施较为完备外，很多地方的农业灌溉仍然沿用传统的土渠输水、大水漫灌等方式。渠灌区是我国农业节水的重点、难点，大部分水库、渠、沟等农田水利设施老化失修严重，农村道路、高速公路等建设打乱了原来的排灌体系，末级渠道体系配套建设滞后，旱浇涝排功能明显弱化。此外，农村税费改革后，农田水利基本建设投入不足，农田水利设施建设面临缺资金、缺劳力、缺维护、难组织的窘境。

（三）过度开发导致的水生态恶化成为我国粮食安全保障的严重威胁

由于缺乏对水资源的科学、统一、有效的管理，各地水资源开发程度不一，北方地区的大多数河流水资源开发程度已超过国际警戒线，并呈过度开发态势；南方水资源开发尚有较大空间，但进一步开发利用和配置的难度和成本也相当大。北方粮食主产区的黄河、海河及辽河等流域由于过度开发，降水径流明显减少，生态用水被大量挤占，超采导致地下水位严重下降，地下水漏斗继续扩大加深，部分地区出现地面沉降，粮食主产区的华北平原已形成世界最大的地下水开采漏斗区。北方部分流域平原区出现的河道湖泊干涸萎缩，地表水和地下水污染、水生态退化等一系列问题,已经严重影响我国粮食安全和区域性水资源安全。

(四)水质污染已成为我国粮食安全保障的重大隐患

随着工农业生产的快速发展,工业与城市废水、污水的大量排放和化肥农药的大量施用,地力衰竭、水土污染等生态问题成为保障粮食安全的重大隐患。农业点源污染不断增加,面源污染日渐突出,部分水体丧失使用功能,水质污染已呈现出由支流向干流延伸、由地表水向地下水渗透、由城市向农村扩展的趋势,更加剧了水资源供需矛盾,威胁我国的粮食安全。从某种意义上说,水质污染所导致的水资源危机可能比水资源短缺问题更为严峻。面对水污染、水生态失衡等问题的挑战,我国的粮食安全问题需要寻求坚实的水资源安全保障。

四、实施最严格的水资源管理,保障我国的粮食安全

鉴于保障我国粮食安全的水资源问题突出,从根本上寻求解决之道需要突破目前的两种思路,一是通过贸易的形式来进口粮食,从而达到缓解粮食与水资源压力的目的。但从全球粮食偏紧且日趋严峻的贸易形势来看,进口粮食只能限定在一定范围内缓解水资源短缺的矛盾,调剂我国粮食品种问题,不能从根本上保障中国人的粮食安全。二是依靠加强水资源供给来满足日渐增长的用水需求,但是这种单纯的供给管理已经无法满足水资源的可持续利用和需求,同时水资源供给工程的建设难度和建设成本在不断增加,甚至可能带来一系列生态环境问题,所以完全依赖供水工程解决水资源问题已不太可能。事实上,对我国这样一个人口大国来说,我国粮食安全保障的水资源支撑问题将会刚性地长期存在,多措并举解决我国粮食安全保障的关键还在于充分挖掘节水潜力,强化需求管理,实现水资源管理方式由单纯的供给管理向供需协调管理转变。2011年,《中共中央、国务院关于加快水利改革发展的决定》明确提出,实行最严格的水资源管理制度,以水资源的持续高效利用来保障我国的粮食安全,实现经济社会的可持续发展。因此,保证水资源安全是我国粮食安全的有力支撑,需要切实转变水资源管理观念和管理方式,实施最严格水资源管理制度下的供需协调管理,将是加快转变经济发展方式、保障我国粮食安全的基本原则和战略举措。

(一)全面实施粮食和水资源安全协同战略

水不但是生命之源,生态之基,生产之要,也是经济之本,文化之渊,社会之力,政治之枢[6]。自古以来,人随水走,粮随水来,有水就有粮,无水则荒凉,这是普遍规律。从某种意义上讲,我国的粮食安全问题,其实就是水资源安全问题,水资源安全决定粮食安全。我国淡水资源总量并不少,但"南多北少""东多西少"的分布

格局十分明显,而我国粮食的供求格局则是北粮南运,且短期难以改变[7],所以水热资源分布与粮食的供求格局恰恰相反。虽然近年来出现了北涝南旱的现象,但从历史和长远的发展的角度来看,地理位置决定了南涝北旱的大格局不会有太大的改变。所以,保障我国粮食安全必须实施中国水资源和粮食安全协同战略[8]。

第一,高度重视南方水资源和粮食安全建设及发展的战略。长江中下游平原地区光、热、水资源都很充沛,但人多地少,平原面积小,机械化难。由于经济发展快速,重工轻农现象严重,需要采取特殊鼓励政策和措施,如土地流转,发展种粮大户和专业户,恢复该地区的农业高产潜力。近十年来我国南方干旱频发,如云南发生了连续 5 年的冬春干旱。2010 年春季,我国西南地区的云南、贵州、广西、重庆、四川等地区都遭遇大范围持续干旱,部分地区遭遇百年一遇的特大干旱。2011 年我国南方 5 省包括江苏、安徽、江西、湖北、湖南遭遇百年罕见春夏大旱。2013 年湖南、贵州、江西等省的夏秋大旱,都严重影响了我国工农业生产和水资源及粮食安全。因此,我国南方水资源及粮食安全协同建设和发展战略同样需要在国家层面受到高度重视。

第二,扎实推进华北水资源和粮食安全建设及发展的战略。目前,华北平原水资源和粮食安全协同问题已经纳入我国长期攻关的课题,南水北调东线和中线的建设基本完成,但主要解决了华北地区的城市和工业用水,有少部分调水可以用于农业和生态环境改善,对于协同水资源高效利用和粮食安全,进一步实现华北粮仓重新崛起将发挥重要作用。但毕竟不能把华北的干旱气候和缺水土壤变为南方的湿润气候和水地泽国。我们还必须加快黄淮海治理步伐,加大黄淮海治理力度;积极开展渤海粮仓建设,对盐碱地和微咸水等资源进行开发利用;建议国家和有关省市对淮北平原和相邻省份的黄泛区盐碱地和低产田进行全面治理,加快淮北(或黄泛区)粮仓建设,进一步挖掘黄淮海地区的粮食新增潜力[9]。

第三,加快东北水资源和粮食安全协同发展建设及战略研究。在我国三大平原粮仓中,东北地区水土资源匹配相对最好,但东北地区水资源分布极不均衡,呈"北丰南欠、东多西少""边缘多、腹地少"的特点,同时存在农田水利建设严重不足的短板,东北地区的问题表现有:一是春旱为常态,夏秋干旱也频繁发生;二是东北平原海拔低,湿地面积大,抗洪防涝建设标准过低,经常发生特大洪涝灾害;三是东北地区水资源开发利用程度低。因此,加快节水农业发展、扩大应对干旱缺水和防洪排涝的水利工程建设是东北水资源和粮食安全协同的重中之重。东北后备可耕地资源也较多,随着气候变暖,将有利于东北粮仓的进一步开发,但如何实现东北水、土、光、热资源的高效利用和大型机械化现代农业发展的协同,保障东北粮仓持续发展,也需要进行战略研究。

第四,实施西北水资源和粮食安全建设及发展的战略。目前,西北地区正成为我国除东北平原、华北平原和长江中下游平原 3 大粮仓以外的第 4 大粮仓。西北粮仓的问题是大面积气候干旱,虽然部分地区河流及冰雪融水径流资源丰富,但盐碱地面积大,劳动力不足,耕作粗放,风沙危害较重,粮食生产水平较低。西北地区的应对措施是大力兴修水利,改造盐碱地,扩大灌溉面积,加快发展节水农业,促进机械化农业发展,充分挖掘西北地区的粮食生产潜力。西北地区的最大优势是后备可耕地资源巨大。这些后备可耕地开发利用,必须依靠跨流域调水工程建设协同发展,比如先启动从长江给黄河调水的南水北调西线工程,首先解决西北 5 省的干旱缺水问题,再开展建设大西线调水工程的战略研究,从西南 4 江 1 河(雅鲁藏布江、怒江、金沙江、澜沧江、大渡河)给我国西北、华北、东北调水。建设中国水网,全面实现南水北调是保障北粮南运的根基,是实现我国水资源安全、粮食安全、经济安全、生态安全和国家安全整体协同的终极目标,是实现中国梦的千秋大业,建议国家及早列入议事日程。因此,开展西北地区水资源和粮食安全协同发展建设及战略研究有重要的现实意义和长远的战略意义[10]。

(二)优化配置、合理开发、集约利用,加强水资源的供给管理

第一,加强水资源的优化配置,保障粮食安全。南方水资源丰富,复种潜力高于北方,通过南方农业水利基础设施的改善,提高南方的复种指数,扩大粮食作物种植面积,提高南方粮食生产量。这一方面可以极大地增强南方地区粮食自给率和国家粮食安全的可靠性;另一方面可以有效地缓解北方地区粮食生产旱灾风险的压力和水资源短缺的格局。此外,考虑我国粮食生产的总体布局,大中型灌区将是保障国家粮食安全的主力军,因此,抓住了灌区就抓住了全国粮食安全的大局。针对松花江地区、长江中下游、四川盆地等水土资源条件较好的地区,大力加强农田水利工程设施建设,适度增加灌溉面积和供水量,加强商品粮基地建设,提高粮食生产能力。与此同时,通过工程调水推动水资源配置优化。重大水利工程建设是提高我国水资源整体承载能力的重要保障措施,针对黄河、海河、辽河等水资源开发程度较高甚至超标的地区,通过南水北调工程的调水及水资源合理配置来置换部分挤占的生态用水和超采的地下水,从而减少对农业用水的挤占,对粮食安全提供重要保障。

第二,集约利用雨水、再生水,保障粮食安全。高效利用雨水资源是提高旱区农业生产力的关键。根据耕地与非耕地的比例和流域特点,统筹考虑流域上下游的整体效益,合理规划雨水的截流增蓄,因地制宜修建小型集雨补灌、降水蓄积工程,增强农田对降水的渗透吸纳能力,是北方粮食主产区雨水利用的基本方向。再生水利用是减轻水体污染,实现水资源集约利用、循环利用的重要环节。污水再生的循环利用,一方面可以减少清洁水资源的使用量,降低污水的产生和排放量;另一方面有效地利用这些尾水进行农业灌溉,在促进作物生长的同时,还可以利用植

物吸收水体中的营养物质和氮、磷等元素。再生水的农业灌溉与生态环境修复在我国还处于起步阶段,需要尽快建设再生水回灌农田的示范工程,以确定再生水适宜回用农作物的标准,解决再生水灌溉对土壤、地下水、作物等生态影响评价和流程设计及调蓄等技术问题,从而不断提高和保证农业再生水循环利用的安全。

第三,积极进行污水回收处理,发展灌溉农业。目前,我国污水排放量每年达350多亿吨,随着我国工业化、城镇化发展,污废水排放量将大大增加。这些污废水,经过一定的处理用作农田灌溉水源,不仅提供了一个污废水净化的途径,还可以增加农业用水来源,缓解水资源的供需矛盾,减少水资源污染。因此积极慎重地发展污水灌溉也是解决工农业用水矛盾的战略。随着水资源供需矛盾的日趋尖锐,污水灌溉越来越受到人们的重视,污水灌溉面积将会迅速扩大。但是使用污水灌溉必须做好污灌前的预处理工作,严格控制污灌水质标准,否则不但污染农田生态环境,破坏农田生态系统的结构,导致其生产能力下降,而且影响粮食质量,给人类的身体健康造成危害。目前,国内外已研究出许多有效的污水处理方法,有物理法、化学法、生物法,还有综合方法。对污水灌溉实行科学管理,包括选择合适的作物种类,测定土壤 pH 值、质地、有机质含量、土壤的污染物环境容量,同时制定科学的灌溉制度,选择合适的灌溉方式,加强污灌的试验研究和跟踪监测;大力开展环保宣传,提高全民环保意识。只有这样才能使污水灌溉发挥最大的作用,同时避免环境污染。

（三）大力发展节水农业技术,提高农业用水效益

保障我国粮食安全,提高粮食生产能力,其途径不外乎扩大、改善有效灌溉面积,提高复种指数以及提高单产水平,但无论哪种途径,均需要通过节水挖潜来解决其增加的灌溉需水量,节水灌溉是根本性的、全局性的战略措施。我国容易开发的水资源多已被利用,很难再依靠外延型大量增长农业和粮食生产的水资源,必须加快发展以提高水资源利用率为重点的节水农业。节水农业是节约和高效用水的农业,在农业生产和农村经济活动中既节约用水以提高水的利用率,又高效用水以提高水的利用效益。节水农业可以在水资源有限的条件下,提高农业用水的经济产出,实现农业生产的效益最大化。

第一,全面实施农艺节水技术。一要实施覆盖保墒技术。通过地表耕作与地面农膜和生物覆盖的方法,降低土壤毛细管作用,控制田间杂草,减少土壤水分蒸发;通过适墒早耕或迎墒早耕,旋耕或浅耕灭茬,最大限度地接纳保存雨水;通过耙糖镇压、雨后或灌溉后棵(行)间中耕与耧划、免耕少耕等措施降低地面蒸发、蓄水保墒,实现节约用水,增产增效。在丘陵山区,把坡耕地修成梯田,在田坡边种草植树,形成植物篱,拦蓄地面径流,涵养水源。二要实施节水灌溉技术。大力推广膜下滴灌、微灌、渗灌等节水技术。根据作物需水要求,通过管道系统与安装在末级

管道上的灌水器,将水输送到作物根部附近的土壤表面或土层中。其优点是对土壤及地形适应性强;工作压力低,节省能源;可结合灌水施肥,增产明显;灌水流量小,水的利用率高,与地面灌溉相比,可节水 50% 以上。三要实施水肥一体化技术。水肥一体化是利用管道灌溉系统,将肥料溶解在水中,灌溉与施肥可同时进行,适时、适量地满足农作物对水分和养分的需求,实现水肥同步管理和高效利用的节水农业。主要是"以水调肥"和"以肥促水"的水肥耦合技术[11]。将水变成庄稼的"复合水溶剂",把单一给作物浇水转变为浇营养液,减少田间作业次数,节约农业生产成本,实现节水 50% 以上,节肥 30%,粮食作物增产 20%。

第二,积极发展生物节水技术。一要建立节水抗旱的主要农作物品种的原种繁育基地,积极开发抗旱品种,形成主要农作物节水抗旱品种繁育体系,加快抗旱新品种的推广。二要根据不同作物的需水耗水规律,确定不同地区节水种植结构,大力推广耐旱节水高产作物品种、旱作栽培技术,建立和优化与农业水资源分布相适宜的农作物区域布局和节水高效种植结构。三要根据当地气候、土壤条件与作物特点,有针对性地选择、推广生物、化学制剂保水技术。近年来,我国生物和化学抗旱保水节水制剂的研制和开发应用发展很快,已在多种作物上大面积应用。农用保水剂主要用于拌种、苗木移栽和扦插之前的浸根,以增强作物根部的吸水保水能力,提高出苗率、成活率。叶面喷施黄腐酸可使叶片气孔开张度缩小、水分蒸腾减少,不仅能减少水分蒸发,还可以显著提高作物抗病和抗逆性。

第三,推行工程节水技术。修建、改善池、塘、坑、窖、库、堤等拦水蓄水设施,为节水灌溉措施的实施提供基本条件。在田间输水设施上采用渠道防渗和引水沟由宽变窄、改大畦为小畦等措施,将过去的大水漫灌变为快浇,达到节水目的。实施集雨水池(窖)集流技术,将雨水富集,加以蓄存(水池、水窖),使降水在时间和空间上得以人工分配,增加补灌面积,提高水的利用效益。

第四,强化管理节水技术,优化配置农业水资源。调整农业种植结构和优化农业水资源配置是合理用水、提高水资源利用效率、保证农业持续发展和粮食安全的宏观措施。不同作物具有不同的需水量和需水规律,针对各地区不同的水资源条件,利用优化技术,把不同的作物进行合理搭配,优化配水,使水资源利用达到优化。因此,根据不同类型的水资源条件,根据水资源承载能力和国民经济发展总体要求,合理进行农业区划,对农业结构、生产布局、作物种植结构、品种结构进行调整,从根本上控制超出水资源承载力的农业用水,优化农业和农村产业结构。开展土壤墒情监测,建立评价指标体系,将不同地区的监测点连成网络,根据土壤含水量和作物不同生育期需水量,及时做好土壤墒情诊断或评价,为农业结构调整、生产布局和组织引导适播、适种及适时灌溉提供科学依据。

节水农业的应用和推广首先要投入,但目前农业收益率比较低,在农民不富裕、农业生产的积极性和主动性不高的情况下,发展节水农业确实存在着较大困难。为破解节水农业的资金难题,必须充分发挥政府在节水型农业技术推广中的作用。首先,政府要加大对农业技术推广队伍的资金投入力度和人员监管及绩效评估力度,使节水型农业技术推广做到实处,保证新技术及时有效地应用到田间地头。其次,政府要考虑地域差异和经济文化差异,在不同地区的节水型农业技术推广中要扮演不同的角色。对于缺水问题较为突出、经济文化水平比较落后的西北地区,如新疆、甘肃、青海、陕西、宁夏等省份,政府在节水型农业技术推广中应该行使投资主体的职能,通过政府财政投入的方式做好节水灌溉设施的整体铺设、定期检修和及时更新。在经济水平较好的省份,政府在节水型农业技术推广中则应该发挥积极引导的作用,加大节水技术宣传,通过适当奖励的方式鼓励当地农民采用节水技术,购买节水设施;在经济水平相对较差的地区通过借贷和补贴的方式积极引导农民采用节灌技术与配套设备,从而推动节水型创新技术的推广与应用。此外,还可以通过政策引导、资金支持等方式,激励民营资本、农业合作组织投入节水农业;建立区域性的农民经济合作组织,把分散的农业投资集中起来,进行农业节水项目的投资,形成农民自己的水利资源开发利用体系,即建立起一整套"民建、民营、民用、民管"的经营管理体制,这就要求地方政府制定配套的制度保障体系,以确保农民经济合作投资利润的实现。

（四）发挥水价杠杆调节作用,推进农业水价综合改革

水资源作为粮食生产的要素,具有特殊的使用价值,当前水价仅在一定程度上反映了水的价值。建立科学合理的水价体系,亟须完善促进节水的经济激励机制、生态补偿机制、奖励惩罚机制和水权交易机制,按供求关系、丰枯时节和定额外累进加价的原则实行动态水价,确保地表水、地下水使用的联动机制实施,实现水资源地区间、行业间的有效分配。建立科学合理的水价体系,推行农业水价综合改革,成为推行节水农业的关键,关系农民节水意识的提高,关系农业灌溉设施的改造更新和维护发展。政府必须统筹调控,通过财政补贴政策,降低农民水费负担,支持和激励农民加快采用节水技术,提高用水效率,减少水资源浪费。实现水价管理由行政控制向市场调节的转变,促进农户参与灌溉管理,在宏观和微观两个层面实现农业水资源生产配置效率的提高。

第一,建立水资源"农转非"补偿机制。针对现实中存在的农业用水被过量挤占的现象,必须建立相应的水资源"农转非"经济补偿机制,以保障农业的用水安全。这既可以弥补农民因灌溉用水减少造成的减产损失,又能对非农部门过量转移农用水构成一定的约束力,还能激励农民自发节水,促进农业用水的可持续发展。建立合理的水资源"农转非"的经济补偿机制,首先要对水资源"农转非"过程的主客体进行明确清晰的界定,明确水资源运行体系中各相关主体的权利和责任。

必须规定"农转非"的水是因为采取节水措施而节约的农业水资源。对于农民或供水单位采取的节水行为应给予补偿。在水资源"农转非"过程中应始终坚持"谁节水,谁收益"的原则和"谁受益,谁补偿"的原则[12]。水资源"农转非"的补偿方式一般有三种:水价补偿、水源置换补偿和节水设施补偿。三种补偿方式的侧重点不同,可以根据实际情况,具体问题具体分析,灵活应用多种补偿方式。

第二,建立农业用水价格激励机制。当前我国的农业灌溉用水水费普遍低于供水成本,具有半公共物品属性。用水成本较低,对农民形成用水激励,从而造成用水浪费。因此,适当提高价格,能够激励农民节水。但由于农业用水的需求价格弹性系数较低(只有0.1~0.2),每单位农业用水水价提高一倍,才相应节约1/5单位的水量,提高水价不会大幅度降低用水量,因此节水空间不大[13]。另外,粮食生产本身是低效益产业,提高灌溉水价,无疑会增加农民生产成本,增加农民负担。如果农业节水成本过高,农民负担过重,有可能造成粗放经营甚至撂荒的现象,反而威胁粮食安全。为避免过高的水价威胁粮食安全,农业农村部门应该实行两部制水价,规定农业用水限额,定额内低价收费甚至免费,定额外加价收费。由于目前田间用水很难计量到户,因此,价格激励机制在农业中的应用还有所限制。

第三,建立水权激励机制。科斯第二定理指出,由于交易费用的存在,产权界定不同,交易费用也就不同,带来的资源配置效率也就不同。清晰地界定产权能够降低交易费用,是资源配置达到帕累托最优的基础。因此,可以通过清晰地界定农户水权,促进水权流转来形成节水激励。由于目前田间灌溉用水不能直接计量,因此灌溉水权界定到户(私人产权)十分困难。国外的办法是建立农民用水者协会(集体产权)。协会代表农户意愿,负责协会内水权分配及界定,负责制定水权交易规则,通过熟人社会的监督机制来促进集体水权的有效利用。

(五)严格把控水资源开发利用、用水效率、水功能区限制纳污"三条红线"

第一,严格把控水资源开发利用红线,建立统一高效的水资源管理体制。实施最严格的水资源管理制度,严格实行用水总量控制,实行地下水取水总量与水位双控制度,逐步实现采补平衡。严格控制水资源短缺地区,尤其是北方粮食主产区和生态脆弱地区盲目发展高耗水项目,盲自扩大灌溉面积的行为,必须做到以供定需、量水而行,协调好生活、生产、生态环境用水。针对水资源短缺和水资源开发利用程度已经超过当地水资源承载能力的地区,亟须以流域为单元建立统一高效的水资源管理体系,统筹上下游地区之间、农业工业等行业之间、城乡之间的用水关系,加强水质性、水生态的综合治理,促进区域之间的协调发展。

第二,严格把控用水效率红线,应对逐步严重的水量与水质危机。水资源的高效利用,必须着眼于加强水资源开发利用的科技支撑能力,着眼于当下农业用水资源的优化利用,而非着眼于透支供水能力和调水满足未来水需求。为此,必须加大农田水利设施建设资金整合力度,中央和省级财政要加大小型农田水利设施建设专项补助资金的规模,创新投资机制,采取以奖代补等形式鼓励和支持农户广泛开展小型农田水利设施建设和管护活动,推广节水技术。

第三,严格把控水功能区的限制纳污红线,实现水质水生态的综合治理。认真落实2011年《中共中央、国务院关于加快水利改革发展的决定》,从严核定水域纳污容量,依法提出限制排污总量意见。严格监督管理入河排污口,对排污量超出限制的地区,限制审批新增取水和入河湖的排污口。建立、完善监测预警评价体系,加强省界和重要控制断面的水质监测。农田排水技术要由水量水位控制调节功能扩展到水质控制、污染防治和水生态环境保护等功能,减少点源污染,减轻面源污染,促进灌区环境、生态、粮食生产的可持续发展。

总之,面对水资源短缺和水质水生态的严峻形势,必须实施最严格的水资源管理制度,强化水资源的供需协调管理,从而有利于建立健全水资源保护、水污染防治和水生态改善的协调机制,有利于促进节水型现代农业、农村生产方式和农民生活消费方式的转变,有利于为中国粮食安全提供持续高效的水资源支撑保障。

(六)加大农业及农业科技投入,提高技术创新能力

技术进步过去是我国粮食增产的原动力,现在也是粮食增产的动力,将来还会是我国未来粮食增产的第一动力。粮食问题的解决,关键在科技,而科技发展又取决于国家科技投资政策。要使农业科研持续增长,要提高我国粮食的自给水平,必须增加对农业科研的投入。要保证国家粮食安全和持续发展,只能靠提高单产,这对粮食的科技发展提出更高的要求。我国农业科技水平和发达国家差距很大,如小麦单产不足发达国家的一半,水的利用率和利用效率也不足发达国家的一半,更不用说新技术如生物技术在节水农业中的应用。灌溉新技术与精细农业,非充分灌溉和调亏灌溉技术的发展,水管理自动化的提高和化学节水,将对促进粮食节水增产发挥重要作用。为促进我国农业的可持续发展,在水危机中保护粮食安全,必须在科技上取得新的突破,具体来讲:

第一,加快抗性优质粮食品种选育,依据水资源分布合理调整农业种植结构。要运用现代生物技术,加强抗旱和耐涝粮食品种种质资源的挖掘和创制,加快高产、优质、抗旱或耐涝粮食作物新品种的育种进程,大力开展抗旱和耐涝新品种的选育和已有品种的品质改良,从源头上解决水资源紧缺与作物生产用水的矛盾。同时,依据我国的水资源分布格局和不同粮食作物需水量与需水时期及规律,统筹规划、合理布局,因地制宜地积极调整我国的农业种植结构,优化水资源配置。一是要在较干旱地区引进和推广优质、耐旱粮食作物品种,同时将粮食作物与保水蓄水能力较强作物进行合理套种,依靠其他作物增强保水蓄水能力和抵抗干旱的能力,从源头上实现保水节水;二是对需水规律相近的粮食作物实行区域集中种植和

管理,统一灌溉,减少灌溉水在长距离运输中的损失;三是根据不同地区雨期和雨量的特征,结合不同粮食作物的生长规律,选取合适的粮食作物实现适时适地耕种,实现人为选择在雨量大、雨期长的地区种植生育期需水量大的粮食作物如水稻,在雨量小、雨期短的地区种植生育期需水量较小粮食作物如玉米,有效利用自然水资源;四是将以往开垦的一些不适宜耕种的土地,退耕还林或者种植有效保水保土植物,通过地下土壤渗漏,一方面避免自然水资源的低效浪费,另一方面防止水土流失。

第二,大力开展保水保肥技术创新,提高粮食作物产量和品质。合理的水肥吸收与利用是保证粮食作物高产和优质的关键。因此,要重点加强作物大田水肥耦合的生物效应及作用机理研究,揭示水肥利用规律,完善水肥高效利用措施,大力开展粮食作物保水保肥技术创新。一是应用现代农业信息技术,通过作物生长发育模型模拟作物生长发育,开展根系生长与土壤水分、养分吸收的机理性模型研究,建立农田水肥优化和调控体系。二是基于保水、增产的宗旨,合理进行不同作物的套种与轮作效应研究,选择最适宜和保水保肥增产效果最好的配套作物,开展套种与轮作。三是加强耕地土壤水肥培育。一方面,推广深翻回填、整地及中耕技术,提高土壤透水蓄水保墒能力;另一方面,进一步开展微生物肥料的创制和研发,通过土壤微生物的作用起到增加土壤肥力,提高作物吸收利用微量元素的能力,产生植物激素类物质,调节作物生长,拮抗有害病原微生物,提高作物抗逆性,减轻作物病害的作用。同时,研究不同覆盖材料覆盖作用下其土壤环境和作物增产效应的互作机制,选择应用合适的覆盖材料达到保温保水、促进粮食增产的目的。

第三,着重加强污水防治技术创新,提高水资源再生高效利用能力。针对水污染日趋严重的问题,要注重"防"与"治"两手同抓同管。一方面,完善污水排放管理措施,加强污水排放监管,加大对农村居住户生态环保和保护水质相关科技知识的宣传力度,减少对农村水体的污染,保障农业灌溉用水的水质。另一方面,积极治理农业面源污染,加大农村污水治理力度,升级防污治污技术,改善农村水质,同时积极开展污水治理后的再利用,制定污水治理后再利用的水质标准,加强对污水治理后水质的检测和再利用的监管,严格把关,从另一个角度增加农业灌溉用水来源,缓解农业用水与非农用水日益紧张的争水抢水局面。

在具体的农村水资源污染防治技术创新方面,一方面开展生态种养技术创新,减少水体污染;另一方面强化水污染治理关键技术攻关,提高污染治理后高效再利用能力。在防止水体污染方面,要创新水产、水禽、畜牧业规模化健康养殖技术,减少畜禽废弃物的乱排放;积极推进科学配方施肥,大力推行生物肥料,提高肥料利用率,减少化肥残留;加强农作物病虫害生物防治技术创新,加快绿色农用微生物农药、植物源生物农药的研制与开发,减少化学农药的使用,降低有害物质残留;同时,加强水污染快速检测技术创新。

在污水治理方面,重点培育抗重金属污染、超富集有害物质的水生植物新品种,充分发挥水生植物的水质净化功能;加强土壤与水体污染物微生物修复、植物与微生物协同修复机理的研究,加快农田灌溉水化学污染物降解的生物制剂研发,全面改善农田水生环境;进一步创新污染水的化学治理技术和治理设施与设备研发,保证污染水治理后的农田灌溉安全,提高水资源再生利用能力。

(七)继续加强农民科技教育与培训,提高节水型农业技术采用率

针对我国农民教育与技能培训整体相对滞后、地域差异明显的问题,大多数农民的文化水平和职业技能较低,使得新型农业技术难以得到有效的采纳和应用。为切实提高节水型农业技术采用率,一是要继续扩大农民职业教育和技术培训与指导的范围,加强边远山区、经济水平较落后地区尤其是缺水较为严重的西部地区的农民基础教育与技术培训,提高农民的科技知识水平,降低技术推广的难度。二是要充分考虑不同地区农民的经济条件和文化差异,因地制宜地选择农民听得懂、学得会、易掌握和易操作的推广方法与实用技术加以推广,发挥农村人际关系在技术辐射应用中的作用,提高技术采用率,力争用规模化和标准化的节水灌溉完全代替传统的粗放灌溉。三是应该加强农村信息服务及技术服务等服务体系建设,加快建立高效快捷的农业技术指导与服务渠道,完善农业专家大院、技术服务热线等农业科技公共服务平台建设,及时解决当地农民在节水生产过程中遇到的技术及设施使用方面的难题。四是加大农村水资源节约与水质保护的宣传力度,建立有效的奖惩机制。对于农村水资源浪费与污染日益严重的问题,除了开展节水治水与改善水质技术研发外,还应该加大水资源节约与水质保护的宣传力度,从水资源影响民众切身利益的宣传角度出发,加深民众对节约和保护水源的认识,减少农村水源污染。同时,也要清醒地认识到道德约束在节约用水和保护水质问题上效力的有限性[13],建立有效的监督与奖惩机制。对优先实行农产品生态种养、病虫害生物防治、农村废弃物分类处理与回收等降低水质污染风险和优先采用新型高效节水灌溉技术的行为,予以适当的表扬和物质奖励,激发民众节约水资源和保护水质的积极性。对随意向水源丢弃、堆积生活垃圾,排放未受处理过的牲畜养殖污水或高毒性农药残留的农田灌溉水等破坏环境、污染水质的村民要对其进行说服教育,对情节较为严重者还要给予严厉的处罚,以抑制此类行为的再次发生。

---

[1] 范大路.基于水资源短缺的 21 世纪中国粮食安全战略.西南农业大学学报,2000(6):273-277.

[2] 姚素梅,朱晓翔.我国农业可持续发展的水问题及对策.中国人口·资源

与环境,2005,15(1):122-125.

[3] 姜东晖,胡继连.对水资源"农转非"现象的经济学分析.中国农业资源与区划,2008(6):21-26.

[4] 冯哲.粮食安全视角下的水资源"农转非"评价与监管研究.泰安:山东农业大学,2014:37-38.

[5] 胡继连,武华光.灌溉水资源利用管理研究.北京:中国农业出版社,2007:53-54.

[6] 张正斌.水资源高效利用应作为基本国策.中国水利报,2013-01-10.

[7] 中国经济周刊.缺粮的中国:过半省份难以自给.2013-07-02. http://news. xinhuanet. com/city/2013/07/02/c_124941398. htm

[8] 张正斌,徐萍.中国水资源和粮食安全问题探讨.中国生态农业学报,2008,16(5):1305-1310.

[9] 张正斌.应加快淮北粮仓建设.中国科学报,2013-06-10.

[10] 张正斌,徐萍.中国粮食和水资源安全协同战略.中国生态农业学报,2013,21(12):1441-1448.

[11] 张承林,邓兰生.水肥一体化技术.北京:中国农业出版社,2012.

[12] 山仑,张岁岐.能否实现大量节约灌溉用水:我国节水农业现状与展望.自然杂志,2006(2):71-74.

[13] 刘建芳,祁春节.关于资源节约与环境友好"两型"园艺产业生产体系的探讨.农业现代化研究,2011,32(3):376-379.

第六章 科技支撑与粮食安全

一、农业科技支撑体系的含义及构成

所谓支撑,也就是一物对另一物的基础性和决定性的力量或作用。科学技术是第一生产力,科技发展到今天,已广泛渗透到各个产业部门之中,日益成为现代生产力中最活跃的因素和最主要的支撑力量。我们现在需解决的问题是如何更好地建立和完善科学支撑体系的内容和运行机制,使之发挥更大的作用,为经济和社会发展做出更大的贡献。

科技支撑体系是从属于社会经济并为其服务的系统,它是一个由科技投入,经过科技组织运作,形成符合经济和社会发展需要的科技产品的有机系统。科技投入是科技支撑体系的物质基础,主要包括人力(从事科技研究开发的专业人员及其他为科技研究与开发服务的人员)、财力(科技研究与开发的经费投入)、物力(用于科技研究与开发活动的实验室、仪器、设备)和政策法规投入;科技组织是科技支撑体系的实体或主体,是科技活动的实施者或承担者,它包括科学研究与开发机构、科技中介与服务机构、教育培训机构、科技产业园区,还包括科技成果的应用者;科技产品是科技支撑体系的产出成果,包括以各种形式存在的科学知识、技术、人才、信息、论文、专著、专利、设备、新产品等。在科技支撑体系中,科技产品、科技成果是科技支撑体系的核心内容,直接推动经济发展和社会进步,科技组织或机构是科技支撑体系的关键,是实施一切科技活动的载体,科技资源投入是科技组织或机构成立和运行的物质保障。科技支撑体系的强弱与科技资源的数量、科技组织的运行效率及科技与经济的结合程度有关。一般而言,科技资源的数量越大,科技支撑体系越强,但是,如果科技组织运行不佳,科技与经济不能很好结合,那么只有强大的科技资源,科技支撑体系也不一定强。所以科技支撑体系内部需要很好的优化和管理,科技体系与经济体系要有良好的互动关系[1]。

粮食安全是国家安全的重要组成部分,保障我国粮食安全同样需要科技作为支撑。粮食产业是农业的重要组成部分,农业科技支撑体系是通过各种科技组织或机构研究开发的科技产品按照一定的渠道和方式作用于粮食生产经营主体,并与粮食生产经营过程中的其他生产要素相结合,最终使经济和经济组织在质和量上发生积极的变化,以增强粮食的生产、加工和流通能力,提高粮食的科技进步贡献率,从而更好地保障国家的粮食安全。

农业科技支撑体系是由农业科技投入系统、农业科技创新系统、农业科技推广服务系统、农业科技人才培育系统和农业科技管理系统等子系统所构成的[2]。

农业科技投入系统是农业科技支撑体系的重要组成部分,是实现科技创新的基础。作为农业科技进步的重要保障,农业科研支出的多少在很大程度上决定了农业科技水平的高低、科技创新能力的大小。农业科技投入包括政府投入、企业投入和社会融资。要想最大限度地提高政府财政资金的利用效率及其引导作用,必须立足农业产业发展的现实和长远需要,科学合理地确定粮食科技投入的重点领域;根据研究开发项目的特点,确定财政资金的投入方式和投入力度;粮食科技投入过程中,必须加强粮食科技投入的绩效评估,强化粮食科技资金的监管。

农业科技创新系统是指高等学校、科研院所及实验室、中试基地、工程技术中心、粮食或农业龙头企业、政府农业管理部门在现有农业科技的基础上,重点跟踪国内外科技发展动态,结合区域资源状况和经济状况,研究开发拥有自主知识产权的粮食科技成果,为区域或国家粮食生产、加工提供技术贮备和技术支撑。创新能力是农业科技创新系统的核心,创新重点是农业或粮食科技,创新的主体是高等学校、科研院所、粮食或农业龙头企业。农业科技创新体系处于农业科技支撑体系的核心地位,发挥支配作用。

农业科技推广服务系统是由农业科技推广政策和农业科技推广组织、农业科技推广人员所构成的。农业科技推广政策是指政府制定的有利于粮食科学技术推广和利用的政策;农业科技推广组织、人员是指从事农业或粮食科技推广工作的职能单位和人员。农业科技推广组织的职能是宣传农业科技政策,推介科技创新成果,让农业生产经营主体知道粮食科技创新的内容,指导农业生产经营主体正确利用先进的科技成果。除此之外,还要搭建粮食科技成果孵化、转移、交易平台,建立粮食科技成果评估、风险投资等中介服务机构,引导各类中介服务机构明确职责和定位,并给予相应的政策支持,以确保粮食科技创新成果在农业和粮食生产中的顺利推行,以提高粮食综合生产能力,提高粮食产业的科技进步率。粮食科技创新系统的运行,需要农业科技推广服务体系作为保障。在农业科技支撑体系中,农业科技推广服务系统影响粮食科技创新的速度和粮食科技推广的效率,发挥着关键的基础性作用。

农业科技人才培育系统。农业现代化实质上就是人才现代化,农业产业的竞争实质上就是人才的竞争。农业科技创新、科技推广服务、科技应用等一切工作都离不开人才。保障国家粮食安全必须加强粮食科技人才培育体系建设,农业科技人才包括创新人才,也包括科技推广人才、科技服务人才、科技应用人才;农业科技人才的培育包括人才培养、激励、引进、交流的政策、环境、机制和平台。现实中,我们往往重视农业科技研究、创新人才的培育,却忽视农业科技推广、服务、应用人才的培育,特别是对农业科技应用主体,也就是农业生产主体素质的提高和培养。

农业科技管理系统是指各级政府的科技管理部门,其主要职责是对科技项目、科技成果、科技资金、科技仪器进行科学管理,对科技资源、科技动态、科技产品质量进行监测和评估,制定科技政策,建设良好的科技环境,激发农业科技创新、推广、服务、应用组织和人员的积极性。

二、我国农业科技支撑体系的现状

(一)农业科技保障能力不断增强

第一,农业科技投入快速增加。为落实"工业反哺农业"的战略,近年来,国家高度重视农业科技创新的投入。2009 年以来,我国农业科技创新投入逐年上升,5 年时间从 2009 年的 71.48 亿元增长到 2014 年的 124.41 亿元,增长比例达到 74.05%。[3]

第二,农业科技人才结构不断优化。从人员结构上看,本科和硕士学历的人员占了中国农业科研人员的大多数,拥有博士学历的农业科研人员占总人数的 20%,而这 20% 的科研人员恰是取得科研成果的主力军,本科学历以下的研究人员比例为 14%。由此可以看出,我国农业科技创新人员的学历构成呈现纺锤形结构。从农业科研人员的研究内容来看,62% 的科研人员是在进行试验发展的工作,而从事基础研究和应用研究的科研人员比例仅分别为 13% 和 16%。这表明我国当前农业科研还是以实用型的试验发展为主,基础研究和应用研究工作基本集中在少数高学历、高层次人才手中。高水平的农业科技队伍为农业科技创新提供技术支持,是农业科技创新的主体,是农业科技进步的动力和源泉。

第三,科技资源配置进一步强化。近年来,我国围绕产业需求配置科技资源,着力打通科技与产业之间的通道,并于 2007 年年底建立起现代农业产业技术体系,至今已形成 50 个产业技术体系,凝聚包括 25 名院士在内的全国 2237 位专家,共研发 900 多个新品种、350 多项新技术新工艺、110 多个新产品新装备,节约成本 1384 亿元,减少损失 2021 亿元。"十二五"期间,由现代农业产业技术体系参与研发和推广的品种占农业部主推品种的一半左右,获得国家三大科技奖的成果占所涉领域的 67%。此外,2002 年科技特派员制度覆盖全国 90% 的县(市、区),

72.9 万名科技特派员长期活跃在农村基层,直接服务农户达 1250 万户。

(二)农业科技创新能力不断提升

第一,高等院校与科研院所作为我国农业科技创新的主力军地位进一步凸显。农业高等院校和科研院所为农业科技创新活动提供基础理论和创新人才,为涉农企业的技术创新提供理论依据和技术指导。统计数据显示,当前超过 80% 的农业科技创新成果是由高等院校和科研院所完成的[4]。

第二,涉农企业创新能力明显增强。近年来,涉农企业对技术创新十分重视。从涉农企业的研发投入来看,2010 年我国规模以上涉农企业研发投入资金占利润比为 5.34%,2014 年投入比例为 4.98%,由于近年涉农企业利润快速增长,因此企业的研发投入也在逐年增加。从研发能力来看,2010 年涉农企业研发部门中博士、硕士的比例为 11.83%,2014 年提高到 14.9%,研发部门的科研能力有所提高。2010 年拥有研发部门的企业占涉农企业总数的比例为 21.4%,2014 年这一比例下降至 8.31%。[6]在研发经费快速增长的情况下,研发机构比例反而降低,这表明涉农企业的研发机构有集中化的趋势,技术创新正逐步集中到少数大中型企业中。

第三,农业科技创新成效显著。2014 年,SCI 数据库共收录我国发表的生物学类论文 24891 篇,其中农业科学等 7 个领域论文的被引用次数排名世界第二。《中国农业知识产权创造指数报告(2016)》数据显示,2015 年我国农业知识产权创造指数较 2014 年增加 17.98%,其中申请量指数、授权量指数和维持年限指数较 2014 年也有不同程度增加,表明我国农业科技创新能力、农业科技创新成果的获取能力和农业知识产权质量水平有所提高[6]。

(三)农业科技推广服务体系完整

农业系统建立了"四级"(省、市、县、乡)"五类"(种植业、畜牧兽医、水产、农机化、经营管理)农业技术推广机构,其中县、乡两级农业技术推广服务机构 14 多万个,人员 83 万人。科技部科技特派员已覆盖全国 1750 个县(市、区),数以万计的科技特派员活跃在农村基层,指导农民的粮食生产和农业经营;中国科学技术协会通过农民专业技术协会实施了"科普惠农兴村计划";农业企业越来越重视农民的实际需求,在设立企业服务站、销售化肥、农药、良种的同时,成立农资行业协会,定期举办农民培训班,举办示范田、观摩会及农民田间学校等,向农民提供农资和农业生产技术指导;农业专家大院把科技人员、农民合作社、龙头企业和种养农户紧密地结成利益共同体,形成了"专家+高等农业院校+基层农业技术部门+农业合作组织+龙头企业"五位一体的新型农村科技服务新模式;农资供应服务主体多元化,农资企业、供销社、邮政农资、农资经销商、农业经纪人、农业合作社等主体把农资供应与农业科技服务有机衔接,探索形成了生产企业—中间商—零售商/经纪人/合作社—农户、生产企业—农户、生产企业—零售商/经纪人/合作社—农户等多种流通模式,使农资供应与农业科技服务相辅相成。农机社会化服务发展步伐加快,农机合作社的社会化服务能力持续增强;农作物病虫害防治服务组织积极参与农业生产的田间管理。国有和民营粮食加工存储企业、家庭农场、专业大户、农民合作社等开展粮食干燥存储服务。

(四)农业科技体制改革成效明显

近年来,按照中央有关决策部署,农业农村部同有关部门大力推进农业科技体制改革,成效明显。

第一,立足产业需求,推进农业科技组织管理创新。依托转基因生物新品种培育重大专项、公益性行业(农业)科研专项和现代农业产业技术体系建设等,探索立足产业需求的农业科技组织管理创新,在科研任务形成、协同创新、考核评价等方面取得积极成效,促进了科研与生产紧密结合。

第二,建设国家农业科技创新联盟。针对农业科技资源分散重复等问题,探索实践推进协同创新的农业科技组织模式,搭建分工协作的"一盘棋"农业科研工作新格局,创建覆盖上中下游的"一条龙"农业科研组织模式,构建多学科集成的"一体化"农业科技综合解决方案,使联盟成为支撑现代农业发展的重要力量。

第三,建设全国性农业科技成果交易平台。建设全国农业科技成果转化交易服务平台,成立全国农业技术转移服务中心,开展农业科技成果的征集确认、评价评估、信息发布、实体展示、宣传推介、转让交易等工作。

第四,优化农业学科专业结构,提升人才培养机制。2013年,教育部、农业部、国家林业局联合印发《关于推进高等农林教育综合改革的若干意见》和《关于实施卓越农林人才教育培养计划的意见》。这两个文件提出,必须根据国家、区域经济社会发展和农业现代化建设需要,以行业、产业需求为导向,建立专业动态调整机制,优化学科专业机构,着力办好一批涉农专业;开展实施卓越农林人才教育培养计划,培养高层次、高水平拔尖创新型人才、复合应用型人才和实用技能型人才。

(五)农业教育发展态势良好

我国农学专业办学历史悠久,农业教育体系完整,结构合理,发展迅速。农业高等教育基础雄厚,学科门类齐全,专业办学水准高。随着高等教育大众化,高等学校农学专业的招生规模迅速扩大,办学模式不断创新,培养的学生动手能力与工作岗位适应性强,为我国农业现代化建设做出了卓越的贡献。中等农业职业教育发展态势良好,农业广播电视学校遍布全国各地,从中央到省、市、县四级农业广播电视学校体系完整,教育质量明显提高,各地还依托农业广播电视学校建立农民科技教育中心,开展新型农民科技培训、农业实用技术培训、农村劳动力转移培训。以中央农业干部教育培训中心为龙头、各分中心及农业高等院校为基础的农业干部培训体系已经建成。

三、我国农业科技支撑体系面临的问题与挑战

(一)农业科技投入不足

有学者研究表示,只有当农业科技投资强度,即农业科研与开发投入占农业总产值的比例超过 2% 时,农业科技的原始创新作用才会凸显,才真正步入农业科技自主创新阶段,才可保障农业和国民经济其他部门的协调发展。虽然我国近年来农业科技投入在不断增加,但农业科研投资强度始终稳定在 0.23% 左右,明显低于 2% 的标准[6],也低于 1996 年联合国粮食及农业组织建议发展中国家应确保的 1% 水平,与发达国家,甚至与印度、菲律宾等发展中国家的差距较大,以致我国农业劳动生产率不仅低于二、三产业,与发达国家相比更是相去甚远[7]。这说明我国尚处于技术使用阶段,还没有真正步入农业科技自主创新阶段,还需进一步加强对农业科技创新的财政支持。

2009 年以来,我国每年的农业科技创新经费投入占总科研经费的比例始终维持在 6.4% ~ 7.4% 之间,2012 年之后还出现了下降趋势。农业科研院所与非农科研院所的科研经费投入存在很大差距。2012 年全国科研院所科研人员人均科研经费为 45.1 万元,而农业科研院所科研人员人均科研经费仅为 25.1 万元。这说明农业科技创新投入的增长并未跟上整体科技创新的脚步,我国农业科技创新的投入是相对不足的[8]。

与发达国家相比,我国农业科技推广的投入水平差距很大。一般发达国家的农业科技推广经费占国内农业生产总值的 5% 左右,世界平均占 1%,而我国目前仅占 0.2%。尽管《中华人民共和国农业技术推广法》规定,国家农业技术推广机构所必需的推广经费由国家财政支出,但我国的农业推广经费与农业总产值的比重较低,县、乡级政府的财政能力十分有限,很多基层推广部门的经费不足,缺乏必需的各种设施,服务手段较为落后。一些县市用于农业科技推广的资金逐年减少,少数地方还出现挤占、挪用现象,使推广工作因资金问题难以维持。一些地方推广人员的工资只能发放 20% ~ 70%,甚至全部停发,即所谓的"断奶"。试验示范、技术培训、病虫害测报、检验检测、资料编制等经费的落实非常困难,严重影响了农业技术推广工作的正常进行。县、乡两级科技推广机构的经费不足是制约农业科技推广事业发展和科技成果转化效率低的主要原因。

(二)农业科技创新能力不强

当前,我国农业科技创新能力不强的问题,主要体现在创新主体未能适时地满足企业的需求,尤其在企业迫切需要的实用型技术方面,成果依然相对匮乏。在育

种方面,国外种子公司已经大规模进入。目前,先玉 335 在生产大省吉林玉米种业市场已经占据超过 20％的份额,我国 90％以上的高端蔬菜花卉品种和 50％以上生猪、蛋肉鸡、奶牛良种从国外引进,70％以上先进农产品加工成套设备依赖进口。我国自主开发农药、兽(渔)药的能力还很低,农产品质量安全控制、农业资源开发利用、防灾减灾、农产品加工等方面的技术也非常薄弱。农药、蔬菜等原始创新能力严重不足,科技成果储备明显不足,我国农业后劲不足的问题日益显现出来。

我国农业发明专利维持 10 年以上的概率为 26.43％,国外为 67.38％。国内农业发明专利维持到 20 年期满终止的概率只有 15.6％,而国外是 26.9％,美国高达 32.7％。农业发明专利平均预期寿命与主要发达国家和地区也存在一定差距,专利运用能力有待提高。在授权的品种中,大田作物品种(玉米、小麦、水稻较多)比例超过 85％(2015 年),蔬、果、花的授权品种比例均不足 10％,种子"抗洋"压力依然存在。

(三)农业科技成果转化率低

在发达国家,农业科技成果转化率在 80％以上。目前,我国的这一比率只有 40％左右。涉农高校、科研院所与企业取得的大量研究成果转化率较低,农业类高校成果转化率仅为 37％。我国农业成果转化的周期为 7 年甚至更长,而发达国家为 2 年。推广成果中,受农民欢迎、积极愿意应用的成果只占推广成果总数的 10％左右,加上有一定配套服务和补贴的成果只占 40％～60％,其余 30％～40％为农民不感兴趣甚至拒绝接受的成果。我国食品产业成果应用率也很低,我国每年约有 7000 项科技成果报奖,其中约有 2000 项成果获奖,但这些成果平均只有 2/3 能得到推广应用,转化率仅约 30％;在得到推广应用的成果中,仅有 30％左右的成果能得到普及,这意味着在已经转化的科技成果中又有 2/3 没能真正付诸生产实践[9]。出现这种状况的主要原因是:

第一,管理体制不完善。一是农业科技推广的主体单一。我国农业科技推广实行以推广机构为主体,科研单位、高等院校及群众性科技组织、农民技术员相结合的推广体系[10],但实际上农业科研单位、农业院校、涉农企业和科技中介机构只是补充而已,主要是由农业农村部门所属的农业技术站,采用直接面对个人的方式,把科技成果和实用技术介绍给农民,推广人员作为教育者与信息传播者。二是农业推广模式单一,行政色彩浓厚。我国农业推广机构主要是国有公办的体制,这样的推广体制可以突出推广重点,提高推广效率,但运行机制缺乏灵活性,推广手段行政化,往往受官僚主义、行政干预影响较大。一些乡镇把农业技术推广单位的人、财、物挪作他用;县级农业技术推广中心也基本上以种子、农资的销售为主,技术培训、巡回指导工作越来越少。

第二,推广队伍不稳,知识结构老化。一是人心思动。由于推广人员工作艰苦,尤其是基层的工作人员待遇低,生活、工作条件差,人心涣散,跳槽或改行的现象时有发生。农业推广人员在布局上呈现"倒金字塔"型结构,多集中在县级推广机构,而乡镇的比例较小,同时还要负担一些非农工作。二是知识陈旧。由于经费紧张,基层推广人员缺少培训、进修、提高的机会,知识不能及时更新,以致知识结构相对单一、老化,适应不了时代发展要求。许多乡镇农业技术推广站的人员并不具备必需的农业技术知识和推广技能[11]。三是激励机制不健全。长期以来,受行政化的影响,农业技术推广机构缺乏有效激励与约束机制,使科技人员的绩效与生产活动难以直接联系,农业技术推广人员的工作收入与服务对象数量及农业产值没有关联,形成了干与不干一个样、干好干坏一个样的局面,导致农业技术推广人员工作热情不高、活力不足,缺乏足够的深入生产第一线的积极性。四是后备力量严重不足,队伍结构令人担忧。科技推广的基层部门因为工作环境、待遇问题而很难吸引到优秀人才,人才断层、结构不合理问题突出。2004—2008 年,全国农科专业专科、本科、硕士、博士毕业生进入农业技术推广体系的比例仅为 8.03%、2.69%、1.17%、1.24%。经费不足使得农业技术推广机构往往容易成为撤并对象。农业部 2004 年的统计结果表明,乡(镇)农业技术推广人员的编制数量由改革前的平均每乡镇 23 人减少到 14.5 人,减少幅度大大高于 20% 的机构精简平均幅度。不少地方基层农业技术人员中专及中专以下学历超过 40%,大量农业技术推广人员转产转业,而非专业人员又大量充塞到技术推广部门。农业技术推广机构队伍中,45 岁以上的人员已经超过 45%,人员老龄化、知识老化的问题比较突出。

第三,技术推广难度大。其主要原因,一是农民的文化科技素质不高。改革开放以后,大量农村青壮年劳动力选择外出打工,形成庞大的农民工大军,留在家里种地的农民都是妇女与老人,使得务农群体的素质下降。这种低文化素质的劳动力,农业技术水平较低,对新技术的热情不高、动力不足,使得推广的效率较低,农业生产只能重复较低层次的简单再生产。这种现象严重阻碍了农业科技推广和成果转化。二是农业产业化程度低。当前,我国农产品加工率约为 45%,二次以上深加工率约为 20%,而西方发达国家农产品加工率达到 90% 以上,差距很大[12]。农业产业化程度低、农产品加工流通产业链条短的特点使得我国的农业技术推广难度非常大,推广一项技术需要与同一产业链条上的多个公司或机构进行协调和沟通,才有可能付诸实施。

第四,科技服务平台缺乏。目前,我国农业科技服务平台主要以现行体制中的农业技术推广部门为主,农业技术推广服务人员总体呈现出素质偏低、知识老化、服务理念陈旧、观念滞后的特点,难以满足当前农村产业对技术的迫切需求。从服务水平层面来看,现有的农业生产服务主要集中在种植和养殖领域,农畜产品贮藏加工以及先进的农业生产技术等,无论是数量还是质量,远远不能满足农村产业发展需求。

(四)农业教育面临新困境

我国普通高等农学教育招生人数远落后于全国高等教育招生总规模的增长速度,农学普通本专科招生规模占全国普通本专科招生总规模的比例呈下降趋势[13];自愿报考本科农学专业的高分考生比例较低,农学专业生源质量不高;中青年教师实践经验欠缺,影响了教学效果的提升;专业教师走向生产一线、"论文写在大地上"的时间配置得到约束,一定程度上冲击了产学研结合办学模式的强化推进,形成了比论文、比项目、比成果、比排名的趋同化竞争格局;教材与课程教学内容不能及时更新,教学内容落后,农业可用的新技术、新产品在课程教学中难以体现;受市场经济和社会就业环境影响,农学专业毕业生就业转向了市场化、多元化的就业体系,毕业生中愿意下基层、进农业企业的比例不高[14],就业的专业对口率较低,一半的毕业生从事与专业无关的职业[15]。

农业中等职业教育更是步履维艰。进入 21 世纪,受高校扩招,轻视农业观念根深蒂固,农业中职学校办学条件改善不够、教学质量不高等多重因素影响,许多家长和学生把接受中等农业职业教育作为一种被迫无奈的选择,致使农业中职学校生源逐年减少。大部分学校虽为农业职业学校,实际上专业设置已经以非农类专业为主,90%的在校学生是非农类专业,农业类专业的学生不足 10%,一些学校甚至出现了涉农专业零招生的尴尬局面。大多规模大、办学效益好的农业中职学校,都是通过扩大非农类专业而发展起来的,涉农专业已经极度萎缩[16]。

(五)农业科技管理体制分割问题明显

教育、科研、推广是农业科技发展中各有分工、相对独立但又紧密联系、相互交融的基本组成部分。在计划经济体制下,参照苏联模式,我国建立了教育、科研、推广三套各自独立的体系,并通过行政力量连接,缺乏统一管理和明确分工,使得渠道不畅通,优势不能发挥,难以获得高效益。进入 21 世纪,随着市场化水平的提高和体制的转轨,根据"经济建设依靠科学技术,科学技术面向经济建设"的指导方针,农业科技体制在放活科技机构与科技人员、加强农业技术开发和培育农业技术市场等方面已经取得了明显进展,但科研体制仍然具有浓厚的计划经济色彩,三大体系之间的鸿沟并没有明显缩小,统一协调依然困难。尽管高等农业教育改革打破了行业部门办学的格局,但脱离产业部门管辖后,行业对高等农业教育的支持也明显减少。市场需求千变万化,但科研任务主要由政府下达,政府实际上很难把握产业发展的具体技术需求,其结果是农业科技研究与实际应用之间存在严重的脱节现象,科研的目标和市场的实际需要分离,不能满足市场经济条件下农村经济发展需要。

科研院所条块分割,农业科研力量分散的问题也十分明显,很难形成整体力量进行集中攻关。从农业科技人员分布情况看,我国从事农作物生产研究的人员占农业科研人员的比重达到70％以上,农业科研经费的3/4分配在生产环节,而从事其他行业以及产前产后服务、加工销售等方面的研究人员和经费所占比重非常低。由于科技体系行政化的根本性问题没有得到很好解决,应用性研究、技术开发、技术推广与产业主体没有得到很好衔接。科研院所的学科设置追求"大而全",地域特色不明显,很难开展深入细致的研究。在资源开发利用、生产资料供应、育种、栽培、病虫害防治、机械设备、收割、加工等各环节也缺乏专业化分工,各环节的科技支撑很不平衡,直接制约了产业链的成长和发展。体系分割使得科研选题与产业需求不相适应,教育机构培养的人才适应不了科研和技术推广的需要,推广机构难以获得合格人才和科技成果,三大体系的机构能力都得不到加强。

四、推进我国粮食科技支撑体系建设的思路

(一)深化农业科技体制改革

农业科技创新离不开相应的科技体制的配合,农业科技创新必须以改革为动力,以制度创新为突破口,及时调整和改革农业科技体制及运行机制,逐步完善农业科技自主创新机制,为农业科技创新提供体制上的保证和支持。

第一,完善农业科技投入体制。农业科技创新是社会效益明显大于经济效益的公益性事业,农业科技投入应该继续维持政府财政拨款的主渠道地位。政府的农业科技投入应重点保障和支持农业科研院所和高等学校的公益性科研机构的经费、设备、基地建设方面的投入,切实改善科研人员的工作和生活条件。为提高科技投入配置效率和资金利用率,必须整合资源,集中力量把重点领域、重大项目纳入重点保障和投入的范畴。在保证现有各项农业科技投入的基础上,新增财政重点向农业科研倾斜,保证政府农业科技投资绝对量的年增长率应略高于农业总产值的增长率。同时,应积极培育涉农企业、新型农业生产经营主体、农业科技推广服务机构、农业保险公司等投资农业科技创新、农业科技推广活动,形成多元化的投资主体;完善全国农业信贷担保体系,建立农业保险制度,引导更多的社会资金转向现代农业建设。

第二,建立分类管理的新型农业科研体制。适应社会主义市场经济体制和农业科技自身发展规律,建立对基础性研究、应用基础性研究、应用技术研发和技术推广进行分类管理的新型农业科研体制,形成政府性资源主要投向基础性研究、社会性资源主要投向应用性研究的资源配置格局。科学规范地设立基础性研究、应用基础性研究、应用技术研发和应用技术推广等不同类型项目,适当降低竞争性项目经费的比例,改革科研机构的管理方式,逐步建立理事会制度。强化结果导向,

按照科研成果对产业发展的贡献衡量科研绩效。引入交叉评估和第三方评估机制，建立包括同行专家、职能部门等在内的专门的监督和评估组织，严格执行匿名评审、投票表决等评估制度，建立对评估者的责任追究机制。

第三，提升科研管理水平。农业科研周期长、见效慢，应改变以往"短、平、快"式的科研管理方式，从短期项目管理转为长期稳定支持，以符合农业经营的要求；提高人力、物力、财力等科研资源的利用率，加强团队内部甚至不同学科的协作效应，为符合实际生产需要或重大科研成果的产生创造条件；科研团队不应有重申报、重结题而轻执行的思想，应重视各个环节，以便及时发现并解决科研过程中的问题，提高科研效率。

第四，加快农业技术创新市场建设，充分发挥市场机制的激励作用。一要拓展市场内容。除了农业技术产品市场外，还要发展技术开发和服务、信息咨询、技术人才及技术培训等多种形式的农业技术市场，并进一步充实资本市场，引导金融机构的积极介入，为农业科技创新提供更多的资金保障。二要健全农业技术市场的交易机制和价格机制，使交易双方的利益都得到有效保障，降低或分散交易过程中的风险。三要构建通畅的技术信息交流平台。该平台应以农业技术经济信息服务为主导，结合计算机网络与人工网络，提供检索咨询等服务，并通过多种形式对市场信息进行搜集分析、加工处理，筛选出有价值的信息，用以进行准确的市场预测，充分发挥市场的双向交流和反馈功能。四要加强市场法制建设。主要是以知识产权法、专利法、技术合同法、促进科技成果转化法等为核心，完善技术经营法规和从业资格制度等与农业技术市场有关的政策法规、管理条例及其实施细则，规范技术市场的交易行为，切实维护技术交易双方的合法权益，为农业技术市场的良性运转提供有力的法律保障和政策环境。

（二）全面提升农业科技创新能力

第一，明确科技创新的方向。农业科技创新要坚持这样几个基本要求：一要将确保食物安全作为首要任务；二要将提高农业比较利益作为前提条件，要通过加强科技创新，提高劳动生产率，增加农业附加值，保障农民持续增收；三要将提高国际竞争力作为基本要求，要通过科技创新，支撑特色优势产业的发展，使农业在国际竞争中保持应有地位。

第二，围绕国家粮食安全，强化粮食生产的关键技术研究。一要强化土地资源保护与高效利用关键技术研究。以水、土、肥、光、热资源的高效利用和粮食生产环境保护为核心，主要研究农田土壤培肥技术，农田养分管理关键技术，耕地质量保护关键技术，肥、水、光、热高效利用创新技术，加强环保型、专用复合型缓释控释肥料的开发与应用技术研究，加强粮食生产面源污染防治技术，发展粮食的清洁生产和无公害生产技术，加强沙化防治、水土保持、退化修复、保护性耕作等技术研究与应用。

二要强化粮食节水灌溉关键技术研究。将生物工程、计算机模拟、电子信息、高分子材料等高新技术与现代农业节水技术研究相融合,重点开展作物高效用水与生理调控技术、作物需水信息采集与精量控制灌溉技术、农田水肥调控利用与节水高效作物栽培技术等生物节水技术研究;以提高灌溉水利用率、田间节水灌溉技术为研究重点,开展粮食节水灌溉技术研究,研究开发新型高效节水灌溉技术和设备,制定科学可行的调配水方案,实现地区间水资源的科学配置。

三要强化高产、优质、抗病新品种育种关键技术研究。重点创新种质资源和常规育种技术,并且利用现代生物技术、遗传技术和信息技术等手段,重点抓好三大粮食作物优质高产新品种的培育和更新换代,不断提供突破性的"高产、优质、抗病"作物新品种育种技术。充分利用我国丰富的种质资源,大力发展常规育种技术,加强高新技术育种研究与开发。优先创新作物分子育种技术,运用生物技术培育作物新品种,重点研究主要作物杂种优势利用、航天育种、分子标记辅助育种技术、作物分子虚拟设计育种关键技术和主要农作物转基因技术。

四要强化三大粮食作物丰产配套栽培关键技术研究。以高产、优质、高效、安全、生态为目标,以提高粮食单产、保障粮食品质、促进粮食生产节本增效和环境友好为核心,以技术创新与集成带动粮食生产能力的全面升级,重点围绕三大粮食作物进行生产技术创新研究,如水稻直播、玉米双株定向、小麦平播与起垄等超高栽培模式、区域性粮食高产向超高产跨越、中低产田生产能力提升、低耗高效多熟耕作制度、优质专用品种标准化生产、抗逆增产、节水省肥低耗以及病虫害防治等,加强技术转化与示范,提高我国粮食持续均衡丰产能力,提升丰产技术在粮食安全中的科技贡献率。

五要实施科技丰产战略,提高主要粮食作物单产水平。我国粮食生产能力提高主要依靠粮食作物播种面积和单产水平这两个关键因素。其中,稳定粮食作物播种面积是保障我国粮食生产能力的重要前提条件,提高单产水平是根本途径,要将持续提高粮食单产作为确保我国中长期粮食安全的战略选择。我国粮食作物单产远低于发达国家,农作物单产量相当于农业发达国家的 $48.5\%\sim90.3\%$,依靠科技丰产战略与科技创新,提高水稻、小麦、玉米和大豆等主要粮食作物单产量,增加粮食总产量仍具有很大潜力。围绕保障国家中长期粮食安全的总目标,着眼于农作物、农田生产能力和潜力的挖掘与提升,通过原始创新、集成创新、引进消化吸收再创新,努力提高粮食作物单产水平,实现主要粮食作物新品种选育、耕作栽培、土壤保育、科学施肥、节水灌溉、植物保护、减灾防灾、农业机械、农产品加工等关键技术创新和升级,把我国农业发展方式主要由依靠增加资源要素投入转变到主要依靠科技进步上来。

六要强化粮食信息技术和智能决策平台研究。以粮食生产的信息化、精准化和机械化为核心，重点开展粮食生产的网络技术、3S技术和农田信息快速获取技术、精准生产过程的远程诊断和智能决策平台研究；加强高度机械化、规模化生产条件下的精准生产技术体系研究，如精准播种、精准施肥、精准灌溉、精准施药等；加强粮食精准生产环境信息采集、分析、处理和工程控制技术平台研究，大力提高我国粮食生产的机械化和信息化水平。建立国家粮食安全信息网络，以粮食生产、流通、消费、贸易的信息化和网络化管理为核心，重点研究粮食生产遥测和地理信息系统应用技术、粮食信息网络与智能化集成技术和粮食安全预警预报技术。充分利用数据库技术、卫星等通信技术和多媒体技术，构建我国粮食安全的信息网络共享平台，建立全面的粮食安全监控体系。

第三，提升农业科技创新的保障能力。一要提高公益性科研机构运行的保障水平。加大国家各类科技计划向农业领域倾斜的支持力度；设立各类农业科技创新基金，积极引导和鼓励金融信贷、风险投资等社会资金参与农业科技创新创业；以灵活方式引入金融资本、农业企业、种粮大户等规模经营主体，形成多元投入的资金保障机制。

二要加强粮食学科建设。基于粮食科技工作的长期性、艰苦性及粮食需求的迫切性，国家有关部门在国家重点学科建设规划中，要突出加强对作物育种学科、作物栽培耕作学科、植物保护学科、资源与环境、粮食加工储运等的建设力度，建设一批国家重点学科，提高粮食科技研究水平和国际竞争力。

三要加大农业科技高层次人才培养力度，打造创新型粮食科技人才队伍。将粮食安全研究人才队伍建设列入重点支持范畴，鼓励一批高水平研究人员从事粮食安全科技创新研究，加大粮食安全领域的研究生等专门高级人才的培养。将科研机构和农业高等院校作为农业高层次人才培养的重要基地，把培养高层次的农业科技创新人才摆在更加突出的战略位置，为现代农业发展和社会主义新农村建设提供强有力的人才保障和智力支持。加快科研机构、农业高等院校和大中型农业企业协同创新步伐，依托重大农业科研项目凝聚人才、发现人才、培养人才，加快创新团队和人才梯队建设，实现农业科技创新和人才培养的共同发展。加强基层技术转化队伍的能力建设，培养和造就一支综合素质高、业务能力强的新一代创新型农业科技转化示范队伍，为国家粮食安全研究提供强有力的人才保障。

四要完善技术创新评价机制，促进落地实用型成果培育。应当改变过去以论文、课题为科研成果唯一评价标准的体系，转而坚持以市场为导向、企业为主体、政策为引导的产学研紧密结合的新型体制，促进科技成果实用化，提高农业技术转化率。

五要完善人才激励政策，健全人才流动保障机制。进一步完善人才评价机制，制定符合有中国发展特色的科技人员交流和机理体制,充分发挥学科间、区域间、部门间相互交流的积极作用,营造有利于培育农业科技创新人才的环境。政府应当鼓励并协助企业自己培养符合自身条件的人才,改传统的招揽人才为新型的培养人才。同时,加大在科技人才交流、培养过程中的财政投入,为企业青年人才提供到科研院所和国外进修学习的机会,使他们成为既懂企业管理又有创新能力的复合型人才。鼓励科研人员到企业兼职,为企业提供技术服务。

第四,强化企业的创新主体地位,发挥龙头企业的引领效应。当前,超过80%的农业科技创新成果是由高等院校和科研院所完成的,真正由企业自主研发的技术所占比例不到20%,这说明我国涉农企业的科技创新能力严重不足。我国应当加快培育一批创新型龙头企业,吸引更多企业参与研究制定国家科技创新计划,并鼓励这类企业积极承担国家科研项目,充分发挥企业创新潜力大、成果接地气的优势;鼓励企业积极进行科技成果转化,推进创新成果的迅速推广与扩散;支持科技型农业企业建立研发机构,加大国家项目对农业科技企业的支持力度。落实税收减免、企业研发费用加计扣除、高新技术优惠等政策,引导和鼓励金融信贷、风险投资等社会资金参与农业科技创新创业。

(三)加强农业科技与农业产业的深度融合

第一,创新机制,助力科教兴农。例如,河南省在农业主管部门的牵头下,依托35家农业科研院所、农业高等院校、农业推广机构、农业企业、规模经营主体构建现代农业产业技术体系,聘请11名首席专家、42名岗位专家、33名综合试验站站长进行协同创新,基本形成了"一三五五"的科教兴农工作机制[17]。"一"是指每个首席专家团队对接服务一类(个)农业产业化集群(龙头企业);"三"是指每个岗位专家至少联结服务三个乡镇农业技术推广站;"五五"是指每个综合试验站站长至少分类联系服务五名新型职业农民,每个乡镇(区域)农业技术推广站至少分类服务五个新型职业农民。"一三五五"工作机制有效整合了农业科研、教学、推广、生产各方面的力量,形成了农业科技创新、推广、应用的深度对接,促进农业科技与产业的深度融合。

第二,加强部门地方统筹协调。完善科技管理部门之间在经费预算、重大政策制定和科研立项等方面的协调沟通机制,使科技资源汇集到国家战略决策和重大部署上来。完善中央和地方的分工与联动机制,使国家科技投入方向与地方经济社会发展需求实现更好的衔接。加快探索联合协作机制,引导科研院所、高校、企业、合作组织等主体共同创新,促进跨学科、跨行业、跨部门、跨区域交流。推进关键技术的联合攻关,打破部门、区域、行政之间的界限,推动科研院所、农业院校、重点实验室和工程技术中心等的紧密合作、协同创新[18];打破部门和地区界限,加强农业、科技、气象、食品、机械、信息化等行业的科研合作,加强中央和地方农业科研机构的协作与分工。切实加强对地区农业科研机构的支持,形成一批利用地区优势、具有地区特色的农业科研机构。

第三,建设国家农业科技创新联盟。国家农业科技创新联盟是多方参与的科技创新协作平台,是我国农业科技创新的中坚力量,其重点是在"一盘棋、一条龙、一体化"上发力。所谓"一盘棋",即搭建分工协作"一盘棋"农业科研工作新格局,使之成为国家农业科研联合攻关的核心平台;"一条龙",即创建覆盖上中下游的农业科研组织架构模式,使之成为国家农业科技创新的骨干网络;"一体化",即构建多学科集成的农业科技综合解决方案,使之成为支撑农业现代化的重要力量[19]。

第四,围绕现代农业产业链发展需求,推进技术链与产业链深度融合,促进产学研紧密衔接。强化农业科技项目立项中的产业导向机制,发挥科研人员的积极性与自主性;引导企业以组建产业技术创新战略联盟等方式参与农业科技创新;大力推行以产业需求为导向、以农产品为单元、以产业链为主线、以综合试验站为基点的新型农业科技资源组合模式;完善农业科技投入评价与监管制度,开展农业科研项目投入绩效评估。积极探索科技特派员、农业专家大院、农业科技园区、星火科技 12396、高等学校新农村研究院等新型科技服务模式,拓展农业科技推广改革发展空间;改革、健全利益分配机制,激发科技创新、推广及应用主体的活力,促进各层次人员协作。

(四)转变农业科技推广方式,为现代农业发展提供科技支撑

第一,健全体系,充实队伍,理顺管理体制,为技术推广奠定坚实的基础。一要完善现有的四级农业科技推广网络,建立"以县为中心,乡为枢纽,村为重点,户为对象"的农业推广网络;强化县级农业科技推广组织的建设,在推广手段更新、培训设施建设、骨干力量培养等方面建立专项基金予以支持,使之逐步成为技术推广体系的核心层,履行公益性职能和引导经营性服务。二要进一步明确农业科技推广机构的公共服务性质和公益性职责,要根据县、乡农业科技推广机构承担的职能和任务,科学测算、合理确定公益性推广人员编制,将人员经费纳入财政预算,保证公益性职能的履行。三要建立农业科技推广责任、人员聘用、考评、分配等相关制度,把软工作具体化,变成有量化指标的硬任务,以此调动农业科技人员的积极性,增强农业科技人员的责任心。四要加强条件建设,强化服务手段。每个乡镇(街道)农业综合服务中心要配备农产品质量检测仪、土壤(肥料)养分速测仪、土壤墒情速测仪等检验检测仪器,配备投影仪、电脑、电视机、农业科技推广一点通等培训及信息服务设备,配备科技入户面包车、电动车等交通工具,配置办公室、培训室、检测室、档案室等。五要通过"请进来、走出去"等不同形式对农业科技人员进行专业技能培训,提高农业科技人员的业务水平和能力。六要强化农业科技推广人才培育。为解决基层农业科技推广人员流失严重、年龄老化、结构失调、后备力量不足等问

题,要在摸清家底的基础上,制定人才队伍的中长期规划;把领军人才、急需专业人才纳入地方高层次人才引进工程;对基层农业科技推广人员在职称、晋升、收入等方面适当倾斜;注重后备力量补充,除了涉农专业定点招生、定向培养外,建议大学生村官选聘向涉农专业倾斜,可以考虑借鉴免费师范生、特岗教师制度选拔高素质农业科技人才。

第二,抓新型农业经营主体,拓宽农业科技推广社会化服务。要坚持多主体创办、多产业发展、多领域布局、多层次推进、多机制联合,大力发展农民专业合作社和家庭农场,搭建农业科技推广新的服务平台。通过合作社统一组织开展标准化生产,统一供应农业生产资料,统一关键技术,统一包装销售,有力地提升农民生产的组织化程度,提高产品质量,降低生产成本,增强产品市场竞争力,促进优势农业产业快速健康发展。鼓励农民专业合作社、供销合作社、专业技术协会、农民用水合作组织、涉农企业等社会力量广泛参与科技服务。

第三,抓农产品质量安全,提高农业技术推广效益。一要加强标准化管理。在加强农业合作社、家庭农场、农业产业化示范园区建设的基础上,实现产销对接和生产资料统一供应,建立合作社为农户服务的产品销售记录、生产资料供应记录和农户生产记录机制,如实记载使用农业投入品的名称、来源、用法、用量和使用、停用的日期等,逐步建立规范的生产记录档案和质量溯源制度,保证产品质量;制定、印发相应的生产技术规程,印刷张贴禁限用农药。

二要加强农产品品牌建设。强化品牌意识,坚持"一个牌子闯市场"的发展思路,成立农产品品牌发展协会,加强对农产品品牌设计、品牌包装、品牌认知、品牌定位、品牌传播、品牌维护等各项工作的指导,引导龙头企业、农民专业社等生产经营主体增强商标意识、品牌意识,推进无公害农产品、绿色食品、有机食品、地理标志产品等"三品一标"认证和商标注册,加快农产品品牌发展和整合提升,提高区域优质农产品整体形象。

三要突出源头控制。实行农药市场备案登记准入制度,建立农业投入品专供网络,建立农药配送中心,在基地乡镇建立相应的配送站、专营店。农资经营户签订自我承诺书,对经营的农药实行分柜销售,不得经营国家明令禁止的剧毒农药,把所经营的农药品种来源、销售去向进行详细登记,对限制在果茶、蔬菜使用的高毒农药,建立销售台账,形成县、乡(镇)、村三级封闭式专供体系,确保农民用上放心、合格的农资产品,保障农产品质量安全。

四要加强农产品检测能力建设。建立农业质量检测中心,建立产品质量可追溯平台。在重点龙头企业、农产品批发市场、超市、合作社建立农产品质量速测室,在优质农产品生产基地和畜牧养殖小区及乡镇监管服务站设立农产品质量安全监管追溯点,定期对主要农产品进行质量抽检,并建立检测结果通报制度。

第四,抓农业重点项目实施,带动农业技术推广。一是完善"专家定点联系指导"和农业技术人员包村联户服务机制,形成"专家＋技术人员＋科技示范户＋辐射户"的服务模式,进一步畅通"农业技术推广最后一公里"。二是建设高产示范区,组装集成应用技术。以开展粮油高产创建活动为抓手,按照十亩高产攻关、百亩高产示范、千亩高产展示、万亩高产辐射的带动模式,建立农业技术人员技术包村包片责任制,实行定示范地点、定创建内容、定技术责任人、定量化目标和考核奖惩"四定"责任制,加强一批高产或超高产示范区攻关建设,提高技术集成及标准化生产应用水平。三是引进推广一批优质高产新品种。让主导品种地位更加突出,提升推广应用新品种覆盖率,强化良种良法配套技术措施落实,提升整体生产水平。四是实施测土配方施肥项目,大力推广测土配方施肥技术。紧紧围绕"测、配、产、供、施"五大环节,通过测土到田、配方到厂、供肥到户等形式,突出项目技术成果应用,强化物化服务手段,大力推广测土配方施肥技术,从而提高农产品产量,减少农药化肥用量。

第五,推进配套服务平台建设,发挥中介机构桥梁作用,提升成果转化及推广应用效果。农业科技服务中介机构是"产学研"联系的桥梁和纽带。目前我国大量农业成果不能顺利转化,除科研与农业生产实际结合不紧密外,在一定程度上是供给方与需求方信息不对称造成的,即需求与供给的联系通道不够完善。在农业生产方式转型升级、农业科技革命的新形势下,应完善供给与需求双方的连接机制,通过搭建成果转化交易平台,借助懂转化、懂市场的人才和团队找准科研方向,提高科技成果转化率及应用率。为此,我们要积极发挥农民协会、农业企业、高校、个人等政府推广体系以外的农业推广组织的智力、资金、市场等优势,相互补充和促进,为农业科技推广工作注入活力,切实解决农业生产中的各类实际问题。

(五)推进农业教育的健康发展

第一,出台系列优惠政策,大力扶持农学高等教育发展。一是加大政府对农学高等教育的投入力度,制定并提高农学本专科专业的生均拨款标准,增加对农业高等院校的专项拨款,改善农业高等院校的教学科研条件。二是对农学专业招生采取多项优惠政策,包括扩大自主招生比例,进入提前批录取,对填报第一志愿的考生可适当降分等;借鉴免费师范生的招生政策,对农学专业学生实施免学费或者代偿学费的政策,对农村困难家庭学生进行生活资助。三是借鉴《培养少数民族高层次骨干人才计划的实施方案》(教民〔2005〕11号),针对特定区域和生源实行"定向招生、定向培养、定向就业",为农业发展注入新的活力。四是通过立项资助、贴息贷款、设立专项资金等形式,加大对高等学校和中职涉农专业毕业生的创业扶持,培养更多科技兴农的带头人。五是加强职业技术教育的针对性,重点招收志在从事农业的学生;完善高职、中职学校毕业生直接升学制度,给予职业学校毕业生更多的深造机会。

第二,创新人才培养模式,提升毕业生对地方经济发展的适应力及其服务力。农业院校是农业科学研究和"三农"人才的培养基地,是农业教育的核心部分。作为农业院校,一要创新人才培育模式,探索建立复合应用型卓越农林人才教育培养体系,创办卓越农林人才班,全面推行研究性教学,引导与支持学生科技创新,确立"课堂-实验室-大田试验-大面积推广"四位一体的人才培养模式,强化办学特色与优势,以增强学生的就业竞争力与社会适应性。二要提高中青年教师的实践水平。农学专业是要求实践性比较强的专业,应加强中青年教师到生产一线锻炼,提高中青年教师参与生产实践、解决农业生产问题的能力,以使"理论联系实际"的办学传统能得到更好继承与发扬。三要在保障专业核心课的基础上,紧跟科技前沿,优化课程设置,以展现专业办学的现代性与先进性。四要加强学生职业生涯规划教育力度,切实帮助学生修正就业观念,走出各种生涯发展规划的思想误区。当前,国家高度重视"三农"问题,积极发展农业经济,出台优惠政策扶持大学毕业生自主创业和到农村基层就业(如"三支一扶""大学生志愿服务西部""大学生村官"等),农业院校可借此契机,因势利导,多方开展诸如学生定期服务社会、实践教学等活动,鼓励和引导学生树立正确的就业观、创业观,积极围绕"三农"就业创业,设法引导学生服务"三农",使人才培养真正惠及"三农"。

第三,积极推进农业中职学校的多样化发展。一是各级政府要切实从思想认识和实际行动上真正重视农业中职教育的发展,把对农业中职教育的发展放在重要位置;建立和完善投入体制,加大对农业中职学校的政策扶持和资金投入力度,确保用于农业职业教育的财政性经费和事业经费逐年增长,把中等农业职业教育从中职教育繁荣局面中的"弱势学校"和"困难群体"解放出来;在招生、办学经费、就业等方面的特殊优惠政策上,进一步加大对农学中职特色学校和农学专业中职生的资助力度。二是农业中职学校要在农业现代化建设中找准位置,凸显价值。农业中职学校要在困境中坚守农业职业教育阵地,不断转变教育思想观念,创新人才培养模式,积极服务"三农"。积极实施"中等职业教育支撑现代农业及新农村建设能力提升计划",紧紧把握农村这个广阔天地,为建设社会主义新农村培养大批有文化、懂技术、会管理、善经营的高素质新型农民。实现办学形式和教学模式的多样化发展,如学制的多样化(可以是三年制,也可以是两年制或一年制),全日制学习和半农半读、网络远程学习、农闲时间学分制就读等多种学习形式并举等。三是加强校企、校校合作,创新办学模式,在集团化发展中找出路、求突破。一方面,不断创新农业职业教育的办学模式和发展思路。积极建立种、养及特色农业企业+农业职业学校+农业科研成果的转化与推广等校企合作模式,推动农业职业教育的教学、实习、实践、职业资格培训、毕业生择优上岗等一体化运行。将工厂车间、服务场所和田间地头都变成课堂教学的场所,努力实现毕业生"零距离"就业。另一方面,建立农业中职学校、高职院校以及农业企业一体化的职业教育集团化培养模式。制定中职学生直接进入高职院校继续学习的对接制度,给中职学生继续学习的机会。建立中职学校、高职院校与农业企业培养、实习、就业的集团化互动机制。推动农业中高职院校培养的学生进入农业企业实习、就业,农业企业的员工进入学校接受再教育的良性互动,形成优势互补、互利共赢的机制。

［1］　陈立辉.科技支撑体系及其作用与功能.改革与战略,2002(1):20-26.

［2］　谯薇.建立农业科技支撑体系的内涵、理论基础及对策建议.农村经济,2012(12):105-107.

［3］　胡祎,陈芳,易建勇,等.中国农业科技创新现状及其存在的问题与对策.食品与机械,2017,33(1):207-210.

［4］　国家统计局科学技术部.中国科技统计年鉴:2015.北京:中国统计出版社,2016.

［5］　国家统计局科学技术部.中国科技统计年鉴:2010.北京:中国统计出版社,2011.

［6］　袁学国,郑纪业,李敬锁.中国农业科技投入分析.中国农业科技导报,2012,14(3):11-15.

［7］　王航.基于农业现代化要求的我国农业科技创新现状及思考.农业科技与装备,2017(7):82-85.

［8］　陈长民.政府农业科技创新投资失灵困境及对策研究.现代农业科技,2015(22):315.

［9］　李淑颖.农业科技成果资本化的障碍因素分析.河北农业大学,2006:45-46.

［10］　陈娟,秦自强.我国农业科技推广体系现状、问题及对策.四川农业大学学报,2007,25(2):195-198.

［11］　郭延飞,白亚军,武忠远,等.我国农业科技推广工作存在的问题与对策.农业经济问题研究,2011(11):8-10.

［12］　曹宪周,郑翠红,秦锋,等.国内外农产品加工业现状及发展趋势——2010 国际农业工程大会论文集.上海:国际农业工程大会学术委员会,2010:96-99.

［13］　刘菊香,朱曦.农林牧渔业人力资源现状与农学教育发展对策研究.中国农业大学学报:社会科学版,2014(4):140-147.

［14］　郭文善,高辉,严长杰.农业高校农学专业建设现状与发展对策.安徽农

学通报,2014(18):136-138.

　　[15]　余应坤.地方农业院校农学类毕业生就业现状及对策.中国农业教育,2012(2):50-53.

　　[16]　余广积,窦学诚.浅议农业中职教育存在的困难及发展对策.甘肃农业,2012(21):85-86.

　　[17]　程传兴.藏粮于地与藏粮于技:新常态下的河南粮食生产安全战略.河南日报,2015-12-11.

　　[18]　史俊庭,秦志伟."四优四化"助推河南农业供给侧改革.
http://henan.163.com/smx/17/1018/14/D11O5KJL04398DPJ.html

　　[19]　杨海波,许彩慧.构建新的粮食安全观:藏粮于地、藏粮于技.领导之友,2016(21):22-27.

第七章　现代种业与粮食安全

一、加快推进现代种业发展的重要性

农为国本,种铸基石。种业是国家战略性、基础性核心产业,是促进农业持续发展的基础和保障国家粮食安全的根本。同时,种业属于技术密集型、资金密集型行业,居农业产业链的上游,由于新种子从培育开始,通过试验、繁育、推广等环节,最后才到农户采用,因此具有环节多、周期长的特点。"确保中国人的饭碗牢牢端在自己手里,就必须把种子紧紧攥在自己手中"。农业部部长韩长赋的话,点出了种业强国之路的核心所在。种子不仅是农业无可替代的基本生产资料,而且是科技进步的重要载体,是现代农业发展的"生命线",是保障国家粮食安全的基石。加快推进现代农业种业发展,具有深远的历史意义和十分重要的现实意义。

第一,加快推进现代农业种业发展是促进现代农业建设的必然要求。种业是农业的基础产业,是现代农业领域中最具活力、最受关注的行业,也是农业科技含量最高的行业。从世界各国的农业发展历程看,没有现代种业就没有现代农业,强大的现代农业离不开强大的现代种业作为支撑,种业创新已成为农业创新的前沿阵地。我国是农作物种质资源大国,也是用种大国,却不是种业强国,种业的竞争力很不强,"土种子"正在被农民抛弃,"洋种子"却在我国加速"攻城略地",种业安全问题已经摆在我们的面前。因此,我们要把发展现代农业种业作为建设现代农业的战略举措,加快构建以产业为导向、企业为主体、基地为依托、产学研结合、育繁推一体化的现代种业体系,全面提升种业发展水平,为维护我国种业安全做出应有的努力和贡献。

第二,加快推进现代农业种业发展是保障主要农产品供给和国家粮食安全的迫切需要。我国人口众多、水土资源十分匮乏。随着人口不断增长,农产品消费的刚性需求不断增长,特别是城镇化、工业化建设的推进,资源约束的矛盾越来越突出。尽管我国粮食生产实现了"十二连增",连续五年突破了 6 亿吨大关,但粮食供求的"紧平衡"状态难以突破,供需矛盾会越来越突出,要突破资源的约束,化解供需矛盾,实现农业持续稳定发展,保障主要农产品供给和国家粮食安全,除了强化耕地保护制度,加强农田水利建设,提高抗灾能力,加大政府政策扶持力度,调动农民种粮积极性等措施外,根本出路在于提升种业科技创新能力,提高作物品种产量水平[1]。只有加快推进现代种业发展,从提高农作物单产上寻找潜力,从农作物品种的改良和更新换代上寻找突破,才能为现代农业强国建设提供强大科技支撑。

研究资料表明:过去一百年农业生产效率提升的 60% 来源于种子技术;从中长期的发展趋势来看,由于受资源约束的影响,未来农业生产效率提升的 75%～90% 将来源于种子和与其相关的生物技术[2]。众所周知,袁隆平及其团队培育的杂交水稻品种,把水稻的产量从亩产 400 公斤提高到亩产 600 公斤、800 公斤、1000 公斤。1996 年 10 月,经济合作与发展组织(OECD)发表了一篇名为《以知识为基础的经济》的报告指出,由于杂交水稻产量高,播种面积也就迅速增加,1975 年全国多点示范杂交水稻 373 公顷,单产比常规稻增加 20% 左右,1976 年迅速扩大到 13.9 万公顷,而目前我国杂交水稻种植面积已超过 1333 万公顷,占水稻总种植面积的 51%,产量约占水稻总产量的 58%。20 多年间,杂交水稻播种面积猛增 35000 余倍。现在种植杂交水稻每年所增产的粮食相当于一个产粮大省的全年粮食总产量,为解决中国乃至世界人民的"吃饭问题"做出了巨大的贡献。

20 世纪 90 年代以来,农民育种家李登海选育的掖单系列紧凑型玉米品种的大面积推广,使我国玉米种植密度大幅提高,在玉米单产提升方面发挥了重要作用。20 世纪 70 年代初以来,我国矮秆化小麦的大面积推广,使小麦亩产在不到 10 年的时间就提高了 1 倍。可见,推进现代农业种业发展,对于确保我国粮食安全具有重要的意义。

第三,加快推进现代农业种业发展是提升农产品品质、丰富农产品种类、满足社会多样化需求的迫切需要。多年来,我国的蔬菜种类比较单一,尤其是北方多为白菜、萝卜和马铃薯等少数几个种类。随着国外优良品种的引进和我国自主研发品种的推广,彩甜椒、绿萼长茄、水果黄瓜、番茄、西芹、绿菜花、网纹甜瓜等品种被端上了寻常百姓的餐桌,目前我国的蔬菜种类已达 150 多种。随着育种技术的不断发展,各种优质基因资源的开发利用,目前已培育出满足不同用途、不同市场需求的各类玉米品种,如玉米籽粒含油量 6.0% 以上的高油玉米、粗淀粉含量 72% 以上的高淀粉玉米、赖氨酸含量 0.4% 以上的高赖氨酸玉米,这些玉米为食品、制药、饲料等粮食加工企业提供了优质原材料,鲜食甜、糯、爆裂等特用玉米进入了大型超市、肯德基、麦当劳等,成为人们日常的休闲食品。这不仅提高了玉米的品质,而且丰富了玉米的种类,有效地满足了社会对玉米的多样化需求。

第四,加快推进现代农业种业发展是推动农业转型升级、促进农村经济增长、农民增收的有效途径。目前,我国粮食"高产量、高进口、高库存"三量齐增的矛盾十分突出,这并不意味着我国粮食已经多得不得了,而是我国粮食供给结构不合理,低质、单一的粮食供给不能满足高品质、多样化的消费需求。解决"三量齐增"的矛盾,关键是要推进农业供给侧改革,加大农业结构调整步伐,发展优势农业、特色农业和效益农业,提高粮食产品的科技附加值。发展优势农业、特色农业、效益农业,必须从源头上推进现代农业种业的科技创新。

同时,尽管我国农民收入呈现多元化趋势,但是农业经营性收入仍然是农民收入的主要来源。推广应用优良品种,提高种植效益,是促进农民持续增收的重要途径。品种改良在农业生产增长中起重要的作用。以玉米为例,1949—2009年整整60年间,我国玉米年总产量从1054万吨增长到1.6亿吨,提高了14.2倍,同期,单产水平从935公斤/公顷提高到5300公斤/公顷,提高了4.7倍。研究表明,科技进步是我国农业生产力增长的主要动力和源泉,而品种改良对农作物生产力增长起决定性的作用[3]。经济合作与发展组织发表的《以知识为基础的经济》的报告还指出,杂交水稻的大面积推广,不仅大幅度地提高了粮食产量,而且取得了巨大的经济效益。1910—1955年开发杂交玉米的公共投资和私人投资共200万美元,而获得的社会回报率达到700%。据大连理工大学21世纪发展研究中心相关人员与袁隆平院士初步测算,杂交水稻技术的研究与开发的社会回报率至少达1100%。据中国农业科学院和北京农业大学对江苏省209个调查点进行分析,杂交籼稻比常规稻的相对经济效益表现为:每公顷收益提高26.6%,每个工日净产值提高25.9%,每元物质费用报酬提高12.5%,每元成本纯效益提高20.9%。以杂交水稻研究时间最长、投资和种植面积最大的湖南省为例,仅1976—1980年,国家为该省杂交水稻研究与开发投入3000多万元,累计增产稻谷37.5万吨,纯收益6亿多元,投资的社会回报率达2000%。1996年至今,广东推广种植鲜食玉米2500万亩以上,按亩比种植普通玉米增收600元计,增收超过150亿元,成为广东发展特色效益农业、增加农民收入的一大亮点[4]。

第五,加快推进现代农业种业发展是提高我国农业国际竞争力的迫切需要。袁隆平院士告诫我们:"关键时刻,一粒小小的种子能够绊倒一个强大的国家。"随着经济、科技全球化的加快和国际贸易保护主义的加剧,农业成为国际经济竞争的热点、世界各国产业保护的重点和国际贸易争端的焦点。农业国际竞争的核心是农业科技竞争,农业科技竞争的焦点在优良品种竞争。近年来,发达国家通过知识产权实施对基因资源和技术的源头垄断,通过跨国种业公司的产业链和价值链控制,抢占种业发展先机和市场,对包括中国在内的发展中国家的种业安全构成了严重威胁。现代农业种业是高产、优质、高效、生态、安全的产业;是专业化、规模化、集约化、国际化程度高,可控性强的产业;是技术密集、科技含量高、附加值高、产品竞争激烈的产业。当前我国良种在农业科技进步的贡献率中所占比例为43%,离发达国家60%以上的比例还有很大差距。加快培育优质、高产、适应性广、抗逆性强、适宜设施化栽培、机械化生产的优良品种,已成为发展现代农业的迫切任务。

改革开放以来,特别是21世纪以来,国外种业公司大举进入我国市场,这在丰富我国品种资源、引进先进育种和营销理念、转变传统种植模式、增加农民收入、提高农业单产等方面起到了积极的促进作用。但这些外资企业正在加强与国内科研教学单位的合作,以交换品种资源、挖掘人才等形式,大量搜集、改良我国优异资源,并将其转基因技术与我国种质资源结合,大力开展转基因品种研发工作,以其优异的品种性状、灵活的营销模式和优良的技术服务占领我国种子市场,短时间内形成市场垄断、价格上涨的局面,挫伤了国内育种的积极性,削弱我国育种优势,最为严重的是我国粮食生产的源头将控制在国外企业手中,直接威胁我国粮食安全。在全球经济一体化的大背景下,阻止外资进入既不符合我国改革开放的方针政策,也不符合中国加入世贸组织的承诺,唯一的途径就是做大做强民族种业,加快种业科技创新,加快推进现代农作物种业发展的步伐,在种业发展中抢占先机,真正增强农业的整体实力和竞争力。

二、政策利好为建设种业强国奠定了坚实基础

我国种业发展走过了从无到有、从小到大的历程,经历了自繁自育、统一供种和市场化发展三个历史阶段,逐步实现从种子到种业的历史性跨越。改革开放近40年的种业发展史就是一部种业改革史。1978年国务院批转了农林部《关于加强种子工作的报告》,提出了种子工作"四化一供"的新方针:即种子生产专业化、加工机械化、质量标准化和品种布局区域化,实现以县为单位的统一供种。同时农林部成立中国种业公司,与农林部种子管理局实行"行政、技术、经营"三位一体的组织管理模式。

1988年,农牧渔业部、国家工商行政管理局发出《关于加强农作物种子生产经营管理的暂行规定》,首次提出种子生产许可证、种子经营许可证、种子质量合格证和营业执照的"三证一照"管理模式;1989年,国务院颁布《中华人民共和国种子管理条例》,建立了品种审定和生产经营许可制度,我国种业从此驶入了法制轨道;1995年,农业部编制《"种子工程"总体规划》;1997年,合肥丰乐种业股份有限公司作为我国种子市场第一股在深交所上市;2000年,全国人民代表大会常务委员会颁布《中华人民共和国种子法》,种业进入了有法可依、规范化发展的新阶段,开启了种业市场化进程。2006年,国务院办公厅出台《关于推进种子管理体制改革加强市场监管的意见》,要求国有种业公司与农业部门"政企分开";2009年,国家实

施良种补贴政策,鼓励农民积极使用优良作物种子,提高良种覆盖率。

新的历史时期,现代种业的制度蓝图更清晰,建设种业强国的方向更明确,种业改革的"顶层设计"更科学,种业发展政策措施更细化,进一步夯实了种业发展的根基,引领了种业发展的方向。

（一）"顶层设计"科学清晰,为建设种业强国奠定了坚实基础

2011年,国务院发布《关于加快推进现代农作物种业发展的意见》（国发〔2011〕8号）,首次明确农作物种业是国家战略性、基础性核心产业,提出要大力发展我国农作物种子产业,争取到2020年,形成科研分工合理、产学研相结合、资源集中、运行高效的育种新机制,培育一批具有重大应用前景和自主知识产权的突破性优良品种,建设一批标准化、规模化、集约化、机械化的种子生产基地,打造一批育种能力强、生产加工技术先进、市场营销网络健全、技术服务到位、"育繁推一体化"的现代农作物种业集团,健全职责明确、手段先进、监管有力的种子管理体系,显著提高优良品种自主研发能力和覆盖率,确保粮食等主要农产品有效供给。这个文件提出了产业化育种的新思路、新模式和新机制,并对推进现代种业发展进行了全面部署,成为民族种业发展的纲领性文件,开启了现代种业发展的新征程。

2012年中央一号文件指出,"重大育种科研项目要支持'育繁推一体化'种业企业,加快建立以企业为主体的商业化育种新机制。优化调整种业企业布局,提高市场准入门槛,推动种业企业兼并重组,鼓励大型企业通过并购、参股等方式进入种业"。国务院办公厅印发《全国现代农作物种业发展规划（2012—2020年）》,这是中华人民共和国成立以来首次对现代种业发展进行的全面规划,是对中央"做大做强现代种业"要求的落实。《全国现代农作物种业发展规划（2012—2020年）》明确了种业发展的时间表,到2015年基本实现"两分离",即科研院所和高等院校逐步退出商业化育种,并与所办种业企业"事企脱钩";到2020年,建立以产业为主导、企业为主体、基地为依托、产学研相结合、"育繁推一体化"的现代农作物种业体系。

2013年,国务院发布《深化种业体制改革、提高创新能力的意见》（国办发〔2013〕109号）,明确了深化种业体制改革的方向,对国家良种重大科研攻关、提供基础性和公益性服务能力、加快种子生产基地建设、加强种子市场监督等方面工作做了具体部署。

2015年,中国共产党第十八届中央委员会第五次全体会议通过《中共中央关于制定国民经济和社会发展第十三个五年规划的建议》,发展现代种业被写入"十三五"规划建议。

2016年,新修订的《中华人民共和国种子法》正式实施,标志着现代种业发展迎来新起点;"种业自主创新"被《"十三五"国家科技创新规划》《国家科技重大专项

"十三五"发展规划》分别列为国家重大科技项目和国家科技重大专项。

（二）多部门协力合作，为共筑种业强国梦提供了坚强后盾

自 2011 年国务院《关于加快推进现代农作物种业发展的意见》出台以来，国家各有关部门通力协作，积极配合出台种业扶持政策措施，支持企业发展，推动科技创新，强化市场监管，推动体制改革，为我国现代种业快速发展提供了坚强支撑。

2011 年，农业部发布《农作物种子生产经营许可管理办法》，其目的是为了优化调整种业企业布局，提高市场准入门槛，推动种业企业兼并重组，鼓励企业做大做强。

2012 年，科学技术部发布《农作物种业产业技术创新战略联盟》，成立由中国农业大学、中国农业科学院以及登海种业、中种集团、大成集团等 33 家单位组成的种业技术创新联盟；农业部批准发放中国种子集团有限公司等 32 家"育繁推一体化"企业《农作物种子经营许可证》；农业部制定并颁布《农业植物品种命名规定》，规范品种名称管理。

2013 年，为落实国务院《深化种业体制改革、提高创新能力的意见》，财政部联合农业部、中国农业发展银行、中化集团出资 15 亿元成立现代种业发展基金，重点支持具有育种能力、市场占有率较高、经营规模较大的"育繁推一体化"种业企业，促进提高种业企业的育种能力、生产加工技术水平、市场营销能力，进一步提升种业企业的整体发展水平。财政部会同税务总局减免"育繁推一体化"企业的所得税，免征 44 家"育繁推一体化"企业所得税近 5 亿元，以此支持企业加大研发投入。不仅如此，国家发展和改革委员会还设立生物育种专项，首批投入 3.36 亿元，支持41 家企业提升育种能力；启动了甘肃国家级玉米制种基地建设项目，促进规模化、标准化制种基地的发展。

2014 年，农业部会同财政部、科学技术部联合下发《关于开展种业科技成果机构与科研人员权益比例试点工作的通知》，决定在中国农业科学院作物科学研究所等 4 家中央级科研机构开展为期 3 年的种业权益比例改革试点工作，其目的是通过给科研单位和科研人员"赋权""让利"，加快建立和完善种业科研成果权益分享机制，激活科研人员创新致富的积极性，激发科研人员育种创新活力，保护科研机构与科研人员的合法权益，提高成果转化效率，提升我国种业科技创新能力。农业部、国家发展和改革委员会、财政部、国土资源部制定《国家南繁科研育种基地（海南）建设规划（2015—2025）》，南繁科研育种保护区建设加速，57 个国家级制种基地县挂牌，这标志着我国农作物制种基地有了"国家队"。财政部综合开发办投资6.5 亿元，支持"育繁推一体化"种业企业建设规模化、标准化的制种基地。新修订的《主要农作物品种审定办法》开始实施，为有条件的"育繁推一体化"企业开辟品种审定绿色通道。农业部启动国家良种重大科研协作攻关项目，探索建立联合攻

关模式和运行机制。

2015年,人力资源和社会保障部办公厅和农业部办公厅联合发布《关于鼓励事业单位种业骨干科技人员到种业企业开展技术服务的指导意见》,鼓励事业单位种业骨干科技人员到种业企业兼职,推动公立机构种业技术人才、技术、资源向种业企业的流动;农业部、国家发展和改革委员会、科学技术部印发《全国农作物种质资源保护与利用中长期发展规划(2015—2030年)》,确定了今后我国农作物种质资源保护与利用的总体思路、发展目标、主要任务和行动计划;农业部办公厅发布《关于加快推进种业"事企脱钩"的通知》,明确"事企脱钩"标准和要求,推进种业科研改革;国家种质库项目建设和第三次全国农作物种质资源普查与收集行动全面启动;农业部组织开展农作物品种DNA身份鉴定、信息数据库建立及品种身份查询平台的构建工作,推行全国统一的农作物品种DNA身份信息标识制度,提升我国农作物品种管理和种业信息化水平。

2016年,农业部、科学技术部、财政部、教育部、人力资源和社会保障部联合发布《关于扩大种业人才发展和科研成果权益改革试点的指导意见》,科研成果权益改革全面推行;《主要农作物品种审定办法》颁布实施,为有条件的"育繁推一体化"企业开辟了品种审定绿色通道;新修订的《农作物种子生产经营许可管理办法》颁布实施,种子生产经营实现"两证"合一;《农作物种子标签和使用说明管理办法》颁布实施,种子标签进一步规范;海南、甘肃、四川三大国家级种业基地建设全面推进,区域性良种繁育基地认定正式启动;种业企业兼并和创新步伐持续提速,57家企业认定为中国种业信用骨干企业,其中10家被认定为"中国种业信用明星企业";中国人民银行、农业部等6部门联合下发《关于做好现代种业发展金融服务的指导意见》,从创新信贷产品、拓宽企业融资来源、完善配套体制机制等方面对现代种业发展给予金融扶持。

三、我国种业发展成绩喜人

(一)科研创新能力逐步提高

第一,种质资源拥有量多,育种材料储备丰富。我国是世界上作物种质资源最为丰富的国家之一,长期保存农作物种质资源43万份(本土资源占80%左右),居世界第二位。此外,我国收集野生植物种质5万余份,从国外引进种质资源2.3万份,保护濒危物种59个,启动实施分子育种专项和36种作物产业技术推行创建,创制重点性状突出的育种材料1万多份[5]。截至2012年,我国共建成了1座国家农作物种质资源长期保存库、1座国家复份库、10座国家中期库、29座省级中级库、43个国家种质圃和116个原生境保护点,基本形成了国家作物种质资源保护体系,实现了 44 万份种质资源的安全保存。同时,近十年繁殖更新了 30 多万份中期库(圃)种质资源。通过系统的表型鉴定和分子标记分析,挖掘出一批与重要性状相关的基因、标记和载体材料,为种质资源的分发利用奠定了坚实的物质基础,促进了作物育种和现代种业的可持续发展[6]。

第二,常规育种实力雄厚,新品种不断涌现。2001 年以来,通过国家和省级审定的主要农作物品种有 21962 个,其中国家级审定 2393 个,农作物的良种覆盖率达到 96%。我国每年推广使用农作物主要品种约 5000 个,自育品种占主导地位。其中水稻、小麦、大豆、油菜等几乎全部为我国自主选育品种,85% 以上的玉米和蔬菜种植的是自己的品种;我国还自主选育和推广了 Y 两优 1 号、新两优 6 号、龙粳 31、济麦 22、百农 AK58、郑单 958、浚单 20、中黄 13 等一大批高产优质、综合性状好的优良品种,实现了新一轮的品种更新换代。

第三,种业生物技术迅速发展,自主创新能力明显增强。在种业生物技术领域,我国已初步建立了包括基因克隆、遗传转化、基因调控、安全评价、分子育种、产品开发、应用推广等环节在内的生物技术育种科技创新和产业发展体系,转基因作物研究开发的整体水平已领先于发展中国家。近 10 年来,随着国家科技投入的增加,我国在作物种业相关学科的研究实力迅速增强。在基础研究领域,我国在高影响因子(大于 5)国际刊物发表的植物科学类论文数量增加了 4.6 倍。在世界植物发育生物学领域,来自中国的论文比例从 7% 上升到 20%。在水稻科技方面,超过三分之二的与产量相关的重要基因是中国科学家克隆的。即使在我国投入相对较少、研究队伍相对较弱的大豆科技领域,自 2010 年起,在国际刊物发表的研究论文的数量也稳居世界第二位,超过大豆生产规模远大于我国的巴西、阿根廷和研究基础雄厚的日本。目前,我国已拥有一批抗病虫、抗除草剂、优质、抗旱、早熟等基因的自主知识产权和核心技术,成为世界种业科技创新的中心之一。

第四,农作物杂种优势利用技术研究世界领先。与其他农业大国相比,我国在农作物育种技术尤其是杂种优势利用方面具有明显优势,水稻、油菜、谷子等粮油作物和甘蓝等多种蔬菜的杂交种首先在我国实现产业化,玉米等作物已实现杂交种的全覆盖,棉花、大豆等主要作物的杂种优势利用也取得突破性进展。袁隆平等一批杂交水稻育种专家,在世界上首次将水稻杂种优势成功应用于生产,并不断挑战极限;李竞雄、李登海等选育的玉米中单系列、郑单 958、浚单系列、登海系列不断刷新国内谷物单产纪录;方智远、侯锋等不断选育蔬菜杂交品种,为丰富"菜篮子"做出了突出贡献;孙寰等首创大豆"三系"杂种优势利用技术体系,为大豆增产提供了新的技术途径。

第五,支撑作物育种的设施设备和条件不断改善。目前,我们已建成 26 种作物的 100 个国家农作物改良中心、46 个国家重点实验室和 59 个国家工程技术研究中心。以大豆为例,现有国家大豆改良中心 1 个,下设 11 个分中心,同时建有农业部大豆生物学与遗传育种重点实验室 4 个,教育部、中国科学院和省级重点实验室若干个。中央部委和主产省农业科研院所和高等院校具有完善的实验和田间试验条件,基本具备了开展种业科学研究的基础设施和多点鉴定的网络条件。2013 年,农业部指导甘肃、四川、海南编制基地建设规划,认定 57 个国家级种子生产基地,会同国家发展和改革委员会利用千亿斤粮食规划和种子工程投资,启动甘肃 30 万亩玉米制种基地建设项目,支持主要粮食和园艺作物良种繁育基地建设。农业部会同财政部综合开发办投资 6.5 亿支持"育繁推一体化"种业企业建设规模化、标准化的制种基地,使我国种业研发条件明显改善。

第六,育种人才层次全、数量多、分布广,科研队伍不断壮大。我国在部委、省级、地市级均建有农业科研单位,并在农业院校和部分综合大学开展种业相关领域的科学研究,积累了大量科研成果,可通过材料共享、技术转让、育种人才流动等方式为种业企业服务。在今后相当长时间内,种业相关基础性研究和非杂交作物育种仍主要由公立性科研院所承担,国家继续为公益性科研院所作物育种队伍提供支持,竭力保持科研队伍的基本稳定,避免因企业的逐利行为导致公益性研发工作中断。目前,全国拥有 450 多家科研所,5 万多名科技人员从事育种工作,其中与育种有关的两院院士 29 位。我国具有完善的农业和生物教育体系,可培养种业发展所需要的不同层次人才。改革开放以来,我国有一大批人才留学海外,目前,大量海归人才加入国内生物技术研发队伍,一些人已成为生物技术研究和产业化的领军人物,他们正为实现我国种业生物技术研究和应用实现跨越式发展积极努力。

（二）种业企业迅猛发展

在《国务院关于加快推进现代农作物种业发展的意见》（国发〔2011〕8 号）的引领下,种业企业主体地位开始显现,种业科技创新能力明显提升,突破性新品种培育的速度不断加快,种子生产供应得到有力保障,整个种业企业呈现蓬勃发展的良好态势。

第一,种业企业规模快速扩大。随着市场准入门槛的提高,种业企业兼并重组步伐不断加快,呈现出数量减少、结构优化、实力增强、市场集中度提高的发展趋势。2013 年,中国种业企业数量共计 5200 余家,相比 2011 年的 8700 余家,下降了将近 40%。注册资本在 3000 万元（含 3000 万元）以上的种业企业,由 2011 年的 380 家增加到 2013 年的 1136 家,增加 756 家;3000 万元以下的种业企业由 2011 年的 7157 家减少到 2013 年的 4813 家,减少 2344 家。企业净资产超过一亿元的企业由 2011 年的 71 个增加到 2013 年的 142 个,资产超过 5 亿元（含 5 亿元）的企业由 2011 年的 12 个增加到 2013 年的 17 个,市场集中程度明显提高。2013 年种业企业 50 强市场份额为 32.8%,种子骨干企业由 2010 年的 54 家增加到 2013 年的 56 家。从种子行业市场规模变化情况来看,2007 年我国种子行业市场规模约为 300 亿元,到 2009 年约为 418 亿元,2013 年种子市场规模达到了 628 亿元[7]。中国种子协会新认定的 56 家骨干企业 2012 年的销售额为 234 亿元,占全国市场份额的 34%,比两年前提高了 5%。

第二,企业创新能力不断提升。在《国务院关于加快推进现代农作物种业发展的意见》(国发〔2011〕8 号)的推动下,企业研发投入逐年增加,前 10 强种业企业年研发投入近 6 亿元,占其销售收入的 6% 以上。56 家骨干企业年科研投入 12.4 亿元,占销售额的 5.3%,同比增长 0.9%。企业自育品种占国审玉米、水稻品种的 55% 和 38%,比两年前分别提高 10%、8%。目前,新品种权申请量累计 11649 件、授权 4157 件,其中企业(含个人)申请和授权比重分别为 48% 和 40%,2013 年企业申请量达到 58%,同比增长 3%。2013 年企业自育品种已占到国审玉米、水稻品种的 50% 和 47%;企业申请新品种权的数量首次超过科研教学单位。

第三,种子生产供应保障有力。种子市场供应充足,质量可靠,价格相对平稳。2013 年玉米种子供需为 21 亿公斤和 11.5 亿公斤,杂交水稻为 4.2 亿公斤和 2.7 亿公斤,其他作物均满足生产需求,进口蔬菜等种子 1.4 万吨,同比增长 8%;出口杂交水稻种子等 4.6 万吨,同比减少 5%。种子价格水平总体平稳,“两杂”价格涨跌在 5% 以内,新老品种价格差异明显。种子质量抽查合格率总体为 97.5%。[8]

(三)种业企业竞相发力,努力打造“种业航母”

第一,培养行业领军科研团队,提升核心竞争力。中国种子集团有限公司建设的中国种子生命科学技术中心,已拥有一支由院士、“千人计划”专家、海内外高层次人才组成的 250 余人的研发团队,建成了国内领先、国际一流的生物技术与常规育种有机集成的高水平科研平台,获批“国家海外高层次人才创新创业基地”和“博士后科研工作站”。神农大丰公司与曾翔等 5 位科研人员合资设立波莲基因公司,专门从事高科技生物育制种技术——新型 SPT 技术研发、技术服务和商业化应用。隆平高科专门设立了海南国际研究院,并引进了一批国际人才,专门从事国际市场的研发与开拓,同时借力“一带一路”倡议,建立了商务部首个中国杂交稻技术援外培训基地,培养农业种业管理和技术人才。

第二,积极抢占基因资源育种材料的制高点。中国种子集团有限公司成功研制了具有自主知识产权、全球第一张水稻全基因组育种芯片,大幅度提高了育种效率与精准度,为杜绝假种子、确保农业生产用种安全提供了有力的技术保障。波莲基因以做强做大杂交水稻种子产业为战略发展目标,集中优势力量围绕隐性核不育基因、育性恢复基因、标记基因筛选等核心技术展开工作。中国的水稻育种技术全球领先,是世界上第一个成功将杂种优势理论应用在水稻生产中的国家,也是世界上杂交水稻应用面积最广、应用程度最高的国家。中国具备杂交水稻自主知识产权,优势明显,拥有核心竞争力。我们可以将杂交水稻向东南亚和其他地区推进,逐步抢占国际水稻种业市场。

第三,扎实推进基地建设,健全种业推广服务网。中国种子集团有限公司在我国主要农作物生态区布局了 14 个全功能育种试验基地和超过 500 个筛选测试网点、4.33 万公顷(含参控股企业)稳定的种子生产基地、15 个大型种子加工中心,形成东北基地、西北基地、西南基地、黄淮基地、长江中下游基地和华南基地的整体布局。中国种子集团有限公司还建立了 22 家省级营销服务机构,覆盖了全国各主要农业区域,并与各级农业技术推广服务部门合作,探索“互联网＋种业”“种子＋其他农资＋农业技术”和“种管收”全程服务模式,为农户提供深入基层的全程服务。隆平高科以市场与产业为导向,已初步建成覆盖生物技术(包括分子辅助技术)、传统育种技术及测试平台的三级研发体系,拥有 11 个区域育种站、300 公顷试验基地和覆盖全国各主要生态区域的 200 多个生态测试点,还在印度尼西亚、菲律宾等国设立了控股子公司,开展杂交水稻、杂交玉米的试验、示范和试制种工作,在巴西、印度尼西亚、东帝汶等国家开展的杂交水稻种植示范均获得了成功。

第四,兼并重组呈现鲜明特色。中信银行以 27.92 亿元入股隆平高科,广东塔牌集团以 4 亿元现金入股神农基因,中化集团以 463 亿美元收购瑞士农化和种子巨头先正达公司,隆平高科收购专注于黄瓜育种目标、打造中国黄瓜第一品牌的天津德瑞特种业有限公司,神农基因收购波莲基因,所有这些对提升我国种业公司的体量能量和跻身国际舞台都具有非凡意义[9]。

(四)种业基地建设初具规模

为确保国家粮食安全,提升我国种业市场竞争能力,国家对种业生产基地建设与管理非常重视,从国家战略的高度,规划、建设与管理种业生产基地。主要体现在以下几方面:

第一,国家确定了种业生产基地建设目标。为了适应现代种业发展趋势,努力建成种业强国,以加快提升基地标准化、规模化、机械化、集约化水平为目标,努力打造现代化种业生产基地。

第二,种子生产示范区初具规模。国家制订了甘肃、四川、海南三个国家级种业基地建设规划,认定了 57 个国家级种子生产基地,建立了 100 个区域种子生产示范基地。农业部会同财政部综合开发办投资 6.5 亿元支持“育繁推一体化”种业企业建设规模化、标准化的制种基地,使我国种业总体研发条件明显改善,取得了较好的效果。

第三,种业生产基地管理日趋规范。针对种业基地发展中存在的问题,制定和完善了相关制度和规范,加强了种业生产基地的保护;用科学的方法进行规划和指导,不断优化资源,统筹兼顾,全面实行种业生产基地标准化管理;加强基地的管理培训工作,提高制种农户的专业技术水平和综合素质[10]。

(五)种子市场的监管更加有力

2011年,农业部恢复成立种子管理局,从国家层面进一步加强种子管理工作。目前,国家、省、市、县四级种子行业管理机构2919个,部级种子质量检测机构15家,其中90%的涉农县区设有种子管理机构,农林两大系统共有管理、执法人员4.6万人。

2011年,以吉祥1号玉米杂交种"被套牌"为突破口,开展严厉打击私繁滥制的"风雷行动",整顿西北制种基地,揭开违法造假内幕,为种业发展创造一个安全稳定的法制环境。

2013年,农业部组织开展种子经营门店清查行动,通过查标签、看发票、问来源、检质量,逆向追踪问题种子源头,严肃查处未审先推、套牌侵权等违法行为,破获了"黄金大米""黄金玉米"等大案要案。

2014年,农业部联合公安部、国家工商总局开展打击侵犯品种权和制售假劣种子行为专项行动,组织各地开展企业督查、市场检查、制种基地巡查活动,对持证企业及杂交玉米、杂交稻品种实行全覆盖检查,对重点地区、市场、基地进行明察暗访,公开通报品种真实性结果和无证生产情况。全国共出动检查人员48.9万人次,检查企业2.2万个(次)、市场4.9万个(次)、经营户52.5万个(次),制种基地1500多万亩,抽样检查1.3万余份,比2013年的3倍还多。全国共查处案件6400多起,查获涉案种子980多万公斤,没收种子279万公斤,没收违法所得433万元,罚款2200万元,吊销许可证31个,移送司法115起,惩处犯罪嫌疑人34名,对种子制假售假等违法分子形成巨大震慑。为全力营造公平竞争环境,保障农业生产用种安全,农业部分两批在全国种子案件行政处罚信息公开平台公布了39个假劣种子、未审先推和无证经营案件。这些行动都充分表明:种子违法案件查处节奏加快、力度加大,假劣种子无处遁形,市场环境日益净化。

(六)种业国际化迈出了有力步伐

从种子贸易来看,种子年出口额超过3亿美元,2000—2013年我国种子进出口贸易总额增加了4.59倍,年平均增长率为13.54%,出口总额从5618.05万美元增加到27805.62万美元。我国种业企业已经和全球146个国家和地区建立了杂交稻、玉米、蔬菜等农作物种子的贸易关系,种子出口目标市场除传统的东南亚国家外,非洲、南美、中亚等新兴市场以及欧美等发达市场成为我国种业企业积极拓展的热点。从对外投资来看,全国共有9家种业企业分别在亚洲投资设立了12家境外公司,累计投资额1443.5万美元,投资并购、本土化研发战略的协作方式也正在积极探索之中[11]。

四、我国种业发展面临的问题与挑战

（一）种业科技管理体系不健全

第一，公益性、商业性育种界限依然模糊。近年来，我国出台一系列文件，在实现事企脱钩，促进种业公益性、商业性科研分离方面取得一定成效，但从实际情况看，公益性和商业性育种活动界限依然混淆。一方面，农业科研机构仍然进行商业性育种。部分农业科研机构育成品种之后，就卖给一些小微企业，投入市场，获取收益，对同类商业育种企业形成低价冲击，打击了企业研发积极性。另一方面，改制后的大部分企业在研发方面高度依赖原单位。大部分种业企业是依托农业科研机构成立，对科研机构的依赖短期内难以改变。科研院所和教学单位享有公共资源，与不享有公共资源的商业育种企业形成不公平竞争，其结果是种业企业不愿投资进行农作物育种研发，研发能力普遍不强，很难研发出自己的专有品种。在美国，90％以上的农作物新品种来自种业企业自主研发，与我国种业企业自主研发不足 20％形成鲜明对比。

第二，种业科研与农业生产"两张皮"现象突出。由于我国种业发展经历了计划经济时期的"四化一辅"和改革开放时期的"四化一供"阶段，造成种业经营与科研育种严重脱节的局面，给人们造成科研单位进行科研育种，而种业公司只推广品种、不从事科研育种的认识误区。目前，国家把科研院所和高等学校作为农业科研投入的重点，而科研院所和高等学校的科研工作者更多关注的是科研的理论发现、学术论文、专利发明、科技成果获奖等与自己职称晋升有关的成果，而很少关注或从一开始就忽视了种业企业、农业经营主体在农业生产中的实际需求，造成了科学研究与农业生产实际脱节的现象。

第三，种业科技创新监管体系不健全。种业产业有品种选育、繁殖、推广、销售等阶段，每一个阶段又有很多环节；涉及科研机构、生产加工企业、销售企业和农户等多个主体，另外，种业全产业链的形成受资金、技术、管理等多个生产要素的影响。在品种选育环节，目前存在的问题：新品种争夺十分激烈，几乎所有的科研院所、种业公司、农业技术站、退休人员、个体农民等都以自己合适的方式谋求短期效益，从事育种工作，大众化的、不成规模的育种人员急剧增多，种质资源遍地开花，新审定品种数量多，但个性化品种不多，同质化品种却不少。在种子繁育环节，由于我国一直实行以农户为主体的农业生产承包责任制，大多数种子生产繁育是通过分散的农户在露天环境下进行的，这种小而散的种子繁育生产活动，使得种子质量难以保证，且成本较高。在种子销售环节，由于利润空间相对较大，销售公司遍地开花，代销商异常活跃，整个市场无序竞争，管理较为混乱，营销链上游环节趋向整合,下游环节无序生长[12]。

(二)种业企业的创新能力不足

从研发投入看,当前跨国种业公司研发投入力度很大,一般占销售额的10%～30%,美国孟山都公司2014财年研发投入占销售额的10.7%,约17亿美元。相比之下,中国种业公司研发投入偏低,2014年中国种业企业前十强研发投入合计仅占销售额的4.7%,只有5.1亿元,不到孟山都公司的5%。国内种业领头羊的上市公司隆平高科比较重视科研投入,每年投入约0.5亿元用于科研,占销售收入超过4%,敦煌种业研发投入只有755.42万元,仅占销售额的0.6%。我国有研发能力的企业不到总数的1.5%,大多数企业没有建立起自身科技创新体系,科研经费投入平均不到销售收入的1%,低于国际公认的"死亡线"(国际公认标准:企业科研投入低于销售收入1%是死亡线,2%是维持线,5%是正常线,目前发达国家一般为8%～12%)[13]。

从研发力量看,先正达公司科研人员有5000多人,中国种业企业前十强科研人员合计只有1694人,不到先正达的三分之一,有些种业公司甚至没有研发人员,完全没有研发能力。

从育种方式看,我国大多数企业尚处于传统育种阶段,采取的是"家庭作坊式"育种方式,育种团队之间也缺乏合作和交流。这种小规模育种方式与规模化杂交生产种植所要求的严格隔离、单品种(组合)成片种植的标准相悖,带来的结果是能够测试的品种极其有限且同质化品种多,有竞争力、创新性品种少,效率低。

从产业集中度看,种业企业数量众多,行业集中度很低。截至2014年底,中国种子产业的总销售额虽然排在世界第二位,但中国没有一家种业公司的市场份额达到2%,没有净资产超过20亿元的种业公司。我国前10强种业企业仅占国内种子市场份额的13%,前50强种业企业经营额只占全国种子市场的近30%,国际份额不到1%。反观全球前十大种业公司,其销售额占全球市场比例超过70%,前三大种业公司(孟山都、杜邦先锋、先正达)的比重超过了50%,仅孟山都一家公司的国际市场占有率就高达21%。美国前10家种业企业垄断了其国内80%的市场。

从种子进出口的份额看,根据国际种子联盟的统计结果,2014年中国农作物种子市场价值约650亿元人民币,占全世界种业市场的21%,而我国种子出口总额仅为2.51亿美元,在全球种子出口总额中占比仅为2.38%,种子进口总额为2.68亿美元,在全世界种子进口总额中占比2.75%。通过数据的对比发现,在国际种子贸易中,我国处于种子净进口状态,种子产业失去的市场份额大于得到的市场份额,在激烈的国际市场竞争中处于劣势地位。

(三)种业基地建设滞后

种业基地是种子生产的源头,但我国种业生产基地建设仍然存在很多缺陷,这主要表现在以下几方面：

第一，种业基地布局分散、规模小，基础设施薄弱，规模化、标准化、机械化和集约化程度低，其结果是种子生产的质量不高，但成本高。目前，我国种子生产主要方式是种业企业向农户提供父本、母本种子，由农户种植、管理、收割，企业再向农户收购，这种家庭承包的种子生产方式难以保证种子质量。在种子栽培环节，难以达到品种严格隔离和单品种成片种植的要求，容易受到外来花粉的污染，产生生物学混杂退化，导致品种纯度下降。在播种、栽插、收获、脱粒、运输、晾晒、储藏等各个环节中均会发生混杂的可能，从而降低种子质量，这种方式还导致种子生产成本高。此外，我国种子生产机械化水平很低，种子种植、施肥、打药、收割等环节主要靠人工完成，需要支付大量人工成本，种业企业也不堪重负。

第二，种业加工、贮藏、运输、检测等综合配套设备和服务能力薄弱，种子保障能力不强。

第三，缺乏具有强大竞争力的龙头企业，种业企业核心竞争力、产业带动能力不强，部分企业诚信度不高，法律意识不够，企业间相互"套购""倒卖"种子的现象依旧存在。

第四，制种农户组织化程度低、专业技术水平不高，公司化管理难以实现，一些制种农户的诚信意识淡薄，经常出现违反合同、不按标准规范制种的现象。

第五，由于缺少资金和政策支持，种子交易市场体系建设滞后，风险保障机制不健全，自然灾害等非人为原因所造成的损失主要由农民承担，人工成本上涨过快，严重打击了广大农户的积极性，导致种业基地不稳定[14]。

（四）种业知识产权保护不力

第一，种业知识产权保护的制度不健全。我国现行的法律只侧重种子品种保护，对研制过程中产生的许多知识产权没有相关的法律规定，对种业企业参与国际竞争也没有专门的法律支持。

第二，知识产权保护水平偏低。尽管我们加入了《国际植物新品种保护条约》（即《UPOV 公约》），但是国际上种业知识产权都是采用 1991 年文本，我国还停留在 1978 年文本阶段。《UPOV 公约》1978 年文本品种权的权能设计比较简单，保护范围很窄，新品种审定标准偏低，对原创品种特别是对种质资源的保护力度不够，导致了我国一些种质资源被国外剽窃，损失了大量的潜在利益，损害了育种者应有的权益，不利于研发创新。我国种业创新性品种少，同质化品种多，侵权行为难以遏制，与采用《UPOV 公约》1978 年文本也有很大的关联。相比《UPOV 公约》1978 年文本，《UPOV 公约》1991 年文本对品种权的保护期限更长，保护条件也更严格，权能也更为广泛。《UPOV 公约》1991 年文本不仅对原始品种加以严格保护，而且对有关收获材料、依赖性派生品种等都加以严格保护，扩大和强化了原创育种者的权利[15]。

第三,种业创新的激励不足。长期以来,我国科研院所和教学单位包揽了种业创新工作,很多种业企业都是科研院所办的公司,这些企业在利益分享、公司管理方面并没有完全按照市场的机制来运作,科研人员的利益分享比例不高,调动不了主体积极性,科研人员热衷发文章、评职称而轻视科研成果的知识产权保护,造成了一些种业科技创新成果白白流失。知识产权申请不仅内容复杂、程序繁多,而且申请时间长,公正性不足,后续维持成本太高,出现了育种材料靠"拿"、品种区试靠"跑"、审定品种靠"送"、经销种子靠"套"的现象,无视创新权利和知识产权[16]。

第四,对侵犯知识产权行为打击不力。目前我国种子市场上套牌侵权、未审先推、制售假劣种子、恶性竞争及虚假广告等现象极其普遍,严重威胁着我国种子产业的健康发展。国家每年都开展维护农业知识产权的执法活动,但这种运动式执法效果不是很好。

第五,种业知识产权保护的公益性投入不足。从国家种业安全的角度看,种业知识产权保护具有公益性,需要国家进行公益性投资,但国家重研发投入而轻保护投资,对研发成果知识产权保护的公益性投入不足,甚至资金投资错位,国家大量公益性研发资金是给科研机构进行基础性、公益性研究的,研究成果具有基础性、公益性的特点,但很多研究成果都流失到企业去了。

(五)跨国种业公司纷纷抢占中国市场,严重威胁民族种业的生存和发展

据统计,在我国注册的外资(含合资)种业企业已超过70家,在不到10年的时间里已控制了我国蔬菜种子的60%和花卉种子90%、甜菜种子95%、向日葵中的食葵种子60%以上的市场份额,国内主要规模化的蔬菜生产基地和花卉基地,特别是出口型蔬菜和花卉生产基地面临全线失守、全军覆没的困境。国外大公司在基本控制和稳定我国蔬菜和花卉市场之后,近几年又开始向我国大田作物玉米、水稻等种业市场扩张[17]。主粮的玉米种业也已经基本被攻陷。数据显示,2013年在国内种业市场中,本土企业市场份额仅占20%左右,其余80%的市场份额被外资企业瓜分。跨国公司正投入巨资进行新品种的研究开发以培育核心竞争力,同时还在中国实施技术本土化、人才本土化、基地本土化、产品本土化、市场本土化等策略抢占中国种业大市场,严重威胁我国民族种业的生存和发展。黑龙江省粮食局副局长王乃巨在国家行政学院举办的农业现代化发展战略研讨班上表示:在北方,玉米、大豆种子现在基本上是外国品种"当家",尤其是美国产的种子因为产量高、抗病害能力强最受欢迎,但是用他们的种子就得用他们的农药、化肥,否则种子的优势就体现不出来。也就是说,他们通过一粒种子,就控制了我们种植业的产前、产中和产后整个过程,这种现象无疑给我们敲响了警钟。

（六）种业企业"走出去"困难重重

第一，对种质资源出口的限制使我国的品种在国际市场竞争力有限。比如，我国杂交水稻技术世界领先，但《进出口农作物种子（苗）管理暂行办法》明确规定，新审定的品种 3 年内不允许出口，这在一定程度上保护了我国杂交水稻技术的知识产权，但也使我们无法拿出最好的品种来参与国际竞争，严重削弱了我国种子的出口竞争力。

第二，种子出口检验检疫时间较长。通过正规贸易渠道出口种子，需要经历国内和进口国相关部门两重检验检疫手续，即使是同一企业同一产品，不同批次的产品也要分别接受检验检疫。由于种子产品具有很强的季节性，复杂烦琐的检验检疫手续延长了产品出口时间，一旦延误了生产季节，就给企业带来了巨大的损失。

第三，新品种审定、种子质量检测鉴定制度与国际不接轨。经济合作与发展组织、国际安全运输协会（ISTA）是种子国际贸易中 2 个权威的质量认证组织，因为我国没有加入这两个组织，因此得不到进口国承认的国际认证体系的证书，导致国内国外重复检测测试，增加了成本和风险。

第四，公共平台、信息服务无法满足"走出去"的需要。如对国外有关法律、政策、投资环境等知之不多，有关的研究、咨询机构较为分散，各种资源未能有效整合，种子出口不能得到及时而有价值的服务；行业协会在行业自律、价格协调、同行竞争管理以及应对贸易纠纷、抵御海外风险等方面未发挥应有的作用。

第五，种业企业竞争力低、研发能力不强、缺乏国际化人才。近几年国内种子市场供过于求，企业被迫"出口"，导致了企业之间的恶性竞争。如 2012 年杂交水稻种子的国内销售价为 25～28 元/千克，而出口价格仅为 17～22 元/千克。根源在于企业的核心竞争力低，科技创新能力不足，导致品种同质化，加剧了竞争态势。据调查，我国企业累计授权品种数平均水平仅为 22 个，高于平均水平的企业有 11 家，科研人员平均数为 52 人，且在国外市场上的品种同质化现象越来越严重，同一个品种使用不同的名称推广销售的现象也屡见不鲜。我国企业 92% 的品种权申请都集中在国内，以 2011 年为例，我国向国外的品种权申请只有 11 件，得到授权的有 11 件，和荷兰（在我国申请 1063 件、授权 815 件）、美国（在我国申请 1042 件、授权 679 件）、德国（在我国申请 554 件、授权 476 件）等国家相比起来差距很大。企业缺乏跨国经营的管理人才，被调查企业样本中，85.7% 的企业都表明在种业"走出去"中最缺乏的是既懂市场营销又能进行技术研发和生产管理的复合型人才。[18]

五、推进现代种业发展的思路与对策

(一)完善种业科技创新制度

第一,明确公益性与商业性育种内涵,分别建立起公益性、商业性育种项目指导清单,厘清公益性与商业性育种的边界。进一步明确公共科研机构的研究职责与范围,要求受国家财政支持的科研机构及高等院校只进行基础性、公益性研究,退出商业化科研活动。同时把应用性研究交给企业,鼓励种业企业充分利用公益性的研究成果,培育具有自主知识产权的优良品种,提高企业商业化育种积极性,提升企业科研创新能力,努力把种业企业培育为商业性育种主体。

第二,充分调动种业企业与科研院所及高等院校的积极性。鼓励种业企业与科研院所及高等院校构建技术研发平台,把企业的资金、管理、成果转化快的优势与科研院所人才密集、科研资源丰富的优势结合起来,建立利益分享、风险共担的产学研结合的种业技术创新体系。鼓励种业企业与科研院所、高等院校建立以市场为导向,以资本为纽带,产权明晰、利益共享、风险共担的产学研相结合、"育繁推一体化"的种业技术创新实体组织。在这种合作方式中,资本、科技资源、科技成果都可以作为股权分享收益。

第三,提升种业科技创新能力,促进种业科技成果转化。加快建立和完善种业科研成果权益分享机制,通过给科研单位和科研人员"赋权""让利",鼓励科研院所和高等学校的种业骨干科技人员到种业企业开展技术服务,推动公立机构种业技术人才、技术、资源向种业企业流动,激活科研人员创新致富的积极性,激发科研人员育种创新活力,保护科研机构与科研人员合法权益,提高成果转化效率,提升我国种业科技创新能力。由财政资金支持形成的育种发明专利权和植物新品种权,只要不涉及国家安全、国家利益和重大社会公共利益,授权项目承担者依法公开交易、转让、许可,并取得相应的利益。

第四,完善科研评价体系,切实改变"重立项轻验收""重论文轻专利""重数量轻质量"的现状,以此催生原创性科研成果。

第五,完善品种审定、登记制度。提高对照品种水平,完善品种审定标准,充分发挥品种审定对品种创新的引领导向作用,将品种的特异性、一致性、稳定性测试作为品种审定的重要依据;加强品种试验过程管理,严格品种审定程序,建立包括申请文件、试验数据、种子样品、审定意见和审定结论等内容的品种审定档案,保证可追溯制度的落实,确保品种审定公平公正;建立品种试验评价体系,在保证品种丰产性、稳定性、优质的基础上,重点做好品种抗病虫、抗倒、抗空秆、熟期等性状风险评估和生产安全评价;对经认定的"育繁推一体化"种业企业实行"绿色通道",提高审定效率;健全主要农作物品种退出机制,尽快将一些审定年限较长、种植面积较小或有缺陷或存在潜在生产风险的品种退出市场,不给不法经营者留下品种套牌、侵权的可乘之机。

第六,准确把握种业科技创新方向。中国农业科学院副院长、中国工程学院万建民院士认为,种业科技是保障国家粮食安全的基石,在科技发展日新月异的今天,以生物技术、信息技术等为代表的现代种业技术不断取得突破,我国种业科技创新必须瞄准现代生物技术、信息技术,朝着精准化、规模化、高新化、多元化四个方向发展。对作物基因资源的有效开发、创新是实现高产、优质、高效、安全、生态农业发展的重要物质基础,所以种质资源挖掘与鉴定要向着精准化的方向发展。一个基因可以造就一个产业,取得自主知识产权的、有利用价值的基因已成为跨国公司垄断种业的重要手段,在主要农作物的全基因组解析和图谱构建已经完成、基因克隆及其功能鉴定规模和速度大幅度提升的背景下,重要基因克隆与功能解析应向规模化方向发展。以分子标记、分子设计等为核心的现代生物技术广泛应用于农作物新品种培育,品种更新换代速度不断加快,全基因组选择技术成为育种新技术的研究重点之一,基因精准表达调控技术逐渐成为育种技术创新的新热点,我国的育种技术应该瞄准创新热点,向高新化方向发展。农作物不单单要产量高,还要质量优,生产成本低,更要减轻农业生产对环境的污染,所以农作物育种的目标应该向多元化方向发展,注重优质与高产相结合,增强抗病虫性和抗逆性,提高光、热、水、肥资源的利用效率,适宜机械化作业,保障农产品的数量和质量同步安全[18]。

(二)打造现代种业集团,提升种业企业竞争力

种业企业是国家种业发展和种业科技创新的主体,企业强则种业兴,种业兴则企业强。种业企业最熟悉市场,最贴近农业生产,也最了解农民,只有种业企业强大了,我国的种业才能蓬勃发展。

第一,打造过硬的种业科技创新平台。政府应坚持"扶优、扶强、扶特"的原则,重点支持一批种业龙头企业,在人才引进、研发创新等方面给予政策优惠和资金支持,使其尽快成为种业科技创新的主体;支持"育繁推一体化"种业企业与科研院所加强合作,整合育种力量和资源,形成利益共享机制,推动企业建立商业化育种中心;新布局的国家和省部级工程技术研究中心、企业技术中心、重点实验室等种业产业化技术创新平台要优先向符合条件的"育繁推一体化"种业企业倾斜;对开展种业领域相关研发活动进行补助,调动企业技术创新的积极性。

第二,促进人才、技术等资源合法有序地向企业流动。进一步明确公益性科研院所和高等院校利用国家拨款发明的育种材料、新品种和技术成果,可以申请品种知识产权,可以作价到企业投资入股,也可以上市公开交易。通过推动确权交易让

种业科研资源及成果"流"起来;将商业化育种成果及推广面积作为职称评定的重要依据,支持企业建立院士工作站、博士后科研工作站,通过强化合作交流,让科研人员"动"起来;通过创新科研成果收入分配机制,让科研人员依法"富"起来;通过完善市场导向机制和商业化育种机制,让育种效率"高"起来。

第三,打造一支能承担起种业航母商业化育种使命的精英团队和巨匠式的领军人物。种业企业应进行制度创新和管理机制创新,加大与高等学校、科研院所合作的力度,联合培养科研骨干和技术带头人,通过技术入股、成果参股和高薪聘任等方式吸引人才,同时建立宽松适度的研发人才评价体系,激发研发与育种团队的积极性。

第四,鼓励种业企业加大科研投入,建立股份制研发机构,鼓励有实力的种业企业并购转制为企业的科研机构,增强企业的科技创新能力,提升企业核心竞争力。

第五,改革传统落后的课题组全程育种模式,采用国外先进的商业化"分段育种"模式,将育种程序拆分,分段研究、分工协作,推动生物技术与传统育种技术结合,扩大品种鉴定试验区域范围,避免品种水土不服,提高品种适应性。

第六,强化良种试验示范推广,加快科技成果转化的速度。种业企业要加强农作物品种区域试验站建设,开展农作物新品种的大田安全性生产试验,推广良种良法配套技术;加快完善品种推介体系建设,积极开展新品种的展示、示范工作,及时、准确向社会发布、宣传主导品种信息,引导农民科学选购品种;抓好良种补贴政策实施,引导农民使用优质高产良种,加快优良品种推广速度,提高优良品种的入户率、覆盖率和成果转化速度,加速品种更新换代,促进农业生产发展和农民增产增收。

第七,加快种业企业兼并重组步伐。纵观世界前几位种业寡头的形成,没有一个不是通过疯狂兼并实现的。如全球最大的种业公司孟山都,1996年至今进行了约20次收购,陶氏化学和杜邦也于2015年12月合并。中国种业航母要起航,一方面要继续兼并整合国内的种业企业,鼓励社会资本进入种业企业,实现强强联合、资源聚集;另一方面,可以放大胸怀、放远眼光,将国际种业寡头作为兼并目标收入囊中,实现跨越式的发展。同时还要以攻城略地的战略思维布局国际市场。如杂交水稻是中国的特产,拥有绝对的统治地位,可以在东南亚、南美洲、非洲等地建立育种和试验基地,通过试验示范推广杂交水稻,占领国际水稻种子市场。2016年3月,李克强总理与湄公河五国领导人(泰国总理巴育、柬埔寨首相洪森、老挝总理通邢、缅甸副总统赛茂康和越南副总理范平明)共同参观澜沧江-湄公河国家合作展,在国家杂交水稻技术中心展台听取袁隆平院士介绍时,总理向五国领导人赠送了大米,鼓励杂交水稻要优先走进湄公河国家。这说明政府已经在行动,企业更应有危机感、紧迫感,利用现有的优势和资源,抓紧出手,在"走出去"的过程中做大做强,形成新的竞争优势,早日铸就种业"航空母舰",确保我国种业和粮食安全。

(三)强化种业基地建设与管理

为把我国种子生产基地建设成规模化、机械化、标准化、集约化的"四化"基地,我们应该从以下几个方面进行努力:

第一,加大政府扶持力度。政府部门要根据区域生态条件、农作物制种特点和农作物种子生产优势区域,科学规划种业基地的空间布局,建立国家、区域、省、市种业基地体系,克服目前种业基地布局分散、规模小的现状;通过国家种子工程建设、农业综合开发、种子发展专项等,支持"育繁推一体化"种业企业在种子生产优势区域建成一批稳定的高标准种子生产基地;改善种子生产、加工、贮藏、运输、检测等综合配套设备,建设现代化种子加工中心,提升种子生产加工的保障能力和服务能力;加大对种子生产基地建设的补贴力度,给种业企业提供优惠政策,鼓励和扶持大的种业企业建立自己的种子生产基地,实现规模化、现代化生产;扶持种田大户转为制种大户,稳定发展制种基地。

第二,探索建立公司化管理模式。种子生产不仅是一个生产过程,而且是一个管理的过程,先进生产技术是制种的前提,科学管理是制种的保障。只有生产技术和管理相互结合,才能生产出优质的种子。目前,我国种业生产基地组织模式主要有"企业+农户""企业+村委会+农户""企业+土地承包大户""企业+基地农场化"等模式,这些模式各有利弊,但大都规模小、成本高,难以实现公司化管理。种业公司应通过与农业合作社、家庭农场及种植大户签订劳务合同来建立稳定的利益联结关系,不断扩大种业基地的规模,从而实现种业基地的公司化管理、规模化制种。

第三,以市场化为导向建立"风险共担、利益共享"的经营机制。作为种子产业化的两端,种业企业与种业基地之间不只是简单的买卖关系。种业企业与种业基地之间只有建立和谐稳定、互利互惠、合作共赢的关系,才能保障种子生产基地的健康发展。

首先,必须建立公平合理的利益分配制度,种业公司应尽可能给予制种农户最大的优惠政策,保障制种农户的利益,这是种子生产基地稳定发展的必要前提。

其次,要加强价格机制的建设,建立种子收购价格的动态管理机制和协商收购价格机制,应根据种子的质量和种子市场行情调整收购价格,以保障农户的利益。

再次,要建立风险保障机制。种子生产易受自然条件和市场的影响,虫害和恶劣的天气会导致种子产量的减少和质量的降低,市场波动不稳也会给制种农户带来风险,种业企业必须兼顾双方的利益与风险,从种子利润中拿出一定比例,出资统一参加农业保险,设立风险保障基金,制定相关的风险保障措施,建立和完善风险保障机制,保证制种农户的利益不会因自然条件和市场受损。

第四,健全种业推广服务网络。好种子不仅需要好的种子基地生产,更需要健全的种业推广服务网作为保障。面对庞大的竞争对手,种子售后服务的差异性成为企业确立市场地位和赢得市场竞争优势的最新武器。种业企业要与各级农业技术推广服务部门合作,建立省、市(县)、乡三级种业推广服务网络,借助"互联网+种业"模式、"种子+农资+农业技术"模式和"种管收"全程服务模式,为农户提供深入基层的全程服务。

第五,完善依法制种机制。近年来,我国制种基地的建设与发展一直受到非法制种、套购、违反合同等行为的阻碍,种子市场秩序混乱,这些都严重损害了合法制种单位、农户及品种权人的权益。因此,要加强对制种农户进行《中华人民共和国种子法》《中华人民共和国植物新品种保护条例》和《中华人民共和国合同法》的宣传教育工作,增强制种农户的法律意识,坚决抵制套购、变卖等违法行为;要认真贯彻《中华人民共和国种子法》《中华人民共和国植物新品种保护条例》《中华人民共和国合同法》等相关法律法规,依法制种,强化管理,维护市场秩序,保障种子生产基地的健康发展;要严格做好种子生产许可证的发放和审查工作,定期进行检查,杜绝无证生产、非法销售等违法行为,对违法者要依法进行严厉打击,维护生产者、经营者、消费者的合法权益,建立公平的市场竞争机制,确保种业健康有序地发展。

(四)加强种业知识产权保护,激励种业自主创新

第一,以国际视野制定种业知识产权保护战略,严格保护种质资源的安全。种业安全主要是国际竞争的安全,当前发达国家纷纷通过知识产权保护战略在全球圈占和窃取种质资源,囤积生物育种核心知识产权。我国作为农业大国和种质资源大国,必须立即行动,制定具有国际视野的知识产权战略,严格保护我国种质资源的安全,防止国外企业窃取我国珍贵的种质资源;同时帮助我国种业企业参与国际竞争,维护企业在国际竞争中的权益。

第二,加大育种科研单位的集体知识产权保护力度,防止个人侵占集体知识产权。科研单位是当前我国种业研发的主力,这些单位研发取得的种业知识产权,所有权应属于集体或国家。集体知识产权要纳入国有资产进行登记、管理和监控,严格防止集体知识产权流失,严格防止个人侵占集体知识产权。

第三,加大对合资企业的知识产权保护,防止国外企业借合资名义侵占知识产权。对于与国外种业企业进行合作研发的行为,如果是要利用中国的种质资源,必须严格按照互惠互利的原则,约定知识产权的归属,严格履行审批程序,防止种质资源流失和自主知识产权丧失。同时,要加强对合资企业开展种业研发监管,完善监管体系,规范种业企业的人才流动制度,防止国家知识产权利益流向国外企业。

第四,强化种质资源的农民权益,发挥农民参与知识产权保护的积极性。要综合研究种业知识产权的惠益分享制度,鼓励农民分享种质资源的权益,完善农民对"土种子"的保护和创新激励机制,鼓励农民全过程参与生物育种,对于牵涉农民权益的种质资源研发,要坚持农民优先原则,切实保护农民利益。

第五,健全种业知识产权公益保护机制。建立国家种业知识产权强制保护制度,对于公益性种业科研单位的知识产权,实行强制保护制度,防止因单位和个人懈怠而造成种业知识产权流失;建立国家种业知识产权公益保护制度,对于转化效益不大但对种业安全很重要的知识产权,由国家出资进行知识产权保护,从而确保国家从总体上控制种业知识产权。

第六,尽快批准并实施《UPOV 公约》1991 年文本。《UPOV 公约》在国际植物新品种保护中具有核心地位,加快实施《UPOV 公约》1991 年文本,将在提高中国企业自主创新能力、促进中国融入植物新品种保护国际环境、引进更多优质新品种、推进国际交流合作等方面发挥重要作用。我国应积极适应新形势、新变化,尽快启动《中华人民共和国植物新品种保护条例》等相关法律法规的修订和完善工作。分阶段、分产业、分项目缩小与《UPOV 公约》1991 年文本的差距,逐步实现从《UPOV 公约》1978 年文本向《UPOV 公约》1991 年文本的平稳过渡。

(五)完善政策支撑和服务保障体系,促进种业企业"走出去"

第一,完善种质资源出口制度,使更多好品种"走出去"。依照《中华人民共和国种子法》和《农作物种质资源管理办法》的规定,对种质资源出口实行分类管理,列出可以出口的种质资源列表,对于在这个列表之内的种质资源出口实行备案制度,对列表之外的种质资源出口实行严格审批。放松对杂交水稻品种的出口管制,允许国内审定的三系杂交水稻同步在国外中试应用,允许两系杂交水稻审定 2 年后在国外中试应用,缩短国内和国外市场上市时间差,降低产品过时风险。探索建立植物新品种"三性(DUS)"测试和区域试验国际合作机制,实现在中国与目标国的检测结果互认。

第二,完善种子检验检疫制度,扩大种子出口贸易。协调农业、海关、质检等部门,统一标准,简化种子检验检疫程序,探索建立"一站式"审批模式。与目标国的农业部门、质检部门、海关积极联系,加强沟通,建立互认质检结果的制度或建立种子出口预检制度,突破目标国种子检验检疫的技术。建立与经济合作与发展组织和国际安全运输协会等国际种子认证标准接轨的种子认证制度,加快种子质量认证国际化。

第三,出台优惠政策支持企业"走出去"。农业农村部要会同财政部、税务总局、海关总署等部门,共同研究制定一系列支持中国种业"走出去"所需的金融、税收等配套优惠政策,对种业企业的科技创新、海外投资研发、资产租赁购买等行动给予强有力的信贷金融支持。实施后补助政策,支持企业走出国门,开展种业科研合作、购买租赁土地、建立生产试验站、区域研发中心、申请品种权保护和品种审定等工作,给予一定比例后补助。建立种业企业"走出去"基金,搭建种业企业国际合作交流平台,加大对外农业合作项目的支持力度。对于规模大、声誉好和市场效益好的种业企业,可以考虑开辟种子和技术输出绿色通道,减少行政审批环节,实行出口退税或免税优惠。

第四,加强信息服务。政府应为种业企业提供相关国家的农业、种子管理体制、政策与市场环境的信息服务。密切跟踪国外相关法律法规及有关政策的调整以及农产品市场信息的收集、整理、分析;建立和完善国别农业投资导向目录,指导企业开展农业对外投资;建立农业涉外项目监测评价体系,跟踪了解农业对外投资的状况和特点;建立完善农业投资、技术合作和农产品出口摩擦报告制度和农产品争端应诉机制;设立"种业国际交流与合作财政专项资金",重点支持境外农作物种业、种质资源开发项目的建设,支持行业组建种业企业"走出去"的数据信息系统,建立种业企业境外投资信息中心,搜集有关东道国的信息,为企业提供信息咨询服务。行业协会应针对在越南、印度尼西亚等一些热点市场上出现的为争夺市场而相互压价、恶性竞争的现象,提供必要的指导、管理与协调;动态跟踪国内种业供给、国外种业需求和相关政策信息;以种业企业"走出去"联盟为载体,为种业企业"走出去"搭建信息服务平台,包括供求信息、法制法规信息、操作流程信息以及中介服务信息等,为实施中国种业"走出去"战略量身打造信息服务平台;适时组织有关境外投资的专题研讨和海外招商团,帮助企业进行有关投资的可行性分析;定期举办农业"走出去"企业交流会,促进企业间信息共享。此外,还应该加大人才培养力度,造就外向型人才队伍。

(六)加强种子执法力度,净化种子市场

第一,加强现代种子销售流通体系建设。搭建政府主导、企业参与的种业电子商务平台,建立从种子生产、加工、销售流通直至种植户的全程跟踪系统,确保种子销售环节清晰,实现种子风险可控和质量可追溯;通过奖励补贴、信息装备配备、信息软件统一开发共用等支持措施,利用现代通信手段,定期和不定期向零售服务商开展新品种发布、配套农业栽培技术培训与推广等活动,提升销售主体对销售优良品种的选择判断能力和服务农户的能力,充分发挥销售流通体系"神经末梢"在种子和农业技术服务"最后一公里"中的大作用。

第二,加强农作物种子市场监管。加强种子管理队伍建设,增强种子管理工作手段,健全种子管理体系;严格种子市场准入,规范种子生产经营许可,优化种子生产经营主体;实行品种动态管理,及时退出不适宜继续推广种植的品种;加强行政许可事后监管,加大种子市场检查和监督抽查力度,开展经常性种子市场执法检

查,对种子集中交易市场、集散地、营销大户和乡村流动商贩开展专项整治活动,重点清查种子来源、种子经营档案、种子台账、委托代销书等,防止来路不明、质量难以保证的种子进入市场;强化对种子企业的监管,狠抓品种审定前置管理和事后监管,防范问题品种混入参试品种行列;严把市场准入关,防止"套牌""侵权"等问题种子流入市场,确保农业生产用种安全。

第三,加强种子质量监督检测体系建设。加强市、县级区域性种子质量监督检验站建设,建立、完善省级种子标准样品库和 DNA 图谱库,提升常规种子质量指标检测能力,提高 DNA 分子标记真实性鉴定和转基因成分检测水平,逐步建成以省级种子质检中心为核心,市、县级区域性种子检验站为基础的上下相通、左右相连、覆盖全省的种子质量监督检测网络。

第四,实施制种基地的跟踪管理。在播种前,及时核对种子生产许可证、制种品种、生产地块信息,建立相关信息数据库,检查种子基地是否具有品种权许可或制种委托手续,是否与制种户签订生产合同等;在种子收获前,对种子基地进行拉网式检查,抽取种子样品,进行真实性检测;在种子加工环节,抽样进行品种真实性的检测;在种子调动季节,检查种子基地调动种子的生产许可、去向和数量。

第五,加强种业公共信息服务平台建设,建设省、市、县三级标准化种业信息数据库,实现种子信息资料的自动采集、上报、入库、备份、查询和分析,向社会提供种业政策法规、标准规程、体系职能、资源管理、品种管理、生产管理、经营管理、储备管理、进出口管理、种子市场供求、种业商务及重大种业事件等方面的信息服务。

---

[1]　刘军杰.对深化种业体制改革确保粮食生产安全现状的分析及建议.种子世界,2014(7):1-3.

[2]　詹琳.中国现代种业市场结构优化研究.中国社会科学院研究生院博士论文,2013.

[3]　黄季焜.我国种子产业:成就、问题和发展思路.农业经济与管理,2010(3):5-10.

[4]　林朝晖,何国威,陈坤朝,等.加快现代种业发展,推动农业转型升级.南方农村,2015,31(4):30-32.

[5]　刘振伟.为发展现代种业提供坚实的法治保障.中国人大,2016(4):24-32.

[6]　韩天福.树立信心,鼓足干劲,建设世界一流种业强国.http://www.cnsa.agri.gov.cn/sites/MainSite/Detail.aspx? StructID=4766

[7]　张永强.粮食安全背景下我国种子产业发展现状研究.农业经济,2016

(6):12-14.

[8] 牛震.强民族种业,筑粮安之基.农村工作通讯,2014(5):9-11.

[9] 李黎红.种业航母何时腾空而出.中国种业,2016(9):1-3.

[10] 王纪元.我国种业生产基地建设与管理研究.中国种业,2016(9):17-19.

[11] 贺利云.中国种业企业走出去现状、问题及建议.中国种业,2016(4):1-3.

[12] 侯军岐.我国种业科技创新体系建设研究.中国种业,2017(1):13-17.

[13] 陈龙江,熊启泉.中国种业开放十余年:回顾与反思.华南农业大学学报:社会科学版,2012(11):7-17.

[14] 李欣蕊.基于AHP的中国现代种业发展的SWOT分析.科技管理研究,2015(3):22-27.

[15] 伍振军.制约我国种业发展的突出问题及政策建议.中国经济时报,2015-12-02.

[16] 陆福兴.加强种业知识产权保护 确保国家种业安全.中国种业,2016(9):10-12.

[17] 孙永朋.开放背景下中国种业后发优势与战略.中国种业,2011(2):8-11.

[18] 武圣俊,万建民.种业科技创新助推农业供给侧改革.中国农村科技,2017(3):28-31.

第八章　农业机械化与粮食安全

一、农业机械化是保障粮食安全的有效途径

(一)挖掘粮食生产潜力,促进粮食产能的提高

在粮食生产的各个环节中应用农业机械,可以提升单位面积粮食产量。例如,在翻耕环节,借助大型农机具来开展联合整地、深松、深耕等作业,可以提高土壤的肥力,保存土壤有机质含量,达到蓄水保墒、改善土壤理化性状、培肥地力等目的,同时缓解了地下水超采的压力,实现粮食的高产。

在播种环节,农业机械合理且固定的行距、株距、播种数,可以在使土地资源的效用达到最大的同时确保种子的发芽率和存活率,有效减少播种环节中种子的浪费;机械化播种的深度一致,保证种子均匀地撒落在土地上,土壤层覆盖均匀,并带有机械化播种后自由重压技术,使种子受到的压力大小一致,可以实现农作物一次性全苗、壮苗、齐苗的效果,并为后期的良好生长奠定基础;采用覆膜机械化栽培技术,能够节约水资源和种子,提高化肥的使用效率,实现增产增收;利用水稻机械化抛秧栽培,可以提高作业的质量与速度,节省水资源、秧田和种子。实行水稻机械化抛秧栽培不仅可提高作业的速度和质量,而且比常规人工移栽能够节省 20%～30%的种子、85%～90%的秧田,实现节水 20%～30%、增产 10%～20%;与人工作业相比,运用玉米覆膜机械化栽培技术可实现节种 20%～30%、节水 15%,可使化肥利用率提高 14%,实现增产 20%～30%。[1]

在田间管理环节,利用机械化排涝抗旱,能够增产保产,降低因旱涝灾害造成的损失;采用机械化灌溉的方式,能够节省成本,避免水资源的浪费;利用机械化治理病虫害,可以提高粮食的产量以及农药利用率。

在收割环节,采用机械收割和脱粒一体化,省去了中转环节,不仅可以有效减少粮食在收割环节中的浪费,做到颗粒归仓,还能促进收割效率的提高;粮食机械化烘干可以大大减少因霉变、粗放晾晒造成的损失,以保证粮食有较高产量。此

外,农作物具有较强的季节性,农业机械设备的应用有助于赶季节、抢农时,提高工作效率与粮食产量;秸秆还田技术的推广应用,使秸秆变废为宝,增加土壤肥力,确保粮食作物的高产、稳产[2]。

张劲松、王雅鹏[3]以湖北省为例,就农业机械化对粮食产出效能贡献进行了测算和分析,测算结果表明,1980—2005 年间湖北省农业机械化投入以每年 3.96% 的速度递增,这期间农业机械化对粮食产出效能的贡献率为 13.05%,农业机械化对粮食的产出效能作用明显。温建军[4]认为农业机械化对粮食产出效能的贡献是指由农业机械化生产和管理创造的利润占农业总利润的比重,他运用数量关系对宁夏盐池县农业机械化对粮食产出效能的贡献进行了分析,分析结果表明,1980—2010 年宁夏盐池县农业机械化对粮食产出效能的贡献率为 26.265%。可见,农业机械化对粮食产出效能作用比较明显。

(二)促进粮食劳动生产率的提高,让规模化、集约化粮食生产成为可能

传统的农业作业主要靠人力和畜力来完成,耕作的质量不高、效率低,而人力的劳动强度又是有限度的,尤其是那些年龄较大的农民,根本没有能力忙于农作物的耕种和收割,同时也会耽误最佳的秋收或播种时期。而农业机械化操作的实现,解决了人力和畜力在农业生产中解决不了的难题,对生产效率的提高无疑是革命式的变革,极大地解放了农村劳动力,稳定了粮食的高产能。相关研究表明:农业的劳动生产率与农业的机械化水平成正比,机械化水平的提高会促进劳动生产率的提高。以湖南省农业劳动力数量为例,1991 年约为 2174 万人,2000 年约为 2065 万人,而 2008 年则约为 1877 万人,整体上来说劳动力的数量有所下降,但是该省的粮食产量却从 1991 年的 2734 万吨增至 2008 年的 2949 万吨。由此看来,从事粮食生产的劳动力虽然有所下降,但是粮食的产量却持续增加,出现这种现象的主要原因就是农业机械化的发展[1]。采用传统的方式是无法实现农业规模化生产的,而农业机械设备可以提供充足的动力,改善农业生产条件,实现农作物的大规模生产,促进粮食生产力水平与劳动生产率的提高[5]。农业生产规模的扩大,再加上农业机械的高效便捷,给农业产业化经营的实现提供了十分重要的条件。农业产业化的不断发展,将有效推动农产品产业链条的不断延伸,同时,农产品的深加工也会在很大程度上提高农产品的附加值,增强其市场竞争力。当农民获得实实在在的收益时,便能激发农民更大的种粮热情,这对保障粮食安全是十分有利的。

(三)提升农业抵御自然风险的能力,为粮食稳产、高产提供保障

农业是"弱质产业",常常因各种自然灾害,使农民辛辛苦苦的劳动成果在短时间内化为乌有,让农业生产的可持续性受到严重威胁,粮食安全也就无法得到保障。然而,农业机械化却能凭借其高效、便捷、节约成本等诸多优势,在"虎口夺粮"

的关键时刻帮助农民战胜自然灾害,取得秋收的最终胜利。这对提高农民从事农业生产的积极性,不断推进农业的可持续发展都是大有益处的。具体来讲:

第一,减少春旱造成的水分流失。我国部分地区属于温带季风气候区,分为明显的干季和湿季,夏天高温多雨,冬季寒冷干燥。我国农作物播种大多在春季,尤其是华北地区和东北地区,七、八月才是多雨季节,由于雨季来临比较晚,农作物播种正好处于少雨的干季且易刮大风,农作物的种植不同程度地受到了春旱的影响。而使用现代化的机械操作设备进行耕地,在早春耕地的过程中加深了耕作层的深度,使耕作层的土壤结构增强,能够将更多的水分吸收进来,另外也切断了土壤表层散发水分的通道,把更多的水分锁在了土壤的深层,不易流失水分。这样就消除了春旱对农作物播种造成的不利影响,在一定程度上保证了农作物的产量。

第二,抵抗夏季容易发生的旱涝灾害。夏季高温多雨,易发旱涝灾害,这是由我国的气候特点决定的。夏季是农作物生长的旺盛时期,也是农作物生长的关键时期,如果这时候农作物生长得枝繁叶茂,表现出良好的生长势头,也就意味着秋收产量的增加。而在这时候农作物一旦遇到旱涝灾害,会对农作物造成毁灭性的破坏。实现农业机械化排灌,有利于抵抗夏季出现的旱涝灾害,保证了粮食产量。

第三,机械化农药喷洒消灭病虫害。农作物在生长过程中,最容易遭受病虫害的侵袭。病虫害具有传播速度快、传播面积广、易复发的特点。人力喷洒农药速度慢、时效差,有可能这块土地的病虫害杀死了那块土地又出现了,并且人力喷洒农药不均匀,因而不能完全杀死病虫害,特别是爆发大面积病虫害的时候,仅依靠人力是很难控制的,势必造成农作物的减产。而采用机械化的生产方式,速度快、效率高、喷洒均匀,一旦病虫害出现就能够及时地把病虫害杀死在摇篮里,很好地保证了农作物的产量[6]。

(四)造就了大批新型职业农民,较好地诠释了"谁来种地"的问题

随着工业化和城镇化的推进,我国城乡社会正迎来史无前例的大变局,越来越多的青年农民移居城镇,留下许多日渐老龄化、空心化的农村。很多农村青年既不会种田,也不愿种田。有人说,只要有比较收益,就不怕没人种田。这种观点也许没错,但是我们要看到,首先,随着社会平均工资的提升,种田农民要想获得相对较高的比较收益,其难度将越来越大。其次,农民种田不仅是经济收益的问题,还牵涉整个社会的价值评判。农业机械化水平的提升,意味着农业生产的劳动强度将大大降低,对劳动力的需求将会越来越少,将有更多的劳动力从农村转移出来。这些转移出来的农业劳动者一方面通过社会组织的各种培训,掌握服务城市企业和第三产业的技能,并走上工作岗位创造价值,推动社会经济发展;另一方面,农业劳动者将通过使用更多的机械设备来完成农业生产,提高农业生产力、提高粮食产量,保障中国粮食安全。

农业机械公司为实现客户价值的最大化,必须坚持以用户为中心,用领先的科技和优质的服务赢得客户,必须对客户进行技能培训,为客户提供产品使用、维修、保养服务,一直到为用户提供整套农业生产解决方案,因此知识型、技能型、复合型的新型农民应运而生,他们不仅懂得农业生产知识,而且能够运用掌握的农业生产资源开展经营性服务。新型农民的高效生产能力转化为粮食生产的高品质和高效率[7]。

(五)有利于农民分工分业,推动资源合理配置

随着我国工业化、城镇化的深入发展,农户兼业化、村庄空心化、人口老龄化趋势明显,在一定程度上会引发土地抛荒现象的出现,粮食安全面临劳动力和人均耕地两个重要生产要素同时短缺的挑战。特别是农忙时节,农村中的"用工荒"问题便会更加严重。要想真正解决"用工荒"问题,唯有依靠农业机械化。农业机械化可以把农村剩余劳动力从土地的束缚中解放出来,推动农村剩余劳动力的合理转移,还可以有效弥补农业从业人员的短缺,实现劳动力资源的合理高效配置。在"三夏"农忙季节,我们已经看不到农民工"返乡潮",实现了"人不回、田不荒、粮食一样进粮仓"。农业机械化的快速发展在为非农产业转移劳动力提供了支撑的同时,还可以吸纳更多的农民从事农机服务业,实现农业内部的再就业。

张宗毅等[8]通过数学模型对我国农业劳动力状况进行分析,分析结果表明,如果考虑我国农业劳动力年龄结构,我国农业剩余劳动力较小。正是由于农业机械化的发展,及时弥补了由于农业劳动力转移留下的生产能力空缺。他认为农业机械化综合水平每增长2%,就可以替代1000万左右的农业劳动力。假定从1985年开始,没有农业机械化的发展,我国农业将存在劳动力的巨大缺口,缺口量约为1.78亿。若自1985年以来,没有农业机械化的发展,2010年会由于农业劳动力不足,粮食作物整体播种面积将下降59.06%,其中水稻播种面积下降64.21%、小麦下降61.10%、玉米下降55.09%、其他谷物下降2.45%、薯类下降56.40%、豆类下降70.43%,也就是说,农业机械化对于我国农业发展和保障粮食安全起到了巨大的作用。

二、我国农业机械化水平不断提升

农业机械化是农业现代化的重要标志,是改善农业生产条件、提高劳动生产率、增加农民收入的重要途径。中华人民共和国成立之初,我国农业机械非常匮乏。1959年4月,毛泽东指出,"农业的根本出路在于机械化",各地推进农业机械化的热情高涨。1966年2月,毛泽东对《湖北省委关于印发〈逐步实现农业机械化的设想〉的通知》进行批示,要求各地要用25年的时间,基本实现农业机械化。

1966—1978 年,国务院先后三次召开会议,就促进农业机械化提出要求。实行家庭承包经营制度以后,农民收入不断增加,以机械代替人力的需求不断高涨,农业机械化发展的内在动力逐渐形成[9],农机行业发展面临新的机遇。

经过长期努力,我国成功建立了比较完整、健全的农机生产制造和管理、科研、鉴定、认证、技术推广、教育培训、安全监理、维修及社会化服务等农业机械化体系。

(一)农机产业迅速发展

目前,我国已经成为最大的农机制造大国。2013 年全国有农机企业近万家,规模以上农机企业 1800 家,能够生产 3200 多种产品。农机经销企业达到 11375 个,农机经销点位 85342 个,平均每个企业 7.50 个。近年来,农机行业销售收入年增长率保持在 20% 以上,2013 年实现销售收入达到 3470 亿元①。

2001—2013 年,农机化经营总收入从 2033.64 亿元增加到 5107.98 亿元,增幅为 1.51 倍,年均增长 7.98%。其中农机化作业收入从 1731.42 亿元增加到 4467.63 亿元,增幅为 1.58 倍,年均增长 8.22%;农机修理收入从 86.17 亿元增加到 197.00 亿元,增幅为 1.29 倍,年均增长 7.13%。同期成本与费用从 1315.06 亿元增加到 3094.36 亿元,增幅为 1.35 倍,年均增长 7.39%。利润总额从 714.05 亿元增加到 2013.62 亿元,增加 1.82 倍,增幅为 9.02%。农机化经营效益总体很好,农机化经营的成本利润率长期稳定在 60% 左右,2013 年达到 65.07%。

乡村农机人员稳定增加,由 2000 年的 3412.99 万人增加到 2013 年的 5374.72 万人,增幅为 57.48%,年均增加 3.55%;拖拉机驾驶员从 1080.45 万人增加到 1590.62 万人,增加 47.22%,年均增加 3.02%;农用运输车司机从 425.83 万人增加到 894.07 万人,增加 110%,年均增加 5.87%;农机修理人员从 79.20 万人增加到 95.66 万人,增加 20.79%,年均增加 1.46%。

(二)装备条件快速改善

中华人民共和国成立以来,我国农机总动力呈直线增长态势。1952 年,农机总动力仅为 18.4 万千瓦,到 1977 年突破 1 亿千瓦,1992 年突破 3 亿千瓦。进入 21 世纪以来,增加速度进一步加快,2000 年突破 5 亿千瓦,2012 年突破 10 亿千瓦,2013 年,农机总动力为 10.39 亿千瓦,农作物播种面积亩均动力为 0.42 千瓦。《第三次全国农业普查主要数据公报》显示,2016 年年末,全国拖拉机 2690 万台,耕整机 513 万台,旋耕机 825 万台,联合收获机 114 万台,播种机 652 万台,排灌动力机 1431 万台[10]。各项数据显示:

第一,大中型拖拉机保有量增加。1997 年,我国的拖拉机保有量为 1116.51 万台,

---

① 本章未特别注明的数据材料均来源农业部农业机械化管理司编《全国农业机械化统计年报》《中国统计年鉴》。

到 2008 年首次突破 2000 万台。2013 年,全国拖拉机保有量 2279.28 万台。大型拖拉机 527.02 万台,比 1996 年增长 6.85 倍,占保有量的 23.12%;小型拖拉机 1752.28 万台。大中型拖拉机配套机具保有量 826.62 万台,比 2005 年增长 2.65 倍;小型拖拉机配套机具保有量 3049.21 万台,比 2005 年增长 20.1%。2013 年,拖拉机动力为 33023.23 万千瓦,台均为 14.49 千瓦。大中型拖机动力为 15957.58 万千瓦,占拖拉机动力的 48.32%;小型拖拉机动力为 17065.67 万千瓦,占拖拉机动力的 51.68%。

第二,耕整地和种植机械保有量增长速度继续加快。2001—2013 年,耕整机、机引犁、机引耙、旋耕机、机耕船分别增加 6.55 倍、0.54 倍、0.70 倍、1.26 倍、1.63 倍,年均增速分别为 18.36%、3.69%、4.53%、7.03%、8.41%。精量半精量播种机、免耕播种机、机动水稻插秧机、专用水稻直播机、化肥深施机、机引铺膜机分别增加 2.99 倍、3.41 倍、12.00 倍、8.55 倍、0.46 倍、2.29 倍,年均增速分别为 12.23%、13.17%、23.83%、20.69%、3.20%、10.43%。

第三,农用排灌机械保有量稳定增长。2001—2013 年,排灌动力机械、农用水泵分别增长 49.92%、50.78%,年均增速分别为 3.43%、3.48%。在排灌动力机械中,电动机得到快速增长。2001—2013 年,电动机从 769.83 万台增加到 1259.4 万台,占排灌动力机械的比重从 51.11% 上升到 55.77%。节水类灌溉机械增长较快,2001—2013 年从 102.94 万台增加到 199.78 万台,增幅为 90.07%,年均增速为 5.68%。

第四,收获机械发展水平迅速提高。2001—2013 年,联合收割机从 28.38 万台增加到 142.1 万台,增加 4 倍多,年均增幅达到 14.37%。2013 年,联合收获机动力达到 6574.62 万千瓦,台均为 46.27 千瓦。其中,稻麦联合收割机增加 3.39 倍,年均增加 13.12%;玉米联合收获机增加 76.5 倍,年均增加 43.70%。

机动脱粒机和谷物烘干机保有量稳定增长。2001—2013 年,机动脱粒机从 902.21 万台增加到 1007.58 万台,总动力达到 1860.66 万千瓦,台均为 1.85 千瓦。谷物烘干机增长迅速,增加 8.51 倍,年均增长 20.65%。

第五,农用运输机械迅速增加。2001—2013 年,农用运输机械从 869.24 万台增加到 1385.55 万台,增加 59.40%,年均增加 3.96%。2013 年,农用运输机械总动力为 21518.98 万千瓦,台均动力为 15.53 千瓦。农田基本建设机械也得到较快增加,2013 年,机械保有量达到 44.74 万台,机械总动力为 2519.82 万千瓦,台均为 56.32 千瓦。

(三)机械化作业水平快速提高

第一,机械耕整地面积持续增加。2001—2013 年,机耕面积从 61652760 公顷提高到 113757830 千公顷,机耕水平从 39.59% 提高到 69.10%,机械深耕深松面积增加 75.37%,机械化秸秆还田面积增加 1.53 倍。

第二,机械化种植和灌溉面积快速增长。2001—2013 年,机播面积增加 97.89%,年均增长 5.85%。与之相应,机播面积占总播种面积的比重从 26.06% 提高到 48.78%。期间水稻机插面积增长最快,增加 9.39 倍,年均增长 21.54%; 玉米机播面积增加也较快,增加 1.77 倍,年均增加 8.86%,小麦机播面积稳步增 加,增加 16.27%,年均增加 1.26%。

进入 21 世纪以来,资源节约型、环境友好型机械化技术得到较快发展。 2001—2013 年,精量半精量播种面积增加 67.30%,年均增加 4.38%;免耕播种面 积增加 2.74 倍,年均增加 11.62%;免耕覆盖播种面积增加 6.80 倍,年均增加 15.79%;机械铺膜面积增加 1.04 倍,年均增加 6.14%;机械化肥深施面积比较稳 定,维持在 30000000 公顷左右。

近年来,农田机械灌溉面积维持在 50000000 公顷左右。农田机械节水灌溉发 展较快,灌溉面积从 2001 年的 7142530 公顷增加到 14200190 公顷,增幅为 98.81%,年均增长 5.89%。

第三,机械收获面积稳步提升。2001—2013 年,机收面积从 26536630 公顷增 加到 77415010 公顷,增加 1.92 倍,年均增长 9.33%。与之相应,机收面积占总播 种面积的比重从 16.12% 提高到 47.02%。玉米机收面积增长最快,增加 45.20 倍, 年均增长 37.63%;水稻机收面积 5.61 倍,年均增加 13.59%;大豆机收面积增加 92.41 倍,年均增加 5.61%;小麦机收面积增加 28.52%,年均增加 2.11%。

脱粒、烘干、初加工等环节的机械化水平也在较快发展。2001—2013 年机械 脱粒粮食数量增幅为 35.95%,年均增长 2.59%;机械烘干粮食数量增幅为 5.22 倍,年均增幅达到 16.46%。

(四)专业化、社会化服务迅速发展

20 世纪 90 年代中期以后,随着经济社会发展速度明显加快,国民经济发展活 力快速增强,城市对劳动力的需求迅速增加,农业劳动力开始快速转移,农村经济 社会结构也进入加快变革的阶段,农村经济主体在机械方面的投入能力也明显增 强,由此产生了对农机作业的新需求。为适应这一趋势,在国家的指导、组织和支 持下,农机作业集团、股份合作、农机大户、联户经营、农机专业服务公司等多种类 型的农机服务主体快速发展,形成了以县为中心、乡村为基点的多层次、多形式的 基层农机服务网络,农机服务组织的服务功能迅速增强。农机作业供需两个方面 的变化,为农机服务产业化发展提供了契机。截至 2013 年年底,拥有农机原值 50 万元以上的农机大户、农机服务组织达到 8.8 万个,比 2010 年增加 4 倍多。其 中,农机原值 50 万元以上、20 万~50 万元的农机大户、农机服务组织分别比 2010 年提高 8.15% 和 4.75%;农机原值 20 万元以下的农机大户、农机服务组织占比下

降12.9%,这说明农机社会服务组织规模在不断扩大,大规模的组织在增加,小规模的组织在不断减少。以开展农机社会化服务为主的农机专业户、农机合作社发展迅速,分别达到520万个和4.1万个,比2010年分别增加7.5%和63.9%。[11]

近十几年来,农业机械跨区迅速发展,为提高我国农业机械化效率、提高农机产业发展水平起到了重要作用。2013年,跨区作业面积36719210公顷。其中跨区机耕面积6767090公顷、跨区机播面积3084710公顷、跨区机收面积26005400公顷。2000—2013年,小麦跨区机收面积增加1.75倍,年均增长8.80%;水稻跨区机收面积增加6.33倍,年均增长18.05%;玉米跨区机收面积增加67.15倍,年均增长42.16%。由于农机服务业的规模化和产业化发展,普通种粮户在不专门购买农机的情况下,已经能够比较方便地获得机械化服务,市场化农机服务已经能够覆盖到全国各地。

(五)新型农业经营主体成为购买和使用农机的活跃主体

近年来,随着国家工业化、城镇化水平的提高和农业劳动力的大量转移,在提高农业效益这一基本内在动力的推动下,通过转入土地经营权扩大经营规模的新型农业经营主体快速增加。与传统小规模分散种地的农户不同,新型经营主体为提高作业效率,对农业机械的需求较为迫切,投入能力也相对较强。截至2014年年底,全国土地承包经营权流转总面积达到4.03亿亩,占承包耕地总面积的30.3%。规模化种粮主体主要有两类:

一是规模化经营农户。2014年,经营耕地面积为30~50亩、50~100亩、100~200亩、200亩以上的农户数已经分别达到691.4万户、235.4万户、74.8万户、31.1万户。调查表明,这些新型农业经营主体已经成为购买农机的活跃主体。

二是合作与联合组织。农业是一个生产对象广泛、生产过程复杂、地貌类型多样、影响因素众多的产业,机械化生产受到的客观因素的制约较大。单个农户购置的农机成本较高、功率较小、功能单一,很难实现大规模作业、深土作业、一体化作业,也很难实现农机作业规模经济,更不能实现全程机械化生产。如果共同采取行动,可以明显降低经营成本、实现规模化作业、实施深土作业、更好建设配套条件。近年来,采取集体行动实现机械化的现象也明显增多。集体行动主要沿着两条相互联系的路径展开:一条路径是采取组建专业合作社、股份合作、联耕联种等方式,形成规模化经营主体,统一购置农机或者购买农机服务。截至2014年年底,全国种植业合作社已经达到60.97万家,其中粮食生产专业合作社达到21.33万家。另一条途径是组建农机合作社,2014年年底我国农机合作社已经发展到5.78万家。2017年我国农机合作社数量达到7万个,比2016年增加7000个;入社成员数达到145万人(户),比2016年增加6.6万人。

（六）功能健全的公共服务网络基本建成

目前,全国县以上行政区域基本设立了农机管理、教育培训、科研、试验鉴定、技术推广和监理机构。2013年,全国有省级农机管理机构32个,地级农机管理机构341个,县级农机管理机构2844个,乡镇农机管理机构29415个,农机化管理机构人员为10.72万人;全国有农机化教育、培训机构1754个,其中农机化大中专院校41个,农机化培训机构1713个,农机化教育、培训机构人员为1.97万人;全国有农机化科研机构80个,其中省级、地市级分别为24个、56个,科研机构人员为3051人;全国有农机试验鉴定机构65个,其中省级、地市级分别为31个、34个,试验鉴定机构人员为1322人;全国有县以上农机技术推广机构2573个,其中省级、地市级、县级分别为34个、284个、2255个,技术推广机构人员为22335人;全国有农机安全监理机构2851个,其中省级、地市级、县级分别为31个、331个、2489个,监理人员为32067人。这一体系的建成,为农业机械的社会化作业、农机人员培养、技术推广、安全监理提供了有效保障。

三、农业机械化面临的突出问题

（一）机械化发展不平衡

我国农业机械化起点较低,基础薄弱。在耕、种、收这几个关键环节,仍然有近40%的面积靠手工作业。尽管我国农机总动力水平与发达国家几乎相当,但机械化程度系数平均为0.3左右,农机具数量、质量、种类、性能等硬件指标与发达国家的差距也较大,整体水平相当于美国20世纪50年代后期水平[12]。

在主要粮食品种中,小麦的机械化水平是最高的,基本实现全程机械化,但其他品种的机械化水平还明显偏低,机械化不完整、不均衡的特征非常明显。玉米机收2014年仍只有56%;水稻的机械种植率仍只有38%,机插、机收的效果也亟须改进。在耕、种、收中,耕地环节的机械化水平较高,而机播、植保、机收的机械化水平则要低得多。从各个作业环节来看,除了耕、种、收外,粮食生产还有大量的田间管理、收获后处理等作业,这些环节的机械化水平更低。

在全国土地资源中,丘陵山地面积所占比例为60.97%,各省(区、市)中该比例大于50%的有19个省。作为我国粮食的重要来源区域,丘陵山区地理、气候、作物具有多样性,发展水平差异也很大[13],而当前适应丘陵、山区地形特征的机械严重不足,对粮食生产(尤其是水稻、玉米)的机械化形成了制约。

（二）农业经营主体直接需求不足

自20世纪80年代以来,我国农业机械化水平在很长一段时期发展缓慢,其中重要原因就在于机械化与经营方式、产业组织体系没有建立衔接机制,缺乏市场支撑。实践表明,家庭承包经营并不妨碍农业机械化发展,农业机械化和现代化也并不以经营方式为前提。尤其是农机跨区作业的成功实践说明,家庭承包经营本身并不构成农业机械化的直接制约[14]。但要实现家庭承包经营制度与农业机械化发展的衔接,需要通过土地流转、联合耕作等途径将经营规模扩大到适宜水平;通过土地连片整理、打破地块界限为统一作业提供基础;需要通过改善田间条件、建设机耕道路为机械化提供条件。

总体来看,目前我国土地流转比例虽然快速提高,但耕地流转比率毕竟才刚过30%,规模化经营主体发育水平还不是很高。近年来,各地通过高标准农田建设,统一建设千亩甚至万亩"示范方"的进展较快,但除了个别省份外,多数省份仍处于典型示范阶段,标准化大地块面积较少。建设高标准农田、实现地块连片等目标需要投入大量的人力、物力和财力,这都要经历较长的时间。更重要的是,传统分户经营、分户作业的生产方式改变是实行连片标准化作业的基础。创新农业经营体制,培育经营规模适度的经营主体,激发经营主体实行农机作业的内在积极性,是农业机械化发展的重要前提。而在这些问题没有得到充分解决以前,对农机市场的需求就不会充分显现出来。因此,我国农业机械化发展将是一个长期过程,不可能一蹴而就。

(三)农机产业大而不强

我国农机产业发展大而不强,这主要表现在:

第一,农机产业发展的体制不优。我国农机产业体系是在计划经济体制下建立起来的。在人民公社体制下,农业生产经营规模较大,生产资料购置有比较明确的计划。只要产品能够生产出来,机械就有相对稳定的市场。在当时推进农业机械化发展的浓厚政治氛围下,各地发展农机产业的积极性相当高,基本上形成了以县为主的农机产业格局。在生产发展计划指令制定、纷纷大干快上、缺乏有效竞争的格局下,虽然农机产业规模很容易做大,但形成了企业规模过小、生产结构雷同、内在发展动力不足的发展格局。

第二,农机企业创新能力不强。近年来,我国农机领域的创新能力得到明显加强。机械化谷物收获、水稻机插秧技术和机具制造技术基本成熟;玉米、马铃薯、油菜联合收获等关键技术和相关机具的研究步伐加快,200马力以上大型拖拉机研发获得成功;花生、甘蔗等大宗经济作物机械化收获技术研发实现突破;保护性耕作、秸秆还田与综合利用、高效植保、牧草生产和草场改良等资源节约型、环境友好型农业机械化技术研发成果已经成熟并有效转化。但总体来看,由于与产业发展脱节、投入不足、人才匮乏,我国农机产业主体尚未形成,我国农机装备行业极少有企业具备足够的自主创新能力和设计能力,整个行业也缺乏核心的自主创新能力。

有学者认为,我国农机研发设计能力与国际先进水平的差距在 20 年以上。我国农机行业基础研究薄弱,原始创新能力不足,共性技术体系尚不健全,决定了我国农机行业的先天不足。尽管我国农机制造企业达到 8000 多家,但有研发部门的不到 200 家。从国际市场来看,竞争力较强产品的设备新度系数一般为 0.6~0.7,而我国骨干企业的这一系数仅为 0.3~0.4。

第三,农机装备制造存在明显的结构性缺陷。一是适应丘陵地区和山区地形特点的农业机械开发缓慢,价格较高,农民难以承受。二是品种适应性不强,玉米和水稻的农机制造水平明显滞后,经济作物、特色农产品、养殖业等领域的农机制造水平比较低下。三是产品缺乏核心技术。很多核心技术、核心部件的技术没有掌握,大功率、多功能、一体化、信息化、智能化机械生产能力还非常薄弱,处于主要依赖国外进口的局面。200 马力以上的拖拉机,200~300 马力的玉米联合收割机全部被国外品牌占领[15]。四是我国农机产品质量亟待提高。长期以来,我们注重装备的更新,而对制造工艺的研究欠缺,产品工艺水平不过关,导致产品质量不高,工艺不精,机械稳定性能差,零部件磨损快,容易出故障,维修成本高,使用寿命不长。因此,国内农机产品获得的评价是"也能用、容易坏、经常修"。国产自走式联合收割机平均无故障工作时间仅为 19 小时,达不到国家标准的一半,仅相当于世界平均水平的 1/4。国产拖拉机使用寿命一般为 2000~4000 小时,而发达国家达到了 5000~10000 小时。2008 年,全国农机管理系统受理农机产品质量投诉达到 1128 件,其中联合收割机和拖拉机分别占到了 41.1％和 36.2％。对装配多缸柴油机、功率在 18.4~51.5 千瓦之间的直接传动轮式拖拉机抽查表明,合格率不足 50％。五是农机行业"小、散、乱"问题突出,行业发展混乱,导致技术引进困难,甚至引发恶性竞争。

(四)公共服务体系需要进一步完善

第一,农机服务体系尚不健全。一是随着政府机构的调整,县、乡农业机械技术推广部门有的被撤并,有的转变为综合部门,履行多种职责,推广能力被削弱。乡镇农业服务中心农机人员专业水平不高,被抽调借用的情况普遍存在。二是经费投入严重不足,经营性服务成了农机推广体系的主要职能,重经营、轻推广的现象十分普遍。农业机械技术推广手段落后,所必需的仪器、设备十分匮乏和陈旧,农机推广服务的公益性职能难以发挥。很多地区面临"推广无经费,示范无基地,基层无网点"的尴尬局面。三是农机推广队伍年龄老化,平均学历水平低,知识陈旧,业务水平不高,特别是乡镇农机技术人员,继续教育培训少,服务水平普遍不足,对农业新机械、新技术不了解,难以承担起农业机械技术推广工作。四是农机维修网络不全,排除故障和维修困难,是当前农机应用中面临的突出难题。基层技术推广体系不健全,农机操作技术和维修技术难以传递到农民手中,深松耕作、机插秧、高效植保、秸秆还田等农机化技术普及困难。农机配件服务不到位、质量不过关、以次充好等问题的发生频率较高,严重影响了农机的推广和使用[16]。

第二,农机服务与农业产业发展脱节。尽管我国农机市场发展较快,但公共服务机构与市场和产业仍然明显脱节。评价机制重职称级别轻实际能力、重理论轻实践、重论文数量轻创新价值的特征非常明显,科研选题、科研项目执行、研究结果评价与产业发展需求关系并不紧密,对农机产业发展的支撑作用明显不够。

第三,农机服务机构的发展活力不足。长期以来,受行政化的影响,农机公共服务机构缺乏有效的激励与约束机制,使科技人员的绩效与生产活动难以直接联系,容易形成干与不干一个样、干好干坏一个样的局面。农机推广人员缺乏足够的深入生产第一线的积极性,不仅很容易忽视产业主体生产经营的需求,而且解决生产实际问题的能力也容易被削弱。

第四,人员结构不合理。2013 年,我国农机管理人员、教育培训机构人员、科研机构、试验鉴定机构、技术推广机构、安全监理机构人员合计达到 18.57 万人,其中科技人员的数量为 12.55 万人,所占比重为 67.58%。在公共服务体系中,仍然存在大量的非科技人员,还有大量人员虽然列为科技人员,但并不具备从事技术工作的能力,农机服务机构养人负担沉重。

四、提升我国农业机械化水平的对策与建议

提升我国农业机械化水平,必须着力解决以下问题。

(一)持续提高农业机械化的整体水平

农业机械化是发展方向,快速城镇化必然带来农业机械化水平的快速提高。这是因为:

第一,快速工业化的过程是非农产业快速发展和结构多元化的过程,为追求更高的收入,将有大量农村劳动力继续转向非农产业,土地经营权的流转规模也会相应扩大,为规模化经营和新型经营主体的发育提供了条件。随着经营规模的扩大,为解决劳动力不足的问题,经营主体实行机械化作业的积极性会明显提高。

第二,农村人口结构的变化催化农业机械化水平提高。目前,我国已经进入工业化中后期,传统农业区的农村人口结构出现显著变化,务农劳动力的年龄已经明显偏高。再过十几年,我国务农劳动力平均年龄可能超过 60 岁,农业劳动力老龄化趋势加速了农业机械化水平的提高。

第三,为提高产品质量和性状,增加销售收入,降低劳动力成本和物质与服务成本,经营主体将更加倾向于使用农业机械。

快速城镇化必然带来农业机械化水平的快速提高,但农业机械化水平的提高

要适应农业发展阶段特征。从现实国情来看,我国各地经济发展水平、城镇化水平、农业发展结构、地形地貌特征明显不同,必须综合考量区域特征、作物品种、生产环节等多方面因素,因地制宜选择农业机械化模式,分阶段、分重点地加以推进,走出一条合适的机械化道路。

我国丘陵山区耕地面积占比超过50%,覆盖的人口超过60%,而农业机械化程度还比较低,有的不到40%。总体机械化作业水平与全国农作物机械化作业水平相比还有很大差距。当前和今后一个时期,要重点抓好以下五个方面工作:一是以宜机化改造为着力点,改善丘陵山区机械化立地条件。这项工作单靠一家一户是做不了的,需要政府层面引导、规划和支持。二是以构建产学研推用协同创新机制为驱动,加快破解“无机可用”难题。三是以实现效果倍增为目标,多层次集中打造一批示范样板。引导各地根据实际,选准切入点,找准突破口,宜粮则粮,宜经则经,宜果则果,围绕1~2种作物开展工作,着力补齐短板,拉长链条,推进全程机械化。也可以针对一个环节进行攻关,着力破解难题,强化弱项,逐步组装完善。四是以综合性、专业化、社会化为导向,大力培育新型农机服务主体。五是以提高特色主导产业发展装备支撑能力为重点,加大农机购置补贴政策支持力度。中央财政农机购置补贴资金继续向丘陵山区倾斜,优先足额满足丘陵山区市县补贴资金需求,及时把丘陵山区适用的成熟机具纳入补贴范围[17]。

（二）提升农机产业的创新能力

第一,明确研发重点,掌握核心技术。目前,我国已经过了仅靠扩大生产就可以维持农机产业快速发展的阶段,从2013年开始,农机工业销售收入增长率已经降至20%以下,为17%。2014年,这一增长率进一步下降至9%。同年大中型拖拉机产量和销售量均下降,降幅分别为16.88%和15.81%。尤其需要注意的是,2014年农机行业的利润下降,比上年减少3%。另外,我国农机已经进入大规模更新换代的阶段。目前,国内市场对高效、智能、节能、环保的高端农机产品的需求量很大,如动力换挡拖拉机、CVT拖拉机、大型通用的收割机、大型自走式植保式机械、青贮机械等。总体来看,我国农机产业发展面临的挑战是严峻的,新的发展机遇也是较大的。如果能加快转变农机产业发展方式,提升农机产业创新能力,农机产业有望登上新的台阶。

第二,健全机制,激发活力。我国农机产业体系已经具备一定的创新能力,关键在于健全机制,激发创新活力。要构建以企业为主体、市场为导向、产学研相结合的创新体系,切实解决研发的针对性、竞争性、积极性问题;强化基础研究、前沿技术研究,打造原始创新的技术基础;在农机方面实施专门的重大科技专项,解决农机生产过程中的核心技术、质量保障问题;借鉴农机发达国家的经验,企业投入的研发费用可以从所得税中扣除,例如在加拿大可以把超过前3年研发平均费用的 50％扣除[18]，加大对企业研发的支持。在提高产品创新能力的同时，要抓紧推进工艺创新、管理创新、检测手段创新，形成整体创新能力。注重制造工艺的研究，通过创新传统工艺提高产品质量，保证产品的可靠性。加强管理创新，建立生产过程的信息化，使整个生产过程可查、可控。

第三，提升农机生产的标准化水平。从国外的情况来看，农机工业生产线标准化程度高，不仅实现了标准件的标准化生产，非标准件生产的标准化水平也已经非常高[19]。我国的农机工业生产线发展较晚，总体标准化生产线不足 3％。要引导企业加强生产线全标准化、自动化、全智能化建设，形成涵盖加工制造、部件线、装配线、检测技术与自动化装置、试品、成品定型、售后、故障诊断与容错的生产线。

第四，加强引进吸收。引进先进技术和产品是缩小与国际先进水平差距的捷径，但仅靠引进先进技术和产品对提高自身水平的促进作用极为有限，关键是要消化、吸收，并在此基础上创造，形成再创新能力，才能赶超国际先进技术水平。农机产业的国际贸易合作，既要适度进口机械产品，又要注重技术方面的合作，通过主动积极地开展技术贸易提升自身竞争力。

（三）促进农业机械化与农业现代化的协调推进

第一，提升农机与农艺的融合度。生产工具与生产对象、水土条件、地形地貌相互适应才能促进农业生产力的提高。实施机械作业的前提条件是生产过程的标准化。只有实现标准化的作业，机械才能够应用。也只有开发出与生产对象、生产环境相适应的机械，劳动效率才能得到提高。因此，农机与农艺这两个方面不是哪个方面更重要的问题，而是要相互适应有机嵌入生产模式之中。

农机与农艺融合不够，是当前农业机械化过程中的突出问题，这极大限制了农机的应用。在劳动力日益稀缺、农业规模化经营发展较快、农业效益迫切需要提高的情况下，新的农作物栽培技术是否具有推广价值，不仅要看其在提高单产、提升品质、改良性状等方面的促进作用，还要看其是否符合当地地形地貌、水肥气热、农业结构、经济社会基础等复杂的条件。我国农作物栽培技术创新的数量很多，在种植模式方面进行了大量探索，但绝大多数无法实现大面积推广，原因就在于对投入产出、立地条件、劳动量大小、社会条件等技术以外的因素考虑不够，而这些方面只要有一个因素不适应，就会使得技术失去推广价值。农业机械制造技术的发展，存在着与作物栽培技术发展方面相同的问题。事实上，农机与农艺不相适应，只是农业现代化过程中两个方面相互不配套的重要表现。

第二，协调推进农业现代化与农业机械化水平。家庭经营体制是我国农村的基本经营制度，对我国农业有着极强的适应性，有利于农业劳动者采用先进技术，推动农业机械化发展。因此，我们不能把农机化发展与农业家庭经营对立起来。相反，应当用足用活各项利好政策，完善农业家庭经营体制，推动机械化、规模化家庭农场快速发展,加快农机化发展,支持农业现代化[20]。必须在坚持农村基本经营制度不变的前提下,根据生产对象、种植模式、生产技术、地域特征、地形地貌、立地条件、自然气候等对机械性能的要求,明确需要解决的问题清单,形成统一、详细的需求显示机制。充分发挥企业在产业发展需求和研发方向对接中的作用,构建跨行业、学科、地域、国界的创新团队,形成协同创新机制,是发展现代农业过程中的关键问题。促进机械化与良种化、水利化、标准化、产业化等相互融合,建立机械制造、农艺、政策、经营管理、设计及相关专业人员共同配合的协作机制,推动集成创新,是改变创新单一、效果有限、推广应用困难局面,提高创新能力和创新效率的必经之路。

（四）有序创新农业组织体系

分散的小农生产是与生产力发展水平低下、农业劳动力没有充分转移、生产以满足家庭消费为主等情况相适应的经营方式。在这种经营方式下,经营主体既缺乏采取机械化生产的内在动力,又缺乏足够的机械购置能力。而随着国民经济的发展和结构的多元化,为追求更高的收入,农业劳动力会越来越多地转移到更为广泛的领域,农业劳动力缺乏和农业比较效益低下的问题就会体现出来。由于机械化生产省工省力,利于解决种地效益的问题,也就成为农业生产方式转变的必然内容。而机械化需要以标准化作业、规模化生产、具备投资能力、能够获取利润等为条件,否则就会失去发展基础。在不同国家和地区,满足这些条件的方式明显不同,并且决定了农业机械化方式的差异。从发展路径来看,大致可以分为两大类型:一类是从经营主体着手,用规模化经营主体替代原来的分散规模经营主体;另一类是从服务主体着手,通过规模化服务来弥补分散规模经营主体的不足。从已经实现农业机械化国家的情况来看,不论是新大陆国家还是传统国家,都以第一种方式为主,第二种方式也得到了一定程度的发展并对第一种方式起到了重要的补充作用。

我国近十几年的探索和实践表明,这两条基本路径不仅都有其适应性,而且相互支撑、相互交织。我们要根据作物品种、自然地理特征、服务市场规模、政府与市场关系、经济社会发展水平等方面的情况,视具体条件差异创新产业组织体系,选择不同的机械化方式。目前,我们可以从以下几个方面同时着手:

第一,加快推进土地流转,培育规模适度的经营主体。规模适度的生产经营方式的优势在于,使得从事农业经营的劳动力能够获得不低于从事非农产业的收入,提高其从事农业生产的积极性。这些经营主体随着经营规模的扩大,购置农业机械的积极性较高,或者通过购买服务实现农机作业。对此,我们要充分调动这些经营主体应用、推广农业机械技术的积极性,搭建农业机械技术交流平台,建立农机技术示范基地,树立优秀推广典型,达到以点带面的效果,促进农机技术推广效益的提升,增强农业机械技术推广效果。

第二,发展农业联合与合作组织。在发达国家通过建立机械协会、机械合作社、农机租赁公司,可以显著提高农业机械的使用效率,降低农机作业成本[21]。经营主体以合作社、协会、联耕联种等方式组织起来,不仅可以快速扩大经营规模,提升购置机械的能力,而且保留土地承包主体的经营权。内部成员不仅能够获得低成本和便捷的服务,而且能够组织起来对外提供社会化服务,获得与分享更多的利润。正因为如此,大量的农业合作社主要以农机合作为主,以提供机械服务为基本服务内容。

第三,发展农机专业技术协会、农机合作社等社会化农机服务。社会化农机服务主体提供的服务比较专业,作业面积较大,效率较高,为农业经营提供便捷、成本可控的服务。更为重要的是,社会化服务主体得到充分发育后,大量的农业经营主体可以不购买农机,农机产业的发展效率大为提高,更好地促进我国农业机械化和农机制造业的发展。对此,我们要按照"政府引导、市场运作"的原则,培育农机应用、推广市场,引导农业新型经营主体成立农业机械合作社、农业机械中介组织、农业机械推广网点,完善农业机械社会推广服务体系;充分发挥农机专业技术协会、农机合作社等组织在农机推广中的示范作用;县乡农机推广机构要把指导农机社会化服务组织开展技术推广工作作为重要的工作职责,积极引导他们通过机械联合、技术联合、服务联合等方式,走农机服务市场化、专业化的道路;加大对农业机械合作组织的政策引导、信息服务、资金支持力度,鼓励这些农业机械合作组织把农机经营、农机作业、维修服务、技术推广结合起来,更好地发挥技术优势、服务优势[22]。

(五)加强和改善政府支持

农业机械作业条件和环境复杂,作业区域范围大,机械分布比较散,作业成本高。因此,发达国家一般都会对农机服务提供支持。而且,对农机服务的支持一般属于"绿箱"政策,不受世界贸易组织(WTO)规则的限制,是支持保护农业的重要切入点。农业机械化水平的提高需要政府的支持,这在我国显得尤为迫切。

目前,我国农业机械技术人员少,农机维修不便、安全性不够、作业成本高、工作不方便,对农机推广和应用形成了非常重要的制约。必须在充分发挥市场作用的前提下,更有效地加强和改善政府的支持和服务作用。

第一,加强农业机械技术推广体系建设。我国现行的农机推广体系是在计划经济体制下建立起来的,由国家、省、市(县)、乡4级构成,其为我国农业机械化的发展做出了很大贡献。现阶段,我国农业机械推广体制仍然是以省、市推广总站为主轴,县农机推广部门是牵头部门,各个乡镇农业机械推广站是主要的纽带,进行纵向推广。应完善省、市、县的纵向传递机制,把市场作用在体系内发挥出来。

一是充分发挥纵向农机推广部门的公益性职能,更好发挥政府、农机推广部门、农户和农机制造企业之间的纽带作用。各级政府要高度重视农业机械技术推广工作,落实农机推广工作所需的各项经费,并纳入政府的财政预算,各项经费应按时、足额地划拨到位,确保农机推广工作的正常开展;加大相关政策的倾斜力度,促进农机推广体系的建设;加快试验示范基地建设,完善、更新农机具试验所需的仪器、设备,使先进适用的农机具和农机技术得到迅速推广。

二是县级农机推广部门要将农业机械化试验、农业机械技术推广、农业机械服务和农业机械经营等有机结合起来,使农民从试验、推广、应用等多个方面进一步认识农业机械技术。要加强与科研院所、农机制造企业的合作,为研发新机具、新技术,提高农机质量和性能发挥应有的作用。

三是完善乡级农机站运行机制。乡镇农机站是农业机械推广体系的终端,它直接面向农民开展服务。其推广工作成效直接影响农民的经济利益和接受新机具、新技术的积极性。乡级农机站应发挥好政府与农户的桥梁和纽带作用,积极鼓励农机专业户开展农机推广经营性服务工作。乡级农机站和推广人员应根据推广的新机具、新技术,对农民开展技术培训、示范、指导;提供新政策和新技术信息服务;加强农机的安全管理;要进一步明确农业机械推广人员的工作责任,建立工作考核机制和激励机制,使得各项推广工作能够落到实处[23]。

第二,完善农机补贴政策。最初实行的农机补贴政策,补贴资金只有 7000 万元,仅覆盖 66 个县。到 2014 年,这一资金达到 200 多亿元,覆盖全国所有的农牧业县(场)。农业机械化水平的迅速提升,与农机补贴政策的实施有密切关系。今后,要进一步考虑各地的农业生产结构、标准化生产趋势、提升农机产业竞争力等方面的问题,拓展农机补贴范围、改进支持方式、提高支持效率。要加大对农业机械购置补贴金额和补贴范围,补贴的重点要向粮食主产区倾斜,要向农业生产中最急需、最重要、推广条件成熟的关键农机具和技术倾斜[24]。

第三,加大对研发、教育、技术人员培训和科技推广的支持力度。发达国家的农业科研投资一般占农业总投资的 10% 以上。我国农业机械研发水平较低,具有原始创新能力的企业微乎其微,需要政策在基础研究、共性技术研究方面发挥更多的作用。与此同时,要大力发展产业技术创新战略联盟,加大国家项目对农机科技企业在资金、税收、金融等方面的支持力度,充分发挥企业在研发中的作用,为发展农机新兴产业提供支撑。提高高等教育水平,加快培养我国紧缺的高层次农机人才。加快建立专业教学就业一体化的教育体制,使得农机人员能够及时获得职业教育和培训,受过职业技术教育的专业人才能稳定就业。推进基层农业技术推广体制改革,强化县级农业技术推广组织建设,鼓励跨乡镇设置区域站,确保技术推广人员素质稳步提高、工作条件得到改善。加强统筹协调,促进农机科研院所、高校、制造企业、农机服务主体、农业经营主体之间加强交流,形成共同创新的局面。

第四,加强基础设施条件建设。农机作业效率固然比人工作业高得多,但要以机械便于移动、操作标准一致、田间较为平整、具备动能等为条件。因此,农业机械化对农业基础设施建设具有专门的要求。目前重点需要解决的问题包括:加强机耕道建设,这是机械进出田间的基本条件,丘陵山区等地域类型尤其如此;加强田间电网建设,方便农业机械利用电能;加快建设高标准农田,为机械作业提供更好的田间条件;将农机存放仓库所需用地视同农业用地,解决农业机械存放的用地问题。在农业基础设施建设过程中,要充分考虑便于农业机械使用。

第五,降低农机购置和使用成本。如何降低经营主体使用农业机械的成本和提高使用机械的效益,是政府需要考虑的问题。目前,我国已经建立了农机购置补贴、农业生产资料补贴制度,对于降低农机购置成本和燃料使用成本起到了重要的促进作用,也是我国十年来农业机械化水平快速提高的主要原因。今后,可以考虑进一步加大对维修服务网络的支持,或者对机械维修服务给予一定补贴。对于农业生产资料补贴,可以从现有盘子中拿出一部分或者专门追加资金,主要用于对新型经营主体的支持。加强农机服务供求双方信息、气象等方面的服务,扩大农机服务的活力空间,增加农机使用时间,提高农机服务业发展空间。

第六,加强农机安全监理。目前,我国已经建立起以县农机监理站为龙头,乡镇农业技术站为骨干,各级农机协会、合作组织为依托,村农机安全员为基础的农机安全监理体系,农机安全工作得到明显加强。但目前我国农机手数量仍然不够,多数经验不足,加上农村道路、田间等条件不佳,农机安全事故仍然较多。要继续加强对农机的登记、证照管理,深入开展"创建平安农机"工作,使得农机监理业务得到规范。

---

[1] 彭澧丽,杨重玉,龙方.农业机械化对粮食生产能力影响的实证分析——以湖南省为例.技术经济,2011,30(1):34-38.

[2] 阳继文.农业机械化发展对粮食生产能力的积极影响.南方农机,2016(10):18-19.

[3] 张劲松,王雅鹏.农业机械化对粮食产出效能贡献测算与分析.湖北农机化,2008(1):31-34.

[4] 温建军.农业机械化对盐池县粮食产量效能的贡献分析.安徽农业科学,2016,44(27):209-211.

[5] 程明,李明亮,陈振环,等.农业机械化对我国粮食产量影响的实证研究.广东农业科学,2013,40(18):198-201.

［6］　张秋平.试论农业机械化对粮食产出的效能作用.吉林农业,2014(7):40.

［7］　刘红,何蒲明.农业机械化对我国粮食安全的影响研究.农业经济,2014(5):3-5.

［8］　张宗毅,刘小伟,张萌.劳动力转移背景下农业机械化对粮食生产贡献研究.农林经济管理学报,2014,13(6):595-603.

［9］　郝庆升.论农业机械化发展的动力机制.农业现代化研究,2001(1):51-53.

［10］　国家统计局.第三次全国农业普查主要数据公报(第二号).http://www. stats. gov. cn/tjsj/tjgb/nypcgb/qgnypcgb/201712/t20171215_1563539.html

［11］　杨敏丽.新常态下中国农业机械化发展问题探讨.南方农机,2015(1):7-11.

［12］　亓芳丽.透过国际展看中国农机化发展.农机质量与监督.2014(11):8-9.

［13］　刘宪.丘陵山区农业机械化问题.农机科技推广,2014(5):4-6.

［14］　李伟毅,赵佳,胡士华.小农条件下农业现代化的实现路径——农机跨区作业的实践与启示.中国农机化,2010(2):10-15.

［15］　柴喜男,高元恩.新常态下农机工业的机遇与挑战.南方农机,2015(3):10-11,13.

［16］　刘峰,陈建,杨明金,等.加强农机推广工作,促进农业机械业发展.农机化研究,2009(11):235-237.

［17］　李伟国.补短板,推进丘陵山区农业机械化发展.农业机械,2018(1):128.

［18］　赵文.国外农业机械化现状和发展趋势(下).中国农机监理,2004(6):40-43.

［19］　尚书旗,鹿光耀.农机工业生产线发展现状及展望.农业工程,2015(2):22-24.

［20］　周守炳,秦海生.我国农业家庭经营与农机化发展.当代农机,2014(8):49-50.

［21］　刘静明.国外农机服务组织发展研究.中国农机监理,2010(11):41-42.

［22］　陶丽华.农业机械推广过程中常见问题与对策.北京农业,2016(1):115-116.

［23］　植文观,邓作茂.关于农业机械技术推广问题和对策的探讨.南方农机,2014(6):7-8.

［24］　刘荣和.农业机械技术推广问题分析与对策.中国农业信息,2017(4):24-25.

第九章 转基因技术与粮食安全

一、转基因及其发展态势

基因,又叫遗传因子,是具有遗传效应的 DNA 片段,它支持着生命的基本构造和性能,是控制生物性状的基本遗传单位。转基因技术(Transgene Technology)是利用分子生物学方法,将从特定生物体基因组中提取的目的基因,或者是人工合成指定序列的有利的 DNA 片段,导入目标生物中,与其本身的基因组进行重组,从而引起生物体性状可遗传的修饰,获得具有稳定表现特定的遗传性状的个体;或者是通过干扰、抑制、消除原有基因组中的某个基因,去除原有生物体中的不利性状。该技术可以使目标生物在原有遗传特性的基础上增加人们所期望的新的功能、特性,培育出新品种,生产新的产品。

目前,转基因技术已广泛应用到农业、医药、化工、食品工业、环境保护、能源等领域。转基因作物的研究最早始于 20 世纪 80 年代初期,1983 年,全球第一例转基因烟草在美国问世,标志着人类利用转基因技术改良农作物的开始;1986 年,首批转基因抗虫和抗除草剂棉花进入田间试验;1994 年,孟山都公司研制的延熟保鲜转基因西红柿在美国批准上市;1996 年,转基因抗虫棉花和耐除草剂大豆在美国获批大规模种植。之后,许多国家也都开始对转基因作物展开研究,并进行转基因作物的商业化种植,转基因作物的产业化发展非常迅速。

2015 年是转基因作物商业化 20 周年,为回顾转基因作物发展历程,展现转基因作物的发展成就,展望转基因作物未来发展态势,国际农业生物技术应用服务组织(ISAAA)发布了一份报告,即《转基因作物全球商业化 20 周年(1996 年至 2015年)纪念暨 2015 年全球生物技术/转基因作物商业化发展态势》,报告显示:

(一)转基因作物的研发态势日益强劲

从转基因作物的研发态势看,它已涵盖 35 个科,200 多个种,已有 26 种转基因作物的 363 个转化体获准商业化种植或环境释放,涉及大豆、玉米、棉花、油菜、水稻和小麦等重要农作物,以及蔬菜、瓜果、牧草、花卉、林木等。随着研究的深入,转基因产品处于持续更新换代中:第一代以抗病虫、耐除草剂、抗逆转基因作物为主,旨在提高作物抵抗生物或非生物胁迫的能力,进而提高作物产量、降低投入;第二代以品质改良转基因作物为主,包括提高作物的维生素、赖氨酸、油酸等营养成分含量,剔除过敏原及植酸、胰蛋白酶抑制因子、硫代葡萄糖苷等抗营养因子,使转基因食品营养更丰富;第三代以功能型高附加值的转基因生物为主,旨在拓展新型转基因生物在医药、化工、环境、能源等领域的应用。目前,大规模商业化种植的转基因作物主要是第一代和第二代转基因产品,其主要性状依然是耐除草剂、抗虫、抗病毒、抗逆等。转基因研发正在由以抗虫、抗逆和耐除草剂等以增产为目的的品种改良,逐渐发展为以增产和改善产品品质、营养保健,以及以工业、医药和生物反应器等为目的的品种改良。在传统转基因技术成功应用 20 年后,生物技术领域又兴起了基因组编辑技术,它可以同时对控制重要性状的单个或多个基因进行定点突变、替换、插入、大片段缺失等操作,以获取具有预期性状的改良作物,并且在最终植物中不含有外源 DNA 存在。利用基因编辑技术、定点重组技术改良的作物具有精准、快速、成本低、无须监管的优点,实现基因操作的安全化、精准化[1]。

(二)转基因作物的种植面积迅速增加

从转基因作物的种植面积看,1996—2015 年,全球转基因作物累计种植面积达到 20 亿公顷,相当于我国种植总面积(9.56 亿公顷)或美国种植总面积(9.37 亿公顷)的 2 倍。这一累计面积包括:转基因大豆 10 亿公顷、转基因玉米 6 亿公顷、转基因棉花 3 亿公顷和转基因油菜 1 亿公顷。转基因作物的种植面积从 1996 年的 170 万公顷上升至 2015 年的 1.797 亿公顷。20 年时间,取得了 100 倍的增长。为了满足农户和消费者的多样化需求,从 2006 年开始,复合性状产品成为转基因产品培育的一个重要方向,并开始大规模种植。2007 年,复合性状产品增加了 66%,种植面积为 2180 万公顷,占据了全球转基因作物种植面积的 19%[2];2015 年,复合性状产品种植面积达到 5850 万公顷,占总面积的 33%。

(三)转基因作物的种植国家不断增加

从转基因作物的种植国家看,2015 年,28 个国家种植了转基因作物,其中有 20 个发展中国家和 8 个发达国家,包括了全球 60% 的人口,即 40 亿人。其中美国仍是全球转基因作物的领先生产者,种植面积达到 7090 万公顷,占全球种植面积的 39%,主要转基因作物的应用率为玉米 92%、大豆 94%、棉花 94%。全球第二大转基因作物种植国巴西 2015 年的种植面积为 4420 万公顷,比 2014 年增加了 200 万公顷,首次占到全球种植面积的 25%,是全球转基因作物增长的引擎。阿根廷以 2450 万公顷的种植面积保持在第三名,印度的种植面积排名第四,有 1160 万公顷的转基因抗虫棉花,应用率为 95%,成为全球第一大转基因棉花生产国。加拿大排名第五,为 1100 万公顷,转基因油菜的应用率为 93%。2015 年这五个国家转基因作物的种植面积均超过了 1000 万公顷。排在第六至第十名的转基因种植大国依次为中国、巴拉圭、巴基斯坦、南非、乌拉圭。2015 年,拉丁美洲、亚洲和非洲的农民共计种植转基因作物 9710 万公顷,即占全球 1.797 亿公顷转基因作物种植面积的 54%,而发达国家 8260 万公顷的种植面积占 46%,即发展中国家比发达国家多种植 1450 万公顷。发展中国家转基因作物的种植面积连续四年超过了发达国家。

(四)种植转基因作物的收益显著

从种植转基因作物的收益看,1996—2015 年,每年大约有 1800 万农民种植转基因作物,其中大约 90%(即 1650 万)是发展中国家的小农户。1996—2014 年间,转基因作物产生的累计经济效益达 1500 亿美元,其中发达国家为 741 亿美元,发展中国家为 762 亿美元。2014 年,发展中国家的经济效益为 83 亿美元,占全球 178 亿美元的 46.5%,而发达国家为 95 亿美元。除经济收益外,种植转基因作物使得杀虫剂的喷洒量至少减少了 50%,从而也减少了农民暴露于杀虫剂的风险,更重要的是,有助于环境的可持续发展和生活质量的提高。可见,转基因作物已经实现了其先前的承诺,为农民乃至全社会带来了巨大的农业、环境、经济、健康和社会效益。

(五)批准种植转基因作物的国家越来越多

从转基因作物的批准情况看,从 1994 年到 2015 年 11 月 15 日,共计有 40 个国家(39 国+欧盟 28 国)的监管机构批准转基因作物用于粮食或饲料,或被释放到环境中,涉及 26 种转基因作物、363 个转化体的 3418 项监管审批。获得监管审批最多的五个国家包括日本(214 个批文)、美国(187 个,不包括复合性状转化体)、加拿大(161 个)、墨西哥(158 个)、韩国(136 个)。

(六)转基因种子的价值持续增长

从转基因种子价值看,据 Cropnosis 机构的估计,2015 年转基因作物的全球市场价值为 153 亿美元,占 2014 年全球作物保护市场 762 亿美元市值的 20%,全球商业种子市场 450 亿美元的 34%。预计全球已收获的最终商业产品(转基因作物和其他收获的产品)的农场出场收入为转基因种子单独价值的 10 倍以上。根据 2011 年的一项研究估计,一个新的转基因作物或性状的发现、开发和批准的成本为 1.35 亿美元。美国透明市场研究公司关于 2013—2019 年的一项报告显示,全球农业转基因技术 2012 年价值为 153 亿美元,到 2019 年的市场价值有望达到 287 亿美元。因为对高产作物的需求不断增加以及可耕地面积的不断减少,预计从 2013 年到 2019 年,转基因应用的市场价值还将以 9.5% 的复合年增长率继续增长[3]。

二、我国转基因技术的发展现状

我国政府关于转基因技术发展的政策是一贯而明确的,那就是"积极研究、坚持创新、慎重推广、确保安全",简而言之就是两条:一是在研究上要积极,坚持自主创新;二是在推广上要慎重,做到确保安全。为了推动我国转基因技术的发展和进步,提高农业转基因生物研究和产业化整体水平,2008 年国务院批准设立了转基因重大专项。2009 年国务院发布的《促进生物产业加快发展的若干政策》明确指出:"加快把生物产业培育成为高技术领域的支柱产业和国家的战略性新兴产业。"20 多年来,由于国家关于转基因的政策科学明确,推进有力,广大科技工作者勤勉务实,我国转基因技术在自主创新、产业化发展、安全保障能力等方面都得到了显著增强,取得了不俗的成就。

（一）自主创新能力显著提升

自 2008 年国务院批准设立转基因重大专项以来,我国农业转基因技术研发、基因克隆和遗传转化技术已达世界先进水平,水稻基因克隆研究居国际领先地位。我国牵头或参与组织完成了包括水稻、油菜、棉花、小麦等重要农作物的全基因组序列分析;从重要农作物中分离克隆了一大批具有自主知识产权的、控制重要农艺性状的功能基因,包括控制籽粒大小、粒型、穗型、株型、抽穗期、育性、抗虫、抗病、抗盐、抗旱、耐低温、营养高效等功能基因;研发出了抗虫转基因水稻、抗虫转基因棉花、转植酸酶基因玉米等世界领先的转基因产品,还在抗虫玉米、耐除草剂大豆和抗旱小麦等领域取得了一批重大成果,显著提升了我国自主基因、自主技术、自主品种的研发能力,在新品种培育的不同阶段已形成金字塔型的成果储备。在转基因专项支持下,我国已克隆功能基因 3160 个,其中具有重要育种应用价值的抗病虫、抗逆等性状的关键基因有 137 个,部分重要基因已应用于转基因新材料创制;申请专利 1872 项、获批专利 1036 项,其中申请国际专利 40 项、获得授权 9 项,专利总数仅次于美国,居世界第二位。至 2016 年 9 月,农业部共批准转基因生物技术试验 8249 项,发放生产应用安全证书 2627 项(含续申请)。在主要转基因作物研究方面,棉花获得 2302 项生产应用安全证书(含续申请),番木瓜、玉米各 1项,水稻 2 项。我国在转基因玉米研发方面成效尤其显著,继植酸酶玉米之后,抗虫耐除草剂玉米等一批转化体已进入安全证书申请阶段,还有许多转化体进入环境释放和生产试验阶段,转基因玉米的产业化基础扎实。

我国还创新了具有自主知识产权的基因表达调控和基因删除、定点重组等安全转基因技术,在国际上率先将基因编辑技术应用于水稻、小麦等作物的分子育种;完善了八大生物的规模化转基因技术体系,特别是水稻和小麦遗传转化技术取得了重大突破,粳稻转化效率由 40％提高到 93％,小麦转化效率由 1％提高到 20％以上,有效支撑了转基因生物新品种的培育,打破了发达国家和跨国种业集团长期以来的基因和技术垄断,自主基因、自主技术、自主品种的研发能力显著提升。抗虫棉、抗虫水稻、人血清白蛋白水稻、高植酸酶玉米、抗除草剂玉米、抗除草剂大豆、节水抗旱小麦、高品质奶牛、高瘦肉猪等原创性重大产品研发和安全评价取得新进展,在转基因技术研究方面明显缩短了与发达国家的差距、提升了我国的国际竞争力[4]。

据统计,1973—2014 年我国发表 SCI 论文 3131 篇,处于国际第三位。其中,关于转基因水稻的 SCI 论文高达 605 篇、转基因棉花 SCI 论文 234 篇,论文数量均处于国际第一位;发表的转基因玉米、大豆和小麦的 SCI 论文数量均次于美国,处于世界第二位。2012—2013 年国际上发表水稻高水平论文(影响因子大于 9)共计25 篇,其中中国 17 篇,占 68％。2013 年全球三分之二的水稻重要基因由中国科学家克隆,这表明中国在转基因水稻和转基因棉花基础研究方面处于国际领先水平,在转基因玉米、大豆和小麦的研究方面也达到了国际一流水平[5]。

(二)产业化能力稳步提高

目前,中国获得转基因安全生产证书的作物有 7 种,推广种植的只有抗虫棉、木瓜和白杨,至今尚未开放转基因粮食作物的商业化生产。

我国在 1997 年开始批准转基因抗虫棉商业化种植,当时美国孟山都公司转基因棉花占我国抗虫棉市场的 95％以上,国产抗虫棉份额不到 5％。1998 年我国审定了第一批抗虫转基因棉花品种,1999 年审定了第一个国审抗虫棉品种——中棉所 38,从此迈开了中国转基因棉花品种培育和生产推广的步伐。2001 年转基因抗虫棉的种植面积首次超过了非转基因棉,2003 年国产抗虫棉的面积超过了美国抗虫棉面积,占国内抗虫棉市场份额的 53.9％。到 2007 年,国产抗虫棉面积已占96.1％,彻底打破了美国抗虫棉的垄断,成功地保护了我国棉花产业和民族利益。截至 2014 年年底,转基因专项共育成新型转基因抗虫棉新品种 124 个,累计推广3.7 亿亩,减少农药使用 37 万吨,产生社会经济效益 420 亿元,国产抗虫棉市场份额达到 96％;三系杂交抗虫棉解决了人工去雄制种成本高的技术难题,与常规杂交棉制种相比成本降低 60％、效率提高 40％、产量提高 20％。目前,我国抗虫棉已经形成了覆盖所有棉区、不同熟期不同类型搭配合理、常规棉与转基因棉并重的品种体系,成为仅次于美国的第二个拥有自主知识产权的转基因棉花研发强国。随着国产抗虫棉研制技术的成熟,我国抗虫棉优良的抗虫性和突出的综合性状引起了世界上各产棉国的关注。我国先后与印度、澳大利亚和巴基斯坦签订了抗虫棉的合作项目,目前正在推进之中,国产抗虫棉已经走出国门、迈向世界,参与了国际竞争[6]。除了抗虫棉,2014 年广东、海南和广西三省种植了 8500 公顷抗病毒木瓜、543公顷转基因白杨,2015年这三个省又种植了7000公顷抗病毒木瓜、543公顷转基因杨树。

(三)安全保障能力显著增强

第一,健全了法律法规体系。为了加强农业转基因生物安全管理,促进农业转基因生物技术研究,2001年5月,国务院公布实施《农业转基因生物安全管理条例》,这是我国第一部专门的农业转基因生物安全管理法规,确立了农业转基因生物的安全评价制度、标识管理制度、生产许可制度、经营许可制度和进口安全审批制度。为使《农业转基因生物安全管理条例》更具操作性,农业部、国家质检总局、卫生部等各部委结合各自管理权限和范畴,分别制定了5个相关配套管理办法,即《农业转基因生物安全评价管理办法》《农业转基因生物进口安全管理办法》《农业转基因生物标识管理办法》《农业转基因生物加工审批办法》和《进出境转基因产品检验检疫管理办法》,对农业转基因生物的安全评价、进口安全、产品标识、加工审批、进出境产品检验检疫、食品卫生等管理工作进行了全面具体的规定。2006年发布的《中华人民共和国农产品质量安全法》第三十条,2007年9月农业部发布的《植物新品种保护条例实施细则》第十八条、第三十条,2015年4月发布的《中华人民共和国食品安全法》第六十九条、一百二十五条、一百五十一条,2016年1月施行的《中华人民共和国种子法》第十四条等,都是针对转基因生物安全管理的相关条款。此外,我国还缔结或参加了有关转基因生物安全的国际条约和公约,如《生物多样性公约》和《卡塔赫纳生物安全议定书》等。

第二,建立了系统的组织管理体系。国务院建立了由农业、科技、环保、卫生、质检、食品药品监督等12个部门组成的农业转基因生物安全管理部际联席会议制度,负责研究、协调农业转基因生物安全管理工作中的重大问题;农业部组建了由生物技术、食品药品、生态环境、转基因检测、检验检疫等相关领域的64名专家院士组成的国家农业转基因生物安全委员会,负责转基因生物安全评价工作,以确保转基因生物安全评价的科学性、权威性;农业部认定了42个第三方转基因监督检验测试机构,组建了由47位专家组成的全国农业转基因生物安全管理标准化技术委员会,制定了180多项检测和安全评价标准,并开展转基因作物安全检测监测工作;国家质检总局制定了60多项转基因检测标准,并有100多个检测机构开展进出口检测工作。农业部专门成立了农业转基因生物安全管理办公室,负责全国农业转基因生物安全管理指导督查工作,各省、市、县的农业行政管理部门均设立了相应机构,负责本区域转基因安全监督管理工作;国家质检总局负责全国进出境转基因产品的检验检疫管理工作,国家质检总局派驻各地的出入境检验检疫机构负责辖区进出境转基因产品的检验检疫以及监督管理工作;县级以上地方食品药品行政主管部门负责本辖区转基因食品安全的监督管理工作[7]。

第三,建立了系统严密的技术规程。目前,我国已研制 206 项转基因生物安全评价和检测监测新技术新方法、138 项技术标准和规程、84 种标准物质,围绕具有产业化前景的转基因品系(抗虫水稻、抗虫棉花、抗虫玉米、抗除草剂大豆等)开展了 33 项重要转化体的安全评价工作,系统监测了大面积种植转基因棉花的潜在生态影响,构建了完善的转基因生物及其产品的安全评价和监测检测技术体系,形成了稳定的转基因生物安全评价和检测监测人才队伍。

第四,建立了严格的安全评估模式。目前,国际上对转基因技术的安全评价有两种模式:一种是美国模式,对产品进行评估,即不管是使用转基因技术还是其他技术,只要是新研究出来的产品都要进行安全评估;另一种是欧盟模式,是对过程进行评估,即只要是使用转基因技术,就要对技术及其使用过程进行安全评估。

我国对转基因技术的安全评估,既要评估产品又要评估过程,可以说是全球最严格的评估体系。按照国务院颁布的《农业转基因生物安全管理条例》及相应配套制度的规定,对转基因作物从实验室研究到田间小规模的中间试验、再到较大规模的"环境释放"、生产性实验、生产应用安全证书申请等,每个阶段都要实行严格的安全评价,一个阶段不合格就必须立即终止,不能向下一个阶段推进。例如,农业部批准的转基因抗虫水稻"华恢 1 号"和"Bt 汕优 63"前后进行了 11 年的安全性评价,包括一系列的环境、生态评价,还有食品安全评价。除了执行国际通行的标准以外,我们还增加了"大鼠三代繁殖试验"和"水稻重金属含量分析"等指标。我国对转基因生物的安全管理不仅局限于研究和实验环节,而且对转基因品种的生产、加工、经营和进出口等环节也实行严格的安全管理。即使取得了转基因品种生产应用安全证书,也不意味着可以进行产业化种植,还要依据《主要农作物品种审定办法》进行品种审定,审定通过并取得种子生产经营许可证,方能进行产业化种植。也正因如此,2009 年取得了生产安全证书的转基因抗虫水稻"华恢 1 号"和"Bt 汕优 63"到现在还没有进入品种审定阶段,没有取得种子生产经营许可证,无法进行产业化种植,这种情况在国际上是独一无二的。可见,我国的转基因产品的安全性评价,不管是技术标准,还是审核程序、审核体系都是非常严格的。

第五,严格依法监管,严肃查处违法种植转基因作物行为。一是每年农业部对转基因的监管工作进行专题研究和部署,要求严把研发试验关、品种审定关、生产流通关,有效防范转基因育种材料、转基因品种和转基因种子非法扩散。二是加强联合督导,在春耕备耕、秋收冬种、购种销种等关键时节,对制种基地等重点区域开展拉网式排查,对发现问题及被举报的种子企业、经营门店和乡村经销点进行全覆盖抽检,重点市、县分组包片,严防非法转基因种子落地。三是严厉打击违法种植转基因作物行为。近年来,湖北省农业厅联合公安部门成立专案组,铲除了非法种植的水稻田块;黑龙江省农委派驻工作组全面排查非法种植转基因大豆行为;辽宁省农委联合公安、工商等部门坚决依法查处有关案件,公开了 3 起已经结案的转基因玉米种子违法案件;2015 年,在新疆维吾尔自治区、甘肃省销毁了违法转基因玉米制种田 1000 多亩,在海南省铲除违法种植转基因玉米 100 多亩,所涉转基因材料全部销毁[8]。2016 年农业部派出 10 个督导组对全国 30 个省(自治区、直辖市)和新疆生产建设兵团的农业转基因研究试验环节监管情况开展专项督导,涉及 93 家科研单位,抽检了 147 个农业科研育种田间试验基地,检测样品 1600 多份,此次抽查基本实现了主要农业科研育种单位和作物田间试验基地的全覆盖,对 11 家单位违反农业转基因生物安全管理规定的行为进行了严肃处理,并在全国范围内进行通报[9]。通过严格执法、严厉查处、公开曝光等手段,有效地遏制了转基因作物违规种植现象。

三、转基因技术对保障粮食安全的作用

转基因技术在解决粮食安全的增产、节水、增效以及提高土地利用率和农产品质量等方面具有不可替代的作用。具体表现为:

(一)有利于提高粮食供给,增加农民收入

转基因作物通过提高单产来增加粮食供给。转基因作物提高单产主要通过品种改良、杂草控制、虫害控制三种方式实现。

转基因作物通过改良品种来提高单产;种植耐除草剂作物,可以挽回部分杂草导致的作物损失。种植耐除草剂作物之后,由于作物对于除草剂具有耐受性,并且除草剂都是广谱的除草剂,只需使用一种除草剂(草甘膦或草铵膦)就可杀死大多数杂草,这比起常规的除草方法如人工除草或多种除草剂联合使用效率高,因此减少了除草的劳动投入。实践研究表明转基因类作物可以有效地控制虫害,从而提高单产。以转基因玉米为例,在控制鳞翅类害虫方面,使用转基因技术的农户比喷洒农药更具有优势,转基因棉花也能更有效控制棉铃虫造成的虫害损失。转基因作物通过减少生产投入来提高农民收益。从对农药的使用来看,使用转基因玉米总体上会降低如甲基对硫磷、毒死蜱、高效氯氟氰菊酯和氯菊酯等杀虫剂的使用量,因此,转基因玉米和转基因棉花等转基因类作物可以显著减少农药的使用量及控制虫害的劳动投入。

1996—2013 年的 17 年间转基因作物净增产粮食 4414 亿千克,直接解决了大约 15 亿人的温饱问题,累计增加的作物产量价值 1333 亿美元,这其中劳动力减少、生产成本降低因素占 30%,而另外 70% 则是来自高达 4414 亿千克可观的产量收益[10];自使用转基因技术以来,化学农药的使用量减少了 37%,作物产量提高了 22%,利润增加了 68%。1996—2014 年的最新经济数据表明,转基因作物产生的

累计经济效益达 1500 亿美元,其中发达国家为 741 亿美元,发展中国家为 762 亿美元,我国农民从中获益 175 亿美元,而印度农民获益 183 亿美元。在 2014 年,发展中国家的经济效益为 83 亿美元,占全球 178 亿美元的 46.5%,而发达国家为 95 亿美元[3]。我国抗虫转基因水稻试种结果表明,抗虫水稻平均增产 12%,增收幅度为 900~1200 元/公顷[11]。我国转基因作物种植面积最大的是转基因抗虫棉花,2012 年种植面积约 400 万公顷。据报道,2012 年我国转基因棉花单产增加 9.6%,转基因棉花因抗虫性提高,减少农药用量 60%,每个农户因此增加 1500 元/公顷的收入[12];全球统计,每多种植 1 公顷转基因棉花,农民就可增收 250 美元[13]。

也有学者研究发现,转基因技术对于直接提高作物的单产有一定的作用,但不显著,从产量的角度看,抗除草剂、抗虫、抗病和抗逆性状,它可以通过控制杂草、病虫害损失保证实际单产,提高农作物的潜在单产,能够减少农作物的产量损失。英国独立调查顾问机构 PG Economics 发表了《2013 转基因作物全球收益与生产效益报告》,从经济效益数据看,2011 年农业收入增益的 51% 流向发展中国家的农民,其中 480 亿美元源于降低虫害及杂草胁迫和改良基因所带来的产量增长[14]。由此可见,转基因作物的种植不仅使粮食单产和总产得到提高、缓解粮食供应的紧张局面、为减少贫困和饥饿人群做出贡献,还通过持续提高农业生产力和生产效率增加农民的经济收益。

(二)能够节约水土资源,提高后备土地的利用率

转基因抗旱作物在提高缺水地区的粮食产量方面具有巨大潜力。两次全国土地调查显示,我国未利用或未充分利用的土地资源主要包括苇地、滩涂、荒草地和盐碱地等。由于受水资源和生态环境的限制,这些土地难以利用。耐旱、耐盐碱、耐寒转基因作物的开发为这些土地资源的利用提供了可能。转基因棉花在中国、印度和南非等国家,为超过 1650 万资源贫乏的人口减轻了贫困,尽管转基因棉花不可以作为粮食,但它可以替代为作为粮食生产的水土资源。

(三)能够改良作物品质,提高农产品质量

转基因技术不仅可以通过减少农药、化肥的使用提高农产品质量,还能够直接改良作物品质,增加食品营养,如中国农业大学实现了高赖氨酸基因在玉米种子的特异表达,赖氨酸和总蛋白质含量比常规玉米分别提高 53% 和 90%[15];浙江大学和香港中文大学合作,利用翼豆的富赖氨酸储藏蛋白基因在水稻中表达,使转基因水稻赖氨酸含量提高了 37% 以上;北京市农林科学院构建了高效小麦高分子量谷蛋白 5+10 亚基表达载体,培育出 4 个优质强筋小麦品系[16]。

(四)有利于改善农业生产环境,降低生产成本,提高粮食的比较效益

农业生产在一定程度上会影响生态环境,环境条件也在一定程度上制约或支

配着农业的发展。在我国,农业对环境的影响是多方面的,一是由于优势作物品种逐渐取代了过去的农家种,农作物栽培品种数量正以平均每年 15% 的速度递减[17];二是工业生产造成大量耕地和水源污染,许多地区土壤中重金属超标,严重影响了农产品质量;三是大量的化肥、农药、地膜、棚膜施用、秸秆焚烧以及机械化耕作等,导致耕地遭受严重的"白色污染"。由于化肥过量施用,导致不少水系处于严重富营养化状态,空气中如 CO 和 NO_2 等有害物质的不断积累。这些有利于农业增产的生产措施,对生态环境造成了破坏,长久下去,必然会形成恶性循环,农业生产也势必会遭受生态系统的严厉"回报"。转基因作物及其产业化能够大大减轻现代农业对环境的影响。1996 年美国种植的抗虫棉节省农药施用 94.625 万升[18]。自转基因作物产业化以来,全球化学农药使用率降低了 37%,累计约 50 万吨农药活性成分,故抗病、抗虫转基因作物的产业化既使粮食增产,又使农药使用量大幅减少,产生了良好的经济环境效益。由于使用抗除草剂作物品种,不仅减少了除草剂的用量,还可以实行少耕或免耕的耕作制度,减少机械操作、节省燃料,同时也直接减少了 CO_2 排放(2013 年减少 210 万吨 CO_2 的排放),耕作方式的改变使得土壤碳吸收增加(2013 年土壤碳吸收约 2590 万吨的 CO_2),这些都非常有利于减缓气候变化和减少温室气体[19]。可见,转基因作物产业化既可提高粮食产量,又可减少农药、除草剂、化肥、农业机械使用量,从而减轻农业生产对土壤、环境的污染,有利于保护水土资源和生态环境的多样性,有利于农业生产的安全、稳定、快速和可持续发展。

(五)有利于农业现代化的发展

土地规模化集约经营是农业现代化的必要条件之一,但品种和耕作管理体系是否配套、是否适合机械化操作以及广大农户对新品种的认可程度都影响着国家的决策和发展集约化经营的进程。作物转基因研究的目的是选育高产、优质、多抗且其他农艺性状优良的作物品种,即在转化符合集约化经营和机械化操作抗性性状(如抗虫+抗除草剂、抗病+抗除草剂等)的同时,应注重筛选具有适于集约化经营和大规模机械化操作的农艺性状,并同步探索新品种的耕作栽培管理体系。转基因作物的研发和产业化过程中相关耕作管理措施的改进,无论在技术上还是其他诸多方面都为农村实行大规模机械化操作管理提供了技术保障,对我国实现农业现代化具有举足轻重的作用。

四、转基因技术对我国粮食安全的影响

科学技术是一把双刃剑,转基因技术在基因转移范围、效率、大幅度提高粮食单产上具有明显优势,给人类的粮食安全描绘了一个美好前景,但同时也给粮食主权、农业生态环境、人类健康带来潜在风险。因此,安全成为转基因技术应用于农业生产所面临的最大问题,并越来越受到关注。

(一)转基因对粮食主权的影响

第一,转基因粮食的进口会造成我国粮食进口率上升,自给率下降。相较于传统粮食,转基因粮食具有抗病、抗虫、高产和抗除草剂等特征,能够降低除草、农药喷洒的次数,减少生产投入,减轻病虫侵害,提高粮食的潜在产量,并且转基因粮食适用于大规模的工业化农业生产,使转基因粮食在价格上有很大的优势,成为刺激粮食进口的动因,极大地增加我国粮食进口率,严重削弱了非转基因粮食的竞争力,导致传统粮食自给率下降,严重威胁我国粮食95%的自给红线。

第二,转基因粮食的进口会导致我国粮食定价权的丧失。作为世界上许多大宗粮食商品的超级买家,我国对转基因粮食的影响仅体现在需求拉动上,对价格的影响力很小。以转基因大豆的进口为例,我国不设配额并且关税仅有3%,使得我国大豆市场成为开放最为彻底的粮食市场,成为受冲击最为严重的粮食领域,完全丧失了大豆定价权。

第三,转基因粮食的种植会造成粮食生产的垄断和控制。粮食产业包括种子、农药、化肥、机械、加工、收购、储存、销售等环节,其中每一个环节都蕴含着巨大的经济效益。种子是粮食生产的前提,由于转基因粮食种子没有繁育能力,种植转基因粮食,必然要向跨国粮商支付高昂的种子专利使用费,一旦农民种植转基因粮食,农作物的种子就必须依附于有转基因专利技术的跨国公司。转基因粮食的效益只有利用种业公司研发和提供的农药、化肥才能显现出来,控制了种子,也就等于控制了农资的生产、供应及其价格,也就控制了粮食生产。

第四,挤占和垄断粮食市场,增加粮食加工环节的风险。从被国外粮商高度垄断的大豆市场来看,国外转基因公司经过二十余年经营,通过赞助、合作、入股、合资、独资等方式,已完成在中国的转基因布局,对我国农产品加工、销售环节控制力度逐渐加大。他们进入我国粮食市场采用"渐进式"布局策略,首先规模进入我国粮食加工环节,继而逐步染指上游种子、农资市场,控制粮食产品销售市场,从而完成对整个粮食产业链的垄断,这种布局模式一旦被复制应用到三大主粮,将严重威胁我国粮食安全。也正因为转基因粮食产业蕴含着巨大的经济效益,基因科学已经从一个自然科学问题演变成社会经济问题,驱使所有跨国种业公司,投入巨资进行转基因农业开发,申请并获得所开发转基因作物种子技术专利,通过专利来维护其技术垄断地位。目前,全世界80%的转基因农作物出自孟山都、先正达、陶氏益农、拜耳和杜邦等5家跨国公司,它们拥有转基因作物农资和种子的专利权,从而对转基因产品的市场拥有垄断性的控制权,为发展中国家的粮食安全埋下隐患,也给我国的粮食安全敲响了警钟。

转基因作物对粮食主权安全的影响,我国有着切肤之痛。以大豆为例,国家统计局公布的数据显示:1996 年,我国大豆的种植面积 7470550 公顷,大豆产量为 1322.42 万吨,单产量为 1770.18 公斤/公顷,出口量为 19 万吨,进口量为 111.4 万吨;2014 年,我国大豆的种植面积 6790500 公顷,总产量为 1215.4 万吨,单产量为 1787.3 公斤/公顷,出口量为 20.71 万吨,进口量为 7140.31 万吨。由此计算得知,2014 年我国大豆的总产量、种植面积、单产量、出口量、进口量比 1996 年分别增长了 -0.08%、-0.09%、0.01%、0.09%、63 倍。我国大豆的进口量 2015 年为 8169 万吨,2016 年为 8391 万吨,分别是 1996 年的 72 倍、75 倍。也就是说,在近 20 年的时间内,我国大豆的总产量和种植面积呈下降趋势,单产量和出口量尽管有所提高,但可以忽略不计,而进口量则急剧上升,1996 年进口大豆占总供给量(总产量+进口量)的 7.8%,2014 年则上升为 85.5%;大豆的自给率[自给率=(总产量-出口量)/(总产量+进口量-出口量)]急剧下降,1996 年为 92%,2014 年下降为 14%;对外依赖率急剧上升,1996 年为 8%,2014 年上升为 86%。

国家商务部网站的消息显示,大豆这一最早开放的农产品领域几乎完全被外资掌控,我国 97 家大型油脂企业中的 64 家企业为跨国粮商所参股或控股,占总股本的 66%,油脂市场原料与加工及食用油供应 75% 的市场份额也为外资所掌控。ADM、邦基、嘉吉和路易达孚仅 4 家公司控制了我国 80% 的大豆进口货源。不仅如此,这些跨国粮商掌握着美国、巴西和阿根廷等大豆主产国的大豆收购以及仓储和出口码头等设施,控制着全球 70% 以上的大豆货源。

这些数据和事实告诉我们,在外资的强大攻势下,我国大豆产业处境艰难,某种意义上是处于产业"沦陷"的状态,我国的大豆市场已经被国际市场特别是 ADM、邦基、嘉吉、路易达孚四大粮商所控制;如果把转基因技术视为"洪水猛兽",如今的中国有 80%、90% 以上的人吃过转基因食品;同时还给我们提出了警示性的问题,与其让国外转基因大豆占领国内市场,不如发展我国自己的转基因大豆,推进转基因大豆产业化。我国玉米市场一方面是"高库存",另一方面又大量进口,与转基因玉米难道就没有关系吗? 长此下去,我国玉米产业会不会重蹈大豆的覆辙? 如果我们不积极开展转基因技术的研发,抢占转基因技术高地,那么稻谷、小麦等主粮会不会被外国人控制? 这些问题必须引起高度重视。

(二)基因漂移对粮食安全的影响

所谓基因漂移,指的是一种生物的目标基因向附近野生近缘种的自发转移,导致附近野生近缘种发生内在的基因变化,具有目标基因的一些优势特征,形成新的物种,以致整个生态环境发生结构性的变化。从生物进化论角度讲,基因漂移是生物进化的一种形式,但并不是从转基因才开始,而是历来都有的,如果没有基因漂移,就不会有那么多种类的植物和现在作物栽培的作物品种。尽管如此,基因表达调控毕竟是一个复杂现象,虽然能够确保转入基因的安全性,但它对其他基因的影响很难在当时弄清。因为每个基因产物是微量的,检测很困难,而它的影响具有广泛性、潜在性、长期性与严重性,一旦影响生态环境安全的转基因生物释放到环境中去,便可能给人类社会带来无法挽回的损失。因为转基因农作物中含有从不相关的物种转入的外源基因,一经释放到环境中,很难规避基因逃移的风险。它们有可能通过花粉传授或土壤留存等途径与野生亲缘种杂交,从而改变野生植物的遗传结构,扰乱生态的自然规律,产生很难根除的"超级杂草"和不怕杀虫剂的"超级害虫",形成难以控制的新的环境危害,破坏生物多样性。同时,土壤是一个复杂和可变的生态系统,土壤中的许多微生物不能培养,转基因作物对土壤微生物有无潜在毒性尚未在标准条件下做过试验,缺乏田间试验结果及长期累积的环境数据,短期内也无法做出精确的评价。如果其潜在危害长期积累下来,就会对整个生态系统和人类产生持续且无法恢复的影响,也会给粮食安全造成风险。

转基因通过基因漂移造成基因污染已是事实,2000年加拿大在油菜地里发现了个别油菜植株可以抗一种、两种或三种除草剂,这就是所谓的"超级杂草"。2001年11月,墨西哥科学家及政府发现墨西哥300多种野生玉米品种受到基因污染。在美国因为长期大面积种植抗除草剂转基因作物,已经出现"杂草化"问题及"超级杂草"。我国科学家发现棉花内的毒素造成棉铃虫的抗药性发展,有可能导致超级害虫的出现,令转基因棉花在8～10年内就失去抗虫能力。

(三)转基因粮食对人类健康的影响

从理论上讲,基因通过蛋白来表现,转基因食品由于基因结构发生改变,产生了新的蛋白质,比如说转基因会产生转基因蛋白,消费者在摄入这些蛋白时会不会产生毒性、出现过敏反应呢? 中国科学院发表的《科学新闻》中明确指出,转基因农作物会给人体健康造成四方面的影响:一是一些毒素会导致人的身体出现急性或者慢性中毒;二是一些转基因作物会导致人体出现过敏反应;三是一些转基因作物的营养成分会发生改变,会导致人体营养结构出现失衡;四是一些转基因农作物中注入了抗生素,一旦人食用了这种转基因作物,身体会产生一定的抗药性,如果发病,将无药可医。所以,美国食品药品监督管理局(FDA)声称对每一种转基因食品都经过严格的审查,确保它们无毒且不会对人体造成危害。由于转基因产品的潜在风险涉及生物学、食品学、环境学等多个领域,目前科学的发展水平还难以对其潜在的风险予以证实或者证伪。

正是因为这种科学上的不确定性,一些环境保护组织,如绿色和平、地球之友等,坚决反对转基因技术。一些国家把转基因生物安全作为技术性贸易壁垒,一些民众不接受转基因产品甚至对转基因产品产生恐惧心理,并因此影响政府决策,影响转基因技术的发展。也正因如此,在全球范围内就转基因技术的安全性问题展开了旷日持久的争论。转基因安全问题本来是科学问题,争论了 20 多年的时间,尽管到目前为止还没有一个压倒性的结论,但社会各界特别是科学界为此进行了大量而有益的工作,或许能给我们一些启示。

欧盟耗资 2 亿欧元对过去 25 年中 500 多个独立研究小组的研究,对转基因食品的安全性得出的结论是:"至今没有科学的证据证明转基因对环境或者食品和饲料安全有更高的风险!"联合国粮食及农业组织在关于转基因的声明中提道:"FAO 也认识到关注有关转基因生物对人类和动物健康以及环境构成影响的潜在风险。FAO 强调必须仔细评估应用现代技术来提高植物和动物的生产率和产量所带来的潜在好处和可能出现的风险。"

北京理工大学胡瑞法教授通过美国 Web of Science 数据平台对全部转基因作物生物安全 SCI 论文进行了检索,在所发表的 9333 篇转基因生物安全论文中,90％以上的论文证明转基因技术的安全性与传统非转基因作物无显著差异。而对所有得出转基因食品不安全结论的论文进行追踪研究发现,其研究结论被证明是在错误的研究材料或方法条件下得出的。在这 9333 篇 SCI 论文中,关于转基因生物食品安全风险的论文 451 篇,认为安全的论文 416 篇,占该类研究论文的 92.2％;认为不安全的论文仅 35 篇,占该类研究论文的 7.8％。关于生态安全风险的论文 1074 篇,得出安全和有风险的论文分别为 984 篇和 90 篇,分别占该类论文的 91.6％和 8.4％。关于生产影响的论文 1763 篇,得出正影响结论的论文 1630 篇,占该类论文的 92.5％;得出负影响结论的论文 49 篇,仅占该类论文的 2.8％;得出无显著影响结论的论文 84 篇,占该类论文的 4.7％。负影响和无显著影响论文的比例之和仅占全部生产影响论文的 7.5％。[20]

英国著名科普作家、环保人士马克·林纳斯(Mark Lynas),原本是反对转基因运动的标志性人物。2013 年 1 月 3 日,在牛津农业会议上,他发表了激情昂扬的演讲,为其一直以来妖魔化转基因的做法道歉,认为反对转基因就是反对科学,呼吁人们在转基因问题上要回归科学的证据与理性,做出正确的选择。

2013 年 7 月,我国 61 名两院院士联名上书国家领导人,请求尽快推进转基因水稻产业化。

2016 年 7 月,100 多位诺贝尔奖得主联名发表公开信,1300 多名科学家及其他公民加入联署表示支持,呼吁绿色和平组织放弃"反转"立场。公开信称:全球科学机构和监管机构一致认为,通过生物技术改良的农作物和食物哪怕不比通过其他方法生产的农作物和食物更加安全,至少也是与之一样安全的。至今从未有过一起关于人类或动物因消费这些产品而引起不良反应的案例被确认。多次重复研究表明,这些农作物和食物对环境的破坏性更小,对全球生物多样性有益。在信中,诺贝尔奖得主们非常鲜明地表达了"绿色和平组织"领导的一系列"反转基因"

活动阻碍了生物技术的创新,是与权威科研机构的研究成果背道而驰的。

2016 年 5 月 17 日,美国国家科学、工程和医学学院在一份题为《转基因作物:经验与前景》的报告中称,市场上的转基因作物不仅安全,而且对人类和环境有好处。

2016 年 4 月 14 日,农业部新闻办公室就转基因相关情况在北京举行新闻发布会,再次重申发展转基因技术是党中央、国务院做出的重大战略决策。农业部明确表示:经严格审批上市的转基因产品等同于传统食品。

五、我国转基因作物产业化存在的问题

由于在转基因安全问题上受到诸多复杂因素的影响和牵制,十多年来,除棉花以外,我国没有一项重要转基因农作物研究成果被批准产业化,在重要转基因作物产业化发展水平上,不仅与美国的差距越来越大,而且在巴西、印度等发展中国家之后,"产业化难"是横亘在中国转基因科研工作者和相关企业面前的一座大山。之所以出现这种状况,原因是多方面的,这主要表现在:

(一)创新能力不足,关键技术缺乏

转基因作物产业发展的决定因素是转基因技术的开发和转化功能基因的挖掘。我国转基因作物的基础研究成绩斐然,在发展中国家居领先地位,与国际先进水平相比,差距依然很大,这主要表现为:整体研发力量薄弱,基因克隆研究源头创新能力不足,缺乏拥有自主知识产权的实用基因和过硬的转化技术,特别是在转基因核心技术方面,依然受制于人。比如说,目前我国还没有获得有应用价值和自主知识产权的抗旱耐盐等功能基因;在高产优质基因方面,在营养高效、高光效、代谢调控、耐贮藏、特殊成分积累等基因研究方面与国际水平相比存在很大差距,转基因研究所涉及的基因及其表达调控元件主要来自国外;一些关键技术创新,如大规模筛选、高通量鉴定和高水平表达技术方面,远落后于发达国家。美国、日本和澳大利亚等发达国家拥有全球 71% 以上的水稻基因专利,90% 以上的玉米基因专利,80% 以上的小麦基因专利和 75% 以上的棉花基因专利,我国基因专利数不足美国的十分之一[21]。技术不完善和基因源的缺乏使得我国作物转基因转化效率低、规模小、稳定性也较差[22-26],难以满足我国农业发展的现实需求。

(二)科技创新机制不完善,无法形成竞争合力

第一,投资渠道单一,科研经费的作用难以发挥。我国已将转基因技术上升为国家战略,并作为"863""973"等国家科技计划重大项目予以支持,实施了"转基因生物新品种培育重大专项"。与常规育种技术相比,国家对转基因作物研究的资金投入并不少,但投资来源主要为中央财政,很多省级科研项目指南中没有转基因作物研究的项目,一些地方科研管理部门"谈转色变",种业企业在转基因研究方面的资金投入更是微乎其微。即便是这样,由于科研经费管理方式较为呆板,科研经费的使用缺乏灵活度,有限的资金也并未发挥其应有作用。

第二,科研团队之间协作支持的力度不够,使得各相关单位优势无法充分发挥,无法组成协同攻关的科研团队,因此降低了转基因作物产业化的发展速度。

第三,转基因技术与常规育种技术缺少沟通和联合。常规育种技术与农业生产实际联系更为紧密,现阶段我国农业生产所应用的优良品种也主要来自常规育种技术;转基因技术偏重于功能基因挖掘、转化方法创新,在育种方面有先天不足。转基因技术与常规育种技术只有相互结合、相互补充,扬长避短,才是理想的作物品种改良途径。正是由于两者之间缺少沟通和联合,导致转基因作物新材料与生产育种不能紧密结合,转基因研究选育的材料在生产上已过时,而常规育种培育的新品种又缺少理想的高抗、高产、优质等性状,无法满足农业生产的需求。此外,与转基因新品种产业化密切相关的耕作栽培及其他田间管理措施都需要及时跟上,而目前我国在这方面的投入和研究较少,结果是即便得到可产业化的转基因作物新品种,一时也无法发挥其最大优势,从而延缓或阻碍了转基因作物产业化的进程。

（三）产业化战略研究尚显不足

转基因技术是基础,目标是产业化。为抢占转基因技术制高点,国家已进行了高额的科技投入,但没有产生期望效应。尽管已基本明确当前及今后一段时间内,我国转基因农作物产业化的大体目标与路线图,即在"十三五"期间,将加强棉花、玉米品种研发力度,推进新型转基因抗虫棉、抗虫玉米等重大产品的产业化进程,但支撑这些目标与路线图的强有力的战略研究还明显不足。面对复杂的国内外形势,在详尽分析我国经济社会发展对农业重大需求的基础上,如何利用转基因成果解决我国农业面临的重大问题,转基因作物产业化发展的具体步骤和相应机制等尚显缺位。

（四）缺乏推进转基因作物产业化"主角"

转基因技术产业化依赖现代化企业的集约经营,在产品创制方面,需要实现不同环节的规模化"流水线"操作和严格的安全检查与监测;在市场营销方面,需要实施众多知识产权保护与应对复杂的国际贸易规则,因此决定了转基因作物产业化是高投入、高回报的现代企业集约化经营模式。

在国外,种业企业通过重组、并购,形成了具有集约化经营能力、国际竞争力的跨国种业科技集团,这些跨国种业集团是转基因作物研究的主体,也是推进转基因作物产业化的主体。例如,孟山都、杜邦等公司每年都投入 10 亿美元以上开展转基因作物技术与产品研发;孟山都、拜耳、杜邦先锋、先正达、陶氏益农五家公司掌握约70%抗虫基因专利和85%的抗除草剂基因专利,其研发经费占总收入的20%之多。我国已成为世界第二大种子市场,但我国种业发展历史较短,种业企业规模小、力量分散,种业科技原始创新能力薄弱,绝大多数种子企业尚无健全的研发体系,只有极少数种子企业具有商业化育种能力,企业对作物转基因研究及其产业化投资较少,平均研发投入不到销售额的1%,尚未形成良种科技投资和创新主体,更未形成具有国际影响力的种业集团。可见,国内与国外的差距,不是技术研究,也不是产品研发,而是缺乏顶级企业的参与,生物技术发展的市场前景没有激发起企业的兴趣。

(五)转基因品种产业化的政策法规滞后

第一,现有的政策法规严重滞后。2001年,我国颁布了《农业转基因生物安全管理条例》,其实施对转基因生物安全管理与评价起到了保障和促进作用,但毕竟过去了17年的时间,某些规定已不适应当前转基因生物育种科技水平迅速提升的发展现状,不能满足我国农业发展和保障粮食安全的需求。比如,基因编辑技术已经被用于研究改善农作物产量、抗性等各种性状,但由于基因编辑技术主要是通过删除、修改基因来达到目的,这项技术培育出来的所谓"新转基因作物"几乎检测不到外源基因,那么通过该技术制造出来的农作物是否算作转基因生物?是否应该按照转基因研究来管理?美国是按照"非转基因生物"来看待,但在我国还存在重大争议,目前还没有定论。在实验安全管理方面,我国农业转基因生物安全评价管理分为实验研究、中间试验、环境释放、生产性试验和申请领取安全证书五个阶段,安全评估的名目太多、程序冗长烦琐,人为地导致试验周期延长,使很多科研人员望而却步。

第二,转基因作物品种审定办法尚未出台。转基因作物进入商业种植主要有两个程序:一是按照《农业转基因生物安全管理条例》的要求取得农业部颁发的转基因生产应用安全证书;二是按照《中华人民共和国种子法》及相关办法要求取得品种审定证书,获得种子生产经营许可之后才可能生产种植。2016年8月开始施行的《主要农作物品种审定办法》规定:"转基因农作物(不含转基因棉花)品种审定办法另行制定"。然而,我国"转基因生物品种审定办法"还没有出台,缺乏转基因品种审定的规则和程序,转基因品种审定工作还没有启动,转基因作物特别是转基因粮食的商业化种植也就无法推进[27]。尽管在2009年我国发放了两个转基因水稻安全证书和高植酸酶玉米安全证书,但到现在都无法走到品种审定这一步。甚至有的专家还认为,现行的管理办法监管过度,本来转基因是将一个已经通过审定的品种作为受体,转入的基因没有安全问题,受体品种也很好,那么在取得安全证书后应该不再需要经过品种审定,通过登记程序后就可以进行种植,这是国际上的一般做法,但我国还是坚持审定。

第三,转基因产品标识制度不完善。关于转基因产品的标识问题,有些国家是自愿标识,如美国、加拿大、阿根廷;有些国家是定量全面强制标识,如欧盟(阈值0.9%)、巴西(阈值1%);有些国家是定量部分强制标识,如日本(豆腐、纳豆等24种食品,阈值5%);只有我国是定性按目录强制标识的,标识的依据是《农业转基因生物标识管理办法》,需要标识的产品目录是2002年发布的,需要标识的范围包括大豆、油菜、玉米、棉花、番茄的种子及其制品,几乎涵盖了转基因作物所有品种和产品。此外,2015年10月开始实施的《中华人民共和国食品安全法》对转基因食品的标识提出了更加严格的规定,要求生产经营转基因食品应当按照规定显著标识。据了解,世界各国对转基因标识的要求不同,但没有任何一个国家要求对所有转基因产品都要进行标识。

(六)宣传引导不力,公众接受程度低

2016年5月15日,由科技日报社和中国科学技术发展战略研究院组织的"公众对转基因技术的态度调查"报告发布。调查表明,尽管有62.6%的受访者明确表示赞成开展转基因技术的科学研究活动,但仅25.7%的受访者明确表示支持在我国推广种植转基因水稻,65.2%明确表示反对,18.9%的受访者明确表示愿意吃转基因食品,72.8%表示不愿意吃。51.7%的受访者认为转基因食品会危害人体健康,48.2%认为转基因作物会危害生态环境。认为转基因食品会危害人体健康的受访者中,78.0%的人反对在中国推广种植转基因水稻,91.8%的人不愿意吃转基因食品;即使认为转基因食品不会危害人体健康的受访者,也有50.0%比例反对种植转基因水稻,52.7%的比例不愿吃转基因食品。与之相比,2006年对11个城市的公众调查数据显示,当时城市消费者对转基因食品的接受比例约为65%,42.1%的公众明确支持在我国推广种植转基因水稻,这与目前25.7%的支持率形成鲜明对比。为何随着时间的推移,人们对转基因的态度不是日趋理解而是愈发抗拒?

第一,谣言蛊惑所致。诸如"先玉335"玉米大面积种植导致老鼠灭绝、母猪死胎,"迪卡"系列玉米种植导致广西大学生精子减少等,都是非专业人士毫无根据的言论;我国转基因大豆油消费集中区肿瘤高发,来自利益相关人士杜撰的谣言;转基因农作物不增产的观点,则是隔行学者有目的地误导公众。在国内有关转基因安全问题中,有所谓"科学数据"的观点,一半以上是来自博客发表的帖子,这些帖子通过对科学数据和科学报告进行恶意篡改,编造转基因"不安全证据",以耸人听闻的"恐慌性"语言恶意煽动公众对科学家仇视,并以此蛊惑国内公众反对政府的相关转基因政策。再加上部分媒体名人及"职业"反转人士的推波助澜,网络上可以匿名的条件又为此提供了便利的温床,从而阻碍公众回归理性,严重影响国家决

策,使国家丧失了抢占生物技术研发国际制高点的机会。

第二,科学普及不到位,以致公众对转基因技术知之甚少,对风险、收益的感知失衡。到目前为止,我国对转基因还缺乏有计划、有针对性、可持续的科普工作,有关工作多处于自发和分散状态,迟缓无力,覆盖面小,没有长远规划。本次调查中,59%的受访者表示"没听说过"转基因,其中农村户口受访者高达66.5%,城镇户口受访者为41.1%。在听说过"转基因"的受访者中,只有9.1%自认为对转基因方面的知识了解"非常多"或"比较多",47.5%自认为"比较少",24.9%"非常少",18.4%"完全没有"。即便在文化程度较高的"大专以上学历"人群中,自认为对转基因方面的知识了解"非常多"或"比较多"的也只占17.7%。逾三成(31.3%)受访者相信吃了转基因食品的人也会"被转基因",这些人中,只有14.3%的人支持种植转基因水稻,15.7%的人愿意吃转基因食品,对转基因的接受度明显低于不相信这一说法的受访者(上述比例分别为33.3%和23.4%)。多数受访者认为转基因食品危害人体和生态安全,如果说转基因作物有好处的话,也主要体现在粮食安全、生态环境等公共利益或对种植者的利益上,对消费者的直接好处很有限。

第三,对管理部门和科学共同体的普遍不信任,也是公众"反转"的原因。本次调查中,近七成人认为我国的转基因管理制度规定不够健全,超过一半的人不认可"经政府批准的转基因食品是安全的";近半数(46.8%)的人认为科学家也不清楚转基因食品对人体健康的影响,44.4%的人甚至认为科学家故意隐瞒了转基因的危害[28-31]。

(七)市场监管难度大

农业部一直强调,所有转基因研究试验都在严格监管情况下进行,所有进入开放环境的种植试验都需要批准。凡是参加审定的作物品种,都要进行转基因成分检测,发现有违规情况,立即取消参试资格;对违规销售、种植转基因作物的,发现一起查处一起,但由于管理人员对安全管理的重要性认识不足,导致制度难以落实到位;各管理部门分工不明确、相互协调不力,使得我国现有安全管理体系无法做到对转基因作物实时有效地监控,违法进行转基因实验、偷种转基因品种的现象在新闻媒体上时有披露,所以民众对基层管理有效性的质疑一直存在[32]。

六、推进我国转基因作物产业化发展的建议

(一)加大转基因关键技术的研发力度,提升创新能力

第一,瞄准国际前沿和重大需求,以核心技术为主,实施抢占科技制高点战略。继续重视高产与超高产性状的同时,将转基因技术研发的重点放在农作物抗虫、抗

病、抗旱、抗寒、抗盐、抗逆与广适性上,强化基因克隆、转基因操作、生物安全新技术研发,在水稻、小麦等主粮作物中重点支持基于非胚乳特异性表达、基因编辑等新技术的性状改良研究,克隆具有自主知识产权和"育种价值"的新功能基因;在大规模筛选、高通量鉴定和高水平表达等关键技术创新方面取得突破;在高产优质、营养高效、高光效、代谢调控、耐贮藏、特殊成分积累等基因研究方面达到国际领先水平。面对经久不息的转基因安全性问题的争论,科技工作者在加强转基因关键技术研究的同时,还要针对公众特别是"反转人士"提出的问题进行证实性和证伪性研究;对于确实存在的安全风险,还要进行风险控制技术的研究。

第二,营造有利于转基因技术研发和产业化发展的环境。政府在制定政策时要采取鼓励、扶持和较为宽松的方式,鼓励科研人员排除干扰、勇于探索、积极创新,努力挖掘具有我国自主知识产权的功能基因和转化技术,并在已有研究成果的基础上配套转基因作物的耕作栽培及田间管理技术,为转基因作物产业化做好技术储备;让农业和科研管理部门的相关人员了解转基因作物研发的必要性、可行性和紧迫性,以便在研发阶段能获取更多的支持,减少阻力。科技工作者不仅要进行转基因技术的研发,还要承担起科学普及的责任和义务,让广大民众了解转基因、理解转基因并最终接受转基因。通过各种媒体宣传转基因作物产业化对我国粮食安全的意义,为转基因作物产业化营造良好的社会舆论氛围。

(二)创新机制,加强转基因技术与常规育种技术的有机融合

第一,明确指导思想。不论当前和未来,我们不能笼统倡导以转基因技术为核心,而应该强调转基因育种和常规育种的紧密结合,转基因技术作用的发挥必须以常规育种作为基础,在生产环节上仍应坚持以常规育种技术(包含杂交选育、杂种优势利用、理化诱变等)为主,在研究层面上则应切实加强转基因育种的系统性研究和有针对性地开发。

第二,在科技立项上注意保持常规育种和转基因育种之间的平衡(包括人才培养、资金投入、条件建设等)。

第三,加强不同学科专家之间、研究团队之间的协同、交流及相互质疑,使转基因作物研究能立足于较优异的转化材料,并能及时进入育种阶段,利用各自优势尽快筛选到高抗、稳产、高产和高品质的优良转基因作物新品种,为转基因作物产业化提供技术和物质准备。

第四,提倡和鼓励作物耕作栽培者、田间管理专家和育种者的融通,积极探索转基因作物新品种的耕作管理模式和标准,为转基因作物产业化做好实际操作条件的准备。

(三)明确思路,尽快制定转基因作物产业化发展规划

第一,主动披露有关安全评价、审批的信息,重建政府公信力,正面引导舆论,

消除谣言滋生的土壤。

第二,依据科学事实,以国计民生为重,权衡社会、政治、经济影响后,进行独立、理性决策,而不让有关转基因的谣言干扰自己的科学认知,不因少数"反转"分子的叫嚣而动摇推进转基因研发与产业化的决心,坚持重点推进、有序实施与监管并行的原则,通过政府服务、市场运作的方式稳步推动我国转基因作物产业化健康发展。

第三,尽快制定转基因作物产业化发展规划。要围绕转基因的国家战略、产业发展政策、市场流通应用、制度保障等关键议题,从我国国民经济与社会发展的重大需求出发,结合我国当前农业产业升级与转型、消费市场变化动态、社会舆情与消费者需求及国际贸易形势等多种因素,系统开展战略研究,尽早提出我国转基因农作物产业化规划。

第四,实施以经济作物和原料作物为主的产业化战略,找准转基因作物产业化的"突破口"。每年我国要进口8000多万吨转基因大豆,进口的转基因大豆统领了国内大豆市场,与其把国内的大豆市场拱手让给跨国粮商,为什么不推进国产转基因大豆产业化呢?国内玉米一方面是大量库存难以消化,另一方面又大量进口,在粮食"去库存""调结构"的背景下,如果不推进转基因玉米产业化,那么玉米市场很有可能要步大豆的后尘,而且90%的玉米是用作饲料加工,转基因玉米产业化也容易被人们接受。这两个品种不仅有很大的市场需求,而且技术相对成熟,具备国际竞争力,一旦实现产业化,发展前景非常可观。所以,我们要实施以经济作物和原料作物为主的产业化战略,在进一步加强转基因棉花研发,推进新型转基因抗虫棉产业化的同时,加强转基因大豆、玉米品种的研发力度,率先批准转基因大豆、玉米的产业化种植。以口粮作物为主的抗虫水稻、抗旱小麦等转基因品种,则实施技术储备战略,保持研发力度,保持转基因水稻新品种研发的国际领先地位。

(四)突出企业的主体地位,加强建设以企业为主体的现代生物育种体系

第一,建立配套的政策体系,尤其是风险投资政策,鼓励种业企业进行整合并购,增强种业企业的核心竞争力和风险抵御能力,让企业更好地参与国际竞争。中国化工集团公司正式收购瑞士农化和种子巨头先正达公司,这不失为一个有益的尝试。

第二,加强产学研联合的创新机制建设,实现科研与生产紧密结合,让研究成果尽快应用于生产,使科研经费的来源多样化,使转基因作物研发和产业化过程更贴近生产实际的需要。

第三,强化企业技术创新主体地位,鼓励有实力、成长性好、体制机制活的企业开展转基因技术研究和产品开发应用。

第四,加大财政资金引导扶持力度,支持企业与优势科研单位建立实质性联

盟,组建上中下游一条龙的产品研发创新团队。企业要增加科研投资,吸引科研人员到企业一线,发挥自己的专业特长,使科研成果尽快转变成生产力。

第五,按照商业化育种的组织模式,建立科企联合的新机制,加快推进产品研发和产业化,逐步形成以企业为主体的现代生物育种体系。

(五)尽快完善转基因作物产业化发展的政策法规

第一,按照推进转基因作物产业发展的思路,尽快修订完善《农业转基因生物安全管理条例》,以适应当前转基因生物育种科技水平迅速提升的发展现状,满足我国农业发展和保障粮食安全的迫切需求。对于应用基因编辑技术而研发的"新的转基因品种"是否属于转基因品种,要尽快明确其属性,不能长期停留在争论阶段而无结论性意见。在实验管理方面,对安全等级为一级和二级的基因转化研究和田间种植条件应该适当放宽,要精简安全评估项目,简化评估程序,缩短试验周期,让科研人员把主要精力投入技术研发中。

第二,尽快出台转基因作物品种审定办法,明确转基因品种审定的规则和程序,全面启动转基因品种审定工作。

第三,考虑可行性、可操作性、经济成本、监管可行性等多种因素,改进和完善转基因标识制度,逐步公开安全评价报告,既保障公众知情权和选择权,又有助于合理有效监管。

(六)加强科学普及宣传力度,促进民众对转基因作物的认知和了解

第一,加强转基因的科学普及工作。利用电视、报刊、网络等媒体进行科普宣传,结合国情、民情和国家的发展战略来宣传,由浅入深、从易到难,客观理性地讲述转基因作物的原理、优缺点以及安全性问题等,通过正确引导,增强民众对转基因作物的了解和理解,同时要杜绝广告媒体等对转基因产品的误导宣传。

第二,让研发人员发出自己的声音。转基因产品的研发者绝大部分是科研工作者,科研工作者通常会将研究成果形成科研论文,但科研论文受众面极窄,仅在业内传播,普通民众和非专业的管理者都极少关注。因此广大科技工作者应借助网络、报纸、杂志、电视等新闻媒体发出自己的声音,以浅显易懂的语言,向参与决策的管理者和社会公众介绍自己的成果,大力宣传成果的水平、应用前景、对民生的影响和安全评价结果等,主动进行科普宣传,打消公众的疑虑,营造良好的舆论氛围,从而推动转基因产业化发展步伐。

第三,建立政府主导的信息披露机制。通过召开新闻发布会、新闻通气会、新闻通报会等方式,及时向社会各界、媒体机构提供真实信息,让民众有渠道获取转基因安全相关知识,进而提高政府的公信力。

第四,建立转基因安全理性讨论的平台,创造科学理性地讨论转基因的舆论环境。目前国内有关转基因安全问题,网络等媒体平台基本上是自说自话,即支持或

者反对转基因者均有自己的平台,缺乏一个允许支持和反对转基因人士都能充分发表观点并展示其科学依据的平台,并且几乎所有认为转基因是安全的、支持转基因技术的科学家均不同程度地受到了人身攻击,在此舆论环境下,多数从事转基因研究的科学家选择了保持沉默。而国外势力及国内各种"反转"人士制造的耸人听闻的谣言则成了转基因安全舆论的主流。为此,需要采取有力措施,建立转基因安全理性讨论的平台,创造科学理性讨论转基因的舆论环境,让包括政府官员和科学家在内所有的专业人士与非专业人士、"挺转"人士与"反转"人士均可在此平台上发表有关转基因安全问题的观点,展示其证据,进行平等、理性的讨论和申辩,同时采取有力措施,打击各种人身攻击行为,使其成为真正的科学理性的讨论空间。

(七)强化管理,确保转基因研究和转基因产品的安全性

转基因产品的安全性一直受世人瞩目,争议不断,社会影响较大,因此制定转基因作物研发战略既要有相应的法规依据,又要有配套的安全管理监督、审查制度和措施。从项目立项管理、科研单位安全管理到田间安全管理,对转基因作物进行全面、科学和系统的安全性评估。既要完善和强化转基因作物安全性评价管理体系和技术体系,又要有前瞻意识,一旦出现意外情况,能及时、科学地处理,注重与之相配套的风险控制技术和危害扑灭措施的研究,避免出现诸如基因漂移、材料外泄等问题,同时应建立事故响应预案。关于转基因产品的标识,应顺应民情,严格按制度进行标识并加大对转基因产品标识的监管工作。民以食为天,无论是当前的粮食进口,还是未来的转基因作物产业化,都应以确保粮食供应安全和食品安全为先决条件。

[1]　周想春,邢永忠.基因组编辑技术在植物基因功能鉴定及作物育种中的应用.遗传,2016,38(3):227-242.

[2]　Clive James.2007 年全球转基因作物商业化发展态势——从 1996 年到 2007 年的第一个 12 年.中国生物工程杂志,2008,28(2):1-10.

[3]　Clive James.2015 年全球生物技术/转基因作物商业化发展态势.中国生物工程杂志,2016,36(4):1-11.

[4]　转基因生物新品种培育科技重大专项交流材料.http://www.bmrdp.cas.cn/gjzx/zhuanjiyin/201601/t20160119_4521113.html

[5]　沈平.转基因作物发展及应用概述.中国生物工程杂志,2017,37(1):119-128.

[6]　郭三堆.中国转基因棉花研发应用二十年.中国农业科学,2015,48(17):3372-3387.

［7］　沈平.我国农业转基因生物安全管理法规回望和政策动态分析.农业科技管理,2016(6):1-8.

［8］　农业部.农业部新闻办公室举行新闻发布会就"农业转基因有关情况"答记者问. http://www. moa. gov. cn/zwllm/zwdt/201604/t20160413_5093642. htm

［9］　农业部.关于11家单位违反农业转基因生物安全管理规定处理情况的通报. http://www. moa. gov. cn/ztzl/zjyqwgz/zxjz/201701/t20170119_5445949. htm

［10］　Clive James.2013年全球生物技术/转基因作物商业化发展态势.中国生物工程杂志,2013,33(2):1-8.

［11］　张启发.对我国转基因作物研究和产业化发展策略的建议.中国农业信息,2005(2):4-7.

［12］　谭涛,陈超.我国转基因作物产业化发展路径与策略.农业技术经济,2014,(1):22-30.

［13］　张杰伟,张中保,陈亚娟,等.中国转基因作物产业化分析.安徽农业科学,2013,41(10):4250-4251,4254.

［14］　常琪,马晓旭.我国发展转基因食品的必要性及对策探索.产业与科技论坛,2014,13(18):13-14.

［15］　孙学辉.高赖氨酸基因导入玉米自交系的研究.农业生物技术学报,2001,9(2):156-158.

［16］　张晓东.优质HMW谷蛋白亚基转基因小麦的获得及其遗传稳定性和品质性状分析.科学通报,2003,48(5):474-479.

［17］　李健.中国平均每天新增一个濒危物种.生活文摘报,2005-02-01.

［18］　杨加信.转基因植物研究现状及发展.内蒙古农业大学,学士学位论文,2010.

［19］　Clive James.2014年全球生物技术/转基因作物商业化发展态势.中国生物工程杂志,2015,35(1):1-14.

［20］　逄金辉.转基因作物生物安全:科学证据.中国生物工程杂志2016,36(1):122-138.

［21］　付丽丽.转基因研发竞跑,中国不能掉队.科技日报,2016-5-3(3).

［22］　张欣.水稻规模化转基因技术体系构建与应用.中国农业科学,2014,47(21):4141-4154.

［23］　刘允军.玉米规模化转基因技术体系构建及其应用.中国农业科学,2014,47(21):4172-4182.

［24］　叶兴国.小麦规模化转基因技术体系构建及其应用.中国农业科学,2014,47(21):4155-4171.

［25］ 刘传亮.棉花规模化转基因技术体系构建及其应用.中国农业科学，2014,47(21):4183-4197.

［26］ 侯文胜.大豆规模化转基因技术体系的构建及其应用.中国农业科学，2014,47(21):4198-4210.

［27］ 马爱平.储备多年,转基因产业化为何总差"临门一脚".科技日报，2016-5-9(1).

［28］ 何丽丽.公众对转基因接受度显著下降.科技日报,2016-5-15(1).

［29］ 刘垠.转基因认知为何"错位"——《公众对转基因技术态度调查》解读之一.科技日报,2016-5-17(1).

［30］ 马爱平.转基因沟通为何总不在一个频道上？——《公众对转基因技术态度调查》解读之二.科技日报,2016-5-18(1).

［31］ 徐玢.转基因研发何以被舆论绑架——《公众对转基因技术态度调查》解读之三.科技日报,2016-5-19(1).

［32］ 孙洪武,张锋.中国转基因作物知识产权战略分析.农业经济问题，2014,35(2):11-16.

第十章 新型城镇化与粮食安全

一、我国城镇化发展的现状

城镇化是指随着一个国家或地区社会生产力的发展、科学技术的进步以及产业结构的调整,由以农业为主的传统乡村型社会向以工业(第二产业)和服务业(第三产业)等非农产业为主的现代城市型社会逐渐转变的历史过程。城镇化是伴随工业化发展,非农产业在城镇集聚、农村人口向城镇集中的自然历史过程,是人类社会发展的客观趋势和必然过程。城镇化过程包括人口职业的转变、产业结构的转变、土地及地域空间的变化。城镇化程度是衡量一个国家和地区经济、社会、文化、科技水平的重要标志,也是衡量一个国家和地区社会组织程度和管理水平的重要标志。

美国城市地理学家诺瑟姆通过对发达国家城镇化发展历史轨迹的研究,将城镇化进程分为沿"S"形曲线变动的三个基本阶段,即初期城镇化率低于 30%;中期城镇化率突破 30%,直到接近 70%,此为城镇化加速阶段;后期城镇化率突破70%,城镇化趋于平缓[1]。根据"S"形变动规律,谢小蓉[2]认为中华人民共和国成立至今六十多年来,中国城镇化过程可归纳为五个阶段,即初期发展阶段(1949—1957 年)、过度城镇化阶段(1958—1960 年)、逆城镇化阶段(1961—1978 年)、城镇化恢复发展阶段(1979—1995 年)、城镇化加速发展阶段(1996 年至今)。中国科学院可持续发展战略研究组发布的《2012 中国新型城镇化报告》介绍说,中华人民共和国的城镇化发展历程大致包括 1949—1957 年城镇化起步发展、1958—1965 年城镇化曲折发展、1966—1978 年城镇化停滞发展、1979—1984 年城镇化恢复发展、1985—1991 年城镇化稳步发展、1992 年至今城镇化快速发展等六个阶段。

我国城镇化发展划分为几个阶段并不重要,但从中大致可以看出,改革开放前,我国城镇化建设的速度和规模都处于起步阶段。改革开放以后,伴随着工业化进程加速,我国城镇化建设步入了发展的"快车道"。1978—2016 年,城镇常住人口从 1.7 亿人增加到 7.9 亿人,城镇化率从 17.9% 提升到 57.4%,城市数量达到 657 个,全国建制镇数量达到 20883 个。2011 年是我国城镇化发展史上具有里程碑意义的一年,城镇人口占总人口的比重首次超过 50%[3],表明我国城镇化建设已进入加速发展阶段,处于城镇化发展的重要战略机遇期。中国共产党第十九次全国代表大会报告指出,过去五年我国城镇化率平均每年提高 1.2%。如果按照 1.2% 的增速,到 2020 年城镇化率将达到 60% 以上,到 2030 年将达到 70%。

我国城镇化水平的进步和发展,使得社会环境向着有利于提高人们生活水平和促进社会发展的方向转变。城镇作为区域经济社会发展的中心,带动了区域经济发展;创造了较多的就业机会,吸收了大量农村剩余人口;卓有成效地带动了广大农村的发展,改善了地区产业结构;提高了工业生产的效率,使城镇化获得持续推进的动力;城市作为主要的科技创新基地和信息交流中心,推进了科学技术的进步和信息化发展水平;城市文化向乡村扩散和渗透,改变了乡村自给自足的生产生活方式,并提高乡村的对外开放程度,增进了城市与乡村的交流,缩小了城乡发展差距。

在城镇化快速发展过程中,也存在一些必须高度重视并着力解决的突出矛盾和问题。这表现在:

第一,大量农业转移人口难以融入城市社会,在教育、就业、医疗、养老、保障性住房等方面未能享受城镇居民的基本公共服务,城镇内部出现了新的二元矛盾,农村留守儿童、妇女和老人问题日益凸显,给经济社会发展带来诸多风险和隐患。

第二,"土地城镇化"快于人口城镇化,建设用地粗放低效,部分城市"摊大饼"式扩张,过分追求宽马路、大广场,新城新区、开发区和工业园区占地过大,过度依赖土地出让收入和土地抵押融资推进城镇建设,加剧了土地粗放式利用,浪费了大量的耕地资源,威胁国家粮食安全和生态安全,也加大了地方政府性债务等财政金融风险。

第三,城镇空间分布和规模结构不合理,与资源环境承载能力不匹配,城市管理服务水平不高,"城市病"日益突出。有些城市空间无序开发、人口过度集聚,重经济发展、轻环境保护,重城市建设、轻管理服务,交通拥堵问题严重,公共安全事件频发,城市污水和垃圾处理能力不足,大气、水、土壤等环境污染加剧,城市管理运行效率不高,公共服务供给能力不足,城中村和城乡接合部等外来人口集聚区人居环境较差。

第四,固化了已经形成的城乡利益失衡格局,制约着农业转移人口市民化,阻碍了城乡一体化发展[4]。

二、传统城镇化对国家粮食安全的挑战

世界各国城镇化发展的历程有一个共同特征,那就是城镇化基本上是以农业和农村为支撑的。从城镇化发展的规律看,城镇化发展,一方面需要增加农产品供给的总量,满足人口总量增加和农村人口城市化的消费需求;另一方面,需要大量占用农业生产的重要资源,主要是耕地和淡水。这就对粮食安全形成了双重压力。当这种压力达到一个临界点时,传统型的城镇化就难以持续。一个国家的工业化、城镇化的发展,如果影响其粮食安全,那么这种工业化、城镇化是不巩固、不持久的,不利于一个国家的经济社会发展,会造成国民经济的严重失调,甚至引发社会动乱。目前,我国城镇化发展已进入加速发展的关键时期,城镇化进程中水土资源、劳动力等要素大量流出粮食生产领域,城镇化发展与粮食供需之间的矛盾日渐突出,对保障国家粮食安全提出了新挑战。

(一)消费结构升级使得粮食产需缺口加大

按照国家规划,到 2020 年我国城镇化率要达到 60%,每年要有 1000 多万农村人口转移到城镇。城镇人口的增长导致我国粮食需求结构发生了显著变化,这主要表现为,在人们的食品消费结构中,植物性食品消费下降,动物性食品的需求增加。对肉、蛋、奶等畜产品和水产品、副食消费需求将快速增长,对食用植物油需求增多。需求偏好的改变,将导致现阶段和将来一定时期内我国人均口粮需求的下降,动物蛋白食物需求扩大,而动物蛋白食物需求扩大只有通过消耗更多的饲料用粮才能转化出来。维持这些转变为非农人口的生存、发展需要更充足的粮食作为保障[5]。由于生活习惯和购买能力的不同,城乡居民在动物蛋白食物消费上差距明显。2012 年我国城镇居民动物蛋白食物等量粮食消耗量为 230.48 千克,而农村居民的动物蛋白食物等量粮食消耗量为 125.86 千克,二者相差 104.62 千克。粮食转化率的研究显示,猪肉的粮食转化率为 1:4.6(即 4.6 千克粮食可以转化为 1 千克猪肉),牛羊肉为 1:3.6,禽类为 1:3.2,鲜蛋为 1:3.6,鲜奶为 1:1.2,水产品为 1:2[6]。据预测,2030 年我国城镇化率将达到 65%[7],因此未来我国粮食需求总量不但不会降低,还会持续增长。农业部统计的数据显示,2001—2011 年我国人均口粮消费量基本稳定,但猪肉消费量增长 20%,禽蛋增长 21%,禽肉增长 37%,牛奶增长 223%。消费结构的改变导致粮食需求的进一步增大,这种转变需要更多、更好的粮食作为基础。业内人士预测,到 2020 年,受城镇化发展导致消费结构升级的影响,我国粮食需求将增加 24.76 亿公斤。根据世界经济合作与发展组织和联合国粮食及农业组织(2013)的预测,未来十年我国粮食产量年均增长率有望达到 1.7%(2013—2022 年),而粮食消费则以每年 1.9%的速度增长。在城镇化加快的背景下,我国粮食需求将继续刚性增长,粮食产需缺口扩大,粮食商品率不断提高,"紧平衡"状态将是我国粮食安全的长期态势[8]。

(二)耕地等要素逐步流出粮食生产领域

第一,挤占粮食生产用地。近年来,我国城镇化发展对非农建设用地需求扩大,盲目圈地、乱批滥占耕地等现象时有发生,造成耕地数量急剧下降,耕地资源浪费及质量退化等现象严重,耕地面积已经接近 18 亿亩的红线。根据《全国土地利用总体规划纲要(2006—2020 年)》规划目标,到 2020 年全国建设用地总规模为55680 万亩,比 2010 年增加 5250 万亩,其中城乡建设用地增加 2655 万亩;2020 年全国耕地保有总量为 18.05 亿亩,比 2010 年减少 1300 万亩。城镇化不可避免地需要建设用地,而建设用地占用农村土地的情况是常见的,耕地占用的情况也不足为奇。据相关统计,城镇化率每提高一个百分点,耕地减少 650 万亩左右[9]。

第二,耕地产出能力下降。耕地资源的变化主要分为显性变化和隐性变化,显性变化是指数量上的减少,隐性变化是指耕地资源质量的下降和产出能力的衰减。城镇化加速发展以来,耕地资源隐性变化较为明显,这种现象主要表现在:

一是种粮效益低下,农民纷纷外出打工造成耕地撂荒,耕地撂荒加速了土地干旱、瘠薄、盐碱的进程,从而影响土壤质量,长期的撂荒还会导致耕地无法正常耕种。

二是城镇化快速扩张而造成生活垃圾、工业废弃物的大量输出,导致城镇及城镇周边耕地土壤中肥力下降,土壤环境恶化。

三是城镇化进程中耕地占优补劣现象的出现,建设所占的耕地大多是城郊的良田或菜地,而补的多半是废弃地、宅基地等,在质量和产出率方面很难跟建设所占耕地相提并论[10]。

四是为了满足城市人口膨胀对粮食和副产品的大量需求,增加农药、化肥的投入量,导致土壤污染的风险加大。其中,我国部分地区氮、磷等化学肥料的长期大量使用,已经破坏了土壤结构,造成土壤板结、耕层变浅、耕性变差、保水保肥能力下降等问题[11]。

五是城镇化占用的耕地往往是城市、城镇周边的耕地,这些耕地多是优质耕地,非常适宜粮食作物的生长。耕地持续减少,每年新增耕地的数量却并不稳定,且新增的土地多是经过整治的未开垦、产量低的土地,这也是造成耕地质量总体下降的重要原因之一。城镇化所导致的耕地数量减少和质量下降,将对粮食安全产生长期影响。

第三,城乡建设用地粗放造成耕地资源浪费严重。据国土资源部统计,1990—2011 年,全国城镇建设用地面积由近 1.3 万平方公里扩大至 4.3 万平方公里,同期41 个特大城市主城区用地规模平均增长超过 50%,人均城市建设用地高达 130 多平方米,远超过发达国家城市建设用地人均 82.4 平方米和发展中国家人均 83.3 平方米的水平。2001—2011 年我国城镇建成面积增长约 70%,远高于城镇人口 50% 的增长速度,城镇人口密度由 8800 人/平方公里降至 7300 人/平方公里。此外,我国农村空闲住宅和土地闲置多,农村人均用地逐年增加。据国土资源部统计数据显示,2000—2010 年全国农村人口减少了 1.37 亿,农村居民点用地增加了 0.3 亿亩。另外,"一户多宅"与宅基地面积超标现象普遍存在。比如,据有关部门调查,在重庆市万盛区 43000 多家农户中,有 9000 多户有两处以上宅基地,甚至出现了一户三四处宅基地的情况。安徽省合肥市长丰县人均占有宅基地 253.95 平方米,而法定户均宅基地面积仅 160 平方米[12]。我国农村建设用地总量与人口总量逆向发展,农村人口与农村居民点用地增减协同演进的良性格局尚未出现。粗放式的建设用地,建成区人口密度低,导致耕地资源的大量浪费,直接威胁国家粮食安全。

(三)城镇化对水资源的影响制约粮食安全

第一,水资源"农转非"现象严重。目前,我国农用水资源利用效率低下,水资源在城镇和工业生产中的边际效益高于在农业生产中的利用,使水资源由农用转为城镇和工业生产等非农用的趋势增强。《中国水资源公报》统计数据显示,2011 年我国总用水量 6107.2 亿立方米,其中农业用水总量达 3743.5 亿立方米、占总用水量 61.3%,生活和工业用水总量为 2251.7 亿立方米、占总用水量的 36.8%;与 1980 年相比,农业用水量占总用水量的比重下降 26.9%,而生活和工业用水占总用水量的比重上升 25%。同时,为了保证城镇生活和工业生产的有序进行,在用水的优先使用权上,农业用水往往处于不利的位置,成为制约粮食生产的重要因素。

第二,水资源污染情况严重。城镇化的快速发展使我国水生态环境污染严重,城镇生活污水和工业废水的排放是水污染的主要来源。《全国环境统计公报》显示,2011 年我国废水排放总量 659.2 亿吨,比 2010 年增长 6.8%。其中,城镇生活污水排放量为 427.9 亿吨,占废水排放总量的 64.9%,比 2010 年增长 12.7%;工业废水排放量为 230.9 亿吨,占废水排放总量的 35.1%,比 2010 年减少 2.8%。一方面,污水灌溉的土壤污染问题主要体现在重金属污染和有机物污染上,在土壤中积累到一定程度会抑制植物根的生长与对营养成分的吸收[13],从而减少粮食作物的单产,影响粮食产量;另一方面,受污染粮食作物中的有害成分被人体吸收后,还会诱发多种疾病,对人们的身体健康造成不利影响。

(四)农作物种植结构发生变化

粮食生产成本的上升和粮食价格形成机制的不合理使种粮收益不高,农民种粮的积极性受到影响,转向种植收益更高的经济作物,如苗木、花卉、水果等。一些地方政府出于农民增收的考量,引导农民种植蔬菜、瓜果以及其他收益更高的农作物,特别是在城市、县城郊区,这一现象更为突出。近年来,粮食作物种植占农作物种植的比例出现了不断下降的趋势。有的经济作物的种植会使土地隐形流失,如在我国一些地方大量种植的玛卡对土地的肥力要求较高,种植一年后,往往需要休耕几年才能使土地恢复肥力,造成土地隐性流失,导致农民增收与粮食安全之间存在一定的矛盾[14]。

(五)粮食产后损失浪费严重

我国粮食产后损失浪费十分严重,特别是在农户储粮和粮食消费环节损失浪费尤其严重。调查显示,约占我国粮食产量50%以上的农户储粮损失惊人,损失量高达8%~12%,仅河南、山东、河北三地每年农户储粮的损失就达600多万吨,相当于166.67万公顷良田的粮食产量。为弄清我国粮食消费环节损失浪费的具体状况,国家粮食局发展交流中心于2011—2012年在北京、河北、辽宁、江苏、湖北、广东、四川、甘肃等七省一市部分城镇及乡村,开展了粮油产后损失浪费情况的专题调查,调查共获取了34万余个基础数据,初步推算出全国每年粮油消费环节浪费的成品粮油约为1845.9万吨,占全国每年成品粮油消费总量的8%左右。

(六)农业劳动力向城市集中,粮食生产兼业化、老龄化趋势明显

一方面,随着城镇化、工业化的快速发展,城市对务工农民的需求增加,给农业劳动力尤其是农村青壮年提供了在城市发展的机遇;另一方面,随着农业生产资料价格上涨和人工成本上升,农民从农业和粮食生产中的获益越来越少,种粮比较效益降低,"种粮一年不如打工一月",以致大量农民弃农,务工经商。大量的农村青壮年劳动力纷纷涌入城镇就业,农民工给社会带来巨大价值的同时,也加重了农村知识型人才的流失,留守劳动力整体素质下滑,耕地撂荒现象屡见不鲜,农业生产新技术推广难度加大,农业生产效率降低,影响了粮食生产的稳定发展。

(七)粮食质量面临严峻挑战

工业化、城镇化发展,在带动经济增长、提高居民生活水平的同时,也在一定程度上带来了生态环境恶化的恶果。由于工业"三废"和城市生活垃圾的排放,我国粮食产区环境污染较为严重,局部地区还有加重的趋势。一方面,受污染耕地增多影响,粮食减产;另一方面,有毒有害物质会通过食物链进入人体,诱发多种疾病,对人体造成伤害,从源头上直接影响粮食质量安全。近年来,我国粮食生产使用化肥数量快速增长,远远超过世界平均水平,过多使用农药、化肥、塑料薄膜和杀虫剂已导致耕地土壤污染严重。有调查显示,我国受重金属污染的耕地已达2000万公顷,占全国总耕地面积的1/6,重金属、真菌毒素和农药残留超标粮食占总产量的10%以上,毒大米、霉变小麦和玉米、地沟油、染色馒头等问题层出不穷,粮食质量安全隐患凸显[15]。

三、新型城镇化背景下保障粮食安全的新契机

（一）新型城镇化的探索与实践

传统城镇化的弊端表明，探索人与自然和谐、城乡共荣的城镇化模式十分必要。中国共产党领导中国人民对城镇化发展模式和道路进行了大胆而有效的探索，提出了新型城镇化建设路径并进行了卓有成效的实践。这种探索和实践集中体现在党的十八大之后。

党的十八大之前，党和国家有关文件中已有关于"新型城镇化"的意涵，但没有明确提出"新型城镇化"概念，推进的力度和措施也不够坚定有力。2002 年党的十六大提出"走中国特色的城镇化道路"；2006 年，"十一五"规划首次提出了城镇化的具体原则，即"循序渐进、节约土地、集约发展、合理布局"；2007 年，党的十七大明确提出，要"走中国特色城镇化道路"，形成城乡经济社会发展一体化的新格局，由分散的城镇化开始向集中的城镇化演变；2010 年，党的十七届五中全会将城镇化的具体原则概括为"统筹规划、合理布局、完善功能、以大带小"。2011 年以后，城镇化的实现模式和实现路径逐步完善。2012 年，中央经济工作会议提出了走"集约、智能、绿色、低碳"的城镇化道路，表明生态文明理念和原则开始全面融入城镇化。

2012 年，党的十八大提出，要走中国特色新型工业化、信息化、城镇化、农业现代化的道路，推动工业化和城镇化良性互动、城镇化和农业现代化相互协调，工业化、信息化与城镇化深度融合，促进工业化、信息化、城镇化、农业现代化同步发展。"新型城镇化"概念首次被提出。自此之后，新型城镇化建设的思路更加明确，措施更加精准有力。2013 年，党的十八届三中全会提出，完善城镇化健康发展体制机制，坚持走中国特色新型城镇化道路，推进以人为核心的城镇化，推动大中小型城市和小城镇协调发展、产业和城镇融合发展，促进城镇化和新农村建设协调推进。2013 年 12 月，中央召开城镇化会议，这是中华人民共和国成立后的第一次关于城镇化的会议，会议进一步强调"走中国特色、科学发展的新型城镇化道路""新型城镇化的核心是以人为本"，为新型城镇化建设、经济社会进步指明了方向。

2014 年，中共中央、国务院按照走中国特色新型城镇化道路、全面提高城镇化质量的新要求，印发了《国家新型城镇化规划（2014—2020 年）》，明确了未来城镇化的发展路径、主要目标和战略任务。同年，为推进新型城镇化发展进程，国务院还出台了《关于进一步推进户籍制度改革的意见》，国家发展和改革委员会等 11 部委联合印发《关于开展国家新型城镇化综合试点工作的通知》。

2015 年 12 月，中央城市工作会议提出，要着力解决"城市病"等突出问题，不

断提升城市环境质量、人民生活质量、城市竞争力,建设和谐宜居、富有活力、各具特色的现代化城市,提高新型城镇化水平,走出一条中国特色城市发展道路。2016年2月,《中共中央国务院关于进一步加强城市规划建设管理工作的若干意见》印发,又进一步勾画出中国特色的城市发展路线图。

(二)新型城镇化的内涵

所谓新型城镇化,是指坚持以人为本,以新型工业化为动力,以统筹兼顾为原则,推动城市现代化、城市集群化、城市生态化、农村城镇化,全面提升城镇化质量和水平,走科学发展、集约高效、功能完善、环境友好、社会和谐、个性鲜明、城乡一体、大中小城市和小城镇协调发展的城镇化建设道路;是以城乡统筹、城乡一体、产业互动、节约集约、生态宜居、和谐发展为基本特征的城镇化;是大中小城市、小城镇、新型农村社区协调发展、互促共进的城镇化。新型城镇化的"新",实质是观念更新、体制革新、技术创新和文化复兴,是新型工业化、区域城镇化、社会信息化和农业现代化的生态发育过程。与传统意义上的城镇化相比,新型城镇化的"新"具体表现为:

第一,改变过去忽视以人为核心这一出发点,忽视城乡基本公共服务均等化的迫切要求,大量农业转移人口市民化进程滞后,名义城镇化率与实际城镇化率相差甚远,2亿多农民工及其随迁家属,在教育、就业、养老等方面难以享受与城镇居民同样的基本公共服务,无法真正在城市扎根。新型城镇化,首先"新"在"以人为核心","新"在人的城镇化。

第二,改变过去片面强调小城镇优先发展的战略,重新认识到大中小型城市的作用,强调大中小型城市与小城镇协调发展,走中国特色的城镇化道路。

第三,改变过去片面强调城镇外延扩张的做法,突出城镇化的内涵建设,注重城市与城镇功能的完善,以增强综合承载能力为重点,以特大城市为依托,形成辐射作用大的城市群,培育新的经济增长极,构建新的产业体系、产业结构,实现生产与服务功能的升级。

第四,改变过去为城镇化而城镇化的教条思想,避免城镇化的盲目性,注重从经济社会效益全方位评价的角度,发挥城镇化效益对城镇化规划的引领作用,不再像过去那样顾此失彼。社会效益评价既包括对人的评价,也包括对物的评价。

第五,城镇化的推动力量由过去自下而上的自发力量,转向将市场机制的自发力量与政府规划的自觉力量有机结合起来。不能像20世纪80年代那样,仅靠乡镇企业的自发力量来主导城镇化建设,要引入政府调节来克服市场失灵的问题,实现二者的有机结合。

(三)新型城镇化为保障粮食安全提供了新契机

党的十八大提出"新型城镇化"概念,虽然仍沿袭城镇化的提法,但此城镇化已非彼城镇化。它不是对 20 世纪 80 年代城镇化的简单复归，而是一种扬弃，是城镇化的升华版。

积极稳妥、扎实有序地推进新型城镇化，对全面建成小康社会、加快社会主义现代化建设进程、实现中华民族伟大复兴的中国梦，具有重大现实意义和深远历史意义，也为我国粮食安全保障提供了新契机。这具体表现在：

第一，新型城镇化有利于提高农村劳动力素质。2013 年的中央一号文件明确提出"努力提高农户集约经营水平。按照规模化、专业化、标准化发展要求，引导农户采用先进适用技术和现代生产要素，加快转变农业生产经营方式。"在城镇化建设的过程中，随着粮食生产的规模化、集约化、专业化发展，专业化、组织化、社会化相结合的新型农业经营体系的逐步建立，新型农业生产方式也对农民综合素质和能力提出了更高的要求。近几年，政府明确提出了一系列促进粮食生产的政策，不断加大对农业的投入力度，极大地提高了粮食主产区种粮农民的积极性。随着种粮效益的逐步提高和一系列惠农富农政策的实施，将吸引大量有文化、懂技术、会经营、有较强市场竞争意识和能力的专门人才参与到农业现代化建设之中，将会有越来越多的种田能手、农业技术人员、农村合作组织管理者回流田地间。因此，新型城镇化更有利于提高种粮农民素质，培养新型农业经营者，对聚集的这部分高素质种粮农民进行集中技术培养，提高了种粮农民的田间技能和种粮积极性，有利于农业科技研发，加快农业机械化和农业新技术的推广，提高农业生产者的专业化水平，这对于粮食安全的保障意义深远[16]。

第二，新型城镇化有利于农业新技术推广。虽然城镇化进程需要和农业生产激烈争夺土地、水等资源，但粮食生产的技术进步和粮食生产的基本条件改善也是伴随城镇化发生的。从理论上来讲，提高粮食单产的途径主要有两种：一是增加农业要素投入；二是推动科学技术的进步。如果科技水平不变，只增加农业要素投入，那么农业的边际生产力就会下降，从而使粮食的发展潜力受到制约。因此，提高农业生产水平，确保粮食生产安全最为关键的就是提高农业生产技术，只有农业生产的技术水平不断进步，才能有效提高土地产出率、资源转化率以及农业生产的经济效益。专家预测，未来 20 年，为了满足世界人口对粮食的需求，每年需增加 1.8% 的粮食产量，其中 1.5% 要靠科技进步来实现[17]。在农村人口逐渐向城镇转移的过程中，农村的大部分耕地逐步被少数农业生产者掌握，这为粮食的规模化生产和经营创造了一定条件，同时也有利于农业机械化和新技术的推广，这主要表现为：在农业生产中大力推进农业机械化，广泛应用各种信息技术、生物技术、化学技术、耕作与栽培技术以及饲养技术；与此同时，不断培育各种高性能的优良作物品种，建立不断改进高产、优质、省工、节本的饲养技术体系，从而实现在农业生产过程中的生育进程模式化、诊断测试仪表化、农业技术规范化[18]。可见，城镇化进程加速了先进科学技术的推广和应用,使得粮食生产水平也有了显著提高。

第三,新型城镇化有利于耕地的节约、集约利用,有利于规模化经营。根据城镇化发展的国际经验,城镇化是人口持续向城镇聚集的过程,也是优化资源配置,集约、节约利用土地的过程。城镇化水平越高,人均非农占地就越少;城镇化水平越低,人均非农占地就越多;城市规模越大,人口密度越高,人均占地越少。目前,我国经济建设中还存在大量土地粗放使用、城镇化不完全等问题,造成严重的能源、生态、耕地等资源的浪费。与发达国家相比,我国城镇化土地利用率还有很大的提升空间。按照自然资源部规划每一平方公里建成区 1 万人口的占用地标准,而目前我国每一平方公里建成区人口不足 8000 人,城市土地集约化利用还有很大空间。新型城镇化建设的核心内容之一是集约、节约利用资源,坚持严格的耕地保护制度和节约用地制度,从根本上改变滥占滥用耕地、浪费淡水资源的现状。

新型城镇化过程中农村劳动力不断转移至城镇,为扩大粮食经营规模创造了有利条件。到 2020 年,我国城镇化率预计将超过 60%,城镇人口将达 8 亿左右,有约 1.38 亿人口由农村户籍转变为城镇户籍,农村人口的转移将促进粮食生产资源的流转和集中,在这个过程中,通过农村土地平整、村庄治理,引导农民向城镇、中心村适度集中居住,可节约大量耕地资源,将有超过 2000 万公顷被流转的耕地可以实现集约化耕种。在农业人口转移的过程中,农民宅基地的集中利用,也可以提高农村耕地利用效率。以河南省为例,目前全省农村人均建设用地 248 平方米,远高于城镇人均建设用地 100 平方米左右的水平。从国际经验来看,城镇化的健康发展也可以提高土地利用效率,节约耕地资源,其主要原因是城镇的占地与农村的退地和增地相结合,后者大于前者。事实上,坚定不移地稳步推进新型城镇化建设并不会必然减少耕地,相反还能消除农田的"马赛克"布局,为农场的连片经营创造条件[19],实现规模化经营,提高农业效益。预计到 2020 年,将有超过 2000 万公顷被流转的耕地能实现集约化耕种,从而进一步提高耕地的利用效率[20]。新型城镇化的加快发展和土地流转制度的不断完善,将有利于整合农村碎片化的耕地资源,最大限度地利用适宜耕种的土地资源,推动粮食生产的规模化和集约化经营,为保障我国粮食安全打下坚实基础。

第四,新型城镇化注重生态文明建设,有利于保障粮食质量安全。2012 年中央经济工作会议就提出了走"集约、智能、绿色、低碳"的城镇化道路,生态文明理念和原则融入新型城镇化过程。新型城镇化建设强调不以牺牲环境为代价,注重生态文明建设,坚持城镇建设和农村生态建设相结合,着力促进循环发展、低碳发展。在农业生产方面,大力推进生态农业、绿色农业的发展。农业生态环境的不断优化将从源头上保障粮食的质量安全,新型城镇化建设的大力推进为保障粮食质量安全带来了契机。

　　第五,新型城镇化增加了粮食生产的资本投入。现代农业是一种以资本替代农业劳动力和土地等传统生产要素的农业生产模式,因此,要有效提升粮食生产的规模化和集约化发展水平,就需要大量的农业生产资本。只有拥有较为充足的农业生产资本,才能使劳动力、土地、农业机械、化肥等各种农业生产要素更好地发挥作用,促进粮食生产的分工和专业化,形成较高的粮食生产能力。然而,农业生产效益低下,农业生产资本存在低收益性、效益的外部性和投资的政策性等特征。推进城镇化和工业化的发展是实现国家和地区经济快速发展的引擎,有利于完善市场经济体系,能够显著提高城乡居民的收入水平,进而增加农民对粮食生产技术、机械、化肥等生产要素的投入,同时加强了农民对于自身人力资本投资的能力,为粮食生产技术和设备的推广和应用打下坚实的基础。城镇化增加农民收入的主要方式,一是城镇化的发展促使人们对农产品(如粮食、肉类、蔬菜等)的需求迅速扩大,促进农产品市场的繁荣发展,农民因此扩大生产活动,从而增加收入;二是城镇化发展增加了就业机会,也让部分农民转化为城镇人口,在一定程度上减少了农村的农业劳动人口,为农民扩大农业生产经营规模,以及收入的进一步增加提供了现实的可能性;三是城镇化发展把农民从土地上解放出来,到城镇就业,把在城镇就业的收入转移到农村,这为农业生产资本积累提供了更为坚实的基础,也促进了粮食生产。据统计,在 20 世纪 90 年代以后,非农就业每增加 1%,粮食单位面积产量就会增长 2.5% 左右[2]。此外,城市中心为普及教育、增加旅游交往提供了机会,拓宽了农民的活动范围,使农村人口更多地接触到新事物、新概念,更容易接受新的变化,从而使得新的农业生产技术和农用物资更容易在农业生产中得到应用;城市市场为农村提供了范围更广的工业消费品,刺激了农业生产的发展,为农业发展提供了有利的环境;城镇化通过完善市场经济体系,降低市场风险,让农民在粮食生产过程中实现良性竞争,为农民提供充足的粮食生产信贷资金,增加粮食生产的资本投入;城镇化和工业化发展,增强了国家的经济实力,进而为政府加大对粮食生产的财政扶持力度、全面实施工业反哺农业的发展政策奠定了坚实的经济基础。

　　第六,新型城镇化为粮食经济的发展提供了广阔的市场。现代农业是在市场经济高度发达的基础上产生和发展起来的,因而是一种市场化农业。随着城镇化和工业化的不断推进,现代工业的大发展促进了粮食生产效率的提高,为粮食生产和经营的市场化打下了坚实的基础。与传统农业不同的是,在现代农业阶段,进入农业交换领域的除了大米、小麦等粮食产品外,还有各种以粮食为原料的加工食品、粮食种子以及粮食运输、农业劳务输出等各种农业服务,形成了粮食产品市场与服务市场共同发展的景象。现代农业是一种市场化农业,因此粮食生产也发展成为有明显市场经济特征的粮食经济,这不仅表现在国内粮食生产及其关联产业的快速发展上,而且表现在粮食生产的外向型特征上。也就是说,粮食经济赖以运作的市场基础不仅包括了国内市场,而且包括了国外市场。我国粮食经济已经发展成为融入世界农业生产体系和交换体系的粮食产业。它既不是单纯的出口粮食,也不是单纯的进口粮食,而是在社会生产力高度发展、居民消费达到高水平状态下形成的、实行资源配置全球化的现代化粮食经济体系。这种粮食经济以农产品的高度商品化为前提,以合理的国际分工和国际专业化为依据,是一种国内市场与国外市场高度一体化的开放型农业。它表现为国内外粮食产品的大规模交叉流动,粮食生产纳入相对稳定的国际分工格局之中,粮食和农业市场的国际化达到了很高的程度[21]。城镇化的发展为粮食经济的发展提供了广阔的空间,粮食生产对资源禀赋条件的依赖性大,因此,只有在市场化的基础上配置各种粮食生产资源,才能使粮食经济建立在经济可行和可持续发展的基础之上[2]。

第七,新型城镇化为现代粮食流通产业发展创造了重大机遇。首先,新型城镇化为粮食主食产业化发展拓展了巨大空间。为适应粮食生产规模化、集约化趋势,各种粮食购销主体不断兴起和壮大,传统粮食购销模式发生深刻变化,以及大量农村人口进城、商品粮消费比重加大,粮食跨省流通量增大,主食供应社会化需求迫切,这为粮食流通产业的发展创造了更大的需求空间,也为建立新型农业生产经营体系提出了要求。其次,新型城镇化有利于提高粮食流通效率。随着粮食规模化生产,粮食商品率的提高,商品量的增加,将更加有利于"四散化(散储、散运、散装、散卸)"粮食流通技术的应用,提高"四散化"比例,减少粮食储运环节的损失,减少流通成本。最后,新型城镇化为粮食行业信息化发展提供了机遇。特别是物联网、云计算等新一代信息技术、生物技术在传统粮食仓储、物流和加工等领域的广泛应用,将加快经营管理模式创新,推动流通的网络化、智能化发展。现代物流体系逐步建立,为粮食流通产业转型升级提供了有力支撑,为降低粮食流通成本创造了有利条件。

第八,城镇化有利于粮食安全相关信息文化的传播[22]。城镇化的发展推动了城乡之间的流动,农民工由城返乡的过程、网络电视的广覆盖等增进了城乡之间的文化信息交流,农村地域中城市要素不断增强,缩小城乡发展差距;促进了农业生产者的知识文化、素质的提升,有利于接收和掌握农业生产方面的相关知识,因此对农业生产过程的要求更高,有利于促进科学种田;有利于利用科学知识扩大生产规模;合理配置利用农药化肥的比例,以此来保证粮食生产环节的安全。

四、新型城镇化背景下保障国家粮食安全的政策措施

如前所述,城镇化建设的推进,对于保障我国的粮食安全在一定程度上有其积极作用。蔡晓黎[23]运用柯布-道格拉斯生产函数模型对河南省粮食产量与各个要

素之间的关系进行回归分析后发现,土地要素对河南省粮食生产起制约作用,农机、化肥、劳动力对粮食生产影响不大;在 2003—2012 年,河南省的城镇化率由 27.2% 上升到 42.7%,而耕地面积年均增长 118 平方千米,城镇化与粮食生产之间存在正相关的关系,也就是说,城镇化发展提高了土地的整合利用率,改善了粮食生产条件,对粮食生产起到了积极的推进作用。

李福夺、杨兴洪[24]以我国 1994—2013 年粮食产量和城镇化统计数据为基础,通过构建模型进行系统化整理检验,对二者之间的关系进行了实证分析,结果表明:我国城镇化的推进并没有对粮食安全造成负面影响,相反二者之间还存在着长效的均衡关系。2004—2013 年,我国城镇化率从 2004 年的 41.76% 提升到 2013 年的 53.73%,提高了 11.97%,而粮食产量也从 46046.9 万吨增加到 60193.5 万吨,增幅达 30.72%。这 10 年,是我国城镇化推进最快的时期,也是粮食产量增长最快的时期,相当于城镇化率每提高 1%,就会拉动粮食产量增加 2.57%。尽管如此,但这并不意味着城镇化的推进不会对我国粮食生产带来任何负面影响。要知道这种均衡是有限度的,如果打破这个限度(如可用耕地极限、制度环境等),城镇化率与粮食产量之间的均衡将不复存在,那么城镇化的推进势必会以牺牲粮食产量为代价。在城镇化推进的过程中,大量粮田被用来进行非农业建设,尽管近几年政府出台一系列粮食补贴政策,使得一些已经被抛荒的耕地重新利用,但是耕地资源的稀缺性问题依然没有得到根本性的解决。

研究发现,土地投入对粮食生产的贡献率为 7%~15%,随着土地稀缺性的逐渐增加,必然会对我国粮食生产造成更为显著的影响,并且这种影响还将继续增大。如果按照以上我国城镇化率每提高 1% 会拉动粮食产量增加 2.57% 的假定,那么到 2026 年我国实现城镇化率达到 70% 的拐点目标时,城镇化率将再提高 16.27%,相应的粮食产量就会提高 41.81%,达到 85360.4 万吨,只有达到这一数值才能保持我国城镇化率与粮食产量之间的长效均衡,才能保证粮食供给安全。但若按 1994—2013 年这 20 年粮食亩产的均值 0.345 吨来测算,则需要耕地 24.74 亿亩,远超我国努力保持的 18 亿亩的耕地红线。目前我国全部可耕地面积约有 23.18 亿亩,已开发利用 19.09 亿亩,还有 4.09 亿亩作为后备耕地尚未开发,而这些尚未开发的后备耕地中又大约有 2.12 亿亩为开发难度较大、现行技术和成本条件下难以开发或者不适合开发的土地,即使这 23.18 亿亩耕地能够得到完全开发利用,要想实现我国城镇化与粮食产量的长效均衡,仍存在 1.56 亿亩的耕地缺口。

2013 年 1 月 15 日,中国社会科学院发布的《城乡一体化蓝皮书》指出,我国城镇化的快速推进导致土地要素流出粮食生产领域,城镇化与粮食生产相互争地的矛盾日益突出,耕地约束对我国粮食安全构成了重大挑战,如何在城镇化所导致的耕地约束日益严峻的形势下保障我国粮食安全就成为一个亟待解决的问题[25]。因此,必须准确把握并协调好粮食安全和城镇化发展这二者的关系,寻求一条适合我国国情的、不以牺牲粮食安全为代价的新型城镇化道路,在城镇化建设继续推进的背景下保证我国粮食安全,在保证我国粮食安全的前提下推进城镇化建设。

(一)建立新型城镇化发展与耕地保护、利用的协调机制

随着城镇化的发展,非农建设对耕地的占用越来越多,与农业生产对耕地的争夺也日益激烈。然而耕地是一种不可再生或者很难再生的稀缺资源,而粮食又是耕地密集型产品,在人类尚未开发出不使用耕地就可以进行大规模粮食生产的技术之前,必须建立新型城镇化发展与耕地保护、耕地集约利用的协调机制[2]。具体来说:

第一,继续坚守我国 18 亿亩的耕地红线,建立耕地占用的补偿机制,适当开发后备耕地资源,加强对现有撂荒土地的整理,严格控制城乡建设用地和土地利用规划,控制城市和小城镇人均用地标准的提高和农村建设用地的扩张速度,严厉制止土地利用粗放浪费、违法违规用地的行为,加大对违规违法占用耕地的处罚力度,强化耕地数量、质量、生态占补平衡的制度设计,建立和完善耕地数量、质量、生态占补平衡机制和考核评价体系,避免"占优补劣",确保耕地总面积的稳定。

第二,坚持耕地资源集约型城镇化道路,避免单纯的外延式城市发展。一是加快制定以发展大城市为主导,各级城市(镇)全面部署的城镇化战略,合理规划,突出重点,避免小城镇"遍地开花"。二是推行城镇化发展的高人口密度政策措施,避免弃旧城建新城的做法,提高城市土地利用率,实现节约土地资源、保护耕地生产力与城市化发展同步。

第三,保证城镇化适度发展,避免城镇化"大跃进"。一是要有节奏地推行人口城市化,保持城市人口增长的适度性,避免城市人口膨胀给粮食供给造成压力。二是要确保城市建成区面积增速与城市人口增速保持合理水平,避免城市建成区过度发展引起土地资源浪费。

第四,严格执行土地管理制度,倡导地方政府绿色政绩观念。一是始终把珍惜、合理利用每一寸土地、切实保护耕地作为国家的基本国策,确保耕地数量和质量双重平衡。二是改变当前衡量政府官员政绩的标准,将保护耕地数量与质量明确纳入政府政绩标准并赋予较大的权重,充分约束和激励政府行为,增强政府官员耕地保护意识,从而实现经济、社会、生态和谐发展。

第五,构建全要素耕地保护体系。耕地具有数量、质量、空间、时间四大属性。在城镇化进程中,我国耕地保护对于数量问题最为关注。虽然近年来理论和实践部门都开始关注耕地保护数量和质量并重,但由于"北粮南运"新格局的形成导致耕地重心北移,引发水资源和生态危机,耕地空间的问题日益凸显。关于耕地保护

的时间问题,基本农田何时不能占用? 何以保证永久性基本农田永久不变? 总之,过去一味强调保护耕地面积(数量),事实上弱化了耕地其他方面的重要属性。构建全要素耕地保护体系,必须从我国基本国情出发,全社会都要尽快树立耕地全要素保护理念与准则,土地管理法规要从全要素耕地保护体系的高度进行制度设计。

(二)积极推进粮食生产的适度规模经营,提高粮食生产效率和农民收益

当前我国粮食生产存在的一个突出问题就是耕地规模狭小、地块零碎,这种状况导致粮食种植成本高、竞争力差,规模极不经济,影响了农业现代化的发展。实行粮食作物适度规模经营和集约经营,有利于充分合理地利用农业机械设备,采用先进农业科技和先进经营管理方法,提高农业劳动生产率,降低粮食生产成本,从而提高粮食产量、粮食产品的市场竞争力和农业经济效益。随着城镇化的发展,到2026年我国农村人口将减少到 5.18 亿人,城镇化的发展将成为逐步扩大粮食生产规模的契机。因为新型城镇化的核心是人的城镇化,新型城镇化发展必然要统筹城乡发展,实现农业人口有序转移,在农村人口特别是农村劳动力转移到城镇后,应通过制定实施财税、金融、市场准入等土地流转优惠政策,促进农村土地流转,鼓励采取转包、出租、互换、转让、股份合作等多种方式促进农村土地集中利用。推进农村土地流转,是实行粮食生产规模化和集约化,推动粮食产业化经营的必由之路。值得注意的是,在农村土地流转过程中,要规范耕地流转行为,最大限度约束耕地流转"农转非"和"非粮化"的行为。

(三)构建新型城镇化发展与粮食生产可持续发展新格局

第一,在统筹城乡发展,鼓励引导农民进城发展,实现农业人口有序转移的前提下,大力扶持和培育种粮大户、家庭农场、农民合作社、农业产业化龙头企业等新型粮食生产经营主体,推动粮食生产向专业化、标准化、规模化、集约化、高效化方向发展。

第二,以新型城镇化发展成果反哺农村,让种粮农民体面起来,实现农业人口充分就业,提升农业经营者的收入水平,吸引各类专业人才参与农村发展,提高种粮农民的整体素质。

第三,根据国家关于设立主体功能区的思路,加快粮食生产主体功能区建设。积极调整土地利用结构,明确粮食生产主体功能区定位,严禁各类破坏主体区功能定位的开发活动,粮食生产功能区的建设应与不同地区土地利用规划和城镇建设规划做好相互衔接,采取具有针对性和差别化的区域政策,统筹协调城镇发展和保障区域粮食安全的关系,促进城镇化发展与农业资源合理利用、环境保护相互协调,促进粮食生产可持续发展。

第四,实行农业保护政策,稳定粮食价格,提高种粮补贴标准,完善社会保障制度。一方面,政府要采取措施努力稳定粮食价格,减少粮价波动,对粮食实施支持

性价格政策(也叫最低限价)使之始终稳定在一个相对较高的水平,只有这样,农民种粮收益才会有所保障,其种粮的积极性才会提高;另一方面,要按照效率、公平、稳定、持续的原则进一步加大农业财政资金投入力度,提高粮食种植补贴标准,通过新型补贴机制(如差异化补贴等)提高资金使用效率和促产增收效益、保障粮农利益[26]。同时,要在城镇化进程中积极稳妥推进和建立健全社会保障制度,城镇化的根本目的就是要提高人们的生活水平、改善生活条件,因此,确保粮食安全就不得不考虑农村社会低收入群体的社会保障问题。伴随城镇化过程,就会有一部分农民失去耕地成为失地农民,加之留守在农村的主要为妇女、老人和儿童,这部分人面临的主要问题是"买不起粮食",这就需要政府采取积极有效的措施,完善农村社会保障制度,保障他们的基本生活条件。

(四)加快农业科技创新步伐,提高农业现代化水平,增加粮食单位面积产出

据联合国粮食及农业组织预测,未来世界粮食增产总量约20%来自播种面积的增加,约80%来自单产的提高,因此,在我国耕地面积有限,不可能大幅增加甚至城镇化的发展还可能减少耕地面积的情况下,提高粮食单产就是增加粮食产量、保障我国粮食安全最有效的手段。科学技术是第一生产力,要想提高粮食单产,就必须加快农业科技创新步伐,提高粮食生产中的科技含量。城镇化的过程就是农村人口逐步向城市转移的过程,因此要从根本上解决"三农问题",其关键就是要实现农业现代化。为此,可以采取以下几项措施:

第一,选育适合我国不同地域生长的优良粮食作物品种,提高生物技术应用能力、扩大生物技术应用范围,研制不会破坏土壤结构的绿色新型肥料、改善施肥结构、提高肥料使用效率。

第二,建立健全粮食生产的科技支撑体系,通过加强农业信贷投放力度、加大农业科研投入力度,构建粮食作物新型经营模式,创新粮食产品经营理念,提高粮食产品的附加值,从而增加农民收入,保障粮食供给安全。

第三,提高粮食生产的机械化水平。目前,我国粮食生产的机械化水平仍然较低,机械的数量和质量及其利用率都不高,依靠提高机械化水平来提高粮食产量的潜力还很大,政府可以通过进一步加大对粮农购置农机具的直补力度来刺激农业机械化水平的提升。

(五)强化粮食安全的价格传导管理

第一,确定合理的土地流转价格,强化粮食安全的源头管理。在粮食价格传导中,土地要素价格的波动会直接影响粮食价格和种粮收益,土地流转收益和种粮收益对比关系的稳定性还会对土地利用率起到反作用,土地价格和粮食价格互为内生关系。从根本上讲,土地流转价格取决于土地总供给面积和土地质量。所以,有

必要保护耕地面积并提高耕地质量,防止水土流失、土地沙化、土地荒漠化、土地污染等问题持续恶化。同时,也要通过合理确定土地流转价格的市场化方式来反映土地稀缺程度,稳定土地流转价格,从土地供给端和粮食价格传导源头来防范粮食产量风险、质量风险和价格风险。

第二,加强粮食流通与信息化建设,强化粮食安全的效率管理。粮食市场信息和粮食运输物流成本是影响粮食价格传导效率的关键因素。我国在物流运输的信息化和营销服务等方面仍需进一步完善。美国对粮食生产提供的一般服务支持主要集中于市场和营销咨询等方面,为粮食流通提供了有力支持。我国可以考虑在粮食购销、储运和加工等环节构建全国及地方性的粮食流通信息数据库,利用数据挖掘等技术提高粮食流通效率,优化粮食结构,及时反映粮食价格变化信息。粮食价格传导效率的提高能够在一定程度上防范和化解产量、结构和价格方面的风险。

第三,尊重市场机制,完善粮食补贴政策,强化粮食安全的强度管理。城镇化过程中,为了保证粮食产量,我国各级政府对粮食价格进行干预并给予大量补贴,包括最低收购价格补贴和临时收储补贴等。但是,这些补贴政策对市场价格扭曲较大,抑制了粮食价格的传导强度,导致市场机制合理配置资源的作用得不到有效发挥。为了提高传导强度,应提高种粮大户的生产积极性,增加市场主体通过扩大生产规模、提高生产质量和发挥议价的能力,防止因粮食生产收益不高所造成的粮食产量和质量安全问题。要根据城镇化水平确定各地具体补贴水平,保证粮食结构安全。同时,应尊重市场机制的决定作用,减少粮食价格干预,在世界贸易组织的"黄箱补贴"政策限额范围内,有效利用粮食价格补贴。在实际条件具备时推出基于市场价格的粮食差价补贴等反周期的补贴政策,逐步推进我国粮食目标价格制度改革,通过提高粮食价格传导强度来实现粮食安全目标[27]。

（六）以新型城镇化"智慧城市"建设推动实现"智慧粮食"

城镇化与工业化、信息化、农业现代化协调发展是新型城镇化的重要标志,这也为粮食产业信息化提供了重要机遇,依托城镇化与信息化的深度融合加快"智慧粮食"建设步伐。新型城镇化发展为加快信息化技术在粮食产业的应用和推广提供了广阔空间,建立"智慧城市"与"智慧粮食"的相互融合和协调发展机制,依托"智慧城市"建设带动粮食流通产业信息化建设,通过建立数据信息及技术、装备、基础设施等平台共享机制,完善粮食产业互联网和物联网基础设施,建立粮情监测预警调控和"智慧粮食"储备体系,增强对粮食市场监测、信息采集、数据分析与预测的能力,提升粮食产业信息化和安全管理水平,共同实现"智慧城市"和粮食产业"智慧化"高效管理[8]。

（七）依托新型城镇化建设,推进生态文明建设,形成粮食绿色消费模式

新型城镇化建设发展要实现生态、人与自然和谐、绿色发展。保障我国的粮食

安全特别是粮食的质量安全,尤其要注重生态安全建设,倡导可持续的粮食生产。在以提高我国粮食生产的可持续发展能力为目标的基础上,切实转变农业发展方式,大力整治农田污染和农业用水污染,使农业生产资源的利用与环境保护相协调,探索资源节约型、环境友好型的粮食安全保障之路[28]。以推进我国粮食安全科技创新为重点,逐步缓解资源环境对粮食生产的约束,促进粮食生产可持续发展。

粮食安全不仅包括粮食产量安全,还涵盖粮食消费量的安全。在努力提升粮食产量的同时,也要重点关注粮食消费量安全的问题,通过新型城镇化发展构建绿色产业体系,推动形成粮食绿色消费模式。城镇化建设必将带来城镇人口数量不断增多,粮食浪费大多发生在居民消费环节,随着居民食物购买能力的增强和外出就餐次数的增多,粮食在消费环节浪费数量将不断增多。而新型城镇化就是以绿色、生态理念为引领,通过新型城镇化发展,构建绿色产业体系,推动形成粮食绿色消费模式,按照营养、健康、适量、节俭的原则,引导消费者科学消费、合理消费、文明消费[29]。如在餐饮环节制定餐饮服务标准和文明用餐规范,吸收借鉴国外分餐制的就餐方式,通过利用财税、金融、科技等方式和手段,建立餐饮消费环节财税调节机制,采取加收服务费和消费税、排放税等形式,加大对粮食消费环节浪费的监督和处罚力度,通过服务费和消费税减免等方式奖励和鼓励粮食节约消费,推动建立粮食绿色消费体系。

———————————

[1] 王建军,吴志强.城镇化发展阶段划分.地理学报,2009,64(2):177-188.

[2] 谢小蓉.城镇化、耕地流失与粮食安全.新疆农垦经济,2016(8):1-8.

[3] 国家统计局.1978—2017年国民经济和社会发展统计公报.

[4] 中共中央,国务院.国家新型城镇化规划(2014—2020年).http://www.gov.cn/zhengce/2014-03/16/content_2640075.htm

[5] 郭晓鸣.中国粮食安全的远忧与近虑.农村经济,2013(2):3-6.

[6] 钟甫宁,向晶.城镇化对粮食需求的影响——基于热量消费视角的分析.农业技术经济,2012(1):4-10.

[7] 中国中小城市发展报告编纂委员会.中小城市绿皮书:中国中小城市发展报告(2010).北京:社会科学文献出版社,2010.

[8] 樊琦,祁华清.转变城镇化发展方式与保障国家粮食安全研究.宏观经济研究,2014(8):54-60.

[9] 张桂林,张洪迎.新型城镇化背景下粮食安全战略调整.农业经济,2014(7):39-41.

[10] 焦伟杰.城镇化进程中我国的耕地保护问题.重庆广播电视大学学报,

2010,22(1):47-50.

[11]　陈路阳.我国土壤污染现状及防治措施.科技风,2011(5):18-20.

[12]　秦中春.城镇化过程中耕地资源保护的问题与建议.http://www.gtzyb.com/lilunyanjiu/20130418_36417.shtml

[13]　陈怀满,陈能场,陈英旭.土壤——植物系统中的重金属污染.北京:科学出版社,1996.

[14]　谢春凌.新型城镇化背景下我国粮食安全战略探讨.农村经济,2015(7):14-18.

[15]　王若兰,白旭光,田书普,等.华北平原农村储粮现状调查与分析.粮油仓储科技通讯,2006(5):49-52.

[16]　贾文龙.对合肥市培育新型农业经营主体金融支持模式的思考.山西农业科学,2015,43(10):1372-1376.

[17]　刘卉.城镇化进程中的粮食安全政策研究.湖南师范大学硕士学位论文,2012:34.

[18]　李秉龙,薛兴利.农业经济学.2版.北京:中国农业大学出版社,2009.

[19]　王夕源.我国的新型城镇化不会威胁粮食安全.青岛日报,2014-03-22.

[20]　杨志海,王雅鹏.城镇化影响了粮食安全吗?——来自1462个县(市)面板数据的实证检验.城市发展研究,2012,19(10):1-5.

[21]　宣杏云,王春法.西方国家农业现代化透视.上海:上海远东出版社,1998.

[22]　桑蒙蒙.论城镇化进程中的粮食安全问题.农村经济与科技,2015,26(12):9-11.

[23]　蔡晓黎.河南省城镇化发展对粮食安全的影响研究.河南农业,2015(6):8-9.

[24]　李福夺,杨兴洪.我国城镇化与粮食安全生产关系研究.统计与决策,2016(8):128-130.

[25]　李维刚,景刚,耿慧敏.基于城镇化背景下我国粮食安全问题的探讨.中国物流与采购,2013(4):76-77.

[26]　姜恒.中国城镇化对农业发展的影响.长春工业大学学报:社会科学版,2010,22(10):68-70.

[27]　邓磊.城镇化、粮食价格传导体系重构与粮食安全管理关系研究.价格理论与实践,2015(5):42-44.

[28]　陈明星.生态文明视角下确保国家粮食安全的路径创新研究.调研世界,2008(7):13-16.

[29]　史茜.新型城镇化须兼顾粮食安全.宏观经济管理,2014(12):58-60.

第十一章 农业支持保护与粮食安全

一、农业支持与保护政策的内涵及分类

由于农业在国民经济中的基础性地位和弱质性特点,无论是发达国家还是发展中国家,都高度重视农业的发展,各国或多或少都会对本国农业采取支持和保护措施。发展经济学认为,在一国进入工业化时期后,需逐渐加强对农业的支持,以获取工业化进程所需的资本、原材料、劳动力、市场等要素。据国际经验,一个国家人均 GDP 处于 1000~3000 美元阶段,属于工业反哺农业的关键时期。按照世界银行的统计,工业化国家在人均 GDP 达到 1000 美元时开始对农业进行大范围的补贴和支持。对农业实行支持与保护政策,是一个国家或地区工业化发展到一定阶段的必然选择,是现代化国家的基本经验,也是目前发达国家的通行做法。

所谓农业支持与保护政策,是一国为了保障其国民经济稳定协调发展、社会和谐安定和生态环境平衡友好而实施的一系列支持农业、保护农业的政策措施的总和。农业支持与保护政策,主要是利用政府的公共预算支出、转移支付和信贷支出等财政性调控,以经济手段干预农业生产、流通和分配关系,影响农产品供给,增加农业生产者的转移性收入[1]。一般而言,农业支持与保护政策措施具有以下特点:一是必须由政府提供或政府委托相关机构实施;二是给农业发展和农业生产者带来利益和积极作用;三是具有"专向性",即专门针对农业生产者、某种农产品或者整个农业产业实施的措施;四是支持形式,包括财政资助、收入补贴、价格支持等措施。

目前,国内外实施的农业支持与保护政策措施形式多样、种类繁多。按照国际通行的分析框架,对农业支持与保护政策的分类主要有两种方法:一是经济合作与发展组织提出的分类;二是世界贸易组织《农业协定》的分类。相比较而言,OECD 与 WTO 对农业支持与保护的分类,是基于不同的方法和规则基础进行的。OECD 是按政策实施的标准分类,与政策的目标、效果没有关联;WTO 根据

是否对贸易形成扭曲分类,注重政策实施的贸易效应。OECD 的框架主要用来进行政策分析,而且 OECD 的测量范围要大于 WTO,OECD 的框架更为全面地反映了农业支持水平及其结构状况,更有利于开展农业政策评估[2]。虽然分类不同,但 OECD 对农业生产者支持、对综合服务的支持、对消费的支持中的具体措施,与 WTO 的"黄箱"支持、"蓝箱"支持与"绿箱"支持中的具体措施可以在一定程度上相互对应。

（一）OECD 的农业支持与保护政策分类

OECD 的农业支持政策分类和评价指标体系,是 OECD 为了检测成员国农业政策的成效于 20 世纪 80 年代而开发出来的分析工具。根据新加入成员国的具体情况,OECD 不断地对这一分析工具进行修改和完善。欧美等发达国家和地区的农业政策实践表明,一项农业政策措施可以达到一个或多个政策目标,而政策的实际效果则取决于具体操作方式。因此,OECD 没有根据农业支持政策的目标与效果进行分类,而是按照政策的指向,把农业政策措施分为三种类型,即对农业生产者的支持措施、对农业综合服务的支持措施和对消费者的支持措施[3]。

第一,对农业生产者的支持措施。针对农业生产者的支持措施包括"市场价格支持"和"直接补贴"两类。这些政策措施的成效表现为由政策措施所产生的、每年由消费者和纳税人转移给农产品生产者的价值总量。

市场价格支持措施,即通过价格政策、市场干预措施,包括国内支持政策和边境贸易保护措施,如支持价格、干预性收储、关税与非关税保护等,向农业生产者和农产品提供补贴支持,政策成本由政府财政资助和农产品消费者共同负担。

直接补贴措施,即按照一定标准和条件,直接给予农业生产者补贴,补贴支出由政府财政负担。直接补贴措施可进一步分为"挂钩补贴"和"脱钩补贴"两类。所谓"挂钩补贴",指政府给予农业生产者的直接补贴,须与农产品产量、种植面积、价格、投入品使用、农户经营收入等挂钩,即"多种多补,少种少补,不种不补"。而"脱钩补贴"则与"挂钩补贴"相反,政府给予农业生产者的直接补贴,不要求与农产品的产量、面积、价格或投入品使用、农户经营收入等挂钩,是一种纯粹的收入补贴措施。

第二,对农业综合服务的支持措施。农业综合服务支持措施的适用对象不是农业生产者和具体农产品,也不是消费者个人,而是整个农业部门。它是政府通过公共财政向整个农业部门所提供的一般性服务措施、补贴支持,包括农业科研、技术推广、培训、粮食安全储备、基础设施、资源环境保护等支持计划[4]。

第三,对消费者的支持措施。消费者支持措施是指受政策措施所影响,消费者获得的转移支付和补贴。它包括几种类型:消费者购买国内生产农产品,通过对市场价格的支持而形成的对生产者的转移支付;消费者向政府财政预算、向进口商,或者同时对二者进行的价值转移；纳税人向消费者的转移支付以及通过市场价格支持对国产饲料的转移支付。

（二）WTO 的农业支持与保护政策分类

WTO 根据多边谈判的需要，将农业支持与保护政策划分为农业市场准入、国内支持与出口竞争三大类型。其中，"市场准入"主要涉及关税壁垒和非关税壁垒等农业边境贸易保护措施，如关税税率、关税结构、关税配额管理、进口数量限制、进口国有贸易企业、地理标识、食品安全等措施；"国内支持"主要包括绿箱、黄箱和蓝箱三类政策；"出口竞争"则包括出口补贴、出口信贷、担保和保险，粮食援助、出口国有贸易企业等支持政策。

按照 WTO《农业协定》的定义，所谓农业"国内支持"，指"所有有利于农业生产者的国内支持措施"。主要包括：

第一，"绿箱"支持措施。农业综合服务（如农业技术研究、病虫害控制、培训服务、技术推广咨询、基础设施建设、营销促销等）补贴、粮食安全储备费用补贴、国内粮食援助、对生产者的直接补贴、与生产不挂钩的直接收入支持、自然灾害救济补贴、环境保护或地区援助计划下的补贴等措施。这些措施对贸易无扭曲作用，或者作用非常小，属于不受 WTO 限制、免于削减承诺的农业补贴措施。

第二，"蓝箱"支持措施。在政府限产计划下，按固定面积或产量（或基期生产水平的 85% 或 85% 以下，或固定动物数量）给予的直接补贴，不受 WTO 规则约束。

第三，"黄箱"支持措施。政府或其代理机构的预算支出和放弃的税收、对特定产品和非特定产品的市场价格支持（消费者向生产者的资源转移）、不可免除的直接支付（如取决于价差的直接支付）或其他任何不属于免除削减承诺范围的补贴（如农业投资补贴、投入补贴、降低销售成本等）措施，受到 WTO 限制，不能超过规定的标准，并要求做出相应的削减承诺。2001 年加入 WTO 时，我国对农业市场准入、国内支持和出口补贴等做出相关承诺，如逐步削减农产品关税，黄箱补贴不超过 8.5% 的微量允许水平，不再使用任何形式的农产品出口补贴措施等。

二、我国农业支持与保护政策的现状与特征

按照 OECD 农业政策分类方法，可将目前我国农业支持与保护政策措施分为两类。一是农业生产者支持措施，主要包括：①市场价格支持，包括粮食最低收购价、临时收储措施；②投入品使用补贴，包括农机具购置补贴，农业保险保费补贴，大型粮、棉、糖生产基地建设，标准化养殖场建设，干旱地区节水灌溉技术推广补贴等；③与产量挂钩的，基于现期种植面积的补贴，包括粮食直补、农资综合补贴、良

种补贴等;④与产量不挂钩的,基于非现期收入水平的补贴,包括农村扶贫项目等;
⑤基于非商品标准的补贴,包括退耕还林补贴、退牧还草补贴等。二是农业综合服
务支持措施,包括粮食安全储备、农业基础设施建设、以工代赈计划、新型农民培训
工程、农业技术推广体系建设等。

　　按照 WTO 的政策分类,可将目前我国农业支持与保护政策措施分为两类。
一是"黄箱"支持,主要包括:①市场价格支持,如最低收购价政策和临时收储措施;
②不可免除的直接补贴,包括良种补贴、农机具购置补贴、农资综合补贴等。二是
"绿箱"支持,主要包括农业科研、动植物疫情防控、病虫害防治、农业技术推广体系
建设、测土配方施肥补贴、大型商品粮基地建设、小型农田水利建设工程、农业基础
设施建设、粮食安全储备支出、粮食直补、农业保险保费补贴、退耕还林补贴、退牧
还草补贴、农村扶贫项目、以工代赈计划等。

　　21 世纪以来,我国不断加大对农业的支持和保护力度,初步建立了价格支持、
直接补贴和农业综合服务支持等功能互补、综合补贴和专项补贴相结合的农业支
持与保护政策体系。其主要特征如下:

　　第一,价格支持政策成为农业支持与保护政策的核心举措。2004 年,我国全
面放开粮食购销市场和价格,为了保证粮食市场供应、保护种粮农民利益,国家对
重点粮食品种稻谷和小麦实施最低收购价政策;2008 年,针对部分农产品价格持
续下跌和"卖粮难"问题,国家又在相关主产区对玉米、大豆、油菜籽等实施临时(实
际上已经常态化)收储措施,并且连续提高最低收购价和临时收储价水平。由于价
格支持始终是我国农业支持与保护的关键措施,因此农业支持政策对市场的扭曲
作用明显增强。我国生产者名义支持系数(NACp)从 1994 年的 1.0 提高到 2012
年的 1.2,消费者名义支持系数(NACc)相应从 0.99 提高至 1.15。这意味着,当前
农业生产者从农业支持政策获得的超额收入、消费者为农产品提供补贴的超额支
出均在不断提高,我国农业支持政策对市场干预的影响越来越大,对农产品市场的
扭曲效应越来越明显。

　　第二,由过去补贴流通环节转变为直接补贴生产者,对农民直接补贴已成为农
业支持与保护的重要方式。1999 年实施退耕还林工程,2002 年启动实施的良种补
贴,2003 年实施的退牧还草工程,2004 年建立的农机具购置补贴、种粮直接补贴,
2006 年出台的农资综合补贴政策,都是直接补贴给生产者。这些直接补贴农民的
政策措施已成为现阶段我国农业支持与保护体系的重要组成部分。

　　第三,农业支持与保护的水平快速增长。随着直接补贴项目不断增多、补贴范
围逐步扩大、补贴强度不断增加,国家财政对农业支持与保护的水平快速提高。从
农业支持总量看,我国农业支持总量(TSE)从 1994 年的 338 亿元迅速增长到
2012 年的 12199 亿元,其中,农业生产者支持(PSE)由 -39 亿元快速增加到

10446 亿元,综合服务支持(GSSE)从 351 亿元持续增长至 1753 亿元。2010—2012 年,我国农业支持总量(TSE)平均为 10388 亿元(按当年汇率折合后平均为 1600 亿美元);我国农业补贴率(%PSE)从 1995 年的 5.5% 增加到 16.8%,2010—2012 年平均为 15%,即农业总收入中的 15% 来源于农业支持保护政策措施的作用。四项直接补贴从 2002 年的 1 亿元快速增长到 2012 年的 1668 亿元,2013 年财政预算安排达 1700.6 亿元。2007 年开始实施的农业保险保费补贴,亦从当年的 21.5 亿元上涨到 2012 年的 171.9 亿元,增长 7 倍。

第四,对农业的综合服务支持持续增加,且结构不断优化。2000—2014 年,国家用于农业的支出从 1231 亿元增至 14173 亿元,增长 10.5 倍,其中 2008 年后增速加快,年均增速为 20.16%。从 2008—2014 年国家财政农、林、水支出结构看,2014 年的农业支出达到 5816 亿元,比 2008 年增加了 3538 亿元,是增量最多的行业;水利资金达到 3478 亿元,增加了 2356 亿元;林业资金 1348 亿元,增加了 925 亿元。从资金增长速度看,林业年均增速为 21.3%,水利为 20.7%,农业为 16.9%。农业综合服务支出的内部结构也发生了一些变化,基础设施服务由 2002 年的 900 多亿元增至 2010 年的 2100 多亿元,但在政府的一般服务支出中的比重由 75% 降至 53%,降了 22%;农业推广和咨询服务由 70 亿元增至 460 多亿元,占比由 5% 增至 11%,上升了 6%;农业科研支出由 45 亿元增至 170 亿元,增长 2.7 倍,所占比重由 3.3% 上升至 4.3%。为实现《国家粮食安全中长期规划纲要》和《全国新增 1000 亿斤粮食生产能力规划(2009—2020 年)》的目标,中央财政持续扩大对农田水利建设、农业科研创新、良种繁育与技术推广体系建设、农业技术服务与农业病虫害防控、农业生态环境保护等的支持。2012 年中央财政投入农田水利建设 591 亿元,土地治理 351 亿元,技术推广与培训 364 亿元。上述数据显示,我国政府对农业综合服务支持投入更加均衡、结构更加优化。

三、我国现行农业支持与保护政策面临的问题与挑战

实践表明,现阶段我国以价格支持和直接补贴为主的农业支持与保护政策体系,在促进粮食增产、农民增收、维护粮食市场稳定、确保粮食安全、保障经济社会持续健康发展等方面发挥了极为重要的作用。但随着保护价水平连年不断提高,保护价的性质发生了变化,并带来了一系列亟待解决的新问题,影响着国家的粮食安全。

(一)粮食支持价格逐年提高,农产品价格形成机制严重扭曲

2008 年以来,我国连续 6 年提高小麦和稻谷最低收购价,玉米、大豆、油菜籽等临时收储价也稳步提高,根据国家发展和改革委员会公布的 2008—2014 年小麦

和水稻最低收购价格,每 50 公斤小麦和粳稻的最低收购价格由 2007 年的 72 元和 75 元分别提高到 2014 年的 118 元和 155 元,分别上涨了 63.9% 和 106.7%;玉米和大豆临时收储价格从每吨 1500 元和 3700 元提高到 2200 元和 4600 元,分别提高了 46.7% 和 24.3%。虽然和小麦、稻谷的最低收购价格相比,临时收储的目标价格上涨幅度不大,但与国际市场价格连续下跌的状况形成了鲜明的对比。这种干预性收购的效应及其累积作用表现为:

第一,向市场发出强烈的"托底"信号,让农民形成了粮价"只涨不跌"的"线性上涨"的思维惯性,使得农民对未来粮价预期越来越高。

第二,农户只种植受最低收购价或临时收储政策保护的粮食作物,放弃需求旺、收益高但价格波动大、风险高的经济作物生产,促使农业资源要素向实施价格支持的农作物集中。

第三,农民几乎不关注市场变化,一旦出现销售难或价格下滑等问题,农民即寻求政策的保护、追问政府的责任进而衍生社会稳定等问题。

第四,市场供应依赖于政策性粮源的投放,形成"政策市"。由于国家政策性收购掌握的粮源在市场上处于支配地位,在市场上如果通过竞价方式顺价销售政策性储备粮,那么就形成了"托市价上调、销售价跟涨"的格局,市场粮价呈线性上涨;如果逆价销售,那么财政压力又不堪重负,政策性风险日益累积。如此一来,粮食价格形成机制及市场价格信号被扭曲,粮食市场呈现"政策化"趋向。

(二)国内外农产品价格倒挂,库存持续增加,财政负担沉重,进口压力
　　　日益加大

在最低收购价和临时收储价的支持下,国内稻谷、小麦、玉米、大豆、棉花等主要农产品价格均已接近或高于国际市场价格。随着国内外粮食价差加大,国内主要粮食品种收储量不断增加,拍卖成交率始终处于低位,导致中储粮及其委托收购公司库满为患,财政负担越来越沉重。同时,由于粮食顺价销售难,导致粮食陈化问题突出,亏损巨大。若今后国内价格继续上涨,国内外价格倒挂有可能进一步扩大,将使国内市场面临巨大的进口压力,形成"国内增产—国家增储—进口增加—国家再增储"的不利局面,这既增加了财政负担,也影响了政策实施效果。

(三)粮食比价关系明显改变,导致农业结构调整滞后,作物种植结构
　　　和供需结构失衡

随着收储价格成为市场"最高价",临时收储成为粮食销售的重要渠道。中储粮及其委托的粮食购销公司成为粮食市场的重要主体。由于临时收储的标准主要是一般性质量标准,集中在水分含量、破损率、杂质率上,而对于下游加工环节所要求的品质标准难以进一步要求,从而导致农民在选择品种时,更倾向于追求高产、稳产,而不是提升品质。与此同时,随着城乡居民收入水平的提高,消费者对农产

品品质的要求越来越高,优质化、多样化、专用化需求日益增加,从而导致粮食的品种结构、品质结构、供需结构失衡矛盾越发凸显。

一方面,这种比价变化导致不同作物品种之间比较收益的变化,影响农作物对耕地、水等竞争性资源的使用,将进一步作用于农作物生产结构与市场供应结构。监测数据显示,玉米是价格上涨最快的品种之一,2008 年的收购价格指数为 100,2013 年 8 月玉米收购价格指数达 150.7,仅次于粳稻(159.3),显著高于小麦(138.4)、早籼稻(140.1)、中晚籼稻(132.4)和大豆(119.8);大豆和玉米的比价从 2008 年的 2.80,2009 年的 2.25,下降至 2012 年的 1.89,导致了国内玉米种植面积持续增长,大豆生产则持续萎靡;大豆进口和玉米库存急剧增加。此外,由于品种差价、质量差价在粮价支持政策设计或操作中并未得到充分而有效的体现,可能导致农户片面地追求高产、稳产品种,市场紧缺的优质品种供给严重不足,品种结构矛盾进一步加剧。如我国小麦以中筋麦为主,供给充裕,但优质强筋麦、弱筋麦少,市场缺口较大。

另一方面,这种比价变化也会因为粮食品种之间的替代效应而作用于消费需求端,导致粮食需求结构发生明显改变。如小麦玉米正常比价为 1.05~1.10,合理价差为每公斤 0.1~0.2 元。但近年小麦玉米价格倒挂问题严重,导致小麦大量替代玉米用于饲料。据国家粮油信息中心估计,小麦饲用量(含损耗)由 2009 年度的 1050 万吨、2010 年度的 1350 万吨快速增长到 2011 年度的 2700 万吨,2012 年度仍达 2100 万吨(这里的"年度"指的是市场年度,为当年的 5 月至次年的 6 月)。这虽然有利于缓解小麦前期的库存压力,但若不解决价格倒挂问题,后期小麦继续大量用于饲料,必然影响小麦的供给安全。可见,如果不及时理顺粮油品种之间的比价关系,将引起粮食供求结构的重大变化,增加实现粮食供需基本平衡的难度。

(四)原料成本高企,粮食加工贸易企业陷入困境

2012 年以来,随着粮食托市收购价格不断提高,推动产业链后端的粮食加工企业、食品制造企业等成本快速上涨,但终端产品价格由于国际粮价、消费需求、宏观调控等原因受到抑制,下游企业利润空间缩小,使原粮与成品粮、粮食深加工产品价格倒挂,粮食行业出现整体亏损局面,导致加工企业、贸易企业入市收购谨慎,粮食收储压力全面转向国家指定的中储粮系统。尤其是东北产区的大豆、玉米加工企业,在与沿海以进口大豆、玉米为原料的加工企业的竞争中处于明显劣势。中小加工企业更是陷入困境。特别是玉米,作为重要饲用谷物和工业原粮,玉米市场供给与价格波动对饲料加工、畜牧养殖、食品制造、粮食深加工等产业发展影响十分显著。尽管受进口配额限制,进口玉米数量不大,但玉米加工企业却面临进口替代品的激烈竞争。肉类产品和青霉素等玉米深加工产品生产成本抬升,由过去的出口逆转为进口,既挤压了同类产品的国内市场,也在一定程度上替代了国内玉米消费[5]。

（五）农业资源开发利用过度，生态环境日益恶化，农业可持续发展
　　　面临挑战

最低收购价和临时收储等政策有效调动了农民种粮积极性，促进了粮食增产，加上国家对土地治理、农业基础设施建设的投资和补贴，进一步加大对农业资源开发的力度，也导致土壤退化、地下水超采、化肥农药超量使用、农业面源污染等突出环境问题，农业可持续发展面临巨大挑战。

（六）价格支持、直接补贴等支持措施面临突破 WTO"天花板"的风险
　　　越来越大

我国加入 WTO 时，承诺按照 WTO 农业规则限制使用扭曲市场的价格支持与补贴措施，农业综合支持量（AMS）为零，价格支持、直接补贴等扭曲市场的"黄箱"支持政策不超过微量允许水平，即非特定产品"黄箱"支持不超过农业总产值的 8.5％，特定农产品"黄箱"支持不超过其产值的 8.5％[6]。目前，我国非特定农产品"黄箱"支持水平从 2004 年的 19.8 亿元、2008 年的 788.6 亿元，快速增长到 2012 年的 1293 亿元、2013 年的 1301.4 亿元，相当于农业总产值的 1.49％，仅占微量允许上限的 17.5％，尽管占农业总产值的比重在逐步提高，但仍然不足 2％。2013 年我国农业总产值已增长到 80747 亿元，非特定产品微量允许空间相应提高到了 6864 亿元，这意味着我国非特定农产品"黄箱"支持水平距农业总产值 8.5％的微量允许上限还有较大的政策空间。但特定产品的"黄箱"支持将面临较大挑战，除稻谷、小麦、玉米三大主粮尚有一定空间外，大豆、油菜籽已经逼近甚至突破 8.5％的微量允许上限，棉花临时收储问题则更加突出[7]。2013 年，我国的小麦和大米最低收购价格、玉米和大豆临时收储价格已全面高出外部参考价格。如果今后进一步提高最低收购价格和临时收储价格，一方面使其与外部参考价格"价差"继续扩大，另一方面如果国内与国际粮价倒挂、原粮价格与成品粮价格倒挂格局没有改变[8]，将迫使粮食大量流向政府实施的政策性收储，进而使政策性收购规模大幅增加，可能导致特定农产品"黄箱"支持水平逼近甚至突破"黄箱"支持的"天花板"。值得注意的是，2014 年我国对大豆、棉花试点目标价格补贴，但仍属于"黄箱"的不可免除直接补贴的范围，受 WTO"黄箱"支持"天花板"约束。这意味着，今后我国将难以继续通过持续提高最低收购价、临时收储价、不可免除的直接补贴等方式来保护种粮农民的利益。因此，必须积极推动农业政策改革，探索粮食价格形成机制，进一步完善最低收购价政策，逐步取消临时收储措施，采取更加综合性的支持政策，研究使用与粮食生产挂钩的但不受 WTO 国内支持规则约束的新型支持和补贴方式，如粮食目标价格保险或目标收入保险制度、生产环境计划下的直接补贴、贫困地区或生态脆弱地区援助计划性的生产补贴、农村土地保护性耕作补贴、农村土地休养与土壤治理补贴等[9]。

四、我国农业支持与保护政策体系改革的取向、路径与原则

（一）推进农业支持与保护政策体系改革的基本取向

第一，从增强农业竞争力，促进农业可持续发展出发，确定我国农产品价格支持政策的主要方向。我国粮食价格政策暴露出的矛盾和问题，是其与我国农业发展阶段性变化不相适应的必然结果。我国粮食安全状况和粮价对于农民收入影响的传统认识，则是我国粮食价格政策改革陷入困局的主要症结所在。调整粮食价格支持政策目标和具体支持方式，必须准确把握新阶段我国农业特征。随着新型工业化、城镇化和信息化的深入发展，我国现代农业建设加快推进，农业发展进入新时期，农业发展面临的主要矛盾和问题已经明显改变，这主要表现在：

一是农业综合生产能力大幅度提高，真正走出了产不足需的阶段。长期以来，在人多地少、资源匮乏的基本国情下，提高粮食产量和解决国人吃饭问题是我国粮食的头等大事。但随着国家调整工农关系、城乡关系，大幅度增加农业投入，高产稳产农田的比例明显提高，农业科技进步贡献率、农业综合机械化率稳步提升，这为提升我国农业综合生产能力奠定了坚实的物质基础。2013年，我国粮食总产突破6亿吨，并且连续五年保持在6亿吨以上，作为基本需求的粮食消费，尤其是口粮消费趋于稳定，出现供给全面短缺的可能性已经很小。

二是城乡居民消费结构升级，结构性失衡成为农产品供需的主要矛盾，高品质、多元化、个性化的农产品成为需求增长的主要领域。我国现有的收储政策、价格支持政策更多是保数量而非保质量的措施，导致高品质、个性化农产品明显不足，从而导致供需结构出现巨大偏差。

三是新型农业经营体系构建加速，专业化、规模化生产主体在农产品供给中的比重快速增加，这些新型农业经营主体规模大，专业化和市场化程度高，已经成为农产品商品化供给的骨干力量。

四是国内外农产品市场一体化程度不断深化，农业发展面临的主要挑战由保障供给向提升农业竞争力、促进农业的可持续发展转变，如何增强农业竞争力将成为我国农业发展面临的主要问题[10]。

第二，从落实国家粮食安全战略，保护和调动农民种粮积极性出发，确定农产品价格支持政策的扶持重点[11]。在2013年年底召开的中央经济工作会议和中央农村工作上，习近平提出了"以我为主、立足国内、确保产能、适度进口、科技支撑"的国家粮食安全新战略和"进一步明确粮食安全的工作重点，合理配置资源，集中力量首先把最基本、最重要的保住，确保谷物基本自给、口粮绝对安全"的国家粮食安全新要求。2014年中央一号文件强调，要更加积极地利用国际农产品市场和农

业资源,有效调剂和补充国内粮食供给;抓紧制定重要农产品国际贸易战略,加强进口农产品规划指导,优化进口来源地布局,建立稳定可靠的贸易关系。2015年中央一号文件进一步强调,科学确定主要农产品自给水平,合理安排农业产业发展优先顺序。这些重要政策表明,在需求增长和资源环境约束趋紧的双重压力下,我国主要农产品必须有保有放,以更加积极的姿态利用国内外两个市场两种资源。面向未来,我国不能再追求所有品种粮食都自给自足,关起门来解决吃饭问题,而是要"适度进口";不能再追求所有农产品都靠自己解决,关起门来支撑工业化城镇化,而是要科学确定各种农产品的自给水平。实际上,各种农产品自给率水平的敏感性、相对重要性有较大差异。所以,农产品价格支持政策,要把稻谷和小麦等口粮作为扶持重点,集中使用公共资源和"黄箱"政策空间。既要确保国家粮食安全又必须以不损害农民种粮积极性为前提条件,所以确定农产品价格支持政策的扶持重点必须以调动农民种粮积极性为根本出发点。

第三,从市场机制出发,推进和完善农产品价格形成机制。粮食生产过剩,进口激增,仓储爆满,补贴剧增,不堪重负;市场价格关系混乱,产销价格倒挂,收储加工企业无所适从,经营困难,这些问题在欧美国家历史上也曾出现过。现在我国之所以也遭遇此类问题,回顾一下我国粮食价格支持政策的出台背景及其历程就会发现,就是因为没有较好地发挥市场在资源配置中的决定性作用,扭曲了粮食生产、粮食贸易环境。

1996年,我国粮食总产突破5亿吨大关,1998年、1999年连续2年保持在5亿吨以上。此后,受农业战略性结构调整和粮食保护价政策效果不佳的双重影响,粮食产量连年下滑,供需缺口严重,粮食库存降到历史低点。同时,传统农区、粮食主产区、中西部地区的农民收入增长困难,农民的种粮积极性大为降低[12]。为防止"谷贱伤农",2004年,针对早籼稻上市后出现的价格回落,国务院围绕粮食安全和农民收入两个目标,决定对粮食主产区的稻谷实行最低收购价。2006年,针对小麦价格下跌问题,国家在小麦主产区实行最低收购价政策,由此形成了稻谷和小麦的价格支持政策。2004—2007年,稻谷、小麦的价格水平是根据生产成本加合理收益来确定的,稻谷、小麦的最低收购价也没有变化。2008年,受全球金融危机影响,国际粮价大幅下跌,我国粮食市场也受到冲击,价格大幅下跌,出现了"卖粮难"现象。为保护农民收益,促进农民增收,国家启动了玉米、大豆临时收储政策。从此,临时收储政策逐步演变成为国家支持玉米和大豆价格的主要方式,并从当年开始连续6次提高稻谷、小麦的最低收购价,大豆、玉米的临时收储价也不断攀升,临时收储的品种也迅速扩大。所以,从2008年开始,随着粮食价格水平的不断提高,粮食保护价的性质发生了变化:政府确定的"最低收购价"逐步成为市场最高价,政策目标从保障生产变成了既保障生产又保障收入,从防止"谷贱伤农"变成通过提高价格促进粮食增产和农民增收;从最初的托底价格,或者叫"地板价格",成了"天花板价格",既高于国内市场均衡价格,又高于国际市场价格。现在,我国已走出农产品全面短缺阶段,结构性失衡成为供需主要矛盾,必然要求发挥市场调节作用,促进农业结构调整,优化资源配置,促进供需有效衔接,提升农业供给质量和竞争力。

第四,从"黄箱"补贴空间出发,确定农产品价格支持力度。按 WTO 规则,我国现行粮食最低收购价和重要农产品的临时收储价,属于典型的对生产和贸易有扭曲作用的"黄箱"补贴,各种财政支付性补贴中与当期生产和贸易挂钩的补贴也是典型的"黄箱"补贴。加入 WTO 时,我国承诺对农业的"黄箱"补贴必须遵从两个 8.5% 的上限约束。从目前情况看,尽管非特定产品和稻谷、小麦等特定产品"黄箱"补贴还有一定空间,但玉米、大豆的"黄箱"补贴已接近上限约束,如果支持价格继续逐年提高并有较大的托市收购量,则很快就会遭遇 8.5% 上限的实质性约束。所以,我国农产品价格支持力度,必须分析形势、准确测算,从"黄箱"补贴空间出发,确定农产品价格支持力度。

第五,从国内外农产品价差走势出发,确定农产品价格支持的调整步伐。我国加入 WTO 时承诺,对大豆、植物油等多数产品只征收单一关税,同时也争取到了对部分农产品实行关税配额管理的政策,配额内实行低关税,配额外实行高关税。因而,根据关税的不同有两层国际价格"天花板"。第一层"天花板"是根据配额内低关税计算的进口到岸税后价,第二层"天花板"是根据配额外高关税或单一关税计算的进口到岸税后价。农业部的监测信息显示,大米和小麦等已经持续性顶破第一层"天花板",与第二层"天花板"尚有一定距离,但从"十三五"时期的价差走势看,大米和小麦国内价格有可能持续性顶破按配额外 65% 关税计算的到岸税后价,即第二层"天花板"。玉米已经持续性顶破第一层"天花板",部分时点也已顶破第二层"天花板",但从未来走势看,玉米国内价格顶破第二层"天花板"极有可能成为常态化。加入 WTO 以来,由于大豆仅实行 3% 的单一关税,国内大豆片面追求含油率,未能发挥蛋白质含量高和非转基因的差异化竞争优势,从 2012 年 10 月开始,已持续性顶破第二层"天花板"。棉花于 2011 年 10 月开始顶破第二层"天花板",出现持续性价格倒挂,直到 2015 年 1 月国内外价格倒挂现象基本消失。过去十多年来,我国之所以能够通过不断提高粮食最低收购价和重要农产品临时收储价来促进农业增产、农民增收,是因为我国农产品国内价格普遍低于进口到岸税后价,有提价的空间。但随着近年来国内外价格的反向变化,提价的空间正在逐步消失。所以我国农产品价格支持的调整步伐,必须依据国内外农产品价差走势来确定。

(二)推进农业支持与保护政策体系改革的路径

目前我国农业支持政策改革正处于一个重要关口。推进农业支持政策改革、选择和构建新型农业支持政策体系,在路径选择上,必须立足当前我国基本国情和经济发展阶段特征,深刻把握、统筹兼顾以下几个重要关系:

第一,处理好"问题导向"与"目标约束"的关系。所谓"问题导向",就是要通过改革,解决当前农业支持政策存在的各种外部性问题,特别是政策指向性差、针对性不足、效能较低,农产品市场扭曲严重、政府收储压力加大、市场政策化趋向增强,农业资源开发利用不合理、不可持续等突出问题。因此,必须"继续坚持市场定价原则""完善粮食等重要农产品价格形成机制",注重发挥市场配置资源的决定性作用,积极稳妥推进农产品价格支持政策改革,进一步增强直接补贴等政策支持的针对性、有效性与精准性,不断提高政策的综合效能。而"目标约束"要求对现行政策的调整改革,必须符合农业现代化建设的基本目标以及深化改革的总体要求。确保国家粮食安全和重要农产品有效供给,是中国特色农业现代化建设的首要目标,也是实施农业支持政策的优先目标,必须将其作为对现行政策调整改革的基本出发点。2014年中央经济工作会议提出实施"以我为主、立足国内、确保产能、适度进口、科技支撑"的国家粮食安全新战略,进一步明确新形势下国家粮食安全的保障重点,即"立足国内",确保谷物基本自给、口粮绝对安全。同时要求,在重视粮食数量的同时,更加注重品质和质量安全;在保障当期供给的同时,更加注重农业可持续发展。显然,构建中国特色新型农业支持体系,既要坚持"问题导向",切实解决现行政策实施的一些突出问题;也要坚持"目标约束",调整完善现行政策必须立足我国基本国情,进行系统谋划、总体设计,加快形成中国特色的农业支持政策体系。

第二,处理好发挥市场配置资源决定性作用与加强政府支持的关系。选择新型农业支持政策,一方面,必须注重发挥市场配置资源、调节农产品供求关系和价格的决定性作用,这是农业市场化改革的基本要求,也是当前全面深化改革的关键内容。要坚持市场定价原则,完善农产品价格形成机制,重构粮食等农产品市场机制。另一方面,农业生产特别是粮食生产具有基础性、弱质性、外部性和多功能性等特点,加强政府对农业生产的支持和保护必不可少,因此要求选择符合WTO农业支持规则、干预扭曲程度小、市场化导向的支持政策手段和支持工具。

第三,处理好保障主要农产品有效供给与农业可持续发展的关系。我国农业资源日益紧缺,如果政策目标过度强调农产品高自给率,将导致对农业资源的高强度利用、过度开发,由此将付出极大的资源、环境和经济代价,现行农业支持政策对此已有深刻教训。因此,今后政策机制的设计,既要保持适度合理的农业生产强度,确保粮食等主要农产品供给保障能力,又要考虑资源环境承载能力,使农业资源休养生息,实现农业综合生产能力的代际传承和可持续发展。

第四,处理好提高农民生产积极性与地方政府重农抓粮积极性的关系。在当前和今后相当长的一段时期,随着工业化、城镇化的深入推进,农用物资、土地、劳动力等农业生产要素成本将呈不断上升趋势,农业比较利益下降的压力将越来越大,由此导致的"弱者种地""差地种粮"问题将更加突出。农业支持政策设计,必须通过保护农民利益、增加农民生产收益来有效调动农民生产积极性,促进农民多种粮、种好粮。另外,多年来,全国产粮大县基本上是经济小县、财政穷县。随着国家支农项目资金投入越来越多,要求产粮县配套的资金也越来越多,导致产粮越多,包袱越重、财政越穷。因此,在政策设计中,必须加大对主产区的农业综合服务支持,建立对粮食生产大县的利益补偿机制,千方百计地提高地方政府重农抓粮的积极性。

第五,处理好立足国内与适度进口的关系。要适度进口大豆、棉花等资源型农产品,腾出国内宝贵的农业资源,确保稻谷、小麦等主粮基本自给,这是今后我国满足日益增长的农产品消费需求的必然选择,是我国的基本国情。因此,在政策设计上,必须体现国家粮食安全新战略的深刻内涵。一方面,综合采取包括价格支持、直接补贴在内的政策措施,确保立足国内,实现谷物基本自给、口粮绝对安全;另一方面,不断提高统筹利用国际、国内两个市场、两种资源的能力,推进实施农业"走出去"战略,逐步建立持续、稳定、安全的大豆、棉花等农产品全球供应网络。

(三)推进农业支持与保护政策体系改革的原则

构建中国特色新型农业支持体系,必须从我国基本国情出发,以推进中国特色农业现代化建设为根本任务,以确保国家粮食安全为核心目标,坚持市场定价原则,形成以直接补贴为主体、价格支持为补充、综合服务支持为支撑,指向明确、重点突出、合理高效、操作简便的新型农业支持政策体系。推进农业支持与保护政策体系改革,应遵循以下基本原则[13]:

第一,量力而行。在今后相当长的时期内,中国作为发展中农业大国,农业生产方式落后、农业投入不足、农业发展水平低等问题将长期存在;农户数量大、经营规模小、农业比较效益低也难以在短期内改变。因此,建立和完善农业支持与保护政策体系,必须从基本国情出发,立足当前、着眼长远,量力而行、尽力而为,建立稳步增长的农业支持投入机制,促进农业支持措施和补贴政策的制度化、规范化和科学化。

第二,市场导向。选择农业支持政策,要以市场化为导向,坚持市场定价原则,最大程度减少对市场的干预和扭曲,有效发挥市场配置资源、调节农产品供求和价格的决定性作用。一般产品主要靠市场调节,重点产品也应尽量减少对市场的干预和扭曲。要根据 WTO 规则,确保支持总量、支持结构和政策措施符合 WTO 规则要求,用好用足"黄箱"补贴措施,对重点产品、重点地区探索建立与产量、种植面积等挂钩的直接补贴机制和市场扭曲程度相对较小的价格调节机制。

第三，提高效能。根据我国的基本国情，建立和完善中国特色农业支持体系，要以增强政策的针对性、指向性和有效性为导向，以支持补贴重点产品、重点地区和关键环节为核心，突出解决农业现代化建设中的重点矛盾和关键问题，全面提高政策的综合效能。要注重整合支农惠农政策，发挥价格支持与直接补贴相互配套的政策合力与综合效能；统筹利用信贷、保险等机制，通过分工组合、功能互补的方式，发挥政策的组合效应和规模效益；要注重协调国内补贴支持与边境保护措施，提高政策的有效性。

第四，循序渐进。粮食问题涉及国家经济安全和社会稳定，粮价支持政策的改革调整，须在明确"底线"的前提下，先立后破，先易后难，先非主粮、后口粮，先试点、后推行，循序渐进，审慎推进，不能追求一步到位，允许采取过渡性的制度和政策安排。可先行出台替代性政策，试点推行，使新政策与现行支持政策并行一段时期，考察新政策实施效果和问题。待新政策基本成熟后，再适时改革或取消现行政策，使政策平稳过渡。

第五，突出重点。一是明确支持的重点产品。对事关国家粮食安全的小麦、水稻等口粮品种，必须予以重点支持，以确保粮食安全、实现保供给目标的关键支撑。玉米、大豆、油菜籽等农产品，对国内生产、农民增收、市场供给和稳定具有重要影响，是实现保供给目标的重要内容，在人们的承受能力特别是中低收入者的承受能力比较脆弱的背景下，应给予必要的政策支持。二是界定重点支持产区。要优先支持资源条件好、生产规模大、区位优势明显的大宗农产品主产区。一方面，增强政策的指向性，发挥政策的导向作用，建立主产区利益补偿机制，调动主产区重农抓粮的积极性，鼓励资源条件好的农区加快现代农业建设，夯实国家粮食安全的基础。另一方面，可以减少因范围过大而引起执行、监管难度加大等问题，降低政策执行成本，提高政策效能。三是注重支持关键环节。必须针对提高农产品单产、品质和产能，调动农民和地方的积极性，稳定市场、提高竞争力，促进增收等关键环节，采取指向明确、针对性强的支持措施，减少中间环节的漏损，提高政策实施效率。要进一步加大支持力度，加强农业基础设施、综合生产能力建设，完善和改革粮食直接补贴、农资综合补贴等措施，建立与农业生产挂钩的支持机制。

五、我国农业支持与保护政策体系改革的对策与建议

我国农业支持与保护政策体系改革，必须基于市场导向，既能保护农民利益，有效调动农民生产积极性，又要尽可能减少对农业市场的干预和扭曲，且符合WTO农业规则，促进农业可持续发展。

(一)积极探索实施农业保险计划

农业保险(包括基于作物产量的保险和基于农民收入的保险)是一种市场导向的,既能有效促进粮食生产发展,又能稳定农业经营收入的政策措施,且不属于WTO"黄箱"补贴范畴。

第一,调整完善农业保险保费补贴措施。现阶段,我国正在推行的农业保险主要是针对自然风险、生产领域而进行的农产品产量保险。对此,我们要从以下几个方面着手,调整完善农业保险保费补贴措施:

一要提高农业保险保额水平,目前粮食绝收的情况下每亩300元的保额显然严重偏低,对农户的吸引力逐步丧失。

二要采取差异化补贴方式,适度增加对粮食主产区、中西部财力困难地区及重点粮食品种的中央财政保险保费补贴比例。

三要将保费补贴范围限制在主要农作物保险(或少数重点养殖业保险),重点是高风险、低收益的作物品种,如粮油作物。对高风险、高收益的品种,如特色水果、花卉苗木等,应鼓励采取商业保险;要将种粮大户、合作经济组织转入土地纳入农业保险保费补贴范围。

四要加强对保险机构灾后理赔的监督与管理;要健全再保险机制,对从事农业保险业务的再保险费用给予补贴或优惠。

第二,加快研究并试点种粮收入保险计划,将目前的农业保险由自然风险扩展到市场风险,以解决种粮农户对粮食价格比较敏感、抗风险能力弱的问题。所谓种粮收入保险,是以保障农民种粮收益、促进粮食生产发展为目标、以种粮收入为保险标的物、通过指数保险的方式进行的保险产品。比较而言,种粮收入保险计划的优势在于:一是农民自由售粮,减少政策对粮食市场的干预和扭曲。二是使补贴与粮食种植面积挂钩,可解决"有承包地不种粮得补贴、流转土地种粮得不到支持"问题,能有效促进粮食生产、稳定农民种粮收入。三是保险赔付与农户个体的粮食销售价格和产量不相关,可调动农民"多种粮、种好粮"的积极性。四是属于WTO"绿箱"政策,不受"黄箱"规则约束,也顺应了未来农业补贴的发展趋势。

(二)以政策性信贷优化农业支持政策,提高农业支持政策的市场化程度

目标价格政策、政策性信贷、保险是美国农业支持政策的三大主力,其中政策性信贷在美国农业支持体系中占有重要地位。美国政策性信贷除了提供信贷服务之外,还以信贷方式将农业支持政策嵌入市场机制,减少政策支持带来的市场扭曲,并强化了市场的自我调节能力。美国政策性信贷主要有商品信贷和设施信贷两类,分别从"托底"和"赋能"两个方面优化传统农业支持政策。以营销援助贷款为特征的商品信贷是美国农业安全网的基础政策,不仅平滑农场资金需求波动,而且发挥价格托底的支持作用;具有产业链贷款性质的设施信贷,支持农场修缮储备

设施,培育农民的营销能力,增强市场自发调节能力。政策性信贷在"有所为"的同时又"有所不为",通过严格限定政策范围和执行边界,避免政府大包大揽,有效降低财政负担和风险,并保持了政策的市场弹性和经营主体的市场适应能力[14]。我国的政策性信贷必须基于我国的现实条件和基本事实,创新支持思路和操作方式。

第一,坚持对农户托底。保障农民的基本收益不仅关乎农民的生计问题,更关系国家粮食安全和社会稳定。所以,我国的农业支持政策,必须对农户托底,但为避免财政和市场风险,需要限定托市范围,要根据农民的生产生活需求确定托底的下限,根据财政预算和市场承受能力确定托底上限,把托底影响限定在可控范围内。

第二,严格限定政策执行范围。政府敞开收购粮食、全面覆盖粮食品种的政策在较小的国家或许可行,但对中国这样一个大国,基数决定了政策干预的体量会非常大,易加剧市场扭曲,所以限定政策支持范围和边界非常重要。可以根据国内外市场变化趋势、生产者实际情况,通过限定生产者的资格条件、支持面积、作物种类,调整补贴水平,确定政策执行的目标和支持总量,控制政策的影响范围。

第三,探索市场化的支持方式。农业支持方式除了托市价收购、直接补贴等传统方法之外,还应该创新补贴手段。以政策性信贷优化农业支持保护制度,在给予农户足够保护的同时,维持种植决策的灵活性,减少目标价格和国有储备对市场的干扰,给市场自发调整预留空间、避免市场政策化,降低农业支持保护的社会成本。

第四,培养农户的产品营销能力,增强农户的市场适应力。我国对粮食购销有贷款支持,但应从传统购销企业贷款扩展到对主要粮食购销和加工主体的购销行为以及粮食经营者的销售行为进行支持。应当拓展政策性信贷范围,建立具有产业链贷款性质的信贷补贴方式。促使政策性贷款从产业链下游向上游转移,提供储备、运输和初加工等设施建造和修缮的低息贷款,鼓励农业生产组织开展商品储备和产品营销活动。

第五,建立完备的农产品市场信息动态监测和发布机制,定期公布主产区、主销区及全国平均价格和进口产品完税成本价格,增强农业生产者对市场价格的敏感度以及响应市场变化的调整能力。此外,政府补贴需要准确的地块、面积、种植等数据作为发放补贴的依据,构建重要农产品种植信息收集监测系统,收集播种面积、作物种类、收获面积、收获量等种植信息,以便提高各类补贴核算的精确度。

(三)进一步完善价格支持政策

现阶段,由于对粮价支持政策的改革办法尚不成熟,替代政策的设计与操作也不完善,对小麦、水稻等口粮品种的最低收购价格政策实行颠覆性改革的基础条件尚不具备,所以对小麦、稻谷等口粮的最低收购价政策近期内不能贸然退出舞台,应以调整完善为主。

第一,合理确定最低收购价格水平。必须统筹考虑国内粮食生产成本、利润水平、市场供求、不同品种之间比价及国际市场价格等因素,合理制定小麦、稻谷的最低收购价。最低收购价核心在于确保粮食生产成本。当粮食最低收购价格高出国际水平(或者高出一定程度)时,必须锁定最低收购价格,不再提高;否则,国内国际价格倒挂,进口压力骤增。目前情况下,可以保留稻谷、小麦最低收购价的政策框架,但要降低稻谷、小麦最低收购价的价格水平,把它降低到国内和国际市场价格之下,或者降低到正常市场价格的80%左右,主要起托底作用,并且只有在特殊情况下才启用[15]。待条件成熟后,再建立市场决定价格、价补分离、补贴生产者的机制。

第二,探索多元政策执行主体。为切实落实粮食省长负责制,调动地方政府粮食工作的积极性和粮食仓储资源,中央政府委托中国储备粮管理集团有限公司执行最低收购价的同时,允许地方粮食管理部门按照有利于保护农民利益、有利于粮食安全储存、有利于监管、有利于销售的原则,委托具有一定资质和实力的粮食收储企业、深加工企业、贸易企业等参与托市收购。当然,粮食管理部门要完善委托收购手续,加强对政策执行主体资金和粮食的监督与管理,加大对政策执行中违规违纪的处罚力度;督促粮食收购单位提高售粮服务的能力和水平,简化程序、降低农户售粮成本,使农户从最低收购价政策中获益。

第三,加快建立制度化的政策启动与退出机制。如果新粮上市期间,市场平均价格低于国家规定的最低收购价格,即启动最低收购价收购。如市场价格回升至最低收购价格水平之上,则要求政策执行主体必须自动停止或及时退出收购。必须加快建立健全责任追究制度和惩处机制,对未能及时退出的政策执行单位予以严厉的经济处罚,并追究相关责任人的责任。

第四,适度控制收购数量。如果最低收购价收购量达到市场流通商品量的30%~40%,有关部门应及时发出预警信号。结合市场价格走势等情况,放缓或退出最低收购价收购,尽可能地给其他市场主体预留足够的商品粮,增加大型粮食企业垄断余留粮源和掌控粮价话语权的难度,消除部分企业抢购或囤积的动机。

第五,建立健全期货、保险等市场风险管理机制,分散农业生产者市场风险。对玉米、油菜籽等退出临时收储的重要农产品,谨慎选择政府干预性托底收购政策。在大豆、棉花目标价格补贴试点取得经验后,完善目标价格补贴办法,适时退出临时收储措施。对没有政府托市收购的重要农产品,在紧急情况下,政府选择、委托相关企业,按照市场价格入市定量收购,以解决农民突发性卖粮难问题,保护农民的生产收益。

第六,推进粮价形成机制与政府补贴脱钩,稳妥推进"目标价格补贴"等政策试点。粮价支持政策改革影响面宽、敏感度高,在实施操作上必须慎之又慎,坚持试点先行,审慎推进。现阶段,价格支持政策改革的突破口是大豆、玉米等非口粮品种,试点推行目标价格补贴、目标价格保险、粮食生产规模经营主体营销贷款等挂钩直接补贴,逐步替代现行临时收储措施。对此,应扩大范围、加快步伐,探索办法、积累经验,并稳步推广到其他重点农产品品种。

(四)完善优化直接补贴措施

直接补贴是我国新型农业支持体系的关键性措施,改革的目标是增强政策的针对性、指向性、精准性和有效性,提高政策效能与补贴效率。

第一,必须调整、完善现有补贴措施。将粮食直补逐步转变为脱钩补贴,纳入"绿箱"范畴,为"黄箱"补贴实施保留政策空间,同时逐步增加补贴资金的总量。农资综合补贴要按照"价补统筹、动态调整、只增不减"的原则,实施动态调整机制,新增补贴资金重点向粮食主产区倾斜,着力增加粮食主产区种粮农民的补贴强度,充分发挥农资综合补贴对生产的激励作用。良种补贴要着力提高重点品种的补贴强度,逐步取消差价供种的补贴方式,全部采用直接现金补贴农户的办法,尽快与实际种植面积有效挂钩,让良种补贴能够真正起到促进良种推广利用的作用。农机具购置补贴要充分考虑农机具存量结构与分布,向农机动力不足的粮食主产区倾斜,使农机具购置补贴起到推进农业机械化、提高农业生产效率、提升现代农业发展水平的作用。畜牧业养殖补贴的改革目标为"反周期补贴",特别是在价格较低时,切实维护生产者收益,防止补贴政策导致供给和价格波动,促进养殖业的健康发展。

第二,启动实施新型直接补贴措施。探索建立政策性农业灾害强制性保险,要求农户必须参保,由政府对保费给予补贴。赋予专业农户、农业合作组织等新型生产经营主体与普通农户享受政府各类农业补贴的同等权利。对专业农户、种粮大户、合作组织用于农业基础设施建设和固定资产投资的信贷予以支持,给予投资补助和利息补贴;对资源节约、环境友好型农业生产方式给予补贴支持;启动实施种粮收入保险。

第三,启动定额补贴方式,照顾农民收入。定额补贴应该与所种植的产品完全脱钩,只与土地面积挂钩。即按照承包土地面积,不分产品类别品种,统筹所有作物产品,实行统一的土地补贴。待条件成熟后将目前的粮食直补、良种补贴、农资综合补贴、玉米补贴以及棉花目标价格补贴等归并到定额补贴中。这种做法,与欧盟的脱钩补贴相似,其优点:一是市场定价,价补分离;二是极为简便,高度透明;三是财政支出可控,提前早知道;四是属于"绿箱"政策,避免贸易谈判纠纷。补贴标准,可根据财力情况灵活确定。可以对农民收入很低的西部省份或者边疆地区采取特殊的补贴标准。有财力的东部沿海地区,也可以在中央财政补贴之外,进行配套补贴。补贴的对象应该是有承包权的农户,因为农户的承包地面积高度透明,确定不变,不需要每年进行任何测量或统计。

(五)切实加强农业综合服务支持

农业综合服务支持措施,是我国新型农业支持体系的根本支撑。建立稳定持续的农业支持投入机制,强化政府公共财政对农业的补贴和支持,应从以下几个方面去努力。

第一,加强农业基础设施建设。对粮食核心产区,应继续实施土地治理、中低产田改造、大中型灌区建设、小型农田水利建设、田间工程等项目,改善生产条件,提高粮食综合生产能力。

第二,加强现代农业技术创新、应用与推广。着力在优质良种培育、新型肥料农药、生产作业机械化等关键环节,通过支持和补贴,加强技术研发和创新,加快科技成果转化和应用,健全农业科技推广体系,培育新型农业特别是粮食生产主体,用先进适用的技术和装备进行农产品生产。

第三,加强农业社会化服务体系建设。鼓励农村金融机构、农产品加工企业、合作经济组织、专业技术协会、专业服务公司、农民经纪人等为农产品产前、产中、产后提供综合服务,如生产信贷、农资供应、农机作业、农业技术指导、市场信息、农产品销售等。

第四,健全农业资源保护和生态修复机制。实施基本农田保护、水土流失治理、耕地质量建设,深化农业水价改革、提高水资源利用效率、保护水资源,支持退耕还林、退牧还草等工程,实现农业资源开发、利用与保护的协调和统一,促进农业综合生产能力的代际传承和可持续发展。

(六)探索建立粮食主产区利益补偿机制

为改善和增强粮食生产大县财政状况,调动粮食生产大县重农抓粮的积极性,国家不断加大对产粮大县的奖励力度,从 2005 年的 55 亿元增加到 2013 年的320 亿元。与此同时,国家逐步取消粮食主产省的粮食风险基金配套,由中央财政全部负担。这些措施在一定程度上补偿了粮食主产区的利益。据了解,目前部分主产区与部分主销区建立了粮食产销协作关系,但是,从实际情况看,粮食主销区对主产区的利益补偿机制尚未真正建立起来,原因比较复杂,但关键在于责任不明确、相关要求没有可操作性。建议从以下几方面抓紧建设对粮食生产大县的利益补偿机制。

第一,持续强化粮食生产大县的农业基础,这是稳定发展粮食生产、保障粮食安全的基石。中央财政应进一步加大对产粮大县农田水利、耕地质量、抗灾减灾等基础设施建设的资金投入;农业综合开发等项目要切实向粮食生产大县倾斜,提升粮食综合生产能力。

第二,持续强化粮食生产的物质技术装备,这是发展粮食生产的重要保障。进一步加大对粮食生产大县农业社会化服务体系建设的支持,将农机具购置补贴、农业装备结构与农机服务,科技创新、成果转化与农业技术推广有机结合。当前有很多农业科技成果,如工厂化育秧、机械化耕播防收、粮食烘干储备,其适用对象并非分散、小规模农户。应将公益性服务与经营性服务有机结合,依托社会化服务组织等向规模农户、家庭农场和普通农户等生产主体提供技术推广服务。

第三,加大中央财政对粮食主产区财政转移支付力度。粮食生产大县财政实力较弱,为逐步缓解产粮大县财政困难,要持续增加产粮大县财政奖励和财政转移支付力度,调动地方政府重农抓粮的积极性。

第四,试行粮食主销区对主产区的利益补偿机制。目前粮食主产区承担国家粮食安全任务较重、负担沉重,而主销区没有直接承担相应的粮食安全责任。可根据省与省之间的谷物调入量与调出量,按照一定的补偿标准,通过中央财政扣减或增加财政转移支付,让调入省对调出省给予经济补偿,由此进一步补偿粮食生产大县和调出大县。这样既让主产区发展粮食生产有效益、得实惠、不吃亏,又能让主销区政府承担更多的国家粮食安全责任。

第五,在加强粮食仓储设施、市场建设和促进农民增收上给予支持[16]。在仓储环节,由于历史欠账的原因,粮食主产区仓储设施薄弱和落后的问题比较突出,仓容、烘干能力严重不足,露天储存多,散粮装卸、散粮运输、科学储粮等先进设备供不应求,特别是处于东北地区的粮食主产区,一年只有一季生产,粮食集中收购后,潮粮数量大,收购、储存、烘干压力很大。在收购销售环节,东北地区的粮食主产区,每年秋收、过年、开春是卖粮的三个高峰期,粮食卖不出好价钱。为控制好卖粮节奏,改变传统的交易方式和交易手段,在粮食主产区建立集交易、信息、仓储、物流、融资等功能于一体的大型粮食交易市场,形成以现货交易、粮食集散为基本流通模式的粮食市场新格局,既可缓解铁路旺季运输压力,规避市场价格波动风险,又可促进农民增收,企业增效。

(七)构建以《农业支持法》为基本法、相关补贴条例为补充的农业支持法律体系

2004年以来,农业支持与保护的范围逐年拓宽,支持的强度逐年增加,支持方式的操作性、精准性明显提高。但到目前为止,我国还没有专门的农业支持的法律,与农业支持有关的内容散见于《中华人民共和国农业法》《中华人民共和国农业机械化促进法》《中华人民共和国农业技术推广法》《农业机械购置补贴专项资金使用管理暂行办法》等法律规范的具体条款之中[17]。这些法律法规或位阶较低,或过于笼统原则,或内容单一不成体系,无法全面、系统地解决农业补贴的种类、标准、申领程序、发放方式以及补贴的监督和申诉机制等问题,对农业支持的实际操作帮助指导意义不大。农业补贴的实施仍依靠一年一度的中央一号文件,特别是

相关部委出台的补贴政策文件,具体的补贴实施细则由各省(区、直辖市)自行制定,导致各地在补贴种类、标准、程序、方式等方面存在诸多差异,补贴的资金来源、补贴实施的方式等缺乏法律的保障和约束,国家难以对农业补贴制度实行统一规划和全面监督,从而影响和制约了农业补贴的有效推行,使得实施农业补贴的目的没能完全达成,农业补贴的功能也大打折扣,农业补贴资金被侵占、挪用、贪污等腐败现象时有发生[18]。所以,有必要尽快出台以《农业支持法》为基本法、相关补贴条例为补充的农业支持法律体系,从法律层面高度规范和约束农业支持行为,明确农业补贴资金的来源、补贴的对象(主体)、补贴的范围、补贴的标准、法律责任等,加强对农业补贴的申请、立项、拨付、使用等各个环节的监督与管理,逐步建立起规范、完善的农业补贴监督管理体系,着力解决由于信息不对称、操作不规范、权力寻租等所导致的政策漏损和溢出效应,以确保农业支持政策实施的严肃性、规范化、法律化,促进政策的连续性、稳定性、可操作性。

[1] 朱海洋.入世后我国农业支持政策取向的思考.财经研究,2002,28(9):69-74.

[2] 王忠,叶良均."金砖四国"农业支持水平比较研究.安徽农业大学学报:社会科学版,2011(2):15-19.

[3] OECD. Decoupling agricultural support from production. http://www. Oecd. org /tad /agricultralpoliciesandsupport /37726496. pdf

[4] 陈璐.黑龙江省农业支持绩效分析及提高对策.哈尔滨:东北农业大学,2013.

[5] 程国强.我国粮价政策改革的逻辑与思路.农业经济问题,2016(2):4-8.

[6] 韩俊.中国农业的双重挤压和双重约束.中国乡村发现,2015(1):1-6.

[7] 朱满德,程国强.中国农业的黄箱政策支持水平评估:源于 WTO 规则一致性.改革,2015(5):58-66.

[8] 经济合作与发展组织,联合国粮食及农业组织.经合组织-粮农组织2013—2022 年农业展望.北京:中国农业科学技术出版社,2013.

[9] 朱满德,江东坡.我国农业资源开发利用问题的探讨.价格理论与实践,2014(5):110-112.

[10] 张照新,徐雪高,彭超.农业发展阶段转变背景下粮食价格支持政策的改革思路.北京工商大学学报:社会科学版,2016(4):33-39.

[11] 叶兴庆."十三五"时期农产品价格支持政策改革的总体思路与建议.中国粮食经济,2016(1):28-32.

［12］ 赵阳,张征.当前的粮食形势与政策选择.中国发展观察,2016(4):19-21.

［13］ 胡迎春.我国粮价政策改革的基本取向与思路——专访国务院发展研究中心学术委员会秘书长、研究员程国强.农业发展与金融,2014(8):13-16.

［14］ 普蓂喆,程郁,郑风田.以政策性信贷优化农业支持政策:美国镜鉴.农业经济问题,2017(12):99-109.

［15］ 柯炳生.如何完善农业支持保护政策.农村工作通讯,2017(24):16-17.

［16］ 张占华.健全农业支持保护体系 增强粮食主产区发展后劲.中国粮食经济,2014(4):28-30.

［17］ 李昌麒,王霞.关于完善我国农业补贴制度的思考.西南民族大学学报:人文社科版,2009(12):106-110.

［18］ 孟可心.欧盟农业补贴政策研究.北京:中国社会科学院研究生院,2013.

第十二章 库存高企与粮食安全

一、我国粮食的库存情况

联合国粮食及农业组织提出,17%～18%的粮食库存消费比是粮食安全警戒线,超过或者低于这个警戒线,都属于不安全情况。国家发展和改革委员会宏观经济研究院原副院长马晓河认为,粮食储备不是越多越好,粮食储备量应该保持在合理区间之内,鉴于我国粮食流通体制改革迟缓,水土资源高度稀缺,地广人多的基本国情,粮食安全成本率可以高些,但最好不要超过当年社会消费量的30%。中国粮食行业协会原会长聂振邦认为,从长期的粮食供需情况看,我国粮食的库存消费比保持在50%左右比较适宜[1]。尽管目前对于粮食库存消费比还没有一个统一的结论,但多数研究认为我国粮食库存消费比在25%左右就基本可以满足需要[2]。那么,我国粮食的储备情况到底如何呢?

据公开数据综合判断,2015—2016年度我国玉米、小麦、稻谷库存高达2.54亿吨,创历史最高纪录。其中,玉米库存达到1.62亿吨,占全球库存的85.66%;小麦库存为5559.7万吨,占全球库存的12.23%;水稻库存3623.4万吨,约占全球13.9%。2015—2016年度,我国玉米库存消费比高达87.29%,比全球库存消费比高68.05%;小麦库存消费比为52.5%,比全球高20.7%;稻谷库存消费比为19.9%,略高于全球水平[3]。三大主粮的库存规模已达世界第一,库存消费比达到57.3%,粮食库存量增速为年均6.56%,而粮食消费量增速仅为2.99%,也低于产出年均3.73%的增速[4]。2016年9月底,全国三大主粮政策性库存已高达3.88亿吨左右。其中政策性玉米库存25313万吨,库存消费比约为137%;政策稻谷库存约9500万吨,库存消费比约为50%;政策小麦库存约3850万吨,库存消费比约为35%,均创历史最高水平[5]。加上国家与地方专项储备和少量社会库存,总库存量和库存消费比会更高,远超联合国粮食及农业组织提出的17%～18%粮食安全系数。显然,我国粮食储备比例已经远远高于联合国粮食及农业组织提出的警戒线。我国粮食库存规模太大、库存比例过高,其中,问题最突出的是玉米的库存规模过大。

2015 年 10 月 8 日,国家粮食局发布通知,用两个"前所未有"来形容当时的粮食储存形势:"目前我国粮食库存达到新高,各类粮油仓储企业储存的粮食数量之大前所未有,储存在露天和简易存储设施中的国家政策性粮食数量之多也前所未有"。在部分粮食主产区已经出现粮食"拍不走、调不动、销不出"的困境,巨大的粮食仓储仓容缺口显现出来。目前粮食库存主要集中在黑龙江省、吉林省、辽宁省以及内蒙古自治区等大粮仓,东北地区玉米库存量占全国库存量的一半。以黑龙江省为例,2014—2015 年粮食收购年度,黑龙江省粮食收购量和政策性粮食收购量再创历史新高,库存大幅增加,全省库存爆满,安全储粮形势严峻,中储粮黑龙江分公司的 64 个库点早已"粮满仓",黑龙江省的 427 户地方国有粮库也已满仓,有1200 亿斤仓容缺口[6]。

2016 年,是粮食"去库存"的关键年,为此,各级政府采取了一系列有力措施,但效果并不好,在哈尔滨、武汉、长沙三大粮食交易中心交易冷清,出现"优粮好卖、普粮卖不动,中央粮销得慢、地方粮销得快,新粮好销,旧粮难卖"的难题。政策性库存问题突出:一是新粮出库快,旧粮无人问。以水稻为例,武汉国家粮食交易中心交易的 221 万吨粮食中,水稻为 65 万吨,几乎全部是 2015 年的稻谷。2013 年的稻谷一斤也没"拍出去",2014 年的稻谷"拍出去"2.34 万吨,微乎其微。二是优质粮即拍即卖,常规稻几乎流拍。长沙交易中心拍出的稻谷微乎其微,而且主要是2015 年和 2014 年的托市粮,以晚稻、优质稻为主,早稻基本上无人过问。在湖北,"优胜劣汰"的行情更为突出。湖北的荆州、荆门、汉川是传统的优质稻产区,每年都能把上一年的托市粮全部拍出,根本不存在高库存、仓容不足的困扰。这说明根本上是结构问题。三是地方库存易去,中央库存难消。主要是中央事权和地方事权粮食对应的政策不同,以及执行权限的机制不同。中央事权的粮食拍卖计划在于国家,而地方事权的粮食拍卖计划在于省级政府,两相比较,前者不如后者灵活。

二、形成粮食库存高企的原因

(一)国内粮食生产"十二连增",形成国内粮食的库存积淀

国家统计局数据显示,从 2004 年开始,我国粮食总产量实现了连续十二年的增长,2003 年我国粮食总产量为 43069.53 万吨,2015 年我国粮食总产量为 62143.92 万吨,增长比例为 44.3%,其中稻谷、小麦、玉米总产量的增长比例分别为 29.6%、50.5%、93.4%,播种面积的增长比例分别为 13.99%、9.75%、58.38%。2004 年,我国开始实施粮食价格支持政策,2004—2007 年四年间,粮食价格支持政策没有起到实质性作用,因为当时制定的最低价是低于市场价的,不需要实际实行。2008年开始,由于粮食生产成本的显著提高,我国水稻、小麦、玉米支持价格上涨幅度很大,推动产量大幅度增长。2015年相较于2007年,我国三大主粮的总产量从4.5亿吨增加到5.6亿吨,增长比例为25.8%,稻谷、小麦、玉米的增长比例分别为11.9%、19.1%、47.5%。三大主粮种植面积与产量增长较快,挤压其他品种种植面积和产量,导致供求结构和种植结构失衡,国内大豆种植面积和产量减少,进口量增加。近年来,我国小麦已由产不足需转为产需基本平衡,产略大于需;稻谷特别是玉米产大于需、阶段性过剩问题逐渐突出。2014年,稻谷、小麦、玉米产大于需的数量分别为1523万吨、371万吨和3366.6万吨,分别占当年产量的7.4%、0.3%和15.6%。2015年粮食产量较2014年增产2.4%,其中稻谷、小麦和玉米产量分别增长0.8%、3.2%和4.1%,但需求量均较2014年减少,产大于需规模继续扩大。也就是说,不管怎么比较,其结论都是我国三大主粮增长幅度很快,其中玉米的增长幅度最大,小麦次之,稻谷最小。粮食丰收了,社会资源多了,说明我国农业抵抗自然灾害的能力和科学种粮的水平大大提高了,同时,中央的强农、惠农、富农政策发挥了重大作用。国家为了解决农民卖粮难问题,实行最低收购价收购和临时收储政策,保护了种粮农民的利益,也使丰收的粮食大部分进入国家粮库。

(二)国内外粮食价格倒挂驱动进口量的快速上涨,挤压了库存粮食的
    释放空间

从2003年到2015年的12年间,我国大米、小麦和玉米分别由净出口234.8万吨、206.7万吨、1640万吨,转变为净进口309万吨、288.5万吨和471.9万吨;大豆净进口由2047.4万吨增加到8169.4万吨,增加了3倍;2015年大豆自给率仅为11.9%。我国对油料和饲用豆粕的需求迅速扩张,带动大豆需求迅速增长,导致大豆净进口成为我国粮食净进口的主因(2014年大豆占粮食净进口的72.4%)。从2003年到2014年,我国粮食净进口量由171.2万吨增加到9831.0万吨,增加了56.4倍。[7]特别是2010年以来,三大主粮国内国际价差一直保持在较高水平(国内小麦现货价比国际现货价高出1000~1200元/吨,稻谷高出1100~1600元/吨,玉米高出900~1200元/吨),驱动进口逐年增加。据国家粮油信息中心公开数据,2010年我国稻谷(按照大米:稻谷为7:10换算)、小麦、玉米进口量合计仅有331.39万吨,2015年达到1301.30万吨,增长了2.9倍。据海关统计,2014年我国累计进口玉米259.8万吨,大米255.7万吨;另外还进口高粱578万吨,DDGS(干酒糟及其可溶物)饲料541万吨,大麦541万吨,合计达1660万吨,比上年增长919万吨,增幅达到124%。玉米的替代品种如高粱、大麦、木薯干、DDGS等非配额品种,也具有非常明显的价差优势,这些品种通过各种渠道进口达700亿斤以上。2015年,全国配额外进口的低价粮食大体在1000亿斤。

加上一些边境省区的边贸互市、蚂蚁搬家式走私进口的粮食,这些低价进口粮直接冲击国内市场,影响国产粮食的正常销售,使得沉淀的粮食库存释放困难。

(三)粮食需求不旺使得粮食库存不减反增

我国粮食总体消费量小幅增长,2010—2015 年我国三大主粮消费量从 4.53 亿吨小幅上涨到 4.74 亿吨,仅上涨 4.63%,比供给上涨幅度低 15.2%。玉米消费量上涨 13.76%,比供给上涨幅度低 21.5%;稻谷仅上涨 0.22%,小麦甚至下降1.8%。我国粮食供需关系失衡,粮食供应远远大于需求。2015 年,国内粮食产量 6.21 亿吨,进口 1.2 亿吨,粮食当年供应量 7.4 亿吨,而人均拥有粮食 450 公斤,供应远远大于需求,库存粮食就增加了。从不同的粮食品种看,2013—2015 年,我国玉米产量为年均 2.2 亿吨,再加上年均净进口玉米 400 万吨,玉米替代品如 DDGS 饲料进口 682 万吨、高粱进口 1069 万吨[8],而玉米的消费量仅为 2.09 亿吨,显然玉米严重过剩。小麦和稻谷产销比例基本维持在 100%~110% 之间,处于平衡或略有结余状态,但小麦年均净进口达 310 万吨,稻谷年均净进口 425 万吨;大豆年均净进口 7706.8 万吨,大豆供需严重短缺。可见,部分粮食品种供求情况严重失调。

(四)粮食加工业水平不高,加大了供求失衡

粮食加工转化是去库存的有效途径,但我国粮食加工的科技含量一直不高。一般来讲,玉米是一种工业原料,不包括饲料我国一年的玉米加工量接近 5000 万吨,主要用来制作食用酒精、淀粉(包括淀粉糖)、赖氨酸、谷氨酸等发酵的产品。目前我国一年生产的发酵产品总量达到了 3220 万吨,居全世界第一,比美国发酵产品的总量还要高。以玉米为原料能够做成的产品全世界大概能加工 4000 多种,我国现在能够加工 1000 种左右,基本上以低端的、大宗的产品为主,如赖氨酸在全世界加工量大约 300 万吨,需求量 200 万吨,我国赖氨酸加工量 200 万吨,产能严重过剩。在市场粮源充足、价格下行的情况下,粮食加工转化企业为减少不必要的储粮利息费用,普遍不愿多存粮,生产所需粮食随买随用。过去这些企业应当正常储存的生产原料用粮,也就变成了国家库存。同时,受国际国内经济下行、消费需求疲软的影响,国内一些淀粉、酒精、粮食精深加工产品等销售不畅、出口锐减,以致加工企业开工不足,工业用粮需求下降,粮食库存降不下来。

(五)消费结构升级,口粮消费下降

这主要表现为,油脂消费多了,肉、蛋、奶消费多了,而口粮消费下降。据统计,20 世纪八九十年代,农民每人年均消费原粮 267 公斤,现在平均消费 200 多公斤,而城镇人口人均消费原粮同期达到 137 公斤,现在下降到 87 公斤左右。目前玉米在我国已经由主粮转化为工业原料。从 1961 年开始,玉米作为主粮的比重从 90%逐年下降到现在的 10% 以下,每年玉米产量的 10% 用作主粮,大部分用作饲料和

工业原料,但依然把玉米作为主粮予以储存。

(六)不合理的收储体制加剧了我国粮食的"高库存"

第一,高度集中管理导致了存粮"出库难"。高度集中的库存粮管理体制是粮食"高库存"的制度性根源。我国储备粮与政策粮未经有关部门批准,不得随意出库,承储企业常常因计划指令与市场脱节而贻误轮换时机,陷入"高价进、低价出"的经营困境。因此,承储企业在销售出库时,总是想方设法设立各种出库收费项目,额外加价大多在每吨30~50元,有的甚至达到100元;更有一些企业不惜铤而走险,导致"转圈粮"事件时有发生。由于无法保证出库粮质量,用粮企业宁花高价买直属库粮食也不买代储库粮食,使库存消化难度进一步加大。

第二,分级储备制度中的逻辑悖论强化了主销区政府的"搭便车"行为。当前,我国粮食储备体系中的中央储备的事权范围实际上涵盖了地方储备的事权范围,从而导致责任主体虚化。经济发达的主销区认为"有钱就有粮,存粮不如存钱",不愿意储备粮食;而经济落后的主销区因财政乏力,也将粮食安全寄托于中央储备。现在全社会粮食总库存中,中央事权管理的粮食约占92%。主销区地方政府缺乏粮食储备动力,是造成主产区粮食库存过度集中的重要原因。

第三,粮食储备布局不合理,产销区域粮食运输压力大。当前,我国粮食生产区域日益集中,13个主产区粮食产量占全国总产量的75%以上,产区与销区的区域性矛盾越来越突出。粮食的储备库容也集中在粮食主产区,主销区粮食储备的动力不足,储备能力十分有限,储备布局不合理,特别是在粮食集中收购期,新粮大量上市入库,再大的储备能力也不能满足需要。所以,我国粮食生产区域不均衡,是造成粮食储备布局不合理的首要原因。这主要体现在粮食主产区和粮食主销区的粮食流通上,比如东北地区作为商品粮的生产和输出基地,其远离粮食需求比较大的东南沿海地区,商品粮的南北运输距离太大,容易受交通、天气和地域等因素的影响,粮食主产区和主销区粮食仓库分布不合理,粮食的紧急运输缺乏保障。尽管我国建立了从中央到地方的粮食储备管理体系,要求地方政府对当地的粮食安全负责,但是由于受地区粮食市场保护、恶性市场竞争和仓储运输成本等因素限制,当前我国的粮食储备仍然大部分集中在粮食主产区,粮食主销区的粮食储备明显不足。

第四,基础设施投入不足,粮食物流体系建设落后。中央储备粮资金投入早已被列入中央财政预算之中,对中央垂直粮库,先后分批对其进行了大量的投资建设。但是目前,在粮食仓储方面,特别是在地方粮库中,大部分粮储设备陈旧,仓储物流设施建设和基层仓储设施维修仍然不够,平房和楼房仓库的比例仍然很高,机械化作业能力强的圆筒型仓库仍显匮乏;在粮食出入库运输方面,粮食中转接受能力偏低,仓储设施不能适应散粮接卸的需要,粮食快速接卸能力不足,散粮运输工具落后,存粮和运粮成本偏高、管理运行效率低、接受中转粮食损耗大等问题非常突出。这些问题将直接影响政府对粮食安全供给和稳定粮食市场的宏观调控能力[9]。此外,过去我国农户家庭存粮每年都在 5000 亿斤以上,随着农民生产生活方式的改变,很多农户存粮少,甚至不存粮,这部分农户不存或少存的粮食,自然就卖到了国家的仓库里。

（七）粮食收购价格的保护性措施是导致供求失衡的政策原因

2004 年以来,随着国内粮食市场和粮食价格全面放开,为了保护农民利益和粮食安全,国家陆续出台了稻谷、小麦、玉米、大豆等品种储存收购的保护性政策,这对保护种粮农民利益和促进我国粮食生产发展起到了重要作用,但也产生了以下效果:

第一,导致了高产量和高收购量。较高的粮食政策收购价格不仅使农民种粮可以获得较好收益,而且没有市场风险,因而有力地调动了农民种植政策性收购粮食品种的积极性,推动了我国粮食生产连续 12 年增长,同时导致了三大主粮,尤其是玉米、粳稻产量快速增长,并且随着粮食产量增加,收购量也相应增加,大豆和杂粮种植面积和产量均有所减少,种植结构失衡。

第二,促进了粮食进口,加剧供求矛盾。较高的政策粮食收购价格还使我国粮食价格成为世界粮食价格"高地",而国外粮食到岸完税价格远低于国内粮食价格。在较高的国内市场粮食价格的刺激下,一方面三大主粮都供大于求,库存积压严重;另一方面进口数量不减反增,尤其是稻谷、玉米及玉米的替代品进口大量增加。进口粮食挤占了国内消费市场份额,进一步加剧了产需的矛盾。

第三,抑制了粮食消费,加剧了粮食供求失衡。粮食价格上升后,一方面以粮食为主要原料的食品、饲料和玉米深加工产品成本也随之增加,市场需求受到影响;另一方面三大主粮,尤其是玉米与其替代品比价优势也相应下降,使用量减少,国内粮食消费已由前些年的快速增长转为正常平稳增长,粮食深加工下游的主要产品如饲料、食糖、白酒等需求萎缩,增速放缓,甚至出现了阶段性下降,使粮食供给过剩的矛盾进一步扩大。

第四,市场作用难以发挥,库存仍呈增高趋势。由于国家政策主导了粮食价格和收购,市场对价格的形成作用和对供求的调节作用难以发挥,虽然国内三大主粮严重供大于求,但受国家政策托市支撑,市场价格仍然居高难下,国家的泄库措施出台迟缓。所以,粮食库存仍呈增长趋势。

第五,政策主导收购,粮食涌入国库。由于国家政策粮食收购价格高于市场价格,农民自然要把粮食卖给国家,而非政策粮收储企业由于没有补贴,也不敢贸然以同等价格与国家抢购粮食,由此导致了大多数粮食都涌入了国库,国家粮食仓容爆满、储存能力不足的矛盾突出。可见,我国粮食高库存矛盾突出,与国家粮食购销政策有关,是粮食高价格、高产量、高收购量、高进口量和消费进入新常态共同作用的结果。某种意义上讲,良好的愿望、良的政策并没有取得良好的效果,而是一种恶性循环。

应该说,我国粮食的高库存,特别是玉米库存规模过大、增长速度快,大豆产不足需严重、对国际市场依赖程度高,这并不是短期形成的,问题也早就呈现出来了。之所以出现这个状况,与我们思想认识和政策的关注重点不当、政策的灵敏度不高是有关系的。长期以来,我们关注更多的是粮食生产环节,而对粮食流通与消费环节关注不够;关注更多的是国内的粮食市场,而对国际粮食市场研究不够;关注更多的是粮食生产的总量,而对不同粮食品种供需是否平衡关注不够;关注更多的是粮食生产,而对粮食加工产业发展关注不够,以至于我们的粮食政策顾此失彼、灵敏度不高,不能依据粮食安全的各个环节、各个品种以及国际国内两个市场的实际变化予以调控。正如国家粮食局原局长任正晓在全国粮食流通工作会议上的报告所说,长期以来,受发展阶段、政策体制、外部环境影响,粮食工作的着力点主要放在抓生产、促收购、保供应、稳市场上,导致生产、收储、加工脱节,产业发展不协调,没有将粮食加工转化摆在应有的位置。

三、粮食库存高企的风险与危害

国家的粮食安全状况主要取决于粮食生产能力、库存水平和进口能力。一般情况下,粮食需求基本一定,粮食产量不断增长且能满足基本需求,粮食进口量就不应该保持高位;如果粮食进口量不断增长,粮食库存就不会积压,因为高库存下就无须增加进口。但近年来,我国粮食产量稳定增长,粮食的进口量也不断膨胀,同时库存量也不断增长,特别是玉米等品种积压严重,仓容紧张,出现了"边进口、边积压"的怪象,使得我国粮食处于"不安全"状态。

第一,粮食品质下降,损耗严重。粮食是有生命周期的,一般来讲,玉米、稻谷、小麦的储存期,分别为2年、3年、4年。粮食在储存期间不仅存在着自然损耗和减量的情况,而且品质、营养和口感、味道也逐年下降,储存时间长了还会失去食用价值,只能转作饲料或肥料。如果发生虫害,则品质下降,损耗增加将更快。

第二,储存费用增加,国家财政负担加重。粮食收购费用支付不菲。根据财政部规定,每收购一斤政策性粮食,国家要支付0.025元的收购费用。每多收购100万吨粮食,就要多支出收购费用5000万元。粮食储存不仅需要保管费、烘晒整理费、入库出库费等,还需要支付银行利息,致使保管费用庞大。国家现行政策规定,政策性粮食每年的保管费,每年每市斤0.047元,每多收100万吨粮食,每年就要支出9400万元。利息支出不可小觑。按照目前国家基准贷款利息年息4.6%

计算,每多收购 100 万吨粮食,每年就要多支出 920 万元。以上三项合计,每多收购 100 万吨粮食,每年需要支付利息、费用 15320 万元。国家粮食库存由国家财政来承担费用,大量的财政资金用来储存粮食,生产者、消费者和加工企业都未获益,却给国家带来巨大财政负担。

第三,卖方市场压力加大。巨大的粮食库存使国内粮食始终处于供大于求的状态,对未来的粮食市场价格走势产生了较大的下行压力,虽然在国家托市政策的支持下,对农民影响不大,却影响了经营者的积极性和市场调节作用的有效发挥。

第四,仓容不足矛盾突出,超正常建库将导致大量浪费。由于粮食库存非正常大量增加,原有的粮食储存能力远远不足,国家不得不大规模投资建库,但任何一个国家也不能长期保持如此大量的粮食库存,一旦粮食库存恢复正常,粮食仓容和库容将大量闲置,造成财力、人力和土地的巨大浪费。在 2004 年的粮食去库存后,2005—2011 年期间的国家粮库大量闲置就是例证。

第五,粮食库存管理难度增加。由于粮食库存增加,国家政策性粮食不得不委托社会企业代储,导致管理难度增加,个别代储企业以陈顶新、以次顶好的情况时有发生。还有的仓储单位弄虚作假、套取国家粮食储存管理费。

第六,挤垮了粮食加工业。粮食收购价格整体大幅上涨,意味着粮食销售价格和粮食加工业成本均有所提高,但是粮食加工产品的市场售价随行就市,很难上涨,或者涨幅跟不上原粮的涨幅,因此粮食加工企业呈现大面积亏损状态。

以我国本土最大的粮食加工企业中粮集团为例,中粮集团的主要收入来源于粮、油、糖等农产品贸易、加工、期货、物流及相关业务,2012 年、2013 年、2014 年及 2015 年,中粮集团的毛利率分别为 6.96%、6.56%、3.89%、5.2%,利润率一路下滑。如果没有巨额的政府补贴,中粮集团会有多少利润,还有没有利润,都有待证实。国有大型粮食加工企业尚且如此,中小型粮食加工企业的生存状态就可想而知了。我国粮食加工企业上万家,其中民营企业占 90%,且多数是中小型企业,国家要扶持粮食加工业发展,但很难对这些企业一一扶持。也就是说,在粮食价格居高不下的情况下,中小粮食加工企业几乎无法生存。

大型玉米深加工企业人士告诉《第一财经日报》记者,东北的玉米深加工企业普遍亏损,每加工一吨玉米亏损 200 元左右,且亏损情况一年比一年严重。大米加工和面粉加工同样呈现低迷状态。有业内人士称,如果全用当季新稻谷加工大米,除非做高端大米,不然都将亏损。为了维持生存,调和米在一些米厂大行其道。所谓调和米,就是一部分新米,掺混一部分陈米或者低价的进口大米,经过技术处理后,普通消费者无法分辨,经营者按常规大米市价出售,米厂还能维持微利的状态。在小麦加工领域,面粉行业开机率只有 30%~40%,小麦加工处于大面积亏损状态。

第七,造成各种资源的严重浪费。粮食是人民赖以生存的重要商品和战略物资,粮食资源的取得是以多种资源换来的。粮食高库存导致的浪费,实质上是资源的浪费,粮食生产不仅消耗了大量土地资源,而且消耗了大量的水资源、能源以及劳动力资源。粮食高库存无疑是对水资源、能源资源、劳动力资源的浪费。工业化、城镇化的迅猛发展,导致我国粮食生产分布越来越不均衡。粮食从主产区调到主销区,物流费用十分昂贵。近些年国家安排东北玉米南移,就付出了巨大的成本代价。如果在储存期内不能拍卖出库,粮食品质就会下降。到了陈化阶段,就不能够作为口粮,而只能作为饲料销售。一斤粮食的品质损失,将不是几分钱的问题。庞大的粮食品种差价损失,将产生海量的经济损失。

因此,粮食宏观调控除了要考虑粮食库存、国家财政负担、生产者的利益、消费者的利益,还要考虑粮食加工和流通企业的利益,要把握好这个平衡点,就要求综合施策,确保把国家粮食安全战略落到实处。

四、理性看待粮食的高库存

粮食库存高企,不仅存在很多风险和危害,还使国家处于"两难困境"。

一方面,在粮食生产成本难以下降、比较效益低的背景下,国家若降低支持价格以减轻收储压力,农民生产利润将进一步下降,甚至出现亏本情况,这必然打击农民的种粮积极性,使得农民少种粮、不种粮,或者改种其他农业作物,甚至撂荒弃耕,最终危及我国的粮食安全。

另一方面,若保持或提高支持价格以保护农民种粮积极性,则价格倒挂更加严重,粮食的高库存就没有办法去除,国家收储潜亏更大,粮食加工业也将受到打压,粮食进口持续高增长,粮食的国际依赖程度便将进一步提高。

在这种两难的处境下,应该理性地看待和分析我国粮食的高库存问题。手中有粮,心中不慌,五谷丰登,这是中华民族世世代代的期待,从这个角度看,高库存是好事,尽管我们为此付出了沉重的代价,但这可谓是快乐中的烦恼,是值得的。那么我国粮食安全是不是就高枕无忧呢?显然,这是极端错误且有害的观点。

(一)我国粮食产需还将长期处于"紧平衡"状态,粮食安全形势依然严峻

自 2004 年以来,我们国家粮食生产已经实现了历史罕见的"十二连增",粮食的收购量、库存量也在随之攀升,市场粮源非常充足,各个方面的粮食需求都得到了持续可靠的保障,因此粮食形势确实较好。统计数据显示,我国粮食产量稳定登上 1 万亿斤台阶是始于 2007 年,接下来连续 4 年保持在 1 万亿斤,2011 年、

2012 年达到 1.1 万亿斤,从 2013 年开始连续 5 年产量都在 1.2 万亿斤以上,这一时期我国粮食产量屡创新高。但必须清醒地认识到:

第一,这 10 年间,除 2009 年粮食产量 10616 亿斤、消费量 10522 亿斤,产需平衡并节余 94 亿斤外,其余 9 年均产不足需,年均产需缺口达 169 亿斤。这表明我国粮食在连年增产、高产的条件下,粮食产需依然处于"紧平衡"的状态。

第二,我国的粮食安全还将长期面临消费刚性增长、生产硬性约束的双重挑战。粮食产量增长的同时,我国的粮食消费需求也在同步持续增长。一方面,我国人口持续增长,2015 年净增加 680 万人,直接形成口粮的刚性需求。加上人们生活水平提高,消费肉、蛋、奶等粮食转化产品日益增多,即间接消费的粮食增多,这将导致粮食消费量的持续刚性增长。另一方面,耕地、淡水资源、农业有效劳力、生态环境承载能力等要素对粮食生产的刚性约束越来越突出,粮食进一步增产的难度越来越大。目前我国人均粮食占有量不到 900 斤,仅为发达国家的三分之一左右。随着人口增加和工业化、城镇化的快速推进,粮食消费需求将保持刚性增长,而我国人多、地少、水缺的基本国情使粮食生产实现稳定增长的难度越来越大,影响粮食安全的传统和非传统制约因素将日益凸显,确保国家粮食安全仍面临巨大压力和挑战。粮食生产一旦出现问题,可能几年也恢复不了,对此国家和社会绝不能掉以轻心。

第三,我国粮食供求总量虽然保持基本平衡,但区域分布很不均衡,品种差异也很大。从区域分布看,我国 13 个粮食主产区粮食产量占全国总产量的 76%,其中冀、蒙、辽、吉、黑、鲁、豫 7 个北方粮食主产区的产量占全国总产量的近五成。主产区和主销区的粮食库存分别占全国的 71% 和 9%,消费量分别占 62% 和 17%。从品种结构看,除玉米、稻谷呈现阶段性供过于求特征外,小麦已连续 4 年产不足需,大豆产需缺口仍然很大,对外依存度很高。从这个角度讲,部分地区、品种的粮食确实"不够"。所以,从长远看,我国粮食安全的基础并不稳固,粮食安全还面临着很多不稳定、不确定的因素,粮食安全的形势不容乐观。

(二)通过进口粮食来解决吃饭问题,既不现实,也不可能

有人认为,国际粮源充裕,粮价低,完全可以通过进口粮食来解决吃饭问题。但统计数据显示,近几年国际粮食贸易量中,小麦、大米和玉米三大谷物品种大体上每年在 6500 亿斤,而我国三大谷物品种消费量每年都在 8600 亿斤以上。这意味着,即使我国把这 6500 亿斤都买来,也只够消费量的 2/3,事实上是完全不可能的。联合国粮食及农业组织公布的数据显示,全球还有 70 多个国家处于粮食严重紧缺状态,8 亿多人口还处于饥饿、半饥饿状态。一个小国大量进口粮食对国际粮食市场的影响不一定很显著,但若我国要大量进口粮食,必然引起国际粮食市场价格的剧烈波动,甚至引起世界的恐慌。《参考消息》2015 年 10 月 26 日报道,未来粮

食或取自高科技,为养活地球上 70 亿人口,我们已经开垦了地球 40% 的土地,现在已经没有多少土地可以开发。而到 2050 年,全世界人口将达到 90 亿,联合国粮食及农业组织的数据显示,若要避免大规模营养不良,粮食产量需要提高 70%,其难度之大可想而知。这就意味着需要彻底改变粮食种植方式。文章说,在全球推广农业现代化可以养活更多人,而推广主粮多样化,种植豆类、土豆和红薯既可大幅提高粮食产量也能提高营养价值。这告诉我们,把我国粮食安全的希望寄托于国际市场也是不现实的。中国作为一个负责任的发展中大国,长时间、大量地从国际市场采购粮食,既要付出巨大的经济代价,还将因此承受国际社会巨大的政治压力,这也是行不通的。解决我国的粮食问题,必须坚持立足国内、适度进口,我们要充分运用好国际粮食市场和粮食资源,但饭碗不能系在别人的腰带上,也不能与贫困缺粮的国家在国际市场上抢饭吃。

（三）眼前粮食的高库存不是常态,不具有稳定性和可持续性

当前居于历史最高点的高库存的形成原因是多方面的,这些因素都会随着经济环境和关联条件的变化而发生变化,它不会成为长期支撑粮食库存增长的动力。一旦遇到严重的自然灾害,粮食大面积减产,农民就会储粮不愿意卖粮,企业就会争相购粮,在这个背景下粮食形势就可能急转直下;如果国际经济复苏,国际粮食供求趋紧,国内外的粮食市场马上就会产生传导反应,粮食库存就有可能迅速下降。因此,不能够以眼前的粮食高库存来断定我国的粮食形势已经高枕无忧。

（四）现在的高库存处于国家统计或者国家管控范围之内的,并不意味着市场上不需要粮食

我国粮食库存之所以出现爆点是因为,农户的储粮大幅减少,农民把粮食卖掉以后就自然积淀到了统计的库存范围内,这是我国经济社会发展走到今天必然要出现的一种现象。再加上国际、国内粮食市场上存在一定程度上的价格倒挂,而且价差很大,加工转化企业普遍不愿意存粮。

在看到粮食高库存带来的风险和代价的同时,还要看到其所带来的红利和契机:

一是倒逼农业结构转型升级。国内粮食库存消费比均处于历史高点,经济增速放缓,农产品消费、加工需求和出口贸易增长势头可能有所减弱,农业生产保数量的压力有所缓解,有利于小宗、特色农产品焕发生机。供需脱节是我国粮食问题的最大"短板"。从消费看,城乡居民不仅要"吃得饱",而且要"吃得好",吃得安全、营养、健康。粮食消费结构加快升级,对绿色、优质粮油产品消费需求旺盛,但粮食市场上的缺口很大,如面包、糕点、饼干等强筋粉、弱筋粉制品消费增长迅猛,但强筋小麦、弱筋小麦供给明显不足;粮食流通方式非常粗放,"千人一面""万人一米",与柔性、精准的流通方式距离甚远;粮食质量安全体系不健全、监管不力,重金属超

标、农药残留、霉烂变质等问题时有发生。我们必须实现从"吃得饱"到"吃得好"这一华丽转身。可见,粮食高库存为农业结构调整优化、转型升级提供了契机和更多的回旋余地,有利于"补短板",推动我国农业发展由注重数量增长向数量、质量、效益并重转变。

二是随着粮食去库存的持续推进,给深加工产业链带来了复苏机会。2016年国家通过市场行政"两手发力",一方面通过"市场定价、价补分离",让玉米价格逐步回归市场定位;另一方面,主产区地方政府对规模以上粮食深加工企业在规定期限内收购企业所在地的新产玉米给予补贴,中央政府恢复了玉米深加工产品出口退税,这些政策激活了加工企业的内生需求。借此契机,大型玉米加工企业要加快突破生物材料、糖酶制剂、合成生物等前沿性、颠覆性技术,细分高附加值个性化产品开发的组合方案,创造技术领先优势,引领产业形态和经济格局深刻调整,促进企业向创新驱动型升级发展,具有巨大市场空间。

三是提高过腹转化能力,带动畜牧业发展。目前,我国畜牧业产值在农业内部的比重不足30%,发达国家畜牧业产值占农业总产值比重都比较高,美国畜牧业产值比重为48%,英国畜牧业产值比重超过60%,畜牧业发达程度已成为一个国家和地区农业发展水平的重要标志。2017年中央一号文件提出"稳定生猪生产,优化南方水网地区生猪养殖区域布局,引导产能向环境容量大的地区和玉米主产区转移",非常有利于东北地区打造"过腹经济"。在主产区大力发展畜牧业,有利于就地实现种植、养殖一体化经营,提高玉米综合利用率和促进整个产业增值,推动可持续生态农业建设[10]。

综上所述,国内粮食产需、供求总体始终处于"紧平衡"状态,部分品种供大于求或呈现结构性过剩,这一态势也将成为新常态,应当吸取20世纪90年代粮食相对过剩就大规模调整粮食结构的教训,一多就调,一多就转,一转就少,盲目乐观,应该避免再次发生这种情况,不要过分地渲染粮食高库存、高产量、高收购量。粮食生产一旦出现问题,几年也难以恢复,所以对此绝对不能掉以轻心。一方面,我们要看到粮食的高收购、高库存确实给我国给粮食安全带来了一定的风险和危害;另一方面,它也给我们调整农业结构,促进农业转型升级,推进粮食加工业、畜牧业的发展带来了机遇。我们要着眼经济社会全局,谋求粮食供求新平衡,要着眼调整粮食生产结构,转变农业发展方式,提质增效,有保有压,对粮食品种价格实施差别化扶持政策,善于利用国际市场,并不依附大量进口,确保口粮自给,保障国家粮食安全。

五、消除粮食高库存的原则与对策

(一)消除粮食高库存应遵循的原则

当前,我国三大主粮的政策性库存数量多,应以保持粮食合理库存为目标,进一步改进和完善现行购销政策,积极推进改革,使粮食库存恢复到合理水平。由于粮食"去库存"涉及多方面的利益和问题,必须处理好部分品种阶段性过剩与供求总量紧平衡、完善粮食价格形成机制与保护种粮农民积极性、粮食供给侧与需求侧、国内市场与国际市场四个关系,推进粮食产业健康发展,建立健全促进粮食供求平衡的长效机制,增强保障国家粮食安全的持续性和稳定性,防止调整过度导致个别品种供求失衡、价格大幅波动、粮食产能的严重下滑。粮食"去库存"应遵循以下原则:

第一,平衡多方利益原则。粮食"去库存"涉及农民利益和消费者利益、国家利益和地方利益、收储企业利益和加工企业利益,必须要认真研究,合理平衡各方利益,力争做到农民利益少受损,国家财政少支出,地方和企业利益得到适当兼顾,消费者的负担不增加。

第二,消库成本最低原则。建立粮食库存需要代价,而去掉当前我国粮食高价格、高库存更需要一定代价,但决不能因此大手大脚,不计成本。要精打细算,认真研究设计和比较各种方案,力求把经济成本、政治成本和社会成本综合起来的代价降到最低,把钱花在刀刃上。

第三,遗留问题最小原则。粮食"去库存"既要考虑当前,更要考虑长远,决不能因为要压供给就突然大幅度降低政策收购价格或干脆不启动托市收购,否则将严重影响农民利益和生产积极性,也不能因为增加消费就盲目投资建厂和扩大生产能力,待库存恢复正常后形成生产能力的新过剩和"去产能"问题。建库扩仓也要考虑库存恢复正常后的利用问题,避免前些年曾一度出现的闲置浪费现象。

第四,市场机制原则。解决粮食高库存问题要尽量多利用经济杠杆和经济手段,少利用行政命令和行政手段,更好地发挥市场在资源配置方面的决定作用,转变调控方式,提高调控效率,并为构建符合我国国情、长期规范的粮食政策体系奠定基础。应该看到,农产品是一个生态圈,上游是粮食种植,下游是粮食加工,加工业不赚钱,大量亏损,就无法拉动上游种植业的发展;粮食生产者没有积极性,不愿意种植粮食,下游的加工业也无法发展,生态圈就实现不了。如果把所有的负担全部压在政府的肩上,政府也无法承受,最后的结果就是恶性循环,一损俱损,也必然挫伤农民粮食种植的积极性,损害农民利益,进而影响国家粮食安全及其粮食安全战略的实施。所以,恢复粮食价格的市场形成机制非常重要。

第五，确保产能不降低原则。降低保护价是解决粮食收储压力的有效手段,但也要高度警惕引发粮食大幅度减产。20 世纪 90 年代中期,我国粮食连年丰收,粮食供大于求,出现结构性过剩、粮价下跌的现象,严重挫伤了农民种粮的积极性,直接导致 1998—2003 年我国粮食大幅减产,减产幅度高达 15.9％。直到 2008 年,我国粮食产量才达到 5.29 亿吨,略超过 1998 年的水平。从历史经验看,粮食大幅度减产之后,要恢复当时的产量,需要 8～10 年时间。我们应针对稻谷、小麦、玉米不同的生产特点,采取不同措施,谨防"卖粮难",防止粮食产量大幅度滑坡。

(二)消除粮食高库存的对策

第一,推进国内粮价形成机制改革。粮食收购价是农民进行种植决策的关键参考,对粮食生产规模、结构具有直接的调节作用,对农民利益、粮食安全有着重要影响。在粮食连年丰收的背景下,完善粮食收购价格体系,改革完善粮食收储体系,做好现代粮食流通,让农民种粮多收益,让粮食主产区种粮积极性不减,这些是发展现代农业、改革粮食收储体系、搞活流通的关键所在。

自 2004 年以来,国家连续实行保护粮食生产和增加农民收益的粮食最低收购价政策,此项政策措施对稳定粮食市场,保护种粮农民利益起到重要作用,但在运行中也暴露出一些问题,粮食市场主要呈现政府引领的态势,政策性库存增加。

粮食去库存,要完善粮食价格形成机制和市场调控机制,推动储备调节从"价格干预型"向"供求调节型"转变,推动粮食进出口调控从"主要控制进口"向"有效利用国际市场"转变。应站在保障粮食安全、"口粮绝对安全"的高度,推进国内粮价形成机制改革和农业补贴政策调整,为更好发挥市场对粮食资源配置的决定性作用创造条件。

粮食去库存,要防范口粮受进口冲击大幅减产。我国小麦、大米进口配额较高,关税很低,而考虑 CPI 因素,近两年小麦、水稻最低收购价在连年下降,口粮生产很容易受到进口冲击,应保持口粮最低收购价合理小幅上涨,保护好农民积极性,确保口粮绝对安全。

粮食去库存,不要急于求成、一步到位,而是要循序渐进,逐步调整粮食收购政策,防止粮食生产的大起大落,更要防止断崖式下滑,引起市场恐慌。我国已宣布在东北三省和内蒙古自治区将玉米临时收储政策调整为"市场化收购＋补贴"方式,但稻谷和小麦主要作为口粮对粮食安全的重要性远远大于主要作为饲料粮的玉米。推进稻谷、小麦最低收购价政策的改革,要注意加强顶层设计,分阶段推进,审慎注意其对粮食生产能力和农民增收的影响。同时,合理选择粮食收购价格的发布时机,避免粮食种植之后才发布保护价,打乱农民种植计划。

第二,尽快制定实施耕地轮作休耕补贴政策。耕地轮作休耕是贯彻"藏粮于地"战略的有力举措。2016 年,开始调结构、去库存,玉米价格大幅度下跌,农民种植玉米亏损较大,若农民预期保持地力导致更多亏损,就可能出现耕地大面积抛荒现象。借鉴我国实行"以粮代赈、退耕还林还草"政策的历史经验,通过发放粮食补助的办法,应尽早制定、尽快实施耕地轮作休耕补贴政策,以防止耕地抛荒,鼓励推进耕地轮作休耕制度试点和玉米非优势产区调减玉米种植,支持地下水漏斗区、重金属污染区、生态严重退化地区开展综合治理。这既确保了耕地生产能力不降低,又缓解了粮食库存的压力。

第三,多管齐下增库容。一是通过租库挖掘社会仓容潜力。面对粮价下行的局面,许多粮油加工企业和新型农业经营主体储粮意愿减弱,部分食品加工企业停产倒闭,有大量闲置库容。经济下行压力加大,许多制造或仓储物流企业业务萎缩,也有大量闲置库容,其中部分库容具备或稍加改造后具备安全储粮条件。国家应鼓励国有粮食收储企业通过租用社会闲置库容,增加仓储能力。鼓励具备一定条件的粮油加工企业或新型农业经营主体申请成为中国储备粮管理集团有限公司代储库点。

二是通过推进新库建设和老库更新改造来提高仓储能力。少数地区仓容紧缺异常突出,挖掘社会仓容潜力难度大、成本高,解决国家粮食安全的战略布局也要求其加强仓储能力建设。推进新库建设,应加强统筹规划、优化粮库的宏观布局;优先引导新建粮库与"北粮南运"物流通道或连接产销区的重大粮食物流节点对接,适度增加主要交通枢纽型节点城市的粮食仓容建设,确保建成后的粮库在关键时期调得动、用得上、效率好、效益高。但是,推进新库建设成本高,假以时日,待粮食库存化解到正常水平后,部分粮库将会出现闲置,造成前期人力、财力、物力和土地投入的浪费;取消玉米临时收储措施后,国有粮食企业的收储压力可能明显缓解。因此,就全国而言,解决当前粮食高库存问题应以租为主,以建为辅,不宜将增加新库建设作为主要路径。

三是产销对接,破解粮食流通的购销困境。当前,我国粮食生产区域日益集中,13个主产区粮食产量占全国总产量的75%以上,粮食库存的压力也主要由粮食主产区承担,产区与销区的区域性矛盾越来越突出。以浙江省为例,浙江省作为全国第二大粮食销区,64%的粮食特别是大米需要依靠省外调入或进口。为了解决库存压力,应该采取措施,以优惠政策吸引北京、上海、天津、浙江、福建等主销区将粮食仓储的库房向粮食主产区前移,到主产区开展粮食收储业务,将销区企业投资项目纳入产区仓储设施总体建设规划,享受国家对产区投资建仓的补助政策;主产区以外的企业储粮项目建成后,凡符合国家政策性粮食收购条件的,允许其承担国家政策性粮食收购任务;鼓励北京、上海、天津、浙江、福建等主销区企业到产区建设粮食综合体,打造粮食"产加储运贸"产业链,建立产销合作基地,把产销区之间的单纯供需关系逐步发展成为供应链管理的合作模式。

第四,千方百计促转化。一是活用财政补贴资金,加强促销。建议将粮食仓储保管补贴转为粮食促销补贴,或设立专项粮食促销补贴。对于部分老陈粮和仓容压力较大的粮食主产区,建议放弃库存粮顺价销售的思路,综合考虑国内外价差和降价销售对市场粮价的影响,对仓容矛盾突出的主要品种(如东北玉米、南方晚籼稻),特别是接近临界储存年限的粮食,经报批后按一定规模降价或按市价销售,促其腾库出库,由此引起的粮食收储企业亏损,可通过粮食促销补贴化解。也可通过粮食促销补贴,支持粮食深加工企业到东北粮食主产区和南方晚籼稻主产区采购粮食进行加工,鼓励粮食企业、新型农业经营主体发展"互联网+粮食流通"。

中国农业发展银行黑龙江省分行行长欧阳平向《瞭望》新闻周刊记者介绍说,储存临储玉米,中央财政每年需支出保管费用0.043元/斤。按现行玉米临储价及一年期贷款基准利率测算,每年需支出利息补贴0.0435元/斤。玉米合理保存期3年,总补贴额将达到0.26元/斤。如果将未来3年的临储玉米财政补贴提前拿出来,然后一次性补贴到竞拍价上降价销售,参照2015年临储玉米的价格,竞拍或定向销售价能降到0.74元/斤。玉米进口价格0.8元/斤左右,降价后临储玉米拍卖价格将与国际价格接轨,使进口玉米失去价格优势,这既没有增加中央财政的额外负担,又能合理"去库存",还在一定程度上控制玉米及其替代品大量进口。小麦、稻谷"去库存"也可参照此方式进行[11]。

二是推进粮食加工转化。解决玉米高库存的最终办法仍是加工转化,比较容易操作的方式是增加对玉米深加工企业的补贴,让企业效益转好,激活这些市场主体,从而带动玉米库存消化。比如,玉米市场价格走低,同时会带动玉米深加工企业效益的提高。相关部门测算,如竞拍价降到0.74元/斤,玉米酒精深加工企业可实现利润300元/吨左右,进一步激发市场活力,加快粮食消化。鉴于部分粮食加工行业已经出现产能过剩问题,推进粮食加工转化,要加强粮食龙头企业建设,重点扶持粮油及其副产品加工工艺技术和新产品开发,支持其增强创新能力,促进产品结构转型、升级结合起来,提高企业的技术水平和多层次深加工的能力,增强粮油龙头企业辐射带动能力。支持企业以资产为纽带组建跨区域、跨所有制的粮食企业集团,开展全产业链经营,提升企业竞争力。

三是推进养殖转化。玉米主要作为饲料原料。当前玉米的去库存压力最大,且更应重视养殖转化。建议设立农区畜牧业发展专项资金,加大对粮食主产区特别是东北粮食主产区和南方稻谷产区发展农区养殖业的支持,并聚焦于牛、羊、猪、禽的饲养。结合推进精准扶贫,鼓励贫困地区发展猪、禽和其他畜牧业,符合粮改饲和种养结合要求,具备专业化、规模化、集约化、生态化养殖条件的经营主体可凭玉米消费券折价购买饲料。饲料企业凭玉米消费券获得财政补贴,借此促进玉米向养殖业饲用转化。

四是用玉米生产燃料乙醇是化解政策性粮食的有效途径。美国是世界燃料乙醇生产第一大国,目前,美国燃料乙醇生产量约占世界产量的33%。根据美国能源部的计划,到2025年可再生物质生产的生物燃料将代替从中东进口的石油的75%,到2030年将用生物燃料代替现在汽油使用量的30%。美国政府鼓励燃料乙醇进一步发展,并计划将燃料乙醇的添加量从10%提高到15%。通过法案来约束大的石油公司按量添加燃料乙醇,并努力将利润分配给乙醇生产工厂和农民。从往年的数据来看,美国玉米总产量中平均有30%~35%用于生产燃料乙醇、34%用于牲畜饲养、12%用于出口。早在2006年我国有关部门就批准建设了吉林燃料乙醇、黑龙江华润酒精、河南天冠燃料乙醇和安徽丰原燃料酒精4家定点生产厂。用玉米生产燃料乙醇,不但加大了国内汽车燃料供应,而且会降低大气污染。燃料乙醇生产既增加燃料供应,又能够化解粮食的高库存问题,国家应予以相应的政策支持。

第五,推进农业发展方式转变,提高农业质量效益和竞争力。一要延长农业产业链、提升价值链。通过价格杠杆引导农民调减玉米种植,堵住库存增量;将非转基因大豆的目标价格从2.4元/斤提高到3元/斤左右,推动麦豆主产区的轮作和种植结构调整,带动旱作农业区的大豆种植,间接削减玉米种植,从源头堵住库存增量;加快转变农业发展方式和调整农业结构,减玉米、稳水稻、增大豆,增加果蔬、杂粮、食用菌等高效作物种植,发展牛、猪、禽养殖,让农产品迈向中高端市场,延伸农业产业链;通过做强基地、做深加工、做大市场、做活信息,提升农产品品牌影响力和农业价值链。以马铃薯为例,黑龙江省望奎县就开发了马铃薯种薯、淀粉、薯条、薯片等系列产品,以市场带动农业结构调整。

二要发展农业适度规模经营和农业生产性服务业,促进农业节本增效,推进农业生产转型升级。2017年4月17日,中央电视台财经频道以"东北开种天价玉米,卖价竟是普通的20倍"为题进行报道,在粮食去库存、玉米价格一路走低的背景下,被称为中国"黄金玉米带"的吉林省中部地区,一些种粮大户却正在"逆势"扩大玉米种植面积。他们为何敢于逆势加码? 主要原因有两方面,一是通过土地流转实现家庭农场的经营模式,采用的是大规模机械化作业方式,土地的流转规模也从2015年的45.9%上升到了2017年的50.7%,降低了地租和人工成本,实现了成本投入、科学管理和市场信息等方面的"优势叠加";二是田间精细化管理,无化肥无农药,提高了玉米的成品率和销售标准,平均每穗价格可以达到9.9元,是普通玉米的20倍。所以,加快土地流转,推动适度规模化种植,通过大幅度降低玉米生产成本,提高产品质量,增强市场竞争力,在激烈的市场竞争中种玉米照样能获得利润。因此,一些专家建议,粮食仓储、农机补贴、贷款贴息、农村信息化等扶持政策应继续向种粮大户、农民专业合作社等新型农业经营主体倾斜,提升他们开拓市场的能力,推动农业由种得好向卖得好转变,让广大农民更多地分享到农业产业链上的利益。

　　三要顺应粮食消费结构升级的趋势,加大对粮食优质化和专用化的支持,缓解粮食产量和库存增长的压力。黑龙江省尚志市建设了 6 万亩有机水稻种植基地,产品直供浙江市场,销路顺畅。未来两三年,基地规模将扩大到 30 万亩。目前,我国粮食出现结构性过剩,尽管有大量替代品进口等原因,但主要问题是供需脱节,"大路货"多,绿色、优质、高端的精品粮油供给不足,满足不了旺盛的消费需求,这是粮食问题的最大"短板"。所以,我们要主动作为、高瞻远瞩,要以消费者需求和市场导向为指引,探索建立"优质优价"的粮食流通机制,优化粮食结构,引导农民种植优良粮食品种,推动粮食加工业改造升级,增加中高端产品和精深加工产品供应,由"种粮卖得出、吃粮买得到"转到推动"种粮能赚钱、吃粮促健康"。对粮食优质化的支持,应将重点放在主要作为口粮的稻谷和小麦上,而对粮食专用化的支持,应适应粮食消费市场的细分趋势,如调减籽粒玉米,扩大青贮玉米。从国际经验来看,加大对粮食优质化和专用化的支持,可在一定程度上缓解产量增长向库存增长的传导。

　　四要促进粮食产业化。保障粮食安全,促进粮食经济发展的根本出路在于粮食产业化。充分发挥当地的优势,按照市场需求,选择产出高、市场容量大、经济效益好的品种进行重点开发,确立和培植区域性主导产业,建立具有区域特色的优质粮食商品生产基地,进行专业化、区域化生产,并将产品生产、加工、贮运、销售融为一体。在制定促进粮食产业化的政策和配套措施时,应在税收、资金、项目建设规划、用地等方面提供优惠政策,扶持粮食产业化发展。

　　粮食的高库存确实是摆在我们面前的一个重要问题,但这绝对不是粮食过多了,正如习近平总书记在一次重要的会议上强调的那样,粮食多一点少一点,粮食国家补贴多来一点少来一点,这是技术性问题,但是如果影响粮食生产,妨碍粮食安全,那就是国家战略性问题。粮食安全始终是关系国民经济发展、社会稳定和国家自立的全局性重大战略问题,是第一位的问题。我们既要妥善解决好当前部分粮食品种库存积压、主产区收储压力大的问题,又要保持清醒头脑,时刻不放松粮食安全这根弦,任何时候不轻言"粮食多了"。要紧紧围绕保障国家粮食安全这个首要任务,加快推进农业现代化和粮食流通能力现代化,全面落实粮食安全责任,确保谷物基本自给和口粮的绝对安全,为经济社会持续健康发展提供强有力支撑。

[1]　聂振邦.三专家谈粮食去高库存:价格由市场定.http://www.ce.cn/xwzx/gnsz/gdxw/201605/23/t20160523_11872550.shtml

[2]　刘笑然.去除粮食高库存是当务之急.中国粮食经济,2015(9):24-28.

[3]　伍振军.粮食去库存要警惕生产滑坡.黑龙江粮食,2016(7):36-37.

[4]　张越杰,王军.推进粮食产业供给侧结构性改革的难点及对策.经济纵横,2017(2):110-114.

[5]　刘笑然.新形势下粮食去库存对策研究.农业经济与管理,2017(1):41-45.

[6]　张雯.库存压顶储粮难卖　千亿"新粮"急求"洞房".http://www.nbd.com.cn/articles/2015-10-12/952367.html

[7]　姜长云.关于解决当前粮食库存问题的思考.中国发展观察,2016(14):33-35.

[8]　丁声俊.以"供给侧"为重点推进粮食"两侧"结构改革的思考.中州学刊,2016(3):42-48.

[9]　蒋和平,朱福守.我国粮食储备管理现状和政策建议.中国农业科技导报,2015,17(6):8-14.

[10]　钟钰.玉米高库存是把双刃剑.大众日报,2017-03-22(10).

[11]　李凤双,管建涛.粮食"高库存"如何祛病根.粮油市场报,2016-3-29.

第十三章 进口剧增与粮食安全

一、我国粮食的进口情况

2015年,我国粮食总产量达到62143.92万吨,2016年,在"去库存"的大背景下,我国粮食总产量止步于"十二连增",达到61624万吨,比2015年下降0.8%,但仍是历史第二高产年。2013—2017年连续五年粮食总产量在6亿吨以上,2010—2017年间人均粮食占有量达到400公斤以上,2015年更是达到453公斤,创历史新高,超过世界平均水平。从粮食总产量和人均粮食占有量来看,我国粮食缺口不是很大,进口量也理应不大,但事实上并非如此,我国正在成为世界上第一粮食进口大国。从表13-1、表13-2可以看出,从2009年开始,我国全面成为粮食净进口国,特别是从2012年开始,粮食进口无论是绝对量还是相对量,都出现了跳跃式增长。2015年,我国粮食进口总量突破亿吨大关,谷物的净进口量是1996年的3.36倍,大豆净进口量是1996年的88.3倍。2016年我国进口大豆8391.3万吨,同比增长2.72%,再创历史纪录;进口稻米353.39万吨,同比增加5.49%;进口小麦337.4万吨,同比增长13.51%。从表13-3可以看出,大豆进口总量从1996年的111.4万吨增加到2015年的8169.19万吨,增长了72.3倍,在粮食进口总量中的比例也从1996年的9.33%增加到2015年的71.41%,这表明我国的大豆种植业已经不能满足需求。受粮食高进口影响,我国粮食对外依存度攀升,2011年为11.2%,2016年已升至18%。在所有粮食品种中,大豆对外依存度最高,2011—2015年5年间大豆对外依存度高达83.8%[1]。

表13-1 　　　　　　1996—2015年部分粮食进、出口情况(万吨)

年份	谷物及谷物粉			大豆		
	进口	出口	净进口	进口	出口	净进口
1996	1083	124	959	111.4	19	92.4
1997	417	834	−417	280.1	19	261.1

续表

年份	谷物及谷物粉			大豆		
	进口	出口	净进口	进口	出口	净进口
1998	388	888	−500	319.7	17	302.7
1999	339	738	−399	431.7	20	411.7
2000	315	1378	−1063	1041.6	21	1020.6
2001	344	876	−532	1394	25	1369
2002	285	1482	−1197	1131	28	1103
2003	208	2194	−1986	2074	27	2047
2004	974	473	501	2023	33	1990
2005	627	1014	−387	2659	40	2619
2006	358	605	−247	2824	38	2786
2007	155	986	−831	3082	46	3036
2008	154	181	−27	3744	47	3697
2009	315	132	183	4255	35	4220
2010	571	120	451	5480	16	5464
2011	545	116	429	5264	21	5243
2012	1398	96	1302	5838	32	5806
2013	1458	95	1363	6338	21	6317
2014	1951.07	70.93	1880.14	7140.31	20.71	7119.6
2015	3270.44	47.84	3222.6	8169.19	13.36	8155.83

资料来源:根据国家统计局网站公布的数据整理而来。

表 13-2　　**2010—2015 年谷物及谷物粉、大豆进口增长情况(万吨)**

年份	谷物及谷物粉				大豆			
	进口	出口	净进口	净进口增幅/%	进口	出口	净进口	净进口增幅/%
2010	571	120	451	146.45	5480	16	5464	29.48
2011	545	116	429	−4.88	5264	21	5243	−4.04
2012	1398	96	1302	203.50	5838	32	5806	10.74
2013	1458	95	1363	4.69	6338	21	6317	8.80
2014	1951.07	70.93	1880.14	37.94	7140.31	20.71	7119.6	12.71
2015	3270.44	47.84	3222.6	71.40	8169.19	13.36	8155.83	14.55

资料来源:根据国家统计局网站公布的数据整理而来。

表 13-3 1996—2015 年粮食进口及所占比例

年份	粮食进口/万吨	谷物及谷物粉进口		大豆进口	
		数量/万吨	占比/%	数量/万吨	占比/%
1996	1194.4	1083	90.67	111.4	9.33
1997	697.1	417	59.82	280.1	40.18
1998	707.7	388	54.83	319.7	45.17
1999	770.7	339	43.99	431.7	56.01
2000	1356.6	315	23.22	1041.6	76.78
2001	1738	344	19.79	1394	80.21
2002	1416	285	20.13	1131	79.87
2003	2282	208	9.11	2074	90.89
2004	2997	974	32.50	2023	67.50
2005	3286	627	19.08	2659	80.92
2006	3182	358	11.25	2824	88.75
2007	3237	155	4.79	3082	95.21
2008	3898	154	3.95	3744	96.05
2009	4570	315	6.89	4255	93.11
2010	6051	571	9.44	5480	90.56
2011	5809	545	9.38	5264	90.62
2012	7236	1398	19.32	5838	80.68
2013	7796	1458	18.70	6338	81.30
2014	9091.38	1951.07	21.46	7140.31	78.54
2015	11439.63	3270.44	28.59	8169.19	71.41

资料来源:根据国家统计局网站公布的数据整理而来。

从上面的分析中可以看出,我国粮食进口有如下特点:

第一,主要粮食品种净进口呈常态化。尽管我国粮食生产取得了巨大成绩,但由于受到水土资源、农业科技的制约,产量的增长难以匹配旺盛的需求,我国粮食总产量存在一定的缺口,再加上为满足人们"吃得好"要求,以及优质大米、高筋和低筋小麦等品种调剂需要,进口一定数量的粮食是必须的,导致我国粮食供需缺口还有进一步拉大的趋势,进而会影响我国粮食自给率。这里的粮食自给率是通过粮食产量/(粮食产量＋净进口量)计算而来的。从表 13-4 可以看出,一方面,我国稻谷、小麦、玉米等主要粮食品种自给率均在 95% 以上,粮食安全是有保障的,特别是口粮自给率很高;另一方面,整个粮食自给率呈不断下滑趋势,到 2015 年仅仅达到 84.53%,其主要原因是受到大豆产业的拖累,大豆的自给率太低,进口量太大。这种格局在 2016 年依然存在,并没有很大的改变。

表 13-4　　　　　　　**2007—2015 年粮食及主要粮食品种自给率(%)**

年份	粮食自给率	谷物自给率	主要粮食品种自给率			
			小麦自给率	玉米自给率	稻谷自给率	大豆自给率
2007	95.79	101.85	102.8	103.31	102.6	36.17
2008	93.51	100.06	100.24	100.13	101.39	35.6
2009	92.34	99.62	99.43	100.03	100.69	31.39
2010	90.23	99.1	99.18	99.19	100.28	25.77
2011	90.97	99.18	99.21	99.17	99.91	26.69
2012	89.24	97.64	97.26	97.65	98.36	22.96
2013	88.68	97.59	95.87	98.56	98.5	20.16
2014	87.11	96.75	97.82	98.82	98.37	14.78
2015	84.53	94.68	97.83	97.94	97.94	12.46

资料来源:根据国家统计局公布的数据整理而来。

第二,存在粮食"非必需进口"过度的问题。2014 年、2015 年,我国粮食产量均在 6 亿吨以上,按人均粮食占有量 500 公斤计算,产需缺口估计在 6000 万吨左右,但谷物及谷物粉和大豆的净进口量 2014 年为 8999.4 万吨,2015 年 11378.43 万吨,远远超出产需缺口量,超出部分均为"非必需进口",如果加上释放的库存,"非必需进口"过度问题将十分严重。最突出的还是玉米,2016 年我国小麦和大米进口关税配额量分别为 963.6 万吨和 532 万吨,而 1—9 月累计进口分别为 288.7 万吨和 256.4 万吨,远低于关税配额量,相对于我国产量和消费量而言,进口规模适度。虽然玉米的自给率在 97% 以上,但是近年来玉米及玉米替代产品高粱、大麦、DDGS 和木薯进口大幅增加,2016 年 1—9 月年累计进口 1813.5 万吨,若对 DDGS 按 1∶3 折算成玉米,则相当于进口玉米 1813.5 万吨,占玉米产量的 10.89%(美国农业部预计 2016/2017 年度我国玉米产量为 2.16 亿吨)。同时,我国玉米还有极大库存急需消化,所以,玉米"非必需进口"过度问题严重。

第三,粮食"结构性进口"过度问题严重。这主要是由于大豆对外依存度过高。

由表 13-4 可以看出,近年来我国大豆生产不断萎缩,产量不足,须靠进口满足需求,2014 年和 2015 年,我国大豆自给率仅为 14.78% 和 12.46%,对外依存度[净进口/(净进口＋国内产量)]高达 85.22% 和 87.54%;2016 年大豆进口量 8391 万吨,比上年增长 2.72%。大豆进口无论是总量还是在粮食进口总量中的比例,都十分惊人。同时,我国大豆进口量占世界大豆贸易量的比重从 2001 年的 24.9% 提高到 2014 年的 64.3%。2015 年,我国大豆种植面积仅为 9756 万亩,比 2005 年减少 4630 万亩,大豆进口量达到 8169 万吨,占全球大豆贸易量的 70% 左右。虽然进口大豆主要用于饲料与食用豆油,未影响口粮安全,但是过度依赖进口造成我国大豆产业受到严重影响,也降低了我国粮食自给率,从整体上影响我国的粮食安全。

第四,我国粮食进口市场高度集中。由表 13-5 可以看出,2015 年,我国 95.0% 的小麦及制品进口来自澳大利亚、加拿大和美国,91.2% 的玉米进口来自乌克兰和美国,94.6% 的稻米进口来自越南、泰国和巴基斯坦,95.5% 的大豆进口来自巴西、美国和阿根廷。到 2016 年,我国粮食进口市场高度集中的局面也未得到改善,除了小麦的进口市场结构集中度下降外,其他的三大粮食食品进口市场结构呈恶化趋势。2016 年 1—8 月,89.6% 的小麦及制品进口来自澳大利亚、加拿大和美国,96.7% 的玉米进口来自乌克兰和美国,94.9% 的稻米来自越南、泰国和巴基斯坦,97.0% 的大豆进口来自巴西、美国和阿根廷。近年增长较快的玉米替代品大麦、高粱和 DDGS(酒槽蛋白饲料)主要来自美国和澳大利亚。

表 13-5　　　　　　　　　我国粮食主要进口国及其比例

粮食品种	主要进口国比重			主要进口国比重			主要进口国比重			比重之和	
	国别	2015 年	2016 年 1—8 月	国别	2015 年	2016 年 1—8 月	国别	2015 年	2016 年 1—8 月	2015 年	2016 年 1—8 月
小麦	澳大利亚	41.90%	41.00%	加拿大	33.00%	28.20%	美国	20.10%	20.40%	95.00%	89.60%
玉米	乌克兰	81.40%	89.90%	美国	9.80%	6.80%	/	/	/	91.20%	96.70%
稻米	越南	53.20%	46.90%	泰国	28.30%	26.10%	巴基斯坦	13.10%	21.90%	94.60%	94.90%
大豆	巴西	49.10%	58.90%	美国	34.80%	29.90%	阿根廷	11.60%	8.20%	95.50%	97.00%

数据来源:根据农业部网站《农产品供需形势分析月报》整理。

二、我国粮食"高进口"的原因分析

中国作为一个人口大国,而且是一个人均农业资源相对稀少的国家,适当利用国际农业资源和国际农产品市场来调剂国内的农产品供给,使得国内的农业资源环境压力有所减轻,这是必要的。但21世纪以来,特别是2010年以来,我国农产品进口的品种明显增多,数量也在不断增加,而进口的原因也是复杂多样的,有的是国内供求有缺口,有的是国际市场价格比国内低,还有的是品种的调剂等,但是一个基本的事实是农产品的进口数量在不断增加,而且增加速度之快难以想象。其中一个重要原因是国际粮食价格低于国内粮食价格,甚至是进口粮食的到岸完税价格低于国内粮食的批发价格。这种国内外粮食价格倒挂现象,使得粮食的高额进口不可避免。

从国内与国际市场主要粮食品种的价格比较看,2004—2014年,国际市场上小麦、稻谷、玉米的价格呈现明显的波动。2008年,全球粮食危机导致国际粮食价格上涨,粮食危机后,国际粮食价格总体下降,但国内粮食价格基本上呈现刚性上涨。粮食价格差反映了国际、国内粮食生产价格关系,价格差越大表明国内粮食价格超过国际粮食价格越多,当国际、国内粮食价格差达到一定程度,即国内粮食价格高于进口粮食到岸完税价时,就出现国际、国内粮食价格倒挂现象。表13-6显示,从2011年开始,国际、国内稻米小麦、玉米、大豆的价格差呈现明显扩大的趋势,价格倒挂现象已经呈现;2014年8月份的数据显示,从越南进口的籼米到岸完税后的价格是3329元/吨,同期国内籼米的批发价格是3800~3900元/吨,每吨相差500~600元;进口小麦到岸完税之后价格是2017元/吨,国内批发市场一般在2400~2500元/吨,每吨相差400~500元;进口玉米到岸完税之后的价格是1766元/吨,但是国内市场上玉米批发价格特别是在南方要2400元/吨;进口大豆到岸完税后价格是3900元/吨,但是国家制定的目标价是2.4元/斤,就是4800元/吨,每吨差800~900元。因为国内的农产品相对于国际市场农产品在价格上没有竞争优势。这样就给国外的谷物进入国内市场带来了价格竞争方面的优势,给我国农业造成了非常大的压力。2014年10月31日,中央农村工作领导小组副组长、办公室主任陈锡文在其《中国农业发展形势及面临的挑战》主题报告中指出,由于国际、国内农产品价格的变化,我们多数大宗农产品正在承受着国内价格超过国际市场价格这样一种压力,也就是说国内市场价格的"天花板"有的已经突破了,所以有一些品种的进口,其实未免见得是国内的供给不足,而主要是我们的价格竞争力不够。

表 13-6　　　　国内与国际市场主要粮食品种价格比较[2]（元/公斤）

项目	2004 年	2006 年	2008 年	2010 年	2011 年	2012 年	2013 年	2014 年
国际小麦	1.26	1.32	2.4	1.63	1.89	2.06	1.94	1.87
国内小麦	1.54	1.44	1.74	1.98	2.07	2.15	2.44	2.5
价差/%	22.22	9.1	−27.5	21.47	9.52	4.37	25.77	33.69
国际稻米	1.85	2.13	4.21	3.38	3.43	3.45	3.22	2.56
国内稻米	2.36	2.3	2.82	3.13	3.52	3.8	3.94	4.00
价差/%	27.56	7.98	−33.01	−7.39	2.62	10.14	22.36	56.25
国际玉米	0.96	0.97	1.55	1.3	1.9	1.87	1.61	1.25
国内玉米	1.25	1.3	1.62	1.89	2.16	2.29	2.26	2.33
价差/%	30.2	34.02	4.51	45.38	13.68	22.45	40.37	86.4

注：价差率＝（国内粮食价格−国际粮食价格）/国际粮食价格×100%，国际粮食价格为美国海湾离岸价格，国内粮食价格为全国粮食平均批发价。

之所以出现了国内与国际粮食价格倒挂现象，主要有以下几个方面的原因：

第一，我国粮食生产成本上升，收益下降，国际比较优势丧失。虽然我国农业科技进步贡献率持续提高，但在工业化、城镇化迅速发展的大背景下，劳动力、土地、农药、化肥、薄膜等要素成本持续上升。表 13-7 显示，我国粮食生产亩产值从 2004 年的 592 元增加到 2014 年的 1193.4 元，增长了 33.15%，但生产成本从 2004 年的 395.5 元增加到 2014 年的 1068.6 元，增长了 51.86%，生产成本上升的幅度大于亩产值的增长速度，表明粮食生产成本增长较快是拉动粮食价格上涨的直接原因。同时发现，自 2004 年开始，小麦、玉米、稻谷的亩收益率、利润率呈现徘徊和下降的态势，特别是 2012—2014 年，三种粮食的亩收益率明显下滑。

表 13-7　**2004—2014 年中国小麦、玉米、稻谷生产成本、收益变化情况（元/亩）**

项目	2004 年	2006 年	2008 年	2010 年	2011 年	2012 年	2013 年	2014 年
产值	592	599.9	748.8	899.8	1041.9	1104.8	1099.1	1193.4
生产成本	395.5	444.9	562.4	672.7	791.2	936.4	1026.2	1068.6
收益	196.5	155	186.4	227.2	250.8	168.4	72.9	124.8
收益率/%	33.2	25.8	24.9	25.3	24.1	15.2	6.6	10.5
利润率/%	49.68	34.84	33.14	33.77	31.70	17.98	7.10	11.68

资料来源：国家发展和改革委员会价格司，《全国农产品成本收益资料汇编 2009》《全国农产品成本收益资料汇编 2015》，中国统计出版社。

从成本的构成看,在小麦、玉米、稻谷三种主粮的成本中,人工成本、土地成本均占有较大比重。表 13-8、表 13-9 显示,2014 年,我国粮食生产的人工成本、土地成本共计 650.69 元/亩,占总成本的 61.71%,它们分别占粮食生产总成本的41.81%、19.09%;三大主粮生产成本从 2004 年 395.5 元/亩增加到 2014 年的1068.57 元/亩,累计增长率为 170.18%,而人工成本、土地成本这两项费用分别从2004 年的 141.3 元、54.07 元/亩增加到 2014 年的 446.75 元/亩、203.94 元/亩,累计增长率分别为216.17%、277.18%,这两项费用在当年粮食生产总成本中所占比例也从 2004 年的 49.4%增加到 2014 年的 61.71%,远远高于总成本的增长速度。这些数据表明,人工成本、土地成本是拉升粮食生产成本的重要因素,也是推动粮食价格上涨的主要因素。在 2004—2014 年期间,粮食生产成本中还有一个因素上涨很快,那就是机械作业费,从 2004 年的 31.58 元/亩增加到 2014 年的134.08 元/亩,在当年粮食生产成本中的比例也从 2004 年的 7.99%上升为 2014年的12.55%,这说明我国农业生产的机械化作业程度在不断提高,减少了劳动力的投入,降低了人工成本。如果把这一部分折算为人工成本,那么人工成本在粮食生产成本中的比例将更高。

表 13-8　　**2004—2014 年中国小麦、玉米、稻谷生产成本及分项情况(元/亩)**

项目	2004 年	2006 年	2008 年	2010 年	2011 年	2012 年	2013 年	2014 年
总成本	395.5	444.9	562.4	672.67	791.16	936.42	1026.19	1068.57
种子费	21.06	26.29	30.58	39.74	46.45	52.05	55.37	57.82
化肥费	71.44	86.81	118.5	110.94	128.27	143.4	143.31	132.42
农药薄膜费	13.18	18.25	22.98	24.73	26.01	29	29.96	30.61
机械作业费	31.58	46.73	68.97	84.94	98.53	114.48	124.92	134.08
排灌费	15.01	16.79	16.28	19.08	23.97	21.99	23.44	25.62
人工成本	141.3	151.9	175	226.09	283.05	371.95	429.71	446.75
土地成本	54.07	68.25	99.62	133.28	149.73	166.19	181.36	203.94
7 项成本之和	347.64	415.02	531.93	639.61	756.01	866.06	988.07	1031.24

资料来源:国家发展和改革委员会价格司,《全国农产品成本收益资料汇编 2009》《全国农产品成本收益资料汇编 2015》,中国统计出版社。

表 13-9 **2004—2014 年中国小麦、玉米、稻谷生产成本构成情况(%)**

项目	2004 年	2006 年	2008 年	2010 年	2011 年	2012 年	2013 年	2014 年
总成本	100	100	100	100	100	100	100	100
种子费	5.32	5.91	5.43	5.91	5.87	5.56	5.4	5.41
化肥费	18.06	19.51	21.07	16.49	16.21	15.31	13.97	12.39
农药薄膜费	3.33	4.1	4.09	3.68	3.29	3.1	2.92	2.86
机械作业费	7.99	10.5	12.26	12.63	12.45	12.23	12.17	12.55
排灌费	3.8	3.78	2.9	2.84	3.03	2.35	2.28	2.4
人工成本	35.73	34.14	31.12	33.73	35.78	39.72	41.87	41.81
土地成本	13.67	15.34	17.71	19.81	18.92	17.74	17.67	19.9
7 项成本之和	87.9	93.28	94.58	95.09	95.55	96.01	96.29	96.51

资料来源:根据表 13-8 计算而来。

从国际比较看,我国粮食生产比较优势正在逐步丧失,从 2012 年起我国三大主粮的生产成本已全面超越美国等发达国家。以 2014 年为例,我国种植小麦总成本为每亩 965.13 元,是美国的 3.03 倍;种植玉米总成本为每亩 1063.89 元,比美国高 53%;种植大豆总成本为 667.34 元,比美国高 39%。我国粮食种植总成本明显高于美国,主要体现在:人工成本、土地成本大幅高于美国。经计算,2014 年我国种植小麦、玉米、大豆人工成本占总成本的 33%~44%,而美国粮食种植人工成本极少。我国种植小麦、玉米土地成本占总成本的 20%左右,大豆土地成本占总成本的 37%,占比均与美国相当,但数值上要明显高于美国。例如,2014 年我国大豆种植平均土地成本为每亩 247.7 元,其中黑龙江大豆土地成本 295.18 元/亩,而美国大豆土地成本是 160 元/亩左右。此外,美国燃料动力费 21.83 元/亩、固定资产折旧 88.41 元/亩均高于我国水平,这说明美国粮食生产的人工成本被机械化所代替。受市场、政策等多方因素影响,2014 年我国粮食出售价格明显高于美国,其中小麦、玉米、大豆出售价格分别比美国高 66%、161%、87%[3]。

第二,WTO 对农产品的影响加深。2001 年 12 月,我国正式成为世界贸易组织成员。因为当时我国在制造业、金融业、服务业等领域,与国际先进水平差距很大,为了能够争取一些我国薄弱环节的保护力度,在农业上做出了不小的牺牲。当时全球各国农产品进口的平均关税率是 45.2%,但我国最终向世界贸易组织承诺,我国成为世贸组织成员之后,我国农产品的平均关税率将降到15.2%,只相当于当时世界各国农产品进口平均关税率的35%左右。同时我们还对一些重要农产品(世界贸易组织叫敏感产品)单独承诺了进口关税配额,小麦进口配额是963.6万吨/年,玉米的配额是720万吨/年,大米的进口配额是266万吨的籼米、266万吨的粳米,配额内的关税是1%,如果超过了配额,关税将提高到65%。大豆没有设置关税配额,即无论进口多少都是3%的关税率。应该说当时的选择,对于我国农业发展并没有负面影响,因为国外的很多农产品没有价格优势,进不了我国市场,对于确保我国农业的基础地位,促进我国农业在国际市场上的竞争中保持稳定发展起了非常积极的作用。但是,从现在来看,我国农产品生产成本和市场价格会如此大幅度的上升,甚至已经突破了国际市场农产品价格这个"天花板",这对国内的农产品生产和农产品市场都产生了非常明显的影响,形成强大的压力。但既然是中国加入世界贸易组织的承诺,那么就必须遵守世界贸易组织的规则。我们现在面临的情况是,这些农产品大部分突破了关税配额内的进口价格,而我们的关税配额并没有用完,还是在关税配额内的低关税区间,因此国内市场的压力就会比较大,如果进口量突破了配额,关税调到65%,相应的压力就会降下来。问题是,国内的价格不会永远稳定在这个水平,它也是在不断提高的。从2004年开始实行主要粮食品种的最低收购价,十年时间,小麦的价格大概提高了三分之二,稻谷的价格大概提高了100%,这才使得我们农产品国内市场价格顶到了国际市场价格这个"天花板"。

第三,国际粮价大幅度下跌。2008年发生金融危机之后,各国政府基本上采取了刺激性的财政政策和扩张性的货币政策,大量货币的供给之下,出现了一轮普遍的通货膨胀,于是像粮食这样的大宗商品等都受到了很大影响,价格明显提高。但这样的措施并没有相应地使经济快速复苏,反而出现需求下降和新一轮的紧缩,大宗商品的价格明显下挫,粮食价格也是如此。从2011年下半年到2012年年底,全球各类大宗产品价格都迅速下降,其中就包括粮食价格。2015年年底到2016年年初国际市场的粮食价格,与2011年和2012年时的国际粮价最高点相比,国际市场粮价下跌了40%~50%。如果没有国际市场粮价的下跌,现在国内的粮价跟当时国际市场差不太多,但问题是我国的粮价还在上涨,而国际市场的价格还在下降,于是造成我国主要粮食品种,如小麦、大米、玉米、大豆的价格平均要比国际市场高出30%~50%的局面。可以说,造成国内粮价高于国际市场粮价的最主要原因是国际粮价的大幅度下跌。

第四,政策性粮食收购价格稳步提升,加剧了国内与国际市场粮食价格倒挂。为了保护农民利益,提高农民粮食生产积极性,促进农民粮食生产的稳定增长,从2004年、2006年开始国家对稻谷、小麦实施最低收购价政策,2007年以来,又先后对玉米、大豆、油菜籽等实行临时收储政策。政策实行之后,2004—2007 年间,托底收购政策在实践中并没有实行,因为当时制定的最低价是略低于市场价的,只是对农民起到了一个心理上的托底作用,不需要实际实行。但到了 2008 年以后,经济快速增长,土地价格、劳动力价格、农药化肥等农业生产资料价格不断上涨,甚至高于 GDP 增长的幅度,国内粮食生产成本大幅上涨,再加上受国际金融危机的影响,2008 年以后国家连续 7 年提高粮食最低收购价格。例如 2007 年,小麦价格 0.72 元/斤,但到 2014 年最低收购价提高到了 1.18 元/斤,从 2008—2014 年的七年时间里,小麦价格大约上涨了 60%,籼稻的价格上涨了 90%,粳稻的价格上涨了 100% 以上,玉米、油菜籽价格累计提高了 60%、38%。粮食托市收购政策,使得国内粮食市场价格明显上升,进一步扩大了国内市场与国际市场上的粮食价差。

第五,人民币兑美元的汇率不断上升。1994 年以前,汇率是 1 美元兑换 8.62 元人民币;2014 年,平均汇率是 1 美元兑换 6.14 元人民币。我国汇率改革以来,总的走向是人民币不断坚挺,相对美元来说在不断升值,人民币兑美元的汇率至少已上涨 25%。这意味着以美元结算的农产品折算成人民币以后,在我国市场上的价格将下降 25% 左右。以大豆为例,1994 年,大豆的进口价为 500 美元/吨,每进口一吨折合人民币 4000 多元。现在,同样是一吨大豆只能折合人民币 3000 多元,这一千多块钱的价差是因为汇率变化而减少。因此,人民币的汇率变化将明显影响国内外粮食的差价。

第六,国际海运费用下降。同期,在国际上还有另外一种经济现象,那就是国际石油价格大跌,导致国际粮食海运费用明显降低,进而使进口粮食到岸完税价格进一步下降。伊拉克战争时期原油价格 150 美元/桶,曾经降至不足 50 美元/桶,中间 100 美元的差价对运价影响很大。以美国墨西哥湾运至广州黄埔港的玉米海运费用为例,2015 年,该航线的海运费用分别是 2014 年的 68.03%、2013 年的 30.39%、2012 年的 69.44%、2008 年的 30.39%。

三、粮食"高进口"的风险分析

粮食进口的增长可以弥补国内粮食供需缺口,缓解国内粮食的供求关系,节约我国有限的水土资源,减轻环境压力;粮食进口的快速增长,也表明国际粮食市场对国内粮食市场影响加剧,粮食进口一旦超过合理规模和限度,将冲击国内粮食市场,并削弱我国粮食生产能力,打击农民粮食生产积极性,影响农民的收入和生活,进而威胁我国的粮食安全。

(一)加剧了粮食市场的价格波动

我国粮食进口量的不断增长,说明我国粮食市场与国际粮食市场的融合速度在加快、程度在加深,国内粮食价格不再简单地受国内供求关系决定和国内农业产业政策的引导,我国粮食市场价格受外部因素的影响逐渐增强,其波动频率和幅度将会增加,影响粮食价格波动的因素将会更多、更复杂,并且这些因素交互作用。影响粮食价格的因素很多,如粮食种植面积、生产资料价格、劳动力价格、农业科技水平、人民币汇率、人民生活水平、粮食的进口规模,还有能源价格等。此外,粮食进口规模也是影响国内粮食价格的重要因素,粮食进口量越大,粮食自给率就越低,对国外的依存度就越高,粮食价格的话语权就越少。

粮食进口对国内粮食价格影响的主要方式,一是增加国内供给,通过供求关系的改变影响国内粮食市场价格;二是通过价格传导,国际粮食价格都将通过进口价格传导到国内粮食市场,进而影响国内粮食价格。2003 年以来,国内粮食价格一直在上涨,似乎与国际粮食市场的价格波动情况不一致。国际粮食市场价格上升时,国内粮食市场价格在上升;而国际粮食市场价格下降的时候,国内粮食市场价格还是在上升,以至于的学者认为,生产资料价格上涨、农业生产成本提高,以及保护性粮食收购政策的实施,是拉高国内粮食市场价格的两大因素,而国际因素影响较少。

不可否认,粮食生产成本的快速增长、政策性粮食收购价格,是拉升我国粮食价格的重要因素,呈现了国内与国际市场粮食价格倒挂现象,才使得我国粮食进口规模和库存规模双双攀高,出现了"洋货入市、国货入库"的矛盾现象。一方面,为了保护农民利益,保护农民种粮积极性,维护国家粮食安全,不得不采取粮食收购的政策性保护措施;另一方面,如此高价的粮食在国内粮食市场上又无法销售,只能入库,所以才出现了粮食的"高库存"现象。

同时,国际粮食市场价格一直走低,作为粮食加工企业也不得不从国际市场上进口大量的粮食,这又使得我国粮食进口规模进一步扩大,出现了粮食的"高进口"现象。这个矛盾的出现,恰恰说明国际粮食市场价格对国内粮食生产的影响不断加深。2007—2008 年经济危机期间,国际石油价格上涨、欧美生物能源产业的发展、国际资本投机、主要产粮国的自然灾害和粮食政策等因素,导致国际粮食市场价格上涨,同时影响了我国粮食价格,国家不得不抛售中央储备粮,进行出口限制,以平抑国内粮食价格。所有这些都说明,随着国际、国内粮食市场联系的加深,国际粮食市场状况对国内粮食市场的影响越来越显著,为了维护国内粮食市场价格,稳定、平衡粮食供求关系,调控的难度将越来越大,调控的成本也越来越高。

(二)对我国相关产业造成冲击

第一,对国内粮食生产产生冲击。以大豆为例,一方面,国产大豆的出油率为 $16\%\sim17\%$,而进口转基因大豆的出油率为 $19\%\sim22\%$;进口转基因大豆具有明显的成本优势,例如黑龙江大豆在国内市场,每吨成本至少要比进口大豆高

170 元,显然,作为油料进口转基因大豆更有优势;另一方面,中国在加入世界贸易组织时,承诺我国的大豆进口关税为 3%,没有配额限制,所以国际市场上的转基因大豆长驱直入,导致了国产大豆供求失衡。进口转基因大豆的数量不断增长,冲击了国内大豆市场,国产大豆难以销售,使我国大豆生产环境不断恶化,大豆种植面积逐渐萎缩。我国大豆的种植面积从 2005 年的 959 万公顷下降到 2014 年的 680 万公顷,减少了 30%;大豆的总产量从 2005 年的 1634.78 万吨下降到 2014 年的1215.4 万吨,减少了 25.7%。2014 年和 2015 年,我国大豆自给率为 14.8% 和12.46%,对外依存度高达 85.22% 和 87.54%。这也就是说,我国的大豆产业基本上被国际大豆市场所控制。随着进口粮食的增多,其他粮食品种也存在竞争力不强的问题。如果这种状况波及稻谷、小麦、玉米等主要粮食品种,那么国内的粮食市场就被国际市场所控制,我们的饭碗装的就不是中国粮,我们的粮食安全就没有保障。

第二,冲击粮食加工产业。随着我国粮油市场不断开放,跨国公司也不断扩大在华投资,逐步建立了从种植、加工到贸易的产业链,控制了从源头到终端的整个过程,并且逐步掌握了我国粮食进口的话语权。从这一点来看,进口的转基因大豆大部分流进了有外资背景的食用油加工企业,它们的加工品占领了国内大部分市场,导致国内本土油脂企业生产经营陷入困境。

第三,影响我国粮食加工企业的空间布局。以玉米为例,玉米主产区主要在北方,而主销区主要在南方珠三角和长三角区域。目前我国玉米深加工企业主要分布在玉米主产区,如山东、吉林、河南、黑龙江、河北、内蒙古和安徽等省或自治区,其深加工量占全国玉米总加工量 85% 以上。玉米净进口常态化后,出于运输成本或者便利性考虑,在产品主销区建立玉米深加工基地或进行迁徙的企业增多[4]。

第四,冲击我国粮食流通产业。粮食进口的增长和常态化可能会逐渐改变我国目前"北粮南运"的流通格局。粮食进口主要在南部和东部沿海,如果粮食进口价格低于北方粮食的到港价格,一方面进口量会不断扩大,另一方面很多加工企业可能调整生产布局,采用价低质优的进口粮食就地加工,从而导致北方销往南方的粮食数量不断下降。

(三)影响农民收入

长期以来,基于我国长期的农产品贸易格局,我们更多的是关注我国农产品出口对农民收入增长的贡献,认为包括粮食在内的农产品出口有利于促进农民收入增长。而关于粮食或者农产品进口对农民收入产生的影响关注得很少。粮食进口量的增加必然会影响粮食主产区的农民收入。粮食主产区往往是生产结构和农民收入来源比较单一的地区,也是经济上相对落后的地区,以及农民就业转移困难地区。随着进口粮食增加,这些粮食主产区原有的优势产品面对进口粮食的激烈竞争利润下滑,从而影响区域内农民的收入。2003年以来,尽管国际粮食市场价格波动很大,但我国粮食进口增长是由于国家政策性收购价格保护,国内粮食价格飙升。这种情况下,粮食进口对农民收入的影响似乎不是很明显,但已经显现。我国大豆产业的现状,就是由于关税的保护功能基本丧失,大豆进口长驱直入,价格又低,农民种植大豆的利益受损,只好改种玉米。近几年,随着国际市场玉米价格的下滑,玉米进口量也在不断增加,在国家政策性收购价格保护之下,导致玉米的库存量太大,发展到一定的程度,当国家承受不了,农民种植玉米的利益得不到保护,农民也就自然不种玉米了,到那时候国内的玉米市场也会被国际玉米市场所控制。

(四)影响生态环境

关于转基因粮食是利还是害,各国的态度并不一致。迄今为止,我国并没有批准任何转基因粮食品种进行商业生产和上市。在粮食进口管理方面,已批准了转基因大豆、玉米两种作物的进口安全证书,但是进口的转基因粮食只能作为加工原料,并且对转基因原料产品实施转基因标识管理,如大豆油、油菜籽油及含有转基因成分的调和油必须有标识。在当下的国际粮食市场上,转基因粮食的比重较大,以最大的粮食出口国美国为主导,转基因技术不断扩散,阿根廷、巴西等国出口的粮食以转基因品种为主,而这些国家都是我国大豆、玉米进口的主要来源地。虽然转基因食品是否存在危害性并没有统一的定论,但是进口增长带来的潜在生态环境风险不容忽视。一方面,由于转基因粮食具有较高的经济效益,从而促使粮食种植者选择转基因粮食而放弃非转基因粮食,导致物种多样化被破坏;另一方面,转基因粮食会通过基因漂移破坏非转基因粮食的原始基因。如果我国转基因粮食完全商业化,还可能引起耐除草剂杂草的蔓延。以大豆为例,转基因大豆使用除草剂量较种植非转基因大豆多11.4%,这无疑会加速抗性杂草的发展,会使某些物种抗性剧增。相应的土壤和水体中除草剂含量也将增多,最终会影响土壤、水生生态系统。

(五)库存消化的压力加大

在当前我国粮食价格形成机制下,国家收储成为粮食收储的主要渠道,粮食存储由农户、企业和政府"三位一体"的格局逐步演变为政府"一家独大"的格局,而国际、国内粮食价格倒挂不仅导致"洋货入市、国货入库"的尴尬局面,也使得库存粮食顺价销售难度加大,库存量越来越多。粮食库存高企不仅增加了粮食储存霉变老化的质量风险,也增加了价格下行、流通受阻的市场风险,更加剧了政府巨额资金垫付、贬值、亏损的财政风险。

四、推进农业供给侧改革,化解粮食"高进口"风险

(一)强化科技支撑,提升农业生产的科技水平

科学技术是第一生产力,我国农业的持续快速发展离不开农业科技的进步。尽管我国农业的科技进步贡献率已经达到56%,但与发达国家相比仍然有较大的差距。因此必须进一步强化科技创新和应用,提高粮食生产效率,这既是确保粮食安全的重要基础,也是抑制进口过快增长的根本途径。

(二)降低农业生产成本,提高我国农业竞争力

我国粮食生产成本暂时无法与美国等农业出口大国相比,降低成本、缩小差距,提高比较优势,增强农产品竞争力,是当务之急。

第一,推进土地制度改革,促进农业规模化经营,降低经营成本。粮食生产规模化、集约化、专业化,是降低粮食生产成本的必由之路,也是粮食产业供给侧改革的重要着力点。进一步推进土地制度改革,加快推进"三权分置"改革,出台鼓励土地流转的相关政策,促进土地流转,实现农业适度规模经营和现代化发展。通过实现规模经营来降低单位面积粮食的生产成本,尤其是降低土地成本和劳动力成本,提升我国粮食生产的成本竞争力,为提升粮食综合生产能力、确保粮食安全、促进粮食产业供给侧改革提供保障。

第二,加大对种粮大户的政策扶持和引导力度。我们可以借鉴美国粮食生产无追索贷款的经验,允许种粮大户以粮食作为抵押申请粮食生产贷款;对种粮大户兴修农田水利等外部性特征明显的行为,给予补助;提高种粮大户产业化水平,政府为种粮大户提供无偿价格信息和生产技术服务,提高其抗风险能力。

第三,推广高效先进农机具,降低人工成本。我国粮食生产成本高的原因之一是人工成本高、增速快。如前所述,我国主要粮食品种生产的人工成本从2004年的2118.9元/公顷增加至2013年的6445.65元/公顷,十年间增加了两倍,人工成本占总成本的33%~44%,而美国等农业发达国家粮食生产的人工成本很少,是因为他们实现了农业生产的机械化作业。应该说,近年来,我国农业生产的机械化水平得到了长足的进步,但我国的农业机械多是中小型、低效、功能单一的农机具,没有把耕地、播种、施肥、管理、收割、储备、运输等环节有效统一起来,这不仅导致了农业生产耕、种、管、收的重复劳动,还导致了农机具的大量、密集、重复购置以及人力(农机手数量)、燃油消耗、维护保养、储存保管等投入的增加。所以,在某种意义上又成为拉升农业生产成本的因素。有人以山东的小麦和玉米为例,一年中,小麦和玉米的生产成本为种子105元/公顷、化肥2700元/公顷、收割整理播种

4050元/公顷,使用农机具的花费占总成本的46.6%,不可谓不高。降低农业生产成本必须推广高效、复合、智能、大型的农机具,实现农机与农艺的有机融合。为此,要制定农机作业标准,对作业效率和作业成效设定标准;完善和调整农机具购置补贴政策、农业机械产业政策,鼓励高效、先进农机具的生产和销售,促进落后、低效农机具生产企业进行技术革新、升级换代或者从市场退出;在加强高效、先进农机具的研发、生产的同时,积极与地方政府、专业种植合作社、农机合作社、种粮大户对接、合作,通过培养"现代农业CEO"、定制提供系统解决方案等方式,有效推广高效、先进的农机具;积极培育新型农业经营主体,将农机大户培育成会农机、懂农艺、擅经营、强管理的职业农民。

第四,加大对主产区财政投入,构建主产区利益补偿机制。由于粮食生产属于社会效益大而经济效益低的产业,在粮食主产区为国家提供巨大商品粮供给的同时,并未实现经济效益的同步增长。在粮食主产区向外输出商品粮的同时,也在输出本区域的经济利益,存在产销区之间利益不合理分配,客观上形成粮食主产区补贴粮食主销区的利益流失现象,而粮食主产区所在省份多数财力不足。因此,应加快建立粮食主产区利益补偿机制,加大对主产区粮食储备和基础设施建设的财政投入力度。耕地和建设用地相比,效益很低,政府及农业经营主体都缺乏耕地保护的积极性,因此应尽快建立健全粮食主产区耕地保护补偿制度,采取财政转移支付的方式,对经济欠发达粮食生产功能区过多承担耕地保护任务进行补偿,按照耕地保有量和基本农田保护面积,在目标价格基础上仍需对地方政府或直接对农户进行耕地保护性补贴,稳定农户生产投入的积极性。

(三)转换粮食价格调控方式

目前,在国内、国际粮食价格倒挂、关税配额保护失灵的情况下,粮食的大量进口对国内粮食宏观调控造成了严重的冲击,有必要对粮食价格调控方式进行调整和转换。

第一,以价格支持为主,逐步向"价补分离"方式调整。价格支持政策是世界各国农业补贴政策的基础性措施,具有指向明确、操作简单、作用直接的优点,但又通常被认为是扭曲市场、效率低下,弱化竞争力和造成资源浪费的推手,并因此受到世界贸易组织的约束和批评。我们可以借鉴美国政府经验,建立完善的系统化、多样化的农业支持政策体系。美国农业支持保护制度,从以价格支持为核心的农业补贴阶段,发展到以市场为导向的农业补贴阶段,再到目前实施的以收入支持为主的农业补贴体系。这些体系包括作物收入覆盖计划、收入保险计划和收入保护计划,其实质是保障农民收入不因为市场价格和自然风险而出现大幅度的波动,是一种更加隐蔽的粮食生产的价格支持政策,其市场化程度更高。目前我国还不具备大规模补贴农业的能力,但可以按照一定比例或者不同的粮食品种,实行"价补分离"政策,让价格不再承担补贴农民的功能,积极探索目标价格机制,待条件成熟后,再向市场化程度更高的"差价补贴"和直接补贴方式过渡,最终替代现行最低收购价和临时收储的措施,这也是发达国家由价格支持向直接补贴转型过程中普遍采用的过渡性措施[5]。

第二,加强农业保险立法,由政府设定农业法定险种、制定主要险种保单和费率,为参保农民提供较高的保费补贴,逐步建立农业保险补偿机制;积极筹建农业保险巨灾风险准备金,将农业保险工作纳入政府绩效考核体系[6]。

第三,推动价格政策由"黄箱"向"绿箱"转变。关税及贸易总协定规定,我们在农业成本上的直接补贴不能超过总产值的 8.5%,现在已经接近 10%,这意味着通过大幅度提高最低收购价和临时收储价来提升农民种粮积极性的可能性基本没有。在国内粮食价格"地板"越来越高、国际粮食市场价格"天花板"越来越低,国内、国际粮食价格倒挂的背景下,世界贸易组织"黄箱"政策运作空间越来越小,我们必须综合运用关税、配额、检验检疫、绿色贸易壁垒等手段,防止粮食价格倒挂的负面影响进一步扩大,守住农民收入、口粮生产能力、重要农产品供给三条底线,推动价格政策从国内补贴向支持粮食生产结构调整,向公共服务、基础设施建设、粮油批发市场建设、技术研发与推广等"绿箱"政策转变。

(四)充分利用国际、国内两个市场,实现生产、需求、进口、库存四个维度的合理调控

目前,我们关注更多的是粮食生产及其总量,强调国内供需两个维度的平衡,粮食进口则侧重于控制,对粮食需求总量、进口规模、库存规模缺乏科学的评估。在我国粮食市场已高度开放、进口规模日益扩大的背景下,粮食进口不仅仅局限于品种调剂和余缺调剂之功能,还是供给的重要来源,所以我们应该站位于"以我为主、立足国内、确保产能、适度进口、科技支撑"以及"谷物基本自给、口粮绝对安全"新粮食安全战略目标,在保障生产能力不降低、生产生活需求得到满足、农民利益受保护的前提下,立足于国际、国内两个市场,对粮食生产、需求、进口、库存四个维度进行科学分析、评估、监测和调控。

第一,加强信息引导,开展全产业链信息监测预警。构建全球农业数据调查分析系统,开展国内粮食市场信息调查分析,强化国际主要粮食生产国和贸易国农业数据调查,构建覆盖国内外粮食生产、价格、消费、贸易、库存、成本收益的数据库,以此为基础构建适合我国国情的农业监测预警系统,增强市场研判预警能力,同时加强粮食生产、流通、加工、贸易、销售等环节的政策协调配套。

第二,在国际粮食生产连续丰收、市场粮价大幅走低的背景下,更好地利用国际市场调节国内粮食价格和供求平衡。在目前粮食进口规模过大,大豆、玉米及其替代品进口失衡的情况下,充分利用世界贸易组织规则,采取传统的关税、配额以

及非关税贸易壁垒、技术贸易壁垒等手段调节、控制粮食进口节奏、品种、数量,缓解进口增长对国内市场和供求平衡的冲击;实施多元化进口战略,在保障现有进口渠道通畅的同时,积极拓展新的进口来源地,合理分散进口风险。

第三,建立税收动态调整机制,加大国内粮食企业出口退税、税收减免力度,对国内运输税费给予减免,或者允许企业通过加速折旧、技术改造等措施减免税费,提高粮油产品出口的国际竞争力。

第四,以关税多样化和关税配额创新为基础,提升粮食进口关税、配额的实施效果。在不改变关税水平的前提下,通过建立包括复合关税、紧急关税、季节税等在内的特殊关税体系,使进口关税多样化,进而可以用多种手段对进口进行有效管理,创新关税配额管理。近年来,我国小麦、玉米和大米的关税配额使用率一直较低,如果关税配额能包含进口的替代品、制成品或半成品,比如根据进口大麦、高粱的用途以及生产 DDGS 的原料,折算成相应的玉米量包含在关税配额内,这可以有效地控制玉米替代品的进口规模。完善 TSP/SPS 体系,特别是在对进口粮食安全性要求越来越高的背景下,要着重采取 SPS 措施,特别是在转基因大豆进口管理上要注重"安全"把关。

第五,坚持使用"两反一保"的贸易救济措施,保障国内粮食生产安全。"两反一保"是世界贸易组织赋予成员国政府为避免国内产业遭受进口产品损害而采取的一项法律手段。价格差驱动的粮食进口激增对我国农业造成严重冲击,应该以政府为主导,在产业部门、行业协会及相关机构间,建立发起贸易救济案件合作机制,依法推进贸易救济制度化,通过积极利用反倾销、反补贴、保障措施这些贸易救济措施维护农业安全;借鉴国外的成功经验,建立农业贸易损害补偿机制,设立粮食贸易救济专项基金,通过组建发起贸易救济案件的技术团队,强化对国内市场冲击大的进口农产品的研究,量化救济标准,明确重要农产品进口基数和最大增幅,一旦触发进口数量标准,立即启动救济措施,实现贸易救济常态化;通过对受到损害的农业产业、地区、农民提供必要的补偿,与国内支持、贸易促进等政策措施共同发挥作用,帮助其调整结构和提升竞争力,维护和保障国内农业产业安全。

第六,拓展粮食生产投资的国际化合作,增长我国对粮食进口的掌控能力。推动农业"走出去"战略,更有效利用国际农业资源和市场,通过加强政策支持力度,采取财政、金融、税收、保险等支持措施,鼓励国内各类有条件的企业参与境外农业投资与合作,特别是以直接投资形式参与农业合作,以更好地获得市场。在"一带一路"倡议背景下,我国农业对外直接投资不仅要以中亚、东南亚、拉美地域作为战略区域,更要开拓新兴市场,深化与"一带一路"沿线国家的农业合作,优化重要农产品进口的布局。同时投资领域应从生产环节向流通、加工等环节延伸,通过在国外直接建设仓储、码头、加工等物流设施,确保形成高效的全球供应链,比如在巴西建立大豆收储体系、物流体系,最终实现进口来源多元化,稳定进口渠道,提升我国对粮食进口的掌控能力。

第七,加入多边合作,建立多元贸易伙伴关系。从上述分析可以看出,我国粮食进口来源地相对集中,较集中的进口来源地对我国粮食安全而言是存在较高风险的,一旦在粮食主产区因发生大面积的自然灾害而导致粮食大幅度减产,或者是因为政治、经济上的因素导致粮食禁运,将直接对我国粮食的进口造成重大影响。为了尽可能地规避这种风险,我们应当按照世界贸易组织的准则,在其允许的范围内,建立多元的粮食贸易合作关系,扩大进口来源地,增加阿根廷、澳大利亚、泰国、缅甸等国粮食进口量,以此来分散风险。从上述分析可以看出,美国在我国进口的大豆、玉米、小麦这三个作物品种都占有较大的比重,因此为了分散粮食安全的风险,我国应该扩大粮食进口来源渠道,减少对美国、加拿大等国的依赖。长期稳定的农业合作关系以及稳定可靠的粮食进口保障体系更有利于规避粮食禁运等事件的发生,更有利于保障我国的粮食贸易安全,因此在与其他政府加强合作时,要更加重视合作关系的长期性,利用合作条款等有法律约束效力的方式,减少贸易摩擦和贸易不稳定等因素。

(五)调整粮食品种结构,推进粮食产业供给侧改革

第一,调整粮食品种结构,保障供求平衡。深化粮食产业供给侧改革要以稳定和提升我国粮食综合生产能力为前提,继续增强粮食综合供给能力,以提升粮食综合生产能力为目标,保障粮食总供求平衡。重点推进耕地资源保护,做到藏粮于地、藏粮于技,对良种技术、机械化、田间栽培、植保、农田水利进行改善,对中低产田进行整理改造,提高粮食总供给能力。部分地区还可进行适度休耕试点,保养土地,改变粮食生产长期透支、过度开发的情形,推进资源要素重组,优化技术结构,提高粮食生产全要素的生产率,确保粮食生产的可持续发展;同时,针对我国大豆产业供需缺口大、国际市场依赖程度高的现实,制定大豆产业振兴计划,提高农民种植大豆的积极性,扩大大豆种植面积,提升大豆自给率。

第二,调整粮食供给结构,推进粮经饲草四元结构调整。把以粮为主的粮食安全观转变为包含粮经饲草在内的大的粮食安全观。从我国当前粮食安全看,口粮安全已基本得到保障,主要问题是饲料安全和大豆供给安全。考虑我国居民草食畜牧业、肉奶等畜产品需求量大幅增加和大豆供求的矛盾,需重点推进饲料用籽粒作物向饲草饲料作物和大豆作物调整。针对粮食产业内部品种结构性矛盾,采用目标价格及财政补贴措施,黑龙江等优势产区需重点调整大豆种植面积,提高大豆产业的技术含量,促进大豆产业的发展,在镰刀弯(包括东北冷凉区、北方农牧交错区、西北风沙干旱区、太行山沿线区及西南石漠化区,在地形版图中由东北向华北—西南—西北呈镰刀弯状分布)等玉米非优势产区需减少玉米种植面积,推进粮改饲和粮豆轮作,推进第一、第二、第三产业融合发展,延伸产业链、打通供应链、形成全产业链。同时,考虑小麦中 10％左右用于饲料,可在小麦区中"挤"一点发展苜蓿草等饲草作物,以满足奶牛、肉羊等草食畜牧业的发展需求。

　　[1]　熊平平,王亚赛.数说"一号文件"的粮食大背景:高产量、高库存、高进口.http://www.thepaper.cn/newsDetail_forward_1612843

　　[2]　翁鸣.中国粮食市场挤压效应的成因分析.中国农村经济,2015(11):29-39.

　　[3]　朱险峰,巫成方.中美粮食种植成本比较及中国粮食政策取向.农业展望,2016(10):35-39.

　　[4]　陈叶盛.加入 WTO 10 年来中国玉米进口变化及未来进口常态化对玉米相关产业的影响.世界农业,2012(12):58-63.

　　[5]　樊琦,祁华清.国内外粮价倒挂下粮食价格调控方式转型研究.宏观经济研究,2015(9):23-31.

　　[6]　秦中春.国外农产品目标价格制度的分析与借鉴.区域经济评论,2015(3):41-51.

第十四章 粮食金融化与粮食安全

一、粮食金融化的概念

21世纪以来,随着金融全球化进程的推进,粮食市场与货币市场、外汇市场、期货市场以及金融衍生品市场的联动关系日趋紧密,即使在全球粮食供给平稳的情况下,全球粮食价格却一路狂飙。根据国际货币基金组织的一项统计,世界农产品贸易价格在2002—2008年的6年时间里上涨了130%,2008年以后,随着金融危机对世界经济的负面影响不断显现,世界粮食价格又出现了大幅度下跌的趋势。短短数年时间,以小麦、棉花和大豆为代表的主要农产品的价格一反常态,巨幅波动,国际主要粮食市场的价格波动也愈演愈烈。粮食市场与货币市场、外汇市场、期货市场以及金融衍生品市场交织复合形成的粮食金融体系,使得粮食市场呈现出金融市场的新特点[1]。粮食这一传统产业正面临非传统因素的威胁,粮食价格已不再简单地仅仅由粮食的供求关系所决定,而是越来越多地受到货币和资本的影响,成为继主权货币、石油等新的泛货币化的价值符号[2]。对此,学术界将这一现象概括为"粮食金融化"。那么什么是"粮食金融化"?其内涵是什么?

关于粮食金融化概念的问题,一些学者从货币的角度界定粮食金融化问题。学者吕志平把粮食金融化指向一般的货币资本,而不仅仅是美元因素。从货币资本的角度,他认为大宗商品金融化是大量货币资本介入大宗商品期货市场,导致期货价格剧烈波动的一种状态[3]。美国一直把石油、粮食、货币看作其推行世界霸权和强权政治的战略武器。所以,还有学者从强势美元角度,把粮食金融化趋势看作是粮食美元化趋势,把粮食金融化与美国的强势美元战略联系在一起。周寂沫认为,粮食金融化归根结底也是"粮食的美元化","美元资本通过金融方式介入全球粮食贸易的过程,使得全球粮食市场深受美元的影响"[4]。苏应蓉也指出,美元与粮食价格波动关联密切,美元资产与其他产品具有替代性,美元变动周期与农产品美元价格变动周期一般呈反向变动关系[5]。不管粮食金融化是指向一般的货币资本还是指向美元,上述学者都是将粮食市场与货币市场联系起来,从货币市场的角度界定粮食金融化。

还有部分学者从其他视角界定粮食金融化问题。汪来喜把粮食金融化看作全球经济金融化在粮食领域的具体表现,资本与货币流动等金融因素介入粮食市场,成为粮食价格波动的重要力量[6]。李援亚从内容和表象特征方面界定粮食金融化,认为"粮食金融化不仅包括粮食产品的衍生化,还包括粮食企业的股权公开化和高流动性、粮食企业发行的债务凭证匿名化、粮食资产证券化。"[7]黄先明则撇开粮食金融化的表象特征,从一般意义上对粮食金融化做了总体界定,把农产品的金融化看作农产品从商品属性向金融属性的转变过程,粮食价格更多受金融投资因素而非供求关系的影响[8]。

著名的"三农"问题专家温铁军认为,粮食金融化,是在经济全球化或者说金融资本全球化的框架下,发达资本主义国家实体经济高度金融化所衍生出的一个剖面,是在全球经济一体化进程中各国彼此联系越来越紧密的粮食产业被"金融化"的体现。他认为实体经济的"金融化",本质上是社会经济体系中,实际发行和流通的货币及其衍生品的总量显著超过实体经济发展所需要的流动性的正常数量,使得金融经济对国民经济投资和国际经济体系的主导作用超过实体经济,金融资本家对经济的控制力量超过产业资本家,产品价格越来越多地取决于相关金融产品的市场定价,产品的供需情况对产品定价的影响越来越小。实体经济金融化表面上看是超发货币及其衍生品导致的经济现象,但它又不同于传统经济学意义上的通货膨胀。通货膨胀实质上还是虚拟经济(金融经济),因为实体经济形势变化而被动地超发货币。金融化则是虚拟经济利用超发货币及其衍生品导致流动性过高而掌握实体经济定价权,以控制实体经济,达到通过操纵价格短期变化而实现财富集聚为目的的经济行为。粮食金融化,主要是指粮食的美元化,它是在全球经济一体化进程中,各国彼此联系越来越紧密的粮食产业被金融化的体现。由于美元的大量增发,造成越来越多的过剩流动性冲击粮食市场,导致粮食价格出现剧烈波动;粮食市场同时成为过剩金融流动性的垃圾消纳场,粮价的一次大起大落就能替西方主导国家制造的过剩流动性做"消化"。这两方面都显示出粮食市场的运行脱离实体层面,而粮食被人为创造出"金融属性"[9]。国际市场粮食现货价格越来越多地取决于农产品期货市场以及流动性本身的影响,而国际市场粮食供需情况对其影响作用相对下降。

从学者们基于不同视角对粮食金融化的分析和界定可以看出,粮食金融化是一个复杂的逻辑体系,是粮食市场与货币市场、证券市场、衍生品市场和外汇市场等方面因素交织复合而成的,使得粮食打上了深深的金融烙印,粮食的金融属性逐渐增强。

二、粮食金融化的推动因素

之所以出现粮食金融化，从根源上讲，主要是由粮食的特殊性和土地的资本性所决定的[10]。一方面，粮食是商品，具有商品的一般属性，同时粮食具有自身的稀缺性、粮食产业的弱质性和人类生活的不可或缺性等特点。粮食的这些特点与人类逐利、投机的本性相结合，促使粮食成为投机的对象，为粮食金融化提供了现实的理由和根据。另一方面，农业是国民经济的基础产业，是对土地依赖性最强的产业，土地又是粮食生产最基本的生产资料；同时，任何产业的发展都离不开土地资源，土地具有资本性、稀缺性等特征，特别是在工业化、城镇化的背景下，土地的资本性、稀缺性表现得尤为突出，土地的资本性和稀缺性决定了依附于土地的农产品，特别是粮食也具有很强的资本性，这也为粮食投机、粮食金融化提供了充足的根据。事实上，在 20 世纪 90 年代以前，粮食主要还是表现为一般商品的消费属性，并没有成为投机的对象，粮食金融化的特性并不突出，粮食金融化是由国际、国内经济社会发展过程中一系列的因素导致的。

（一）粮食金融化的国际因素

第一，美国过量增发美元是国际粮食市场"金融化"的根源。20 世纪后半叶，国际粮价出现过四次大的涨跌，这四次粮价高峰分别出现在 1973—1974 年、1980—1981 年、1989—1990 年和 1995—1996 年。分析不难发现，国际粮价七八年发生一次大的变动，带有明显的周期性变化特征，每次国际粮食价格的波动都是因为主要粮食生产国粮食减产，导致世界粮食市场需求增加，供给偏紧，从而使粮价猛涨。也就是说，国际粮食价格上涨是由国际粮食市场的供求关系拉动的。进入 21 世纪，国际粮食市场的价格走势出现新的阶段性变化，与 20 世纪的最大不同，在于国际主要粮食价格波动剧烈的情况时有发生，并且粮食价格波动与基本供求面的关联性日趋模糊。出现这种状况，与 2008 年金融海啸及美国连续四次推出量化宽松的货币政策存在紧密联系。2008 年金融危机后，世界各国普遍实施经济刺激政策，造成全球流动性泛滥，大量金融资本流向农产品市场，加大了农产品衍生市场的复杂性，特别是在美元主导的国际经济体系下，美国为缓解自身债务危机，刺激经济增长，连续推出了四轮量化宽松货币政策，而每一次量化宽松政策的推出，都出现了国际市场上小麦、玉米和大豆等主要粮食产品价格与原油价格变化趋势相同的状况，呈现相当直观的正相关关系；而美元价格变化趋势则相反，呈现明显直观的负相关关系。之所以出现这种状况，是因为金融危机导致实体经济一蹶不振，那些原本应该流入实体经济部门的货币，却流入股市和期货市场，股市价格大幅度上涨，投机者闻风而动，发布信息肆意炒作，结果是，一方面美元汇率下跌，美元贬值,另一方面国际粮食价格不断攀升,国际大宗农产品价格应声而涨,使粮食价格偏离了供给和需求关系,也使期货市场失去了本身套期保值的作用,成为国际投机者们谋取私利的工具。因此,美国的量化宽松政策最终导致在国际超量货币流动性存在的背景下,农产品价格呈现大幅度波动也就不足为怪了。

我们知道自布雷顿森林体系崩溃后,美元开始作为世界货币,控制着全球经济的发展,当然也控制着金融市场的发展,特别是苏联解体后,美国"单极"霸权赋权于美元,使其无约束地增发并顺势主导了金融资本全球化,并衍生出强化美国主导地位的全球币缘战略体系,即以美元资本、能源(石油)、食物(粮食)三大霸权为核心的新霸权体系。在此背景下"币权"的时代特征,则演化为以地缘关系为保障、以决定产业链安全的资源定价权为基础、以当代国家政治主权派生的信用体系以及自主的财政货币政策为核心,美元可以在全球经济金融化竞争中,进行资本扩张,获取利益并转嫁成本。进入21世纪,国际粮食市场的剧烈波动,从战略上看是美国全球币缘战略体系运作的结果,从战术上看是美国为转嫁金融危机,推行量化宽松的货币政策的直接结果。

第二,粮食产业的能源密集型投入与新能源开发,进一步强化了粮食的金融属性。粮食金融化的另一个非常重要的原因,是因为受到能源金融化的影响。能源对粮食金融属性的强化,主要是通过能源应用与新能源开发两个路径完成的。一方面,粮食产业的能源依赖助长了粮食的金融属性。从粮食生产角度看,化肥、农药、燃料动力、机械作业等农业生产资料的价格对粮食的生产成本影响显著,而这些生产资料的价格变化与煤炭、石油或天然气等能源产品价格的变动密切相关。从粮食运输角度看,运输过程中不可避免地要消耗大量能源,而能源价格的上涨将直接推高粮食的运输成本。随着全球食品工业对能源的依赖性越来越强,原油等期货市场对粮食市场的影响也越来越明显,粮食的金融属性通过与能源期货市场的联动得以强化。

另一方面,生物燃料的开发强化了粮食的金融属性。传统农产品主要用于日常消费,以满足人们基本的生活需要。因此影响农产品消费的因素主要包括人口总量及其增量、人均收入水平以及城市化进程等。进入21世纪以来,全球经济迅猛发展,石油、天然气、煤炭等不可再生资源的消耗也随之剧增。国际原油价格持续高挺,产品成本不断提高。因此,为了节约成本,保护资源和环境,世界上很多国家大力发展生物能源技术。随着生物技术的发展,农产品的工业用途被不断地开发出来。原油不仅是粮食生产、运输中的能源成本,也是生物燃油发展的推动力量。2007年,美国国会通过了《能源独立和安全法案》,确定向植物纤维提取乙醇,以满足不断增长的能源需求。《能源独立和安全法案》要求到2022年美国44%的乙醇生产都要来自植物纤维。根据有关数据统计分析,2007年,美国生产的生物乙醇消耗了 23％的粗粮,而全球谷物消费总量的 3.46％都用来生产生物乙醇,2008 年该比率达到 4.46％,2013 年则达到 2470 万吨,占总消费量的 6.3％。2011年,全世界用于生产生物能源的玉米达到了 1.44 亿吨[11]。在燃料乙醇的生产中,玉米等原料的成本占总成本的 50％～70％,而生物柴油中,大豆的比例则达到70％～80％。粮食本身就是稀缺资源,全世界还有许多国家的人民在为粮食而发愁时,生物能源计划的开展则导致了燃料与人争粮的局面,加剧全球粮食紧缺,推高了粮食价格,这就很容易导致金融投机资本对粮食的投机行为,从而加剧了粮食金融化趋势。同时,农产品生物能源功能的挖掘和利用将农产品市场与能源市场联系在一起,使得国际能源市场价格的波动可以快速地传导到农产品市场,强化了农产品的金融属性。国际能源价格的波动不仅会通过影响农业生产资料成本而间接影响农产品价格,而且由于生产生物能源的需要直接对农产品需求产生影响,从而直接对农产品价格产生冲击。因此,世界石油价格的上涨必然会引起生物燃料乙醇价格的上涨,从而必然会拉动包括玉米、大豆在内的谷物和其他农产品价格的上涨。

时寒冰[12]通过对 2000 年 1 月 1 日—2014 年 8 月 9 日之间的美国纽约原油期货价格和美国芝加哥黄豆期货价格的月度收盘价的回归分析及相关性检验,发现原油期货价格与黄豆的期货价格之间存在明显的正相关关系,原油期货价格滞后一阶后,相关性显著改善,这表明原油上期值对黄豆当期值产生了显著的影响,也就是说,原油价格变化在先,带动美国黄豆期货价格正向变化,而且二者价格变化的衔接时间并不长,美国黄豆期货价格快速地跟随美国纽约原油期货价格变化而变化。

第三,金融衍生品的创新与交易加强了农产品市场与资本市场的联系,赋予了粮食的金融属性。期货起源于粮食的远期交易,以标准化合约的形式和保证金交易制度赋予了粮食等大宗商品最初的金融属性。但在相当长的时间里,粮食的金融属性并不明显,粮价的波动幅度比较小,大的复合性价格波动更是鲜有发生。20 世纪90 年代末期以来,随着经济全球化、一体化进程的加快,金融衍生产品不断创新,交易电子化、网络化等新技术的应用,使得金融衍生品市场得到充足发展,全球衍生品市场规模迅速增长。进入 21 世纪,更是呈"井喷式"的增长,金融及其衍生品市场对资源配置的能力也不断增强。同时,全球货币流动性十分充裕,交易也趋于电子化和网络化,这些都对粮食、石油、金属等大宗商品及其衍生品交易市场的发展起到了很好的铺垫作用,也为粮食由单一商品属性向商品和金融双重属性的转变提供了契机,加快了粮食金融化的趋势,使粮食与金融的关系更近一步。数据显示,到 2013 年,全球场内衍生品(期货、期货期权与期权)交易量已经达到216.43 亿手,较 20 世纪末的 24.06 亿手增长了约 8 倍。也正是从 21 世纪开始,全球衍生品交易量的上升与食品价格指数的内在联系日趋明显,粮食的金融属性日益增强。

时寒冰通过对 2000—2013 年之间的全球衍生品交易量与国际粮食及农业组织食品价格指数两组数据的回归分析及相关性检验,发现国际粮食及农业组织食品价格指数与全球衍生品交易量存在显著的正相关关系,全球衍生品交易量与国际粮食及农业组织食品价格指数之间影响几乎没有延迟现象,二者运行的方向与幅度几乎是一致的,国际粮农组织食品价格指数与全球衍生品交易量呈现同步上涨的趋势。在全球衍生品交易市场如此庞大的当下,粮食等大宗商品的贸易方式早已突破了个别企业谈判决定交易价格的模式,商品期货交易本身也已突破了发现价格、引导价格的功用,而对商品价格起到一定的决定作用。粮食价格不再仅仅是由粮食的供求关系简单地决定,而更多的是受到衍生品市场成交量的影响。当衍生品交易量增大时,意味着粮食等大宗商品获得了全球资本更多的关注与追逐,由此就在粮食与金融衍生品之间形成了一个联动纽带,粮食表现出了商品属性与金融属性并存的特点。同时,与巨大的衍生品交易量相比,传统的以供需为基础的粮食贸易规模则显得比较小,粮价更容易受到衍生品波动的影响,也就是说,衍生品规模的扩大增强了粮食的金融属性,并加剧了粮价的波动。其中,美国农产品期货市场对世界粮食市场价格走向有决定性的影响。据美国农业部分析,2007 年下半年至 2008 年,国际粮价大幅飙升,来源于对冲基金等国际资本大肆炒作的因素占 70%。据资料显示,2002 年全球商品指数基金的规模不到 5 亿美元,到 2012 年 2 月总规模已经达到约 240 亿美元。许多投资大宗商品的对冲基金增加了粮食产品期货的持仓,有的甚至达到投资组合的 60%～70%。据报道,2012 年粮价飙升,全球最大投行高盛投资于小麦、玉米、糖和咖啡等大宗商品,从中获利 4 亿美元。另据报道,至 2012 年 8 月,美国对冲基金对于大宗商品的多头仓位增幅创下两年以来新高。巴克莱银行用于农产品期货投资的金额就已经达到了 5 亿英镑,远远高于 2011 年全年的 3.4 亿英镑和 2010 年的 1.89 亿英镑。而巴克莱银行在农产品上的投入与其华尔街同行们相比并不显眼,高盛和花旗在这方面的投入相比要翻番。可见,近年来,导致国际粮食市场价格飙升的主要原因是大规模投机资本在国际粮食市场上进行投机炒作。

第四,金融危机影响尚未完全消退。2007 年至今,世界经济遭受了一连串的重创和打击。从 2006 年春季开始逐步显现的,2007 年 8 月席卷美国、欧盟和日本等世界主要金融市场的美国次贷危机,进而发展为全球金融危机,到 2009 年在欧洲部分国家爆发的主权债务危机,再到美国、俄罗斯等国由于恶劣天气影响而限制粮食出口,引起粮食价格大幅上涨。这几年,经过各国的努力,世界经济正在逐步恢复,但仍没有恢复到危机前的水平。这就使很多金融炒家把眼光从实体经济和金融市场中移开,寻找新的投机目标。最后,他们选择了人类生存的必需品——粮食,为粮食金融化提供了可能和发展的机会。

（二）粮食金融化的国内因素

第一,粮食生产相对分散,而粮食收购、加工、流通企业则相对集中,容易形成买方垄断,为粮食金融化提供了基础。历史证明,家庭联产承包责任制的实施,对于解放生产力,调动农民生产积极性,提高粮食产量,提高农业效益具有十分重要的历史意义和现实意义,但是随着农业现代化和机械化进程的推进,分散经营的小规模农产品种植劣势也不断显现出来。这种劣势主要表现在:一是分散经营无法推进农业产业化,也无法实现农业生产的规模经济;二是农户具有生产的决定权,种植的品种主要依靠市场价格与种植习惯来确定,导致很多农户为了增加收入而选择经济价值比较高的作物进行种植,而玉米、大豆、小麦等主要粮食作物种植面积逐渐减少,不利于粮食种植的稳定性;三是农户受教育程度比较低,缺乏种植、管理、销售等专业知识,对新品种、新技术、新设备的接受程度较慢,分散经营的小规模种植不仅不利于农业技术的推广,严重阻碍了农业现代化进程,而且效率低下;四是单个农户的产量十分有限,缺乏与农产品收购方的议价能力,市场竞争力严重不足。由于粮食属于大宗商品,对资金要求较多,技术要求较高,因此我国粮食收购、加工、流通主体一直相对集中,这就使得农产品成交价格很容易被买方所操纵,垄断现象时有发生,粮食也就成为可以投机的对象。

第二,期货市场对粮食市场的介入为粮食金融化提供了平台。由于我国多数农产品种植和加工企业仍然处于发展的初级阶段,合理运用资本市场的各种金融工具,可以推动粮食产业的整合,提升粮食产业的风险抵御能力,满足农产品加工企业的资金需要,为农业产业现代化提供支持和动力。在众多的资本市场中,农产品期货是世界上最早推出的期货品种之一,而价格发现是期货市场最重要的功能之一。虽然价格发现的功能并非期货市场所特有,但是由于期货市场的参与主体众多,因此期货市场特有的机制可以提高价格发现的效率,使市场价格更趋于均衡价格。为此,国务院于 1990 年和 1993 年,先后批准成立了以农产品交易为主的郑州商品交易所、大连商品交易所。经过 20 多年的发展,我国农产品期货交易品种不断增多,交易规模也在不断扩大,我国粮食期货市场的建立和发展为粮食市场注入了金融属性。另外,随着互联网金融的发展,我国银行也推出了与农产品价格相挂钩的理财新品种。这些农产品金融衍生品的开发为投机资本进入农产品市场开辟了绿色通道,也使我国农产品价格形成机制发生了显著变化。在价格形成方式上,从传统的农产品生产区市场与销售区市场相互作用转变为现货市场与期货市场价格相互作用来推动农产品价格形成。在价格形成因素上,由供需双方共同主导逐步转向以供求因素为基础、宏观经济和金融政策以及国际市场等多因素共同作用。在价格传导机制变化上,传统递进式的瞬时反映在现货价格上转变为首先通过农产品期货价格体现出来,然后逐渐向现货市场传递。农产品金融化的一个直接后果是影响农产品价格变动的因素不断增多,波动周期也大幅缩短,农产品市场变动的不确定性显著增强。

第三,工业化、城镇化的强力推进,土地资源的稀缺性更加突出,助推了粮食金融化。随着我国工业化、城镇化进程的加快,土地开发的速度和规模前所未有,土地资源稀缺性矛盾更加突出,大量的耕地转化为非农用地,土地以及包括粮食在内的依附于土地的产品成为炒作和投机的对象。

第四,国内外贸易一体化程度的提高,加快了粮食金融化的进程。我国自加入世界贸易组织以来,融入世界经济的一体化步伐加快,我国农产品进口关税壁垒呈现不断下降的趋势,农产品贸易的对外开放程度不断提高,国际市场农产品价格的变动必然会对国内农产品价格体系产生冲击。同时,随着我国农产品期货交易体系的建立和发展,金融衍生工具的不断创新和发展,金融市场的信息交换也日益频繁,国内农产品生产、加工和流通企业逐步掌握了期货市场的功能和操作规则,并利用期货市场来实现套期保值,从而加快推动我国农产品金融化的市场进程,也使我国粮食市场更容易受到国际市场粮食价格、汇率政策和金融政策的影响。

三、粮食金融化对我国粮食安全的积极作用

第一,适度的粮食金融化有利于稳定粮食产量。粮食生产是决定粮食产量的重要因素,粮食单产和播种面积共同决定粮食产量,粮食耕种面积是决定粮食产量的首要因素,因此在对农业功能区耕地实行最严格保护的同时,以经济杠杆来调动农业生产者的积极性是稳定我国粮食总产量的重要措施。目前,我国农产品生产还没有从根本上摆脱靠天吃饭的传统,粮食产量受季节性因素和市场因素影响较大。同时,由于农业生产资料和人工费用的增加,粮食种植的成本在不断增加,而粮食的价格并没有同步提高,使粮食生产利润越来越低。不仅如此,粮食价格波动幅度越来越大,种植粮食的风险也越来越大,粮食种植的总体收益还面临着诸多不确定性。粮食期货市场的功能之一就是风险规避,适度的粮食金融化,让农户通过粮食金融市场分散或规避上述因素所导致的价格风险,有利于激发粮食生产者的种粮积极性和提高科技投入水平,增加粮食种植面积,稳定粮食产量。

第二,适度的粮食金融化有利于粮食流通,推进农业供给侧改革。我国的基本国情决定了我国粮食生产在现阶段依然是以分散经营为主。农户在组织生产和进行田间管理的同时,还要将生产出来的粮食尽可能以更高价格出售,而信息不对称使得粮农往往难以在处于买方垄断的粮食购销市场上获得合意的成交价格,"卖粮

难"成为长期影响我国粮食流通效率的主要原因。由于粮食金融化的实现主要依赖于期货交易,期货市场除了具有套期保值、规避风险的功能以外,另外一个重要功能就是价格开发。期货市场上数量众多的供求信息及其变化趋势,从理论上也会收敛于现货价格,即期货市场价格会随着结算日临近逐渐收敛于现货价格。农产品限期价格的波动一般来源于期货市场,因此农产品期货市场价格可以成为现期农产品市场定价的依据[13]。由此,粮食金融市场为粮食流通企业提供了规避价格风险的平台,而且粮食期货价格还可以直接释放出粮食未来的价格走势,消除粮食购销双方的信息不对称,降低粮食购销市场的交易成本,提高粮食流通领域的交易效率。专注于粮食流通领域的企业也可以通过期货市场的金融衍生工具对冲粮价波动所导致的价格风险,获得稳定收益,保证其粮食收购的积极性。适度的粮食金融化,充分发挥粮食期货市场的价格开发功能,增强粮食生产主体的市场意识,引导粮食生产主体以粮食市场的价格和需求为导向,确定粮食种植的品种结构,有力地推进农业供给侧改革。

第三,适度的粮食金融化有利于粮食进出口贸易。随着我国工业化和城镇化发展水平的提高,我国粮食(尤其是饲料用粮)需求总量也在不断增加。虽然我国粮食总产量实现了连续十二年的增长,有效地缓解我国粮食的供需缺口,但农业资源和生态环境所付出的成本也是巨大的,由此而产生的生态环境问题也引起了全社会的广泛关注。"大力推进生态文明建设"已经上升为我国经济社会发展战略,而推进农业生产转型和农业生产的可持续性就必须转变农业发展方式,即从资源粗放型与环境破坏型向资源友好和环境节约方向转变。在这一转变过程中,我国粮食生产能力可能短期内会难以持续实现过去的高增长,甚至出现下降趋势。对此,2013年中国粮食安全战略峰会提出"以我为主,适度进口"的粮食安全战略,为支撑我国13亿人口的粮食安全,除了自身生产以外,在和平时期特别是在不存在粮食禁运的自由贸易条件下,粮食金融化可以提前锁定市场风险,可合理使用国际粮食市场资源来满足国内粮食需求。此外,适度的粮食金融化可以培植出更多管理水平高、效益好的粮食进口企业,节约进口成本,提高粮食供应效率。

第四,适度的粮食金融化有利于粮食生产技术的提高和家庭农场的推广。保障粮食安全,就是确保所有人在任何时候既买得到又买得起他们所需的基本食品。而要实现粮食安全,最基本的就是保证粮食产量的稳定,而粮食产量的稳定则要依靠稳定的粮食生产。随着我国城镇化规模的扩大,农耕地逐渐减少,18亿亩红线成为最低界限。而且,随着进城务工人数的增加、农村教育水平的提高以及农民种粮收入过低,很多年轻人都到城市中去,传统的家庭单户种粮已远远不能满足市场的需求。因此,这就需要我们加快家庭农场和粮食生产合作组织的建设,引进先进技术,加大科技投入,在保证原有耕地面积的基础上,扩大粮食种植面积,提高粮食的单产。家庭农场的建立还能提高农业生产者抗击自然灾害的能力,从而更大限度地保障粮食产量的稳定。

第五,适度的粮食金融化有利于加快我国粮食产业链的整合。我国粮食的生产、加工、销售、流通等环节相对较分散,没有形成一个关系紧密、完整的产业链条,这就使我们在应对粮食危机时,不能迅速获得准确可靠的信息,粮食价格容易被操纵。这次国际粮食价格的大幅上涨,其背后就是国际四大跨国粮商 ABCD,即美国ADM、美国邦吉(Bunge)、美国嘉吉(Cargill)和法国的路易达孚(LouisDreyfus)的价格操纵。这四大粮商都是以集团形式运作,从种子、化肥等原材料,到世界各国的生产基地,到建立自己的运输公司,再到科研,形成了一条完整的粮食产业链,他们几乎控制了全球将近 80% 的粮食交易量,对国际粮食价格有绝对的定价权。另外,跨国粮商已经在国内各地建立或收购小麦、大米等加工厂,进入粮食消费市场,并与基层粮管所合作收购小麦、玉米等,以期控制我国粮源。这些都给我们敲响了警钟,我们要尽快整合和优化国内粮食产业链,培育具有竞争力的粮食龙头企业。

第六,适度的粮食金融化有利于加快完善我国的金融市场。近年来,随着种子、化肥等生产资料费用的增加,粮食的种植成本在不断提高,然而粮食的价格却增幅很小,粮食生产的利润也逐渐减少,很多农民宁愿选择外出务工,让耕地变荒地。另外,最近几年,全球经济环境不断变化,造成粮价波动幅度增大,给粮食种植带来了更大的风险,因此,如何规避风险成为种粮的一个很大的难题。然而我国的金融市场发展不够,粮食期货市场也刚起步,粮食及农产品期货品种不多,根本不能满足农业的需要,其他粮食金融衍生品更是缺乏,从而导致农户不能通过粮食期货市场来分散或规避由于粮食价格波动所带来的风险,不能保证农户可以获得稳定的种粮收入。我们应当凭借粮食金融化发展之机,促进我国粮食期货市场健康发展,完善我国金融市场,引导粮食市场和农业生产的健康发展。

四、粮食金融化对我国粮食安全的挑战

粮食金融化是一把双刃剑,对我国的粮食安全有双重影响,我们在认识粮食金融化对保障粮食安全积极作用的同时,必须清醒看到它对粮食安全带来的挑战和冲击。这主要表现为:

第一,粮食价格受到投机因素和供求因素的双重影响,粮食价格的波动性和不确定性增大。期货市场的主要功能是能够进行套期保值,提高粮食金融市场的效率,降低粮食生产经营者与粮食加工企业的风险。我国的期货市场虽然只有 20 多年的历史,但其发展速度是惊人的,截至 2013 年,总体规模已经是世界第二,粮食在商品交易所中具有重要地位。例如,在大连商品交易中心中交易的粮食产品有黄大豆、棕榈油、玉米、豆油及豆粕等,占整个交易中心品种的 1/3,而郑州商品交易中心所交易的主要粮食品种涉及稻谷、麦类及菜籽油等,占整个交易中心品种的 2/3。然而我国期货市场的发展也存在成立时间短、市场发育水平不高、正常的投资活动并没有明显增加而投机气氛越来越浓等问题。近年来,大量资本进入粮食加工和流通领域,但其目的并不是为这些领域提供充足的资金支持,而是想达到操纵粮食价格、牟取暴利的目的,这都使粮食逐步财富化,期货市场套期保值的功能反而没有得到充分发挥。国家发展和改革委员会的一项研究表明,在 2010 年农产品供应充分的背景下,我国有 24 种农产品价格上涨幅度超过 80%。期货市场实现价格发现功能的前提是只存在适量的投资者,然而当大量投资者和大量资本涌入粮食期货市场时,增加了粮食的投机属性,使得粮食价格产生了剧烈波动。在此背景下,粮食市场上的期货价格就可能不是市场供需关系的真实反映,而是更多地受制于某些经济金融政策,由市场流动性的多少决定,致使粮食期货价格长期偏离其价值,粮食价格波动振幅扩大,粮食生产风险增加,并引起资源的错配,对粮食生产的稳定性带来冲击。当粮食市场价格低时,影响农民收入,从而降低农民生产的积极性;而粮食市场价格过高,又在一定程度上导致交易市场的混乱,进而对粮食安全构成威胁,粮食风险性进一步加剧[14]。

第二,降低我国农产品竞争力,加剧了国际粮商对粮食价格的控制。一方面,随着金融市场投机行为的加剧,金融已经渗透到粮食产业中的生产、加工、流通和贸易的方方面面,导致粮价波动幅度不断加大。粮食价格风险通过粮食产业链进行传递,在粮食产业链中,粮食加工、流通等企业都能通过商品交易所给其提供全面的套期保值来减弱和规避风险。这些风险的后果到最后只能由种粮农户来承担,降低其收入,影响其种粮积极性,从而威胁粮食安全。另一方面,随着我国居民生活水平的不断提高,对农产品的需求结构发生了变化,突出地表现为对小麦、大豆、玉米等传统粮食消费逐渐减少,对肉、蛋、油、奶等产品消费比重增加。肉禽类的主要原料为大豆和玉米,而这些农产品的主要产地在美洲,其生产成本远低于国内的生产成本,在市场具有绝对的竞争优势,价格优势十分明显。以大豆为例,2015 年,我国大豆进口量达到 8169 万吨,比 2014 年提高 14.4%,大量的进口大豆与玉米提高了贸易依存度,在国际农产品单位价格不断下降的背景下,农产品价格由"地板"顶到"天花板"的挤压格局更加明显。也就是说,如果我国单位农产品价格不能得到有效降低的话,国际农产品价格即使附加了进口关税之后,其价格仍然要低于我国农产品的生产价格。根据联合国粮食及农业组织统计,80% 以上世界粮食的交易量都被美国 ADM、美国邦吉、美国嘉吉及法国的路易达孚等四大跨国粮商所操控。同时,在我国对世界贸易组织承诺的农产品保护期即将到期的背景下,随着粮食收购市场的放开,粮食市场多元化体系的形成,四大跨国粮商大举进入我国市场的迹象已经产生,我国粮食市场的定价权逐渐旁落,这必然威胁我国粮食安全。

第三,降低了粮食生产收益,影响农民的种粮积极性,损害了我国粮食生产的稳定性。长期以来,我国粮食主产区农户的主要收入来源于粮食种植,但是随着农业生产资料和单位劳动力生产成本的提升,农户种粮成本也相应提升,粮食种植的利润空间被不断压缩,农户对粮食收购价格的敏感性显著提高。另外,由于蔬菜、烟草等一些经济作物种植面积增多,大宗粮食播种面积减少,耕地"非粮化"现象严重。此外,我国现代农业正处于初期阶段,粮食集约化、产业化程度较低,种粮农户缺乏必要的种植、金融及管理知识,粮食种植和加工企业的风险意识比较单薄,利用农产品期货市场进行套期保值的经济主体也相对较少,粮食期货市场的交易主体仍是金融投资人;同时,随着国内外农产品市场一体化程度的不断加深,国内粮食价格会随着国际粮食市场价格的波动而波动,但国内粮食生产和加工主体在承担粮食价格风险的同时却无法享受粮食价格高企所带来的高收益,也就是说,粮食金融化放大了农业生产的负面效应,这在某种程度上增加了粮食价格的风险性,而粮食生产者在承担粮食价格波动风险的同时,还不能保证收益,这就影响粮农种粮的积极性,从而导致我国粮食供给主要依靠自己的策略受到了挑战。

第四,冲击粮食实体经济。发展粮食金融化的主要目的是通过风险规避、价格开发,更好地引导、服务粮食种植、粮食加工和粮食流通,而不是投资者获得利益的工具。粮食过度金融化导致粮食市场产生泡沫,在经济泡沫产生阶段,投资金融等虚拟经济要高于实体经济带来的回报,导致一些企业都去投资虚拟经济,最终脱离实体粮食产业,改变资源配置方式,阻碍农业实体经济发展[15]。

第五,增加了国民经济宏观调控的难度。众所周知,国际金融期货市场上的大宗商品交易都是以美元定价的,粮食金融化也是由美元主导的。当粮食被冠上金融的属性后,国际金融投机资本大肆炒作,大宗粮食商品价格就会大涨或大跌,加剧了市场的不确定性。这主要体现在:首先,粮食价格是所有商品价格的基础,如果粮食价格不稳定,必定影响其他商品市场,进而影响我国的居民消费价格指数(CPI)。在我国,食品在 CPI 测算中的占比超过 30%,粮食价格的上涨必将带动CPI 上涨,给国家带来通胀压力;其次,我国是一个有 14 亿人口的大国,其中超过半数为农村人口,他们的食品支出占总支出的很大部分,当粮食价格大幅上涨时,就会增加农村人口的生活成本,影响社会的稳定和谐;最后,如果粮食过度金融化,就会使粮食像石油一样,脱离粮食实体经济的发展水平,出现金融泡沫,最终出现粮食危机,给宏观风险管理和收入分配造成影响,使市场调控失灵。粮食价格形成机制的新变化,既给农户从微观个体角度出发考虑个体行为、正确把握农产品价格走势增加了困难,也对国家和政府从宏观整体角度出台有针对性的农业经济政策、调控国民经济提出了挑战。

五、粮食金融化的应对策略

粮食金融化对粮食安全的影响和挑战,涉及粮食生产、加工、流通、贸易、金融等方方面面,为充分发挥粮食金融化的积极作用,化解粮食金融化的冲击和挑战,全面保障我国的粮食安全,我们必须多途径、全方位、立体式采取应对措施。

(一)完善政府服务体系,提高粮食生产的市场竞争力

第一,通过土地制度改革,推进土地流转,实现粮食集约化、规模化生产。土地集约化的基础条件就是要进行土地流转改革,制定详细的规章制度与法律法规,保障土地合理、合法、有序流转,以保障土地流转农户的根本利益[16]。

第二,鼓励资本投资农业,促使农业生产走向集约化、规模化。我国近年来土地撂荒现象日益严重,造成大量土地浪费,这恰好为农业集约化、规模化生产提供了良好的契机。政府应该鼓励资本向农业领域投入,这不仅有利于农业科技的推广,降低生产成本,也有利于释放出大量农村劳动力,解决"人口红利"结束情况下的"用工荒"难题,从而为我国工业、农业及虚拟经济的可持续发展奠定更坚实的基础。

第三,完善政府服务体系,充分发挥政府决策作用。随着经济全球化、一体化进程的加快,我国与世界的联系越来越紧密,受国际市场变动的影响也越来越大,但对于广大农户和粮食中小企业来说,国际形势瞬息万变,很难掌握第一手信息,此时,政府就要发挥其服务职能,及时向农户和企业发布最新的国际信息,制定应对策略,引导农户和企业利用国际信息制订生产计划。政府还应该通过制定粮食金融政策、建立粮食产业发展基金、建立粮食投资和粮食储备银行,为农户和中小粮食企业提供足够的政策和资金支持,减少他们的后顾之忧,让他们安心生产,从根本上保障粮食安全。在扶持方式上,将原有的对地补贴模式转变为直接对粮补贴。

第四,完善粮食主产区利益补偿机制,增强粮食综合生产能力。我国粮食生产的比较效益较低,对金融风险抵御能力较差,对地方经济的贡献非常有限,粮食主产区的经济发展水平长期相对落后,我们应根据粮食的生产能力及粮食基础设施建设需求,测算安排转移支付额度,对粮食主产区进行利益补偿,对粮食主产区的县或镇进行奖励,缩小粮食主产区与工业相对发达地区的财政收入差距,保证粮食主产区稳定的粮食产量。

第五,在土地流转背景下,家庭农场逐步取代农户成为粮食生产的主体,政府也应与时俱进出台相应的支持政策,扶持家庭农场的发展。美国、法国等发达国家都设有专项粮食补贴资金,以提高种粮农户与企业的积极性,我国应该充分吸收国

际生产技术、管理及政策等先进经验,给予大型农业机械与水利建设以低息、免息贷款或直接的财政补贴,对农机、农田基本建设项目等进行担保,提高家庭农场粮食生产的积极性,增强粮食生产的综合能力。

第六,借助粮食金融化的契机,逐步完善我国粮食产业链。国家应该将粮食安全上升到国家战略的高度,培育具有国际竞争力的粮食龙头企业,提高我国粮食产业的整体竞争力,使其成为集产、供、销于一体的完整产业链条,在国际粮食交易市场中占有一席之地,完成全局性的关键布点,对粮价有一定的掌控能力,从而能够增强国家对粮食的宏观调控能力。

(二)积极加入贸易新规则的谈判,推进国际农业投资与开发

虽然我国粮食产量实现了十二年的连续增长,但是由于产需结构失衡,人们消费水平和消费结构的变化,我国对玉米和大豆的需求逐年增加,据统计表明,我国粮食自给率已跌破 90% 大关,粮食安全受到威胁。因此,我们需要在新的国际贸易环境下,充分参与国际粮食交易,与世界上的粮食主要生产国进行双边或多边贸易谈判,利用新的贸易规则来稳定我国粮食的进口数量和质量,减少粮食进口的不确定因素,也为提高我国粮食竞争力提供有利条件。为了保证粮食安全,还应该积极拓展海外投资,强化与周边国家、国际重要粮食组织的合作。

第一,在强化国内耕地保护,修复遭到污染的耕地的同时,积极主动地在海外承包土地。早在 20 世纪初,人多地少的日本就开始在拉丁美洲开垦耕地,第二次世界大战后,日本在海外投资的耕地项目更是持续增多。日本政府一直鼓励企业加大在海外的农业投资。2007 年年底,日本三井公司在巴西购买了 10 万公顷农田以种植大豆(相当于日本本土可耕种农田面积的 2%)。现在,日本拥有的海外农田面积超过国内农田面积达 3 倍之多[17]。近年来,沙特阿拉伯、阿曼等国在海外投资重金屯田,开发农业。甚至就连美国这样的超级农业大国也积极到海外屯田,2007 年,美国企业在墨西哥的三个省份种植了超过 1.7 万公顷的农田。2008 年,仅美国的摩根士丹利公司就在乌克兰购买了 4 万公顷农田。粮食最终要由耕地这个载体来实现,我国人多地少。与美国和俄罗斯相比,我国的粮食安全保障要脆弱得多。我国可以向土地大量闲置的国家(如乌克兰等)租用耕地,通过租用海外耕地来弥补国内耕地不足的缺陷。内外结合,提高我国粮食的自给率,减轻对国际粮食市场的依赖。

第二,与粮食生产大国特别是哈萨克斯坦、泰国等周边的粮食出口国建立长期、稳定的农业合作与粮食进口关系。以哈萨克斯坦为例,哈萨克斯坦有超过2000 万公顷的可耕地面积,其经济生产总价值的 40% 来自农业生产,但哈萨克斯坦近年来的固定资产投资以及海外对哈萨克斯坦的投资主要集中在采矿和交通通信业,对农业的投资比较少,制约了其农业扩大再生产的能力[18]。再以水利设施

为例,哈萨克斯坦的农田水利设施落后,致使其自独立的 20 多年来,农业灌溉用地的面积缩减 43%,粮食生产基本是靠天"吃饭",使其单位产量难以提高。2012 年的干旱导致其粮食产量比 2011 年锐减 50%,产量的大起大伏暴露出哈萨克斯坦农业生产方面的局限[19]。这为我国在哈萨克斯坦进行农业投资提供了契机。我国应该在重视与哈萨克斯坦等国进行能源合作的同时,加大农业合作力度,这既可以利用哈萨克斯坦地广人稀的特点,承包其耕地,也可以通过投资的方式,获得稳定的粮食进口来源,这对我国的粮食安全意义更为重大。

(三)建立网络齐全、功能完备、交易灵活、高效统一的粮食市场体系,以提高粮食流通的效率

第一,在大连商品交易所和郑州商品交易所的基础上,在粮食主产区设立现货交易所,信息共享,交易互动,形成全国统一的粮食交易平台,使两个市场形成的期货和现货价格能够反映各个粮食品种的供需。

第二,成立专项基金,扶持、壮大多元市场主体,拓宽农户及家庭农场粮食销售渠道,解决卖粮难问题,并出台政策法规,打击囤积居奇、恶意哄抬粮食价格的投机行为,打破地方保护,消除区域流通壁垒,促进粮食在全国自由流通。

第三,利用当前发达的物流信息系统,打造全国统一的粮食物流系统,大力提倡粮食"四散化(散储、散运、散装、散卸)"运输,降低物流成本,提高粮食物流的效率。

第四,加强农产品市场信息化建设,完善信息平台,建立农产品市场监测预警机制,及时掌握国内外农产品价格变化与发展趋势,使粮食在交易过程中实现"公平化、公开化、透明化"。

第五,统筹考虑国内外粮食生产格局,制定相关法律法规,严格规范粮食市场价格,降低价格波动风险,杜绝恶意炒作,保障粮食价格稳定。

第六,鼓励金融创新,引导与鼓励金融机构扩大对粮食的信贷投入,与国际粮食标准的仓单合约进行有效接轨,增加交易品的种类,为国家粮食安全效力。

(四)建立并完善多元化、多层次、广覆盖的粮食金融支持体系

第一,充分发挥国家金融支农政策的作用,加大对粮食主产区的金融扶持力度,中国人民银行、中国农业发展银行的支农、惠农贷款政策应当继续向粮食主产区倾斜,以改善农田水利基础设施,加大对农业生产资料的资金补贴额度。

第二,鼓励各商业银行开展涉农贷款,解决支农资金受到制约性的问题,引导与鼓励种粮企业引进农业专业人才、技术及设备,以提高农业生产的科技含量;支持粮食企业到资本市场获得更多粮食资金支持。

第三,加强对粮食加工、流通企业的金融扶持,确保种粮农户能够把粮食销售出去,并获得预期收益[1],不断加快粮食流通速度,从而提高粮食生产者的生产积

极性,而粮食加工企业也可获得相应资金,能够建设大型的仓储、加工、物流基地,实现产需的有效对接,进而稳定粮食价格,确保粮食生产稳定。

第四,设立农业风险基金和政策性的担保机构,资金可由中央财政、省级财政按照一定的比例共同承担,同时要加强资金监管,防止农信贷资金被任意挪用;大力发展微型金融机构,为家庭农场提供信贷、担保和保险等金融服务。同时,加强对家庭农场经营者的培训,提高其经营管理水平,宣传粮食金融市场相关知识,提供从粮食金融市场获得融资的机会,并引导其利用粮食金融市场进行套期保值和规避风险。

(五)积极推进粮食金融市场的健康发展

第一,不断规范粮食期货交易行为。发达的粮食金融市场是粮食产品对冲、规避价格风险的基础。国外期货市场经验表明:少数的投机者进入的商品交易所可以保证期货市场的合理快速流通,但如果商品交易所的投机者过多,就会使粮食期货偏离市场的轨道,对粮食价格造成巨大影响,从而引发资源配置的混乱,导致粮食安全受到威胁。所以,政府除了利用中央粮食储备库从总量上调控不同区域市场和不同季节的临时性粮食供需缺口外,其主要职责和作用是完善粮食金融市场体系,加强对粮食金融市场的监管,维护市场秩序。一方面,逐步放开粮食产品在交易所上市的准入条件,扩大粮食期货市场交易规模,开发新的粮食交易产品,积极推进粮食期货市场的发展;另一方面,要完善粮食期货交易机制、交易程序,加强对期货市场的监督与管理,严厉打击扰乱期货市场秩序的过度投机行为和操纵市场的行为,保障粮食交易公平竞争,确保期货市场能够健康、稳定、可持续运营,使其成为粮食生产、流通和加工企业进行套期保值和对冲的主要场所。粮食主管部门应积极进行粮食市场化改革,大幅度减少政府对粮食金融资源的直接配置,充分发挥市场在资源配置中的决定性作用,从而实现效益最大化和效率最优化。

第二,借助业已成熟的金融衍生品,规避风险。早期的套期保值以规避风险为主要目标,意在确保生产、经营的延续性。随着时代的发展,套期保值的目标逐渐由单纯的规避风险向提高盈利水平、竞争力、规避风险的多重目标演进。在多重目标之下,套期保值实际上融入了投机的特点。这种多重目标下的套期保值,在运用得当的情况下,也能够对生产、经营活动的扩张和竞争力的提升发挥出更大的促进作用。美国 ADM 等四大跨国粮商之所以能够兼并、收购我国植物油压榨总量的85%,控制我国大豆进口量的 80%,就是由于他们充分利用了期货市场的套期保值优势,而国内的油脂加工企业则由于没有参与套期保值而被跨国粮商兼并、收购[20]。时至今日,我国许多农产品生产、加工企业,对套期保值功能依然非常陌生。这需要国家培养、发现和利用好这方面的专业人才,同时相关企业也要做好相应的人才储备,让企业家逐渐认识到,在粮食金融属性日益增强的趋势下,通过套期保值的方式规避风险,提高自身竞争力的重要性。政府可以通过加强气象预测部门、农业部门等的协调,为企业套期保值提供更准确、更具前瞻性的信息。比如,如果气象部门预测某一时期内,国内粮食主产区或我国依存度较高的国际相关粮食品种(如大豆)主产区可能发生重大自然灾害,可提前通过套期保值的方法,在国际市场上买入期货合约,使得自己的需求得到了保障,同时削弱或消除国际投机资本借机推高粮价的企图,减弱或避免因未来粮价大涨而对我国粮食安全可能造成的危害。

第三,加快金融创新,开发新的粮食金融衍生品,分散粮食生产、流通及加工环节的风险,保证粮食安全。目前,郑州商品交易所与大连商品交易所最重要的交易品种就是粮食产品,这不仅为投资者提供风险投资的机会,也为部分粮食生产、加工及流通企业提供了规避风险与套期保值的平台。与此同时,虽然玉米、大豆等主要粮食品种都在交易所上市,但绿豆、杂粮等一些小品种无法进入交易市场进行交易,而这些产品更容易被国外大型粮食企业所投资。因此,政府部门应进一步放开进入条件,从审批制走向核准制,将新品种上市权赋予期货交易所,开发新的粮食交易品种,提高期货市场套期保值功能,降低交易的投机机会。

第四,鼓励新型粮食生产经营主体进入期货交易市场,成为新兴的、基本的投资主体。传统的粮食期货市场更多是国内大型粮食企业、跨国粮商、金融游资的投资场所。随着粮食期货的发展,我们要鼓励种粮大户、家庭农场、粮食生产专业合作社和粮食加工龙头企业等新型粮食生产经营主体联合起来进入粮食期货交易市场。鼓励这些新型粮食生产经营主体进入粮食期货市场,有助于应对粮食金融化。一是促进粮食期货市场自身的发展。这些新型粮食生产经营主体可以依靠现实中的粮食生产,预测期货市场投资,推动粮食期货市场的健康发展。如果粮食收获时粮食价格下降,在粮食期货市场上的收益可以弥补现货市场的损失,从而达到套期保值、风险规避乃至投资盈利的目的。二是促进粮食现货市场的发展。这些新型粮食生产经营主体在种植粮食的同时,可以预先在期货市场卖出相应的粮食期货合约,根据粮食期货市场状况调整现实中的粮食生产;如果粮食收获时粮食现货价格上升,他们还可以先从粮食现货市场中获益。三是套期保值。与金融、能源等期货品种相比,粮食产品受自然因素影响显著,季节性强,波动性大。在粮食现货市场和期货市场对同种粮食产品进行数量相等、方向相反的买卖活动,可以弥补亏损、规避风险。四是促进粮食生产。与普通投资者相比,新型粮食生产经营主体不能仅停留在投资粮食期货市场获得期货利益,而是要善于利用期货市场引导自身的粮食生产尤其是订单农业,最终目的是促进粮食生产。我们强调粮食期货市场发展与粮食生产者增收相结合,也是从粮食生产者的最实际利益出发。五是信息获取。这些粮食生产经营主体成为粮食期货市场的新兴投资主体后,可以充分、及时、准确地获得粮食期货信息,更准确地依据粮食期货市场的状况,确定粮食生产的品种和规模。

(六)制定《期货法》《粮食法》,为粮食期货市场的健康发展保驾护航

应对粮食金融化,制定《期货法》《粮食法》。第一,要确立保障国家粮食安全和国家金融安全的立法宗旨。因为粮食安全始终是粮食期货市场的出发点和落脚点,是国家的整体安全和长远利益。

第二,要体现对粮食生产者权益的特别关注。粮食生产是粮食期货市场发展的源泉,粮食期货公司是粮食期货市场发展的中介、桥梁。同时,法律上的公平原则强调保障弱势群体合法权益,粮食生产者在粮食期货市场上确实处于弱势地位。保护粮食生产经营主体的利益,其目的是激发粮食生产经营主体的种粮积极性,增加粮食供给,提升粮食品质,促进粮食期货市场的健康发展,维护国家粮食安全。粮食期货立法在保障粮食生产经营主体权益时,一方面要鼓励粮食生产者积极参与合作化组织或订单农业,以团体优势进入粮食期货市场,积极探索如何增进粮食生产经营主体权益而不威胁国家粮食安全、金融安全;另一方面,不能为了国家粮食安全、金融安全而让粮食生产经营主体的权益受损,避免谷贱伤农事件的发生,实现粮食期货市场各方主体的权利、义务与责任的对立统一。

第三,要规定粮食期货交易的相关制度,规范粮食期货交易行为。如粮食期货合约的订立、实施及违约救济机制;粮食期货的保证金、交割、平仓、持仓、涨跌停板、结算等相关制度;粮食期货市场进入和退出的条件、程序和权利救济机制;粮食期货风险预警和信息披露机制,市场风险、技术风险、法律风险披露机制,完善风险化解措施方案等。此外,还要引导粮食生产者自觉调整生产结构,促进粮食生产的绿色发展;提升粮食生产经营主体的金融素养,促进粮食期货公司的合法经营,从而促进粮食期货投资多元化,推动粮食期货市场的健康发展,最终发挥市场引导功能,推动粮食现货市场与订单农业的发展,保障国家粮食安全[21]。

[1] 樊琦,刘满平.国际粮食金融化趋势与我国粮食安全对策.宏观经济管理,2012(7):32-33.

[2] 李淑湘.我国当前粮食安全问题的成因分析与对策研究.马克思主义研究,2011(11):71-77.

[3] 吕志平.大宗商品金融化问题研究.湖北社会科学,2013(2):77-80.

[4] 周寂沫.粮食贸易"金融化"趋势分析及对策研究.社会科学辑刊,2011(3):111-115.

[5] 苏应蓉.全球农产品价格波动中金融化因素探析.农业经济问题,2011,

32(6):89-95.

[6]　汪来喜.粮食金融化的实质及应对方略.中州学刊,2014(1):45-47.

[7]　李援亚.粮食金融化:界定、背景及特征.印度洋经济体研究,2012(2):49-51.

[8]　黄先明.国际大宗农产品价格金融化机理分析及我国政策选择.国际贸易,2012(6):23-26.

[9]　温铁军,计晗,高俊.粮食金融化与粮食安全.理论探讨,2014(5):82-87.

[10]　周士跃.粮食金融化问题研究综述.山东农业工程学院学报,2014(6):66-69.

[11]　张兵,张蓓佳.农产品金融化对玉米期货价格的影响.西北农林科技大学学报:社会科学版,2014,14(4):79-84.

[12]　时寒冰.粮食金融属性增强与我国粮食安全.中共中央党校学报,2015(2):77-82.

[13]　Masters,M. 2008,Testimony before the Committee on Homeland Security and Governmental Affairs,US Senate,May 20.

[14]　奚宾.粮食金融化背景下粮食安全问题研究.农业经济,2013(1):7-9.

[15]　刘青青,杨建.我国粮食政府价"金融化"和"能源化"属性探析.中国证券期货,2013(8):139.

[16]　裴少峰,刘晓露.粮食金融化背景下粮食安全问题研究.粮食科技与经济,2014(3):5-7.

[17]　黄烨.全球屯田潮.国际金融报,2014-02-17(1).

[18]　阿不都斯力木·阿不力克木,居来提·色依提.哈萨克斯坦农业投资环境分析.世界农业,2012(8):94-99.

[19]　陈欣怡.哈萨克斯坦农业发展现状.世界农业,2013(12):155-158.

[20]　吕东辉,杨印生.跨国粮商套期保值行为研究.农业经济问题,2013,34(12).

[21]　曾晓昀.应对粮食金融化:中国粮食期货立法之粮农客户权益保护研究.浙江工商大学学报,2016(6):51-57.

第十五章　新型职业农民与粮食安全

一、新型职业农民的内涵、类型与特征

（一）新型职业农民的内涵

新型职业农民是以农业为职业、具有相应的专业技能、收入主要来自农业生产经营并达到相当水平的现代农业从业者[1]。"新型职业农民"可以从三个方面去理解：

第一，"新型农民"是相对"传统农民"、分散小农户而言的，是农民从"自给自足"的传统小农生产走向商品化、专业化、社会化大生产的根本转变，是解放生产力、推进现代农业和城乡经济发展的历史要求。"传统农民"操作的是自家的"一亩三分地"，最多只能勉强养家糊口，甚至连养家糊口都做不到；"新型农民"生产都有适度的规模，产量和质量有技术做保证，产品的营销加工等与市场需求紧密联系；"新型农民"奔小康，能致富，还能带动他人致富。

第二，"职业农民"是相对"身份农民"、兼业农民而言的，是农民从社会地位较低的"身份"走向有尊严、有保障的"职业"的根本转变，是完善生产关系、推进经营体制机制创新和城乡一体化发展的制度安排。"职业农民"意味着"农民"是一种自由选择的职业，而不再是一种被赋予的身份。从经济角度来看，"职业农民"有利于劳动力资源在更大范围内的优化配置，有利于农业、农村的可持续发展和城乡融合发展，尤其是在当前人口红利萎缩、劳动力资源供给持续下降的情况下，更是意义重大。从政治和社会角度看，"职业农民"更加尊重人的个性和选择，更能激发群众的积极性和创造性，更符合"创新、协调、绿色、开放、共享"的发展理念。

第三，要对"农民"进行重新认识。目前，全国大多数地方仍以户籍作为依据对农民进行界定。随着户籍制度改革的推进，除大城市落户有所限制外，中小城市的户籍将会逐步放开，只要专业从事农业生产的从业者都应该是农民，否则，我们对农民的认识仍然是城乡分割的思维。为了避免工商资本大规模、长期租

用农民耕地有可能带来的"非粮化""非农化"和"粗放生产"的问题,可以农产品数量、单产、质量和科技应用等作为指标,对其是否是"农民"进行科学界定。一般来说,"新型职业农民"是指专业从事一定规模的农业生产经营的高素质、高技能农业从业者。

（二）新型职业农民的类型

根据新型职业农民所从事职业的性质和素质技能要求,可以把新型职业农民分为生产经营型、专业技能型和社会服务型三种类型。

"生产经营型"职业农民是指以家庭生产经营为基本单元,充分依靠农村社会化服务,开展规模化、集约化、专业化和组织化生产的新型生产经营主体。主要包括专业大户、家庭农场主、专业合作社带头人等。他们不仅以农业为职业,而且占有一定的土地等资源,具有一定的资金投入能力;他们不仅有一定的文化素质和专业技能,更有先进的发展观念和较强的经营管理能力;他们不仅讲责任、讲诚信、讲职业道德,而且对农业生产具有深厚的感情;他们不仅自己依靠科技和市场发家致富,还能通过创办专业合作社、经营型服务组织、示范基地等带动周围农户,利用一切可能使农业报酬最大化。他们是现代农业观念、技术信息、先进装备等的主要承接者和传播者,是农业农村经济发展和农村社会管理的带头人。因此,"生产经营型"新型职业农民是全能型的、典型的新型职业农民,是农村先进生产力和新型经营主体的典型代表,是依靠家庭经营体制、发展现代农业的主要依靠力量,也应当是今后强农、惠农、富农政策的重点扶持和倾斜对象。

"专业技能型"职业农民是指在农业企业、专业合作社、家庭农场、专业大户等新型生产经营主体中,专业从事某一方面生产经营活动的骨干农业劳动力,主要包括农业工人、农业雇员等。

"社会服务型"职业农民是指在经营性服务组织中或个体直接从事农业产前、产中、产后服务,并以此为主要收入来源,具有相应服务能力的农业社会化服务人员,主要是农村信息员、农村经纪人、农机服务人员、统防统治植保员、村级动物防疫员、全科农业技术员、跨区作业农机手等农业社会化服务人员。

"专业技能型"和"社会服务型"新型职业农民的共同特征是具有一技之长,以农业生产经营为主要收入来源的"专业型"职业农民。如果说"生产经营型"新型职业农民是现代农业中的"白领","专业技能型"和"社会服务型"新型职业农民就是现代农业中的"蓝领",他们是"生产经营型"新型职业农民的主要依靠力量,是现代农业不可或缺的骨干农民。

（三）新型职业农民的特征

2017年3月8日,习近平总书记在参加全国"两会"四川代表团审议时提出:就地培养更多爱农业、懂技术、善经营的新型职业农民。习近平总书记用"爱农业、懂技术、善经营"九个字勾勒出了新型职业农民的鲜明特征。

首先,新型职业农民要热爱农业。干一行,爱一行,从事农业应该是完全出于自愿,抛弃传统歧视和偏见,对农民有认同感、对农业有亲近感、对农村有归属感,把务农作为终身职业,以对消费者负责、对环境负责、对子孙后代负责的责任心,确保农业可持续发展。

其次,新型职业农民要懂技术,把科技和产业融为一体。我国农业农村经济发展已经到了必须更加依靠科技实现创新驱动、内生增长的历史新阶段。现代农业是技术密集型农业,讲究高产、优质、高效、生态、安全,没有技术支撑根本行不通。新型职业农民是掌握现代农业生产技术的农民,必须掌握科学的种植、养殖技术,用现代科技手段破解种植、养殖中遇到的难题;农用无人机、智能喷灌设备、机械插秧机等先进的农业机械设备已在农业生产领域得到了广泛应用,成功带动了农业的高效发展,新型职业农民应具备使用现代农业装备的能力,成为农业科技的使用者和创造者,成为农业转型升级的新生力量,引领现代农业的发展方向;新型职业农民应善于思考、有创新能力,把互联网科技融入农业中,实现智慧农业;还应该具有较强的品牌意识,打造农产品品牌,实现品牌农业。

最后,新型职业农民善经营,紧抓政策与市场两只手。我国农业农村发展已进入新的历史阶段,农业的主要矛盾由总量不足转变为结构性矛盾,矛盾的主要方面在供给侧。在物质生活不断得到满足的今天,消费者更加注重食物的绿色、有机和安全,尤其是大城市中的中高端消费者。所以,现代农业不仅是数量农业,更是质量农业。不仅要提供大路货,更要生产农业精品,要坚持市场需求导向,主攻农业供给质量,加强绿色、有机、无公害农产品供给。现代农业是大农业,农产品生产的主要目的不再是自产自销,而是种养加、产供销、贸工农一体化大生产,为市场提供商品,实现利润最大化。新型职业农民对政策和市场应有敏锐的洞察力,一方面要跟着政府政策走,在农业生产中不"吃亏";另一方面要抓住市场信息,使农业生产结构和产品结构与市场需求匹配,使农产品供给数量充足、品种和质量契合消费者需要,为市场提供更加丰富多彩的、高质量的绿色有机农产品。新型职业农民还要在经营中创新,扩宽农产品销售途径,提高农产品附加值,如用互联网销售农产品、打造农产品品牌、在农产品中应用二维码、农业与第二、第三产业融合,等等。只有这样,才能增加收入,取得较好的效益,也让消费者更加放心。

二、培育新型职业农民是保障粮食安全，建设现代农业的基础性、战略性工程

（一）"谁来种地""怎么种地"成为躲不过、绕不开、回避不了的问题

农业劳动力是农业发展中最为活跃、最为核心的因素，保证农业发展中有充足的高质量劳动力是传统农业向现代农业转型发展的关键所在。但随着工业化、城镇化的发展，我国农业劳动力陷入了资源萎缩、结构失调、素质不高、后继无人的困境。

第一，数量萎缩。1996 年第一次农业普查时，农业从业人员为 5.61 亿人，到 2006 年第二次农业普查时，农业从业人员下降到 3.48 亿人，2016 年第三次农业普查时，农业从业人员为 3.14 亿人。统计表明，我国从农业生产转移出的农民工数量达 2.5 亿，目前仍以每年数百万的速度在增长，农民尤其是青壮年农民急剧减少，"农工荒"问题已经现实地摆在我们面前。

第二，结构失衡。农业从业人员中老龄化现象越来越严重。1996 年、2006 年、2016 年三次全国农业普查的数据显示，超过农业劳动年龄的农业产业人员的比例，1996 年为 9.86％，2006 年为 32.5％，2016 年为 33.6％。留守农村的农民，以老年、妇女居多，浙江、江苏农民平均年龄已达 57 岁。2006 年，南通全市农业从业人员平均年龄为 54.3 岁，60 岁以上的占 47.8％。到 2014 年，农业从业人员平均年龄为 59.2 岁，60 岁以上的占 56.4％[2]。

农业劳动力中女性化现象突出。从 1982 年、1990 年、2000 年、2010 年四次全国人口普查数据来看，我国大陆农业就业人口中女性比重分别为 46.24％、47.48％、48.57％、49.22％，近 30 年间上升了 2.98％。1996 年第一次农业普查时，农业从业人员中男性和女性分别占 48.39％和 51.61％；到 2006 年第二次农业普查时，农业从业人员中男性和女性分别占 46.8％和 53.2％，女性农业从业人员比重却上升了 1.61％。同时，我们还发现，在这些农村妇女中，有 54.5％的农村妇女并不愿意从事农业生产，她们之所以从事农业生产是出于无可奈何、迫不得已。即使年龄在 55～60 岁之间的农村妇女也还表现出对于年轻人能够出去务工的羡慕，因为务工就意味着能够获得更高的经济报酬。在农业生产过程中，几乎找不到 20～35 岁的妇女，她们缺乏对于农民身份的认同感，甚至在接触城市生活之后还对农村生活产生了排斥感，她们没有种地的意愿，也没有种地的技术，她们的父辈和祖辈也不希望她们继续务农。从务农主体来看，中年和老年妇女是农业生产的主要群体，年轻妇女则基本脱离了农业生产队伍，农业女性化与农业老龄化现象同时存在；从务农意愿来看，真正愿意种地的只有那些长期被土地束缚的老年妇女。

她们既没有掌握最新农业生产技术,也没有完全投入生产之中,与其说她们是农业生产者,不如说是田间日常管理者更为准确[3]。

第三,素质堪忧。从 2006 年、2016 年两次农业普查的数据看,农业从业人员中,文盲的比例分别为 9.5%、6.4%,小学文化程度的比例分别为 41.1%、37.7%,初中文化程度的比例分别为 45.1%、48.4%,高中或中专文化程度的比例分别为 4.1%、7.1%,大专及大专以上文化程度的比例分别为 0.2%、1.2%。十多年来,农业产业人员中小学及小学以下的比例在不断下降,但下降的幅度不大,大专及大专以上的比例在不断提高,但提高的比例依然不容乐观,小学、初中文化程度的农业从业人员的比例依然保持在 85% 以上,初中及初中以下文化程度的农业从业人员达到 90% 以上。农民具备基本科学素质的比例仅为 1.7%,远低于全国平均水平[4]。农业从业人员在科技素质上,掌握产中技术较多,对产前、产后环节技术知之甚少;知道生产技术较多,对加工、经营及管理方面的知识了解很少。在经营素质上,传统种植、养殖方面的农民占到近 90%,农产品加工型、服务型的农民仅占 2% 左右。由于劳动力素质问题,高效率农业设施装备难以利用,高水平农业科技成果难以转化。

第四,后继乏人。从劳动力年龄角度来看,第一代进城务工人员(20 世纪七八十年代外出务工的农村劳动力)即将退出历史舞台,新生代进城务工人员将成为进城务工人员的主体。在进城务工人员新老更替过程中,对于老一代进城务工人员而言,十几年甚至几十年的务工经历并未给他们带来扎根城市的资本。这又进一步加剧了农村人口结构的老龄化、农业生产的老龄化、农业技术的落后化和农业劳动力的弱质化。对于新生代进城务工人员而言,他们又会因为农业生产技术的缺乏、农业比较效益的低下、农业生产情感的淡漠、自身文化素质的提升、城镇接纳壁垒的降低等因素,而竭力留在城市,从而排斥农村生活、放弃农业生产。对于绝大部分农村家庭而言,光靠种地难以维持生活的窘境仍将继续。此时,"礼拜天农民"成为"潮流",农业不再是农民的主业,而成为副业。同时,农村往城镇"输血"的过程还在继续。农村初高中生考入高等院校、中高等职业学校,毕业时大都选择留在城镇就业,80 后、90 后的毕业生很少愿意到农村务农。即使是留在农村的青年,也总是千方百计地跳出"农门",走向城镇务工。务农农民成了国民素质的"低洼地带"。中国农业劳动力出现了断层危机,农业生产面临后继无人的窘境,并非是杞人忧天[5]。

(二)培育新型职业农民的重要性、紧迫性

"国以民为本,民以食为天""民为邦本,本固邦宁"。粮食安全是国家安全的重要组成部分,是影响我国经济社会发展大局的重大战略问题。农民是实现粮食安全的经济主体,"谁来种粮"和"如何种粮"问题的核心是农民问题,农民问题是影响粮食安全战略的根本问题,关乎国民经济全局、粮食生产稳定和农村社会和谐稳定。正确认识和处理好农民问题历来是一个战略性问题。作为最大的社会群体,农民既是我国农业现代化的根基,也是社会主义新农村的未来。作为发展现代农业的主体,农民职业化是农业现代化的重要指标,"新型职业农民＋新型农业经营主体＋规模化经营"是我国现代农业发展的基本方向。现阶段,提高农民科学素质,培育新型职业农民,是保障粮食安全、推动现代农业发展的必然选择,是解决"谁来种地""如何种地"问题的关键举措。

第一,培育新型职业农民是解决"谁来种地"问题的根本途径。随着新型工业化和城镇化进程加快,大量农村青壮年劳动力进城务工就业,务农劳动力数量大幅减少,"兼业化、老龄化、低文化"的现象十分普遍。很多地方务农劳动力平均年龄超过 50 岁,文化程度以小学及小学以下为主,"谁来种地""如何种好地"问题成为现实难题。迫切需要加快培育新型职业农民,吸引一大批年轻人务农创业,形成一支高素质农业生产经营者队伍,确保农业后继有人。

第二,培育新型职业农民是加快农业现代化建设的战略任务。现代农业发展关键在人,培育新型职业农民就是培育中国农业的未来。农业现代化要取得明显进展,构建现代农业产业体系、生产体系、经营体系,走产出高效、产品安全、资源节约、环境友好的道路,确保国家粮食安全和重要农产品有效供给,提高农业国际竞争力,迫切需要把农业发展方式转到依靠科技进步和提高劳动者素质上来,加快培养一批综合素质好、生产技能强、经营水平高的新型职业农民。

第三,培育新型职业农民是推进城乡发展一体化的重要保障。长期以来,我国劳动力、资金、土地等要素资源大量从农村流向城镇,导致工农、城乡发展失衡,成为我国经济社会发展的突出矛盾。推进城乡发展一体化,其根本是要促进城乡要素平等交换和公共资源均衡配置;迫切需要大力培育新型职业农民,提高农民的科学文化素质和生产经营能力,推动农民由身份向职业转变,逐步成为体面的职业,让广大农民平等参与现代化进程、共同分享现代化成果;吸引一批农民工、中高等院校毕业生、退役士兵、科技人员等到农村创新创业,带动资金、技术、管理等要素流向农村,发展新产业、新业态,增强农村发展活力,繁荣农村经济,缩小城乡差距。

第四,培育新型职业农民是全面建成小康社会的重大举措。"小康不小康,关键看老乡",全面建成小康社会的重点和难点在农民,最艰巨、最繁重的任务在农村,尤其是贫困地区。实现农村全面小康,关键是要促进农民收入持续增长。多年来,党和国家采取了许多措施增加农民收入,我国农民收入持续增长,城乡收入相对差距有所缩小,但是绝对差距不断扩大。2015 年城镇居民人均可支配收入为31195 元,农村居民仅为 11422 元,两者相差近两万元。目前,农民增收的渠道还不多、能力比较弱,持续增收的长效机制还没有建立起来。要增加农民收入,就必须改变传统的小农生产方式,实现农业社会化大生产。实现农业社会化大生产,迫切需要培育一支创新、创业能力强的新型职业农民队伍,让他们盘活土地资源,按企业化模式生产经营现代农业,让传统农民参与企业化农业生产,这样才能提高农业劳动生产率,增加农民收入;让他们推动农村产业转型升级,发挥示范带头作用,促进贫困农民增收致富,确保农村不拖全面小康的后腿。

新型职业农民具有鲜明的示范功能、组织功能和服务功能,既能发挥传导市场信息、运用新型科技的载体作用,还可以把分散的农户组织起来,整合金融、科技、土地等各种要素资源,提高全要素生产率,推动农业农村改革综合效应的形成。贫困地区和贫困人口是全面建成小康社会最大的短板。新型职业农民懂技术、会经营、善管理,不仅能促进当地产业的发展,还很好地实现了"帮贫带富",激发了当地贫困户的脱贫积极性,以实际行动带领更多农民实现脱贫致富,成为未来农业生产的主力军,脱贫攻坚的生力军。加快培育新型职业农民,就是将越来越多的农民打造成为专业大户、家庭农场主、合作社领办人和农业企业骨干,并通过大力推进多种形式的适度规模经营,提高农业经营效益,使农业成为有奔头的产业,使农民成为体面的职业。

三、我国新型职业农民队伍建设初见成效

党的十八大以来,党中央、国务院针对农业现代化需要,将加快培育新型职业农民作为战略性任务来抓。各地按照党中央、国务院的部署,结合实际完善培育制度、强化体系建设、增加经费投入,着力健全新型职业农民培育工作整体框架体系,在推动现代农业建设中成效初显,涌现出了一大批新型职业农民。

第一,新型职业农民培育工作格局基本形成。我国于 2012 年在全国开展新型职业农民培育试点工作,2014 年启动实施新型职业农民培育工程,2015 年启动实施现代青年农场主培养计划。在中央政策指引和国家试点示范推动下,各级党委政府高度重视新型职业农民培育工作,将新型职业农民培育列为农业农村重点工作,不断加大财政投入,落实扶持政策,细化工作要求,推动试点示范工作深入开展。目前,全国已有 4 个省、21 个市和 487 个县建立了较为完善的新型职业农民示范培训体系,初步形成了政府推动、部门联动、产业带动、农民主动的新型职业农民培育工作格局。

第二,新型职业农民培育制度框架基本确立。在培育环节上,坚持把教育培训作为重点,把规范管理作为重要手段,把政策扶持作为重要保障,大力支持职业农民创业兴业;在培育对象上,坚持以专业大户、家庭农场主、合作社带头人、农业企业骨干等生产经营型职业农民为重点,兼顾专业技能型和专业服务型职业农民;在

培育模式上,实行"一点两线、全程分段"培训,即以产业发展为立足点,以生产技能和经营管理水平提升为主线,按农业生产重点环节,分阶段安排集中培训,实现产业周期全程覆盖。在培育层次上,主要依托涉农职业院校和农业广播电视学校,面向新型职业农民开展中职、高职教育。经过近三年的探索实践,我国基本建立了教育培训、规范管理、政策扶持"三位一体",生产经营型、专业技能型、专业服务型"三类协同",初级、中级、高级"三级贯通"的新型职业农民培育制度框架。

第三,新型职业农民教育培训体系加快构建。各地从实际出发,积极发挥农业广播电视学校、涉农院校、科研推广机构、企业社会组织的作用,形成了以农业广播电视学校为主体、多方力量参与的"一主多元"的新型职业农民教育培训体系,探索出了很多特色鲜明、成效显著、代表性强的经验和做法。有的地方依托涉农院校,建立职业农民学院,创建"学历＋技能＋创业"的新型职业农民培养模式;有的地方依托农民合作社、农业企业,建设农民田间学校,让新型职业农民培育走进产业、服务行业;还有的地方依托农业龙头企业,直接在田间地头开展农民教育培训。在国家层面,成立了中国现代农业、现代畜牧业、现代渔业、现代农业装备和都市农业五大职教集团,通过产教融合探索培养农业高技能人才、现代青年农场主等各类新型职业农民的有效路径。

随着培育工作深入开展,一批高素质的青年农民正在成为种养大户、家庭农场主和农民合作社领办人,一批大学生、返乡农民工和退伍军人加入新型职业农民队伍中,为现代农业发展注入了新鲜血液。据 2015 年对 1.3 万名青年农场主统计,高中或中专学历占 58.9％,大专及大专以上学历占 34.7％。新型职业农民创业兴业典型层出不穷,成为我国现代农业发展进程中的一道靓丽风景线,在转变农业发展方式和推进现代农业建设中发挥着日益重要的引领作用。

四、培育新型职业农民过程中存在的主要问题

2013 年 3 月,农业部办公厅印发了《新型职业农民培育试点工作方案》,各省、市、自治区也制定出台了相关政策;2017 年,农业部发布了《"十三五"全国新型职业农民培育发展规划》,遴选了首批 100 个新型职业农民培育示范基地,培育新型职业农民问题已经得到社会各界的高度重视和广泛关注,但需要解决的问题依然不少。

（一）政府重视不够,投入力度不大,责任主体不明确

第一,政府观念落后,培育新型职业农民积极性不高。农业是国民经济的基础。由于历史原因,农业在三个产业中所占比重较高,导致有些人误认为不需要大力发展农业,特别是改革开放以来,不少领导干部过分追求 GDP 和所谓政绩工程、

形象工程,追求所谓的"工业化""城镇化",加之农业投入大、见效慢,以及一段时期以来有部分学者和领导干部认为增加农民收入最有效的办法就是减少农民数量,而没有看到中国是一个人口大国,没有农民种地所带来的直接严重后果。由于这些因素的叠加,"农民"不仅没有成为一种职业,反而被认为是贫穷落后的根源。于是,减少农民数量成为越来越多人的共识,农民被边缘化就在所难免,因此必然出现农村凋敝的景象。事实上,有两点差异是部分领导干部没有看到的:一是新型职业农民不同于传统农民,他们是新农村建设的主力军和致富带头人,是农村物质文明和精神文明的建设者,也是农业现代化的推进者和实施者;二是新型职业农民能拓展农业产业链,推动相关产业的发展,不仅能解决农民增收难问题,而且能带动传统农民就业和致富,实现社会和谐发展。

第二,政府投入力度不大,制约了新型职业农民队伍建设。近年来,国家加大了对"三农"的投入力度,每年对"三农"的投入超过万亿元人民币,但投入支持的重点是农村"水电路气房"、农业基础设施和服务体系建设等领域,对新型职业农民教育培训支持费用明显偏少,比如,"2012 年中央财政安排给阳光工程资金达 11 亿元,各地配套达到 4.29 亿元,配套资金投入比上年增加了 3900 万元,增加近 10%,达历史最高水平"[6]。虽然中央划拨了专项资金,但对面广量大的新型职业农民教育培训来讲,无疑是杯水车薪。由于新型职业农民教育培训是近几年面临的突出问题,各地明显准备不足,师资、场所、设备都需要大量投入,只有具备了硬件和软件,新型职业农民队伍建设才有可靠保障。

第三,新型职业农民队伍建设责任主体不明确,难以取得好的成效。目前,新型职业农民培育工程是由农业部牵头,联合教育部等部委负责实施,而事实上新型职业农民队伍建设是一项系统工程,它需要多部门联合实施。因此,应将新型职业农民队伍建设责任细化,比如,农业部的责任是什么,财政部的责任是什么,教育部的责任是什么。只有责任明确、分工合作、联合实施,才能达到理想的效果。

(二)农村生活条件较差,新型职业农民培育面临"无米之炊"的窘境

第一,农村基础设施落后,出现了"空心村"现象。改革开放以来,国家加大了对城市基础设施建设投入力度,城市面貌发生了根本改变。与此同时,农村社会事业发展滞后,一是国家对"三农"投入不足。农村农业发展较为落后,农民增收难问题长期以来没有得到有效解决,给农民留下了阴影。二是城乡差距拉大。农民在低保、住房、医疗以及子女上学等方面与城市有较大差距,加之户籍制度、土地制度、社会保障制度改革还没有到位,他们向往城市生活。三是我国工业化、城镇化、信息化的快速推进为广大农民提供了就业发展机会。尽管第一代进城务工人员在城市多数干的是脏累苦活,但多数人认为比在农村种地强。于是,越来越多的农民加入打工行列,这样,"空心村"和土地撂荒现象就不可避免。据统计,过去十年,我

国消失了 90 万个自然村,"70 后"不愿种地、"80 后"不会种地、"90 后"不谈种地的现象突出。

第二,"谁来当农民,将谁培养成新型职业农民"已成为较严峻的现实问题。由于受我国传统文化的影响,以及自古以来的"官本位"意识根深蒂固,长期以来没有将农民看成是一种职业,农民的社会地位和经济地位都不高,特别是在西部地区,农业劳动强度大,机械化水平低,不少人对农业产生畏难情绪,即使辍学,他们也选择外出打工。我国未来谁来成为种地的"接班人",如果大家都不想当农民,新型职业农民队伍建设从何谈起?

(三)新型职业农民队伍建设机制不健全

第一,新型职业农民培训制度不健全。新型职业农民由谁培训,如何培训,还没有形成一套系统的制度。从农业部办公厅印发的《新型职业农民培育试点工作方案》来看,虽然明确提出了坚持政府主导、稳步推进、自愿三原则,但从其总体思路来看并没有明确培训的组织者、实施者。从各地实践来看,培训机构主要是中央农业广播电视学校、农机学校,而这些学校存在的主要问题是人员编制少、场地规模小、师资力量弱,难以完成新型职业农民教育培训任务。

第二,国家尚未构建农民终身职业教育体系。目前,我国公务员和教师等行业已经构建起了终身继续教育体系,而作为我国最大群体的农民却没有形成继续教育制度,许多农民只能靠祖先留下的耕作技术从事农业生产或者无师自通,这就是传统农民的发展模式。而新型职业农民是具有较高文化科技素养的农民,随着科技的发展要不断学习新技术,掌握最新农业科技,如果不搭建农民继续教育的平台,久而久之,他们就可能变成了传统农民。从发达国家的经验来看,必须制定相关法律法规,完善培训体系,建立职业资格准入制度,加大投入,改善农村生产生活条件,吸引优秀人才回乡创业,从而构建新型职业农民队伍。

第三,教育内容与农民实际需求严重脱节。在新型职业农民培训方面,目前存在以下问题:一是有些地方政府不积极。有的地方政府克扣教育培训经费,甚至将培训费用挪作他用。二是农民不积极。由于有的培训机构既无场地,又无技术,培训内容与农民需求不一致,这就严重影响了农民参加职业培训的积极性。从目前农业院校、涉农专业来看,大部分人不愿从事农业生产,有的一进校就申请调换专业。除了观念没有转换外,还有一个重要原因就是大多数学校只重视理论教学,忽视了实际操作和学生动手能力的培养,造成学生毕业后无法从事具体农业生产,严重影响了学生扎根农村创业的积极性。

第四,社会保障机制不健全,从业风险大。从事农业生产除了人的因素外,还有土地、生产工具等生产资料,还有气候等自然灾害的影响。由于土地制度改革还没有到位,土地流转市场尚未完全建立,如果土地集中难,就无法从事集约化、规模化、机械化的现代化农业生产,新式农场就难以产生,必然制约新型职业农民队伍的形成;由于社会保障制度不完善,农民养老保险制度尚未建立,致使人们对未来存在担忧,一旦经营失败,生活难以为继;同时,农业投入大,风险高,靠天吃饭的现状没有根本改变,而国家目前还没有建立相关风险防控机制,这就制约了新型职业农民队伍的发展壮大。

五、培育新型职业农民队伍的路径

(一)将培育新型职业农民纳入国家粮食安全战略的重要组成部分

新型职业农民队伍建设是保障粮食安全战略的基础和前提,正如习近平所强调的,中国人的饭碗任何时候都要牢牢端在自己手上,如果口粮依赖进口,我们就会被别人牵着鼻子走。如果没有强大的新型职业农民队伍作为保障,国家粮食安全就无从谈起。必须将培育新型职业农民纳入国家粮食安全战略的重要组成部分。

第一,加强国家立法,将培育新型职业农民纳入法制建设轨道。现阶段人们之所以不愿当农民,其根源是农民基本权益得不到有效保障,农村基础设施较差影响了农民生活质量。因此,国家要加大立法步伐,对农民失业保险、医疗保险、养老保险等实行社会统筹,彻底改变城乡二元经济结构和农民较低的社会地位,真正建立起社会公平、正义的法律体系,从制度入手解决城乡分割下形成的不合理体制机制,让农民真正成为享受与其他从业人员一样待遇的职业。唯有如此,才能逐步改变人们落后的观念,才会有更多的人愿意从事农业生产,我国的农业现代化才有希望。

第二,明确培育新型职业农民的责任主体,各司其职、形成合力。新型职业农民队伍建设是一项系统工程,任何一个环节出了问题都会影响新型职业农民的培育。因此,新型职业农民队伍建设应由中央农村工作领导小组负责领导和监督,农业部主管现有农民继续教育培训,教育部负责新生代新型职业农民的教育培训,财政部划拨专项资金予以支持,地方政府一把手负领导责任,分管农业的领导负责协调指挥。只有将责任具体落实到部门和个人,才能拿出具体方案,新型职业农民队伍建设才有可靠保障,否则,就只能停留在认识层面,而无根本性改变。

第三,强化政策配套,完善新型职业农民教育培训制度建设。新型职业农民队伍的发展壮大,离不开教育培训,教育培训离不开制度建设。目前我国还未建立起新型职业农民准入登记等相关制度,没有把新型职业农民培育工作纳入法制化、规范化管理轨道,农民教育培训还处于无序化状态。因此,加强顶层设计,建立统一规范的规章制度势在必行。一是建立新型职业农民资格制度。将村组干部、经纪人、种养大户、科技示范户、农场主、股份合作和专业合作组织成员作为新型职业农民的培养对象。二是抓好职业农民教育培训法制建设。将农民教育培训纳入法制建设轨道是不少国家通行的做法,英国、韩国通过立法为本国农业职业教育的健康发展提供了有力保障,解决了农民后继乏人的问题。

(二)选准对象、分类施策,加强新型职业农民培育的针对性

第一,遴选重点培育对象。以县为主,深入开展摸底调查,围绕现代农业产业发展、新型农业经营主体发育和农业重大工程项目实施,选准培育对象,建立培育对象数据库。优先从国家现代农业示范区、农村改革试验区、粮食生产功能区、重要农产品生产保护区、特色农产品优势区、农业可持续发展试验示范区、现代农业产业园遴选培育对象,将新型农业经营主体信息直报平台中的人员纳入培育对象。从类型上分,按照新型农业经营主体和农业社会化服务主体发展情况,重点遴选专业大户、家庭农场经营者、农民合作社带头人、农业企业骨干和返乡下乡涉农创业者为生产经营型职业农民培育的对象,遴选在新型农业经营主体稳定就业的农业工人(农业雇员)为专业技能型职业农民培育的对象,遴选从事农业产前、产中、产后经营性服务的骨干人员为专业服务型职业农民培育的对象。从产业上分,根据农业产业发展需要,重点遴选粮食和主要农产品适度规模生产,种植业、畜牧业、渔业、农产品加工业转型升级,休闲农业与乡村旅游、农村一二三产业融合等产业领域和农机、植保、兽医、质量安全、农村信息等服务行业的从业者。把产业扶贫建档立卡贫困户优先遴选为职业农民培育的对象。从渠道上分,将具有一定产业基础的务农农民作为培训提高的对象;将到农村创业兴业的进城务工人员工、中高等院校毕业生、退役士兵、科技人员等作为吸引发展的对象;将接受中、高等职业教育的农民和涉农专业在校学生作为培养储备的对象。

第二,科学设置培训内容。围绕提升新型职业农民综合素质、生产技能和经营管理能力,科学确定相应培训内容。在综合素质方面,重点设置职业道德素养、团队合作、科学发展等内容;在生产技能方面,重点设置新知识、新技术、新品种、新成果、新装备的应用,市场化、信息化、标准化和质量安全等内容;在经营管理能力方面,重点设置创新创业、品牌创建、市场营销、企业管理、融资担保等内容。在农民职业教育方面,推动农业职业教育课程改革,设置职业素养、创业实践、产业融合等内容,提高教育培养的系统性、科学性,满足高素质新型职业农民培育需求。

第三,分类分层开展培训。分类型、分产业、分等级制定培训标准,设置培训模块和培训课程,组建教学班,合理调配师资力量,开展精细化培训。省、市、县分工协作,省重点开展经营管理、创业兴业能力以及师资培训,市、县重点开展技术技能培训;部级重点抓好农民企业家、国家级农业产业化龙头企业和示范合作社带头人培训,省级重点抓好青年农场主、省级农业产业化龙头企业和示范性合作社带头人

培训,市、县级根据当地主导产业发展需求,统筹抓好新型农业经营主体带头人、务农农民、农业工人、社会化服务人员的培训工作。

(三)创新机制、多措并举,增强新型职业农民培育的有效性

第一,创新培育机制。健全完善"一主多元"教育培训体系,即以各级农业广播电视学校、农民科技教育培训中心等农民教育培训专门机构为主体,以农业科研院所、农业院校和农业技术推广服务机构及其他社会力量为补充,以农业园区、农业企业和农民合作社为基地,满足新型职业农民多层次、多形式、广覆盖、经常性、制度化教育培训需求的新型职业农民教育培训体系。统筹利用农业广播电视学校、涉农院校、农业科研院所、农业技术推广机构等各类公益性培训资源,开展新型职业农民培育。充分发挥市场机制作用,鼓励和支持有条件的农业企业、农民合作社等市场主体,通过政府购买服务、市场化运作等方式参与培育工作,推动新型职业农民培育面向产业、融入产业、服务产业。深化产教融合、校企合作,发挥农业职业教育集团的作用,支持各地整合资源办好农民学校,拓宽新型职业农民培育渠道。鼓励农业园区、农业企业发挥自身优势,建立新型职业农民实习实训基地和创业孵化基地,引导农民合作社建立农民田间学校,为新型职业农民提供就近就地学习、教学观摩、实习实践和创业孵化场所。

第二,探索培育模式。坚持理论与实践相结合,集中培训与现场实训相结合,线上培训与线下培训相结合。采取"一点两线、全程分段"的培育模式,即以产业发展为立足点,以生产技能和经营管理能力提升为两条主线,在不少于一个产业周期内,分阶段组织集中培训、实训实习、参观考察和生产实践。鼓励各地结合实际,大力推行农民田间学校,探索菜单式学习、顶岗实训、创业孵化等多种培育方式。鼓励有条件的地方组织新型职业农民走出去,开展跨区域和国际交流。

第三,运用信息化手段。建设新型职业农民信息化服务云平台,对接12316农业综合信息服务平台,整合农业专家和农业技术推广服务等线上资源,充分利用云计算、大数据、互联网、智能装备等现代信息技术手段,为农民提供灵活便捷、智能高效的在线教育培训、移动互联网服务和全程跟踪指导,提高培育效果。

(四)规范认定、科学管理,加强新型职业农民培育的规范性

第一,规范认定管理。新型职业农民的认定工作原则上由县级以上(含县级)人民政府制定认定管理办法,主要认定生产经营型职业农民,以职业素养、教育培训情况、知识技能水平、生产经营规模和生产经营效益等为参考要素,明确认定条件和标准,开展认定工作。有条件的地方可探索建立按初、中、高三个等级开展分级认定。要充分尊重农民意愿,不得强制或限制农民参加认定。对于专业技能型和专业服务型职业农民,鼓励参加国家职业技能鉴定。

第二,规范培育管理。在各级农业行政主管部门的领导下,依托农民科技教育

培训中心、农业广播电视学校等专门组织管理机构,搭建新型职业农民培育工作基础平台,做好需求调研、培育对象遴选、培育计划和方案编制、认定管理事务、数据库信息维护和培训标准编制、师资库建设、教材开发、绩效评估等基础工作,连接多种资源和市场主体,对接跟踪服务和政策扶持,提高培育工作的专业化、规范化水平。

第三,规范信息管理。完善新型职业农民信息管理系统,健全新型职业农民培育信息档案和数据库,及时录入基本情况、教育培训、产业发展、政策扶持等信息,并根据年度变化情况及时更新相关信息,提高新型职业农民信息采集、申报审核、过程监控、在线考核等信息化管理服务水平。各地可结合实际,积极探索新型职业农民注册登记制度,鼓励新型职业农民到当地农业部门注册登记,建立新型职业农民队伍动态管理机制。

(五)跟踪服务、定向扶持,提升新型职业农民的发展能力

第一,加强跟踪指导服务。依托新型职业农民培育工程项目,组织培训机构和实训基地对新型职业农民培育对象开展一个生产周期的跟踪指导;推动农业技术推广机构、农业科研院所、涉农院校等公益性机构将定向服务新型职业农民纳入绩效考核内容,建立跟踪服务长效机制;支持新型农业经营主体和农业社会化服务组织面向新型职业农民开展市场化服务。

第二,加大政策扶持力度。支持新型职业农民享受新型农业经营主体的扶持政策。要梳理现有对新型农业经营主体的扶持政策,确保其落到新型职业农民头上。鼓励新型职业农民带头创办家庭农场、农民合作社等各类新型农业经营主体,发展多种形式的适度规模经营。通过土地流转、产业扶持、财政补贴、金融保险、社会保障、人才奖励激励等政策措施,推进新型职业农民和新型农业经营主体"两新"融合、一体化发展。支持新型职业农民享受创新创业扶持政策;支持新型职业农民创新创业,享受简便市场准入、金融服务、财政支持、用地用电、创业技能培训等鼓励返乡创业的政策措施;支持新型职业农民对接城镇社保政策。有条件的地方,支持新型职业农民参加城镇职工养老、医疗等社会保障,解决新型职业农民长远发展的后顾之忧。

第三,鼓励交流合作。总结各地新型职业农民自发组建合作组织和开展交流合作的经验,支持新型职业农民在产业发展、生产服务、营销促销等方面联合与合作,加强对新型职业农民协会、联合会、创业联盟等组织的指导和服务,帮助健全管理制度、完善运行机制,促进职业农民共同发展。鼓励支持新型职业农民参加多种形式的展览展示、创新创业项目路演和技术技能比赛。

(六)巩固基础,改善条件,提升新型职业农民培育的保障能力

第一,加强师资队伍建设。完善师资选聘管理制度,建立开放共享的新型职业

农民培育师资库,重点充实职业道德、经营管理、创业指导、品牌建设、质量安全、市场营销和电子商务等方面的师资。加强师资考核评价,建立培育对象直接评价机制,对师资队伍实行动态管理。加大师资培训力度,支持开展形式多样的教学竞赛、岗位练兵等活动,引导专兼职教师自觉更新知识,推介优秀教师和精品课程,不断提高教育培训能力。

第二,改善培育基础条件。支持教育培训机构充实教学设施设备,改善办学条件,完善信息化教学手段,加强基地建设,遴选建设一批全国新型职业农民培育示范基地,支持各地重点建设实训基地、创业孵化基地和农民田间学校。根据新型职业农民分层培训需求,部省重点加强教学资源开发条件和信息化建设,提升职业教育和培育管理能力;市、县重点完善现场教学、在线学习和实习实训条件,提升基础培训和服务能力。

第三,优化教学培训资源。健全教材、课程等教学资源开发选用制度,农业农村部负责全国通用性文字教材、音视频教材和网络课件等教学资源开发,省级负责区域性教学资源开发,市、县级负责地方特色教学资源开发,形成以全国和省级通用教学资源、地方和特色教学资源衔接配套的新型职业农民教学资源体系。开展精品教材、精品网络课件等教学资源评价推介活动,鼓励各地优先选用优质教学资源,确保培训质量。

(七)加大政策扶持力度,为新型职业农民队伍壮大提供坚实的社会基础

日本 20 世纪六七十年代农村劳动力结构与我国当前状况十分相似。1965 年,日本农业就业人口中女性占到 60%,到了 1976 年则上升到了 62%[7];与此同时,农业兼业化在日本十分普遍,1960 年兼业户占全部农户的 34%,到了 1978 年,这一比例上升到了 69%[8]。日本政府采取了一系列政策来应对农业劳动力结构变动。例如,出台农业基本法,重视女性在农业生产中的作用;推行家庭经营协议,促进农业现代化;鼓励社会自发成立各类农协组织,实现互帮互助;推行农业技术改良普及工作,增加农业生产者农业科技知识;发展农业教育工作来应对农业女性化、高龄化与兼业化,确保农业发展"后继有人",等等[9]。如今,虽然农业劳动力结构并未出现本质改变,但日本已经是农业现代化水平最高的国家之一。不仅仅是日本,希腊、中国台湾等也从农业劳动力输入角度来激发农业生产活力,主体思路是政府出资鼓励和培训一批青壮年回流到农村,从而促进农业技术推广和提升农业生产效率[10]。面对农业劳动力出现断层、农业生产后继无人的窘境,我们可以借鉴这些国家和地区的农业后继者培养的思路,加大城乡统筹建设资金投入力度,加大农村基础设施的投入,彻底改变农村生产生活条件。只有农村生产生活条件改善了,才能留得住人,才有新型职业农民队伍的壮大和现代农业的发展。

第一,深化农村综合配套改革,实现各种要素自由流动。一是加快户籍制度改

革。我国现行户籍制度不仅成为制约农业转移人口市民化和城镇化质量提升的重要障碍,而且成为城镇居民发展为新型职业农民的阻力。二是规范土地流转制度。在自愿、平等、有偿的原则下,土地流转按市场机制运行起来,土地才有可能集中,家庭农场才能得以产生,集约化、规模化、机械化式的现代农业才能涌现,新型职业农民才能得以形成。三是加快农村房屋、宅基地、荒山荒地和集体经济制度等综合配套改革。在不损害农民利益的前提下,出台相应规章制度,充分利用农村土地资源,促进新型职业农民队伍建设。

第二,强化惠农政策,提升农民幸福指数。为使"工业反哺农业,城市支持乡村",以及"多予、少取、放活"的重要方针落到实处,中央还需进一步强化惠农政策。一是提高种粮补贴和粮食收购价格。为了提高农民种粮积极性,消除二元经济结构的影响,缩小价格"剪刀差",适当提高粮食直补标准是必要的,这也是国际通行的做法。二是进一步提高购买农机补贴标准。大力推进农业机械化和产业化是现代农业发展的必然要求,国家要进一步完善农民购买农业机械的补贴政策,鼓励农民使用农业机械,减轻其劳动强度。三是采取多种手段和措施,教会农民科学种田,要让农民感到农业不是夕阳产业而是朝阳产业,种田同样能致富,同样能过上城里人的生活,从而消除人们的厌农情绪。

第三,建立农业风险防范机制,提高农民安全系数。农业是一个风险很高的产业,它面临着旱涝、瘟疫等许多不可抗力因素的影响,特别是养殖业,一场瘟疫来袭几乎是灭顶之灾。因此,建立农业风险防范机制,是确保我国由传统农业向现代农业顺利转变的重要保障,是稳定现代农业生产经营,加快现代农业发展的重要途径。防范农业风险的主要措施:一是政府设立风险基金,在重大灾害面前提供资金支持,提高风险防范能力,建立风险应对机制;二是健全农业重大灾害商业保险制度,在自然灾害面前尽可能减少农民损失;三是积极研究世界其他国家的成功经验,结合中国国情,完善我国农业风险防范机制。

第四,加大政府投入,改造中低产田。改造中低产田,建设旱涝保收高标准农田,提高我国农业抗御自然灾害能力,既为保障国家粮食安全奠定了坚实的基础,也是推动现代农业发展,实现农业机械化和产业化,催生新型职业农民的重要途径。只有政府加大投入,制定规划方案,组织力量实施,中低产田改造才能实现;只有建设起高标准农田,才能激发人们投资农业,确立成为新型职业农民的目标,新型职业农民队伍才能发展壮大。

(八)创新农业经营体系,为新型职业农民队伍壮大提供坚实的组织保障

第一,鼓励农村土地流转和农业适度规模经营,培育新型农业经营主体。近几年,随着工业化、城镇化发展,土地流转速度加快和规模的扩大,家庭农场、专业大户、土地股份合作社、农民合作社、农业企业等新型农业经营主体不断发展壮大。

为此,一要将鼓励农村土地流转、发展农业适度规模经营与促进专业大户、家庭农场、农民合作社、农业产业化龙头企业等新型农业经营主体的发育结合起来。这些新型农业经营主体相对于普通农户,往往具有较强的资金实力、先进的农业发展理念,是农业科技创新和成果转化的生力军,也是开拓农产品市场、促进农村土地与其他生产要素结合的活跃力量。二要将培育新型农业经营主体与发展职业农民结合起来,有利于培育发展现代农业的带头人和骨干力量,可以有效提升农业土地生产率、资源利用率和农业竞争力,有利于带动农业增效、农民增收。三要培育新型农业经营主体同推进农村生态文明和美好乡村建设结合起来,倡导资源节约、环境友好型农业发展方式,将农村建设成为安居乐业的美好家园,可以更好地吸引年轻人务农,壮大职业农民队伍,缓解优质人才外流对农业发展的负面影响,增强农业的可持续发展能力。

第二,培育新型农业服务主体,构建发达的农业社会化服务体系。在我国,尽管新型农业经营主体的加快发展及其在农业发展中地位的迅速提高已是可以预见的趋势,但在今后相当长的时期内,新型农业经营主体的专业化经营恐怕还难以根本替代小规模农户的兼业经营,而成为农业经营的主要形式。在此背景下,发展现代农业、化解"谁来种地"的问题,必须积极推进农业社会化服务体系建设,探索"少数农业企业家＋发达的农业服务体系＋小规模兼业农户"的农业发展路径,通过"耕、种、收等主要作业环节靠社会化服务,日常田间管理主要靠家庭成员"的方式,以扩大社会化服务的规模来弥补生产经营主体耕地规模的相对不足,节本增效。较有代表性的是,每年夏收季节,农业部门组织数十万台联合收割机实行大范围的跨区作业,使我国3亿多亩冬小麦的收割基本实现了机械化作业,这既实现了适时收割,减少粮食浪费,又降低了农民劳动强度并增加了其收入,还明显提高了农业机械的利用效率,可谓一举多得。"谁来种地""如何种地"的难题也迎刃而解了。

构建发达的农业社会化服务体系,一方面要推进传统农业社会化服务组织的改革创新和转型升级,着力解决农业社会化服务供给不足、发展滞后的问题;另一方面,要着力优化新型农业服务主体的成长环境,按照专业化、市场化、产业化、社会化甚至国际化的要求,鼓励农业服务组织的创新,促进农业社会化服务供给结构的优化,提升其对现代农业发展的引领支撑能力。

第三,发展多种形式的合作与联合,加快构建新型农业经营体系。发展现代农业的过程,实际上是农业分工分业不断深化的过程。农业分工分业的深化,实际上是由点及面到体的立体式复合型演化过程。如随着专业大户、家庭农场、农民合作社和农业产业化龙头企业的发展,这些新型农业经营主体之间,甚至新型农业经营主体与普通农户等传统农业经营主体之间的联合和合作不断深化。发展多种形式的合作与联合,既有围绕某些特定农产品的生产、销售、加工而展开的农民专业合

行土地股份合作制的农业生产联合组织。它们的共同特点就是着力

一户办不了、办不好、办起来不经济的问题。合作社的经济技术服务

够满足自身社员的需要,还能够向非社员提供社会化的服务,从而发

农户发展现代农业的作用。

随着农民合作社和农业产业化龙头企业的发展,农民合作社和龙头企

社会化服务供给中的作用迅速凸显。与此同时,在许多地方,农民合作社

业规模小、层次低、功能弱、同质性强的问题日趋突出,这与面向农民合作

企业的服务体系不发达,导致农民合作社或龙头企业的转型提升难以得

服务引导密切相关。因此,我们要面向农民合作社和农业产业化龙头企

需求,引导相关服务组织创新,促进农业社会化服务的立体式复合型

) 提高农民整体素质, 促进农业生产经营组织的改造提升

决好"谁来种地""怎么种地"问题,核心是解决好人的问题,关键是要让农业

益、有奔头的产业,让农民成为体面的职业,让农村成为安居乐业的美丽

际经验来看,要做到这一点难度很大。最大的难点是如何提高农民整

富有活力、创新力和竞争力的新型农民队伍。并以此为依托,加强对

营组织的改造提升,提高农业产业组织的竞争力。如果农民整体素质

农业发展方式,促进农业提质增效,甚至建设美好乡村,都会成为无源

木。

业普查的数据显示,2016 年年底,仍在耕地上从事农业生产经营的

0743 亿户,他们经营的耕地面积包括流转来的耕地,占农村家庭承

的 92.5%[11]。这表明,在未来相当长的时间里,农户家庭无论在主

在经营土地的数量上,都仍将占据绝大多数。这告诉我们,无论怎么

农业经营主体,都必须坚持集体土地的承包权属于农户家庭,都不能

经营这个基本面,这是农村基本经营制度的根本。当前,我国普通农

、小而散"的问题比较严重,经营方式粗放的问题比较突出,但在今后相

期内,他们仍是我国农业发展的"主力军"。发展现代农业,不能不重视普

的发展。但是,当前普通农户发展中的问题,与自身劳动力素质不高、经营

力和合作意识不强有密切关系,成为制约农业增效、农民增收的突出障碍,也在

程度上影响农业集约经营、规模经营的实现。因此,加强农民特别是青年农民

训,对于改造普通农户,完善农户家庭经营在发展现代农业中的基础性作用,仍

具有举足轻重的作用。

专业大户、家庭农场、农民合作社、农业产业化龙头企业,这些新型农业经营主

的带头人往往是新型职业农民的骨干力量,其素质状况在很大程度上决定着新

型经营主体的活力、竞争力和创新能力。这些新型经营主体的带头人
和经营能力往往明显高于普通农户。但是,现代农业的发展日新月异
式的创新永无止境。在发展现代农业的过程中,绝大多数新型农业经
人,仍然面临着素质"再提高"的问题。加强对新型农业经营主体带头
训、优化其成长发育的环境,对于提高新型经营主体的运行质量具有
作用。

[1] 农业部."十三五"全国新型职业农民培育发展规划.
http://jiuban.moa.gov.cn/zwllm/ghjh/201701/t20170122_5461506

[2] 黄鹤群."全托管":破解"谁来种地"的难题——南通农业生产"
经营服务的实践与思考.现代经济探讨,2016(1):69-73.

[3] 蔡弘,黄鹂.谁来种地?——对农业劳动力性别结构变动的调查与
西北农林科技大学学报:社会科学版,2017,17(2):104-112.

[4] 张桃林.解决好"谁来种地"的问题.农民科技培训,2017(1):4

[5] 徐水源,宋月萍,谢卓树.中国农业生产会后继无人吗?——
下新生代农村人口务农状况考察.人口与发展,2016(3):63-70.

[6] 吴佩.让留下的农民有一技之长.农民日报,2013-04-25(1).

[7] 李心光.日本农业后继者的现状和对策.高等农业教育,1985

[8] 严瑞珍.日本农业劳动力的转移.世界农业,1983(9):15-17

[9] 王国华.从社会性别视角考察日本的农业政策.长春大学
28-31.

[10] 杨士谋.台湾省的农村青年职业培训.台港澳职教,1989(1

[11] 国家统计局.第三次全国农业普查主要数据公报(第五号
http://www.stats.gov.cn/tjsj/tjgb/nypcgb/qgnypcgb/20171
1563599.htm